Hans Oswald (Hrsg.)
Macht und Recht

Heinrich Popitz

Hans Oswald (Hrsg.)

Macht und Recht

Festschrift für Heinrich Popitz zum 65. Geburtstag

Westdeutscher Verlag

Wir danken Herrn Dr. Walter Witzenmann und der Witzenmann GmbH Metallschlauchgesellschaft Pforzheim für die großzügige finanzielle Unterstützung dieses Buches.

Der Westdeutsche Verlag ist ein Unternehmen der Verlagsgruppe Bertelsmann International.

Umschlaggestaltung: Horst Dieter Bürkle, Darmstadt

ISBN 978-3-531-12173-4 ISBN 978-3-322-93609-7 (eBook)
DOI 10.1007/978-3-322-93609-7

Inhalt

Vorwort: Heinrich Popitz zum 65. Geburtstag

Schüler, Freunde und Weggefährten von Heinrich Popitz haben sich zusammengefunden, um mit dieser Schrift das Fest seines 65. Geburtstages zu feiern und ihm mit ihren Aufsätzen eine Freude zu bereiten. Da Heinrich Popitz alles Laute meidet, soll dies in einfacher Weise geschehen. Aus eben diesem Grund will ich auch keine Gesamtwürdigung seines Werkes oder seiner Person als Wissenschaftler und Lehrer versuchen, dazu ist es ohnehin zu früh und zehn Jahre von heute eher der richtige Zeitpunkt. Ich will vielmehr in diese Aufsatzsammlung einführen und dabei Streiflichter auf einige Stationen und auf die Wirkung seiner Arbeit werfen.

Der Titel der Festschrift bezieht sich auf einen von Heinrich Popitz eingeführten Brauch, dem langjährige Hörer der soziologischen Hauptvorlesung in Freiburg viel zu verdanken haben. Als der Basler Professor 1964 den neugeschaffenen Lehrstuhl für Soziologie an der Rechts- und Staatswissenschaftlichen Fakultät der Albert-Ludwigs-Universität Freiburg übernahm und damit als der einzige Vertreter seines Faches an diesem Ort die Bürde auf sich lud, ein breites Spektrum soziologischer Themen anzubieten, erfüllte er diese Pflicht vorwiegend im Sommersemester und reservierte die Vorlesung des Wintersemesters der Thematik, die man für seine Lebensaufgabe halten kann. Alternierend las er je ein Wintersemester lang über "Recht" und eines über "Macht", später kam gleichgewichtig "Technik" und "Sozialisation" hinzu. Nicht jedem Hörer mag bewußt gewesen sein, daß diese Wintervorlesungen Einblick in die Werkstatt boten, daß hier Gedanken zur Sprache kamen, die im Abstand von jeweils zwei Jahren vollständig überarbeitet, ergänzt, präzisiert, geschliffen wurden, bis sie publikationsreif waren. Danach verschwanden sie aus der Wintervorlesung. So geschah es mit "Der Begriff der sozialen Rolle als Element der soziologischen Theorie"; auch auf "Prozesse der Machtbildung" oder "Über die Präventivwirkung des Nichtwissens" kam er nach der Veröffentlichung nie mehr zu sprechen. Das konnte man nachlesen, darüber brauchte er nicht zu reden. Nicht einmal prüfen mochte er diese Themen zur Enttäuschung manches Kandidaten und mancher Kandidatin, die sich nach der Lektüre Popitzscher Schriften besonders gut vorbereitet glaubten.

Dies war bereits zu Beginn der Laufbahn als Hochschullehrer sein Stil. Als Popitz das erste Mal nach Freiburg kam, 1957 als Privatdozent, erregte gerade die Industriearbeiterstudie Aufsehen. Aber weder "Technik und Industriearbeit" noch "Das Gesellschaftsbild des Arbeiters" wurden je in Vorlesung oder Seminar behandelt, lediglich Geschichten aus der Feldarbeit bekamen wir nach der Arbeit im Seminar zu hören. Wir lernten dabei manches über die Technik der empirischen Sozialforschung, wie sie in den Jahren davor unter anderem an der Sozialforschungsstelle in Dortmund für das Nachkriegsdeutschland neu "erfunden" worden war. Vor der Industriearbeiterstudie war wohl vor allem seine Zusammenarbeit mit *Elisabeth Pfeil* bei der Untersuchung von Wohnwünschen der Bergarbeiter für dieses Neuentdecken wichtig. Auch das Thema der Dissertation "Der entfremdete Mensch - Zeitkritik und Geschichtsphilosophie des jungen Marx", 1949 nach einem insgesamt kaum fünfjährigen Studium in Heidelberg, Göttingen und Oxford bei *Karl Jaspers* in Basel fertiggestellt, wurde nicht Gegenstand unserer Diskussionen mit ihm, obgleich bereits dieses erste Buch starke Beachtung fand (und dank der dauerhaften Verfügbarkeit einer neuerlichen Auflage in der Wissenschaftlichen Buchgesellschaft Darmstadt immer noch findet). Deutlich wurde aber, eher am Seminarstil als in direkter Referenz, daß das Denken und Argumentieren des Privatdozenten stärker von *Nikolai Hartmann* in Göttingen als vom Basler Doktorvater beeinflußt worden war.

Noch ist nicht alles veröffentlicht, was in vielen Wintern Schritt für Schritt auszuarbeiten versucht wurde. Mit Spannung verfolgen diejenigen, die in Freiburg nicht mehr hören können, wie jede neue Veröffentlichung den inneren Zusammenhang, den Bauplan des ganzen soziologischen Gebäudes deutlicher werden läßt und wie neues Nachdenken den Entwurf in neue Bereiche hineintreibt, wie es sich etwa im Autoritätsaufsatz andeutet. Ebenso lassen der Sozialisationsaufsatz in der Bahrdt-Festschrift und das Technik-Kapitel in "Prozesse der Machtbildung" gespannt auf die Fortsetzungen warten.* Das mag noch dauern, weil Popitz lange reflektiert und revidiert, bis eine Sache zu Ende gedacht und abschließend formuliert ist. Das Gewicht wie die Schmalheit seines Werkes finden in diesem Verhalten, dem man Schule wünscht, ihre Erklärung.

---

* Eine dieser Fortsetzungen, "Epochen der Technikgeschichte", hat uns unmittelbar vor Beendigung des Umbruchs erreicht.

Zu diesem langsamen Reifen jedes Teilstückes paßt, daß Popitz sich immer aus modischen Trends heraushielt. Wegweisend Neues und in diesem Sinn Modernes hat er vielmehr schreiben können, weil er sich an Klassiker hielt. Mit dem Bezug auf soziologische Klassiker ordnet er sich in Traditionen ein, die er aber unter anderem deshalb so originell weiterentwickelt, weil er sich gleichermaßen an nichtsoziologischen Klassikern orientiert: an Thukydides oder Sophokles etwa, an Thackerey oder Fontane und vor allem an Goethe, dessen Schriften er einmal als Pflichtlektüre für Soziologen bezeichnete. Vielleicht führte neben dem Vorbild seiner Philosophielehrer die Orientierung an Historikern und Dichtern dazu, daß er seine theoretischen Abstraktionen an jeder Stelle durch Beispiele mit konkreten sozialen Inhalten verbindet. "Können Sie ein Beispiel geben?" ist seine das abstrakte Denken heilsam disziplinierende Frage in jeder Diskussion.

Beim Redigieren vieler Beiträge dieser Festschrift wurde mir deutlich, daß die Wirkung eines einflußreichen akademischen Lehrers nicht nur darin besteht und nicht einzig darin bestehen sollte, seine Themen und Thesen weiterzugeben, sondern darin, daß seine wissenschaftliche Haltung übernommen wird, daß seine Ideen verändert und auf von ihm nicht antizipierte Gegenstände übertragen werden. Je länger dieser Prozeß fortschreitet, je älter die ehemaligen Schüler werden, desto unsichtbarer sind dem Unkundigen die Fäden, die das Werk der Jüngeren mit dem Werk des Älteren verbinden. Aus Anlaß der Festschrift haben manche von uns diese Verpflichtung deutlicher werden lassen als üblich. Ich glaube aber, daß das besondere Geburtstagsgeschenk in den Beiträgen dieses Bandes nicht etwa darin besteht, daß Heinrich Popitz vielfach zitiert ist, sondern daß die Wirksamkeit seines Denkens in anderen spürbar wird.

Das Wissen um diese Beziehung drückte sich auch in der Zustimmung aus, die der Herausgeber mit dem Vorschlag, eine Festschrift zusammenzustellen, aus dem Kreis der Beitragenden erfahren hat, und die dazu führte, daß hier vielfach grundlegende Erkenntnisse und neue Forschungsergebnisse dargeboten werden. Die Herausgabe wurde damit zur leichten Aufgabe, so durchgearbeitet und fertig kamen die meisten Beiträge an. Das Bemühen von Heinrich Popitz, gleichzeitig literarisch und wissenschaftlich zwingend zu schreiben, sein Verantwortungsbewußtsein gegenüber dem Leser, dem er die Zeit nicht mit Redundanzen stehlen mag, scheint ebenfalls anzuregen.

In der ersten Abteilung dieser Festschrift sind persönlich gehaltene Briefe und Erinnerungen versammelt, die sich auf die Hauptstationen des beruflichen Wirkens von Heinrich Popitz beziehen. Aus der ersten dieser Wirkungsstätten, der Sozialforschungsstelle in Dortmund, ruft ein Mitarbeiter der Industriearbeiterstudie, der Mitautor *Ernst August Jüres*, in seinem Brief an Popitz das Werk Rheinhausen in Erinnerung, indem er Probleme der Zeiteinteilung und Solidarität beschreibt. Die nächste Station, vorausweisend auf die derzeitige, war die Privatdozentenzeit in Freiburg. *Dieter Oberndörfer* beschreibt das Bergstraesser-Seminar jener Tage, in welchem er Popitz nach der Habilitation begegnete. Er hält uns auf diese Weise einen wissenschaftlichen Lebenszusammenhang in Erinnerung, der auch durch den hinzukommenden Popitz eine große Ausstrahlungskraft besaß. Von Freiburg ging Heinrich Popitz wieder nach Basel, wo er neben seiner breitangelegten Lehrtätigkeit eine der wenigen großen empirischen Studien im deutschen Sprachraum über die Ungerechtigkeit des höheren Bildungssystems initiierte und betreute. Zwei Autoren der Untersuchung "Die Ungleichheit der Chancen im Zugang zur höheren Schulbildung" (1964) erinnern an diese Arbeit: *Willi Schneider*, der seine auf den Erkenntnissen der Forschungsarbeit aufbauende Tätigkeit als Departementssekretär am Erziehungsdepartement des Kantons Basel-Stadt im Dienste der Schulreform beschreibt und dabei zeigt, daß von Popitz angeregte Soziologie auch praktisch werden kann, und *Fritz Latscha*, der einen Dankesbrief verfaßte und damit auch die persönliche Seite berührt, die in akademischen Beziehungen besteht.

Ich habe unter diese Beiträge einen Aufsatz über die Europäische Währungsunion, der vom Thema her in den Abschnitt "Macht", von den Analysegesichtspunkten in den Abschnitt "Recht" gehörte, deshalb aufgenommen, weil *Ralf Dahrendorf* wie kein anderer seinen Beitrag persönlich adressiert. Er macht hier einen Typ literarischer Arbeit, in dem Heinrich Popitz Meister ist und den gleichwohl nur seine Freunde und Schüler kennen, öffentlich und zitierbar: Schüttelreime, die Popitz als Widmung seinen Schriften beizulegen pflegt, wenn er diese verschenkt. Inhaltlich zieht *Dahrendorf* am Beispiel der Währungsunion die Sentenz von der normativen Kraft des Faktischen in Zweifel, die Analyse des Einzelfalles führt zu zentralen Fragestellungen der Allgemeinen Soziologischen Theorie.

Etwas abgesetzt von diesen Beiträgen, die sich direkt auf die Tätigkeit Heinrich Popitz' beziehen, ist ein anderer persönlicher Beitrag abgedruckt. *Reinhard Bendix* nutzt den Anlaß der Festschrift für Popitz, dem er sich wahlverwandt weiß, um "ein geistiges Selbstportrait zu entwerfen". Mit dem Beitrag eines deutschen Amerikaners wird überdies daran erinnert, daß auch Heinrich Popitz zum Brückenschlag zwischen deutscher und amerikanischer Theoriebildung beitrug, indem er im akademischen Jahr 1970/71 den Theodor-Heuß-Lehrstuhl an der New School for Social Research in New York übernahm.

Die beiden Hauptteile der Festschrift sind mit "Macht" und "Recht" überschrieben. Unter "Macht" sind alle Beiträge versammelt, die sich im Sinne von "Phänomene der Macht" (1983) mit Problemen von Gewalt, Macht, Autorität und Herrschaft befassen und vielfältig die enge Beziehung von Soziologie und Politikwissenschaft erweisen. Unter "Recht" finden sich die Beiträge, in denen "Die normative Konstruktion von Gesellschaft" (1980) zur Debatte steht. Nahezu alle Beiträge, auch die sich mit konkreten Alltagsphänomenen befassenden empirischen Studien, weisen einen Bezug zur Allgemeinen Soziologischen Theorie im Sinne der beiden eben zitierten Bücher auf. Die Entscheidung, bestimmte Beiträge einer der beiden Überschriften zu subsumieren, fiel gelegentlich schwer, weil die Regulierung des Alltags in Norm- und Sanktionsprozessen von Macht-, Autoritäts- und Herrschaftshandeln beeinflußt wird und weil auch Macht, Autorität und Herrschaft normiert und sanktioniert werden, womit nur einige thematische Verbindungen der beiden Vorlesungen angesprochen sind. In zahlreichen Beiträgen wird - mit anderen Worten - die Verknüpfung von Macht und Recht thematisiert, so daß die Zuordnung zu nur einem dieser beiden Themenkomplexe in gewissem Ausmaß willkürlich ist.

Der Abschnitt "Macht" beginnt mit zwei Beiträgen, die sich mit Alltagsproblemen beschäftigen und deshalb von den dann folgenden Artikeln, die sich mit Themen aus der Politik befassen, abgesetzt sind. *Johannes Siegrist* analysiert den Zusammenhang zwischen Arbeitsbedingungen und Herzerkrankung bei Industriearbeitern, er weist damit für die Allgemeine Soziologische Theorie nach, daß körperliche Verletzungsmacht nicht auf körperliche Gewalteinwirkung beschränkt ist. Gleichzeitig ist dies von beträchtlicher sozial- und gesundheitspolitischer Bedeutung. *Hubert Treiber* berichtet die Ergebnisse einer qualitativen empirischen Studie über "die feinen Leute" Zürichs, die auf Partys, Premieren und anderen öffentlich kommentierten Veranstaltungen ihre soziale

Struktur und damit ihre Macht reproduzieren und ihren Kreis durch "demonstrativen Konsum" nach unten abschließen.

Die Beiträge, die sich mit politischen Phänomenen im engeren Sinne befassen, sind so geordnet, daß sich der politische Gegenstandsbereich geographisch immer weiter ausdehnt, bis er in der Analyse des Kalten Krieges von *Hans-Peter Schwarz* das globale Blocksystem umfaßt. Dieser Teil beginnt mit zwei Aufsätzen über Korruption. *Birgitta Nedelmann* nimmt die politische Korruption in der Bundesrepublik, aber auch andernorts, zum Anlaß, um der "Präventivwirkung des Nichtwissens" eine "Offensivwirkung des Zuvielwissens" gegenüberzustellen. Der politische Skandal wird ihr damit zum Thema der Allgemeinen Theorie. *Erhard Blankenburg* bearbeitet das gleiche Thema eher in einer demokratietheoretischen Perspektive. Er vertritt die These, daß nicht die Korruption, sondern deren Skandalisierung angewachsen sei und daß dies als Zeichen für ein reifer gewordenes demokratisches Bewußtsein in der Bundesrepublik Deutschland gewertet werden könne. Es folgt *Friedrich Pohlmanns* Analyse des nationalsozialistischen Terrorsystems, das gekennzeichnet ist durch eine radikale Entkoppelung von Norm und Sanktion als Technik der Machtausübung und das durch eine Ideologie der Negation legitimiert wurde.

Die nächsten drei Beiträge führen in die Regionen der Dritten Welt und bezeichnen Stufen der Verfestigung von Macht und Herrschaft. *Gerd Spittler* beschreibt die Beziehung zwischen Karawanenführer und Karawane bei den Tuareg und damit soziale Regelungen und die Autorität des Anführers, die eine sichere Durchquerung der Wüste ohne den Einsatz äußerer Machtmittel ermöglichen. Damit ist eine der Übergangsstellen fixiert, an denen herrschaftsfreie Regulierung in Über- und Unterordnung umschlägt, womit die Möglichkeit von Herrschaft entsteht. Auch *Trutz von Trotha* analysiert einen Übergang, nämlich den der temporären Gewalt des Überfalls zur dauerhaft institutionalisierten Herrschaft. Das historische Beispiel der Errichtung befestigter "Stationen" in der deutschen Kolonie Togo bietet den Stoff für die Formulierung allgemeiner Thesen über das Funktionieren von Herrschaft. *Jakob Rösel* verfolgt wieder eher demokratietheoretische Absichten, indem er Bedingungen und Folgen der Bildung ethnischer Parteien in den ehemaligen Kolonien für das Funktionieren des demokratischen Systems in den neuen Nationen analysiert. Der bereits angesprochene Beitrag von *Hans-Peter Schwarz* beschäftigt sich mit dem größten Gewaltpotential in der Geschichte, den nuklearen Arsenalen in

Ost und West in ihrer Funktion für die Friedenssicherung, für die Verhinderung des Dritten Weltkrieges.

Günter Stratenwerth bindet seine rechtstheoretischen Erörterungen zum zivilen Ungehorsam ausdrücklich an die Problematik von Norm und Sanktion. Indem er aber neue Begründungen für die Erlaubtheit von Widerstand gegen die Staatsgewalt diskutiert, gehört sein Beitrag auch zum Themenbereich "Macht", weshalb er an der Übergangsstelle die Abteilung "Recht" einleitet.

Auch das Thema von *Hans Paul Bahrdt*, Distanz, hat, wie *Hubert Treibers* Ausführungen zeigen, einen Bezug zu Macht und Herrschaft, *Bahrdt* verfolgt das Thema aber breiter, indem er nach der alltäglichen Regulierung der Distanz durch Gewohnheit, Brauch, Sitte und Norm fragt, ohne sein Thema auf eine bestimmte Gesellschaft zu beschränken. Mein eigener Beitrag beschäftigt sich ebenfalls mit der Regulierung des Alltags, nämlich mit Sanktionsprozessen unter Kindern und dem Aushandeln ihrer normativen Ordnung. Einen anderen Aspekt des Alltags, soziale Verankerung bzw. Isolierung, spricht *Baldo Blinkert* an, der den Twenty Statement Test der Iowa-Richtung des Symbolischen Interaktionismus in einer deutschen Adaptation auf Straftäter anwendet, deren soziale Einbindung er mit Nichtstraffälligen vergleicht.

Im letzten Beitrag stellt *Robert Reichardt* die Frage nach der Bedeutung der Anthropologie für eine Allgemeine Soziologische Theorie. Seine Erörterungen bilden damit eine Klammer um alle Beiträge. Sie beziehen sich auf den Ausgangspunkt, von dem auch Popitz' Lehrtätigkeit in jenen Wintersemestern ausging, in denen viele, die für diese Festschrift schrieben, ihre Fragen und Perspektiven fanden.

Lieber Herr Popitz, im Namen aller, die zu diesem Buch beigetragen haben, gratuliere ich Ihnen zu Ihrem 65. Geburtstag und wünsche Ihnen noch für viele Jahre die Kraft, die Sie brauchen, um Ihre Aufgabe zu einem Abschluß zu bringen. Weil Sie immer neue Fragen an die alten anbinden, werden zwar immer wieder Fragen offenbleiben. Desto wichtiger werden uns noch lange die Gedanken sein, die Sie in das fortwährende, unsichtbare Kolleg einbringen, das Sie zusammen mit all denen halten, die an diesen Fragen arbeiten.

Berlin, Herbst 1989 — Hans Oswald

Erinnerungen an Rheinhausen

Ernst August Jüres

Lieber Herr Popitz,

ich hörte, daß niemand zu Ihrem Geburtstag auf die Rheinhausen-Untersuchung eingehen würde. Das fand ich schade. Mit einigen Erinnerungen möchte ich dem abhelfen.

Als wir uns kennenlernten, war ich Hüttenarbeiter mit zweijähriger Erfahrung, und ich hatte in einigen anderen Bereichen der Schwerindustrie auch schon praktisch gearbeitet. In der Zeit, knapp nach der Währungsreform, halfen Betriebe Studenten, sich auf diese Weise über Wasser zu halten. Keinesfalls hatte ich der Soziologie wegen solche Arbeit aufgenommen. Vielleicht wußte ich von deren Existenz, jedoch von ihrer empirischen Seite hatte ich zweifellos keine Ahnung. Von der neu über uns gekommenen Einrichtung der Meinungsbefragung und ihrer Institute hatte ich allerdings manches Ergebnis damals schon zur Kenntnis genommen.

Sie dagegen hatten zur Empirie bereits ein systematisches Verhältnis. Wie Bahrdt und Kesting waren Sie durch Studium mit der Soziologie vertraut. Dazu waren Arbeiter für Ihre empirische Praxis bereits eine geläufige Erscheinung. Industriearbeit, deren Technik, Organisation und Vollzug waren in ihrem praktischen Zusammenhang dagegen wohl auch für Sie weitgehend neu, allerdings wußten Sie, daß all dies ein hinreichend interessanter Stoff war, der es lohnte, sich mit ihm auseinanderzusetzen. Ich jedoch staunte geradezu, auf welche weiteren Weisen, als ich sie bisher erfahren hatte, man noch mit der Industrie und ihren Arbeitern umgehen konnte. Allein schon die Zahl der Fragen, die sich an sie und ihre Arbeit richten ließen, trugen zu meinem Verwundern bei. Das vergrößerte sich, als ich den ersten Blick auf Untersuchungen tun konnte, die von amerikanischen Forschern zur Industriesoziologie bereits durchgeführt worden waren.

Ob sich die Ergebnisse dieser amerikanischen Untersuchungen ohne weiteres auf unsere Verhältnisse übertragen ließen, ob überhaupt die Voraussetzungen für solche Vorgehensweisen hier wie dort annähernd ähnlich wären, das waren Fragen, die damals in unserem Kreis diskutiert wurden. Wir waren in der Einstellung zu ihnen nicht ganz sicher; soviel aber schien uns gleich einzuleuchten, daß nämlich durch den Umgang mit der amerikanischen Industriesoziologie zahlreiche Anregungen zu erwarten wären.

Das ließ sich schon zu Beginn unserer praktischen Bemühungen, für die wir die Krupp-Hütte in Rheinhausen gefunden hatten, leicht erkennen. Unsere Beobachtungen stießen auf ständig neue Aspekte, und zwar nicht etwa, weil wir uns fortwährend weiteren Werksteilen zuwandten, sondern allein schon, weil wir in jedem Werksteil, mit dem wir uns befaßten, mehr entdeckten, als wir bei dem anfänglichen Eindruck leichter Überschaubarkeit vermutet hatten. Auch ließ sich feststellen, daß in den einzelnen Arbeitsgängen, obwohl sie ihrer Natur nach, etwa nach Produkt wie Produktionsart oder nach Größe der Gruppe wie Grad der Aufsicht durch Vorgesetzte, sehr verschieden waren, auch Momente enthalten waren, nach denen sie sich durchaus vergleichen ließen. Der erste Austausch von Beobachtungen und der Versuch ihrer Auswertung zeigten das bald.

Lasse ich hier lediglich meine Erinnerung walten und verzichte auf Einsicht in unsere Aufzeichnungen oder Veröffentlichungen, so drängt sich mir als Beleg hierfür besonders das Zeitphänomen auf. Was Zeit im Verhältnis zur Arbeit für Unterschiede in der Dimension haben kann, will ich zunächst an zwei Arbeitsgruppen darstellen, die mir beim Rückblick besonders vor Augen geraten, nämlich an der Gruppe am Hochofen und an der Gruppe im Kleineisenzeugwerk an der Stanze. Damals machte ich eine Entdeckung, die mir während meiner eigenen Arbeitertätigkeit nicht ins Bewußtsein gelangt war, nämlich die der Zusammenhänge zwischen den Zeiterscheinungen bei der jeweiligen Arbeit und der Form der Solidarität. Von ihr hatte ich bis dahin gedacht, sie sei in Art und Grad ein Ergebnis des Zusammenspiels von Individualitäten. Ich schildere dazu meine eigene, ehemalige Tätigkeit im Walzwerk einer Hütte. Das Verhältnis, das der Zusammenarbeit der Walzwerksgruppe zugrundelag, ergab sich mir damals aus der Art, in der jeder den Arbeitsteil dessen, der ihm zuarbeitete, bewertete, und wie er im übrigen die Arbeitsleistungen aller weiteren mit seiner eigenen Anstrengung verglich. Nach der Untersuchung sah ich das genauer, wenn auch meine ehemaligen Arbeitskollegen dadurch nichts an Individualität verloren haben.

Auf das Verhältnis zwischen Arbeitsanforderung und Zeit gehe ich abschließend mit einer Schilderung darüber ein, auf welche Weise ich mir einen Abschnitt meiner Hüttentätigkeit leichter zu machen versuchte.

***

Zunächst komme ich zu den Vorgängen am Hochofen, der sich wohl auch heute noch als Kern oder Herz eines Hüttenwerks darstellt; in der Wiederkehr seiner Vorgänge, die das Leben des Werkes bestimmen, wäre sogar noch angebrachter, von Puls statt von Herz zu sprechen. Zu jener Zeit und auf jener Hütte betrug der Ofengang, der mit der Beschickung beginnt und mit dem Abstich endet, rund sieben Stunden. In diesem Zeitraum, der kürzer ist als eine Schicht, wiederholten sich die Prozesse am Ofen. Dementsprechend konnte der Höhepunkt der Arbeit, der Abstich des flüssigen Eisens, mitten in der Schicht und somit günstig für die Zeiteinteilung der Ofenbesatzung liegen. Doch natürlich konnte der Prozeß auch so ungünstig liegen, daß unmittelbar nach Übernahme der Schichtarbeit die Gruppe den Abstich zu bewältigen hatte und deshalb damit rechnen mußte, kurz vor Ende der Schicht bereits wieder die letzten Vorbereitungen für den nächsten Abstich treffen oder ihn gar einleiten zu müssen.

In dem zweiten lebhaft erinnerlichen Vorgang, der sich in der sogenannten Kleineisenzeugfabrik abspielte, hatte eine Arbeitsgruppe von drei Mann einen geradezu entgegengesetzt gestalteten Rahmen für ihre Arbeitszeit. In diesem Betriebsteil wurde ein bestimmtes Erzeugnis, eine Platte, die Schiene und Schwelle der Eisenbahn miteinander verbindet, produziert. Eine Arbeitsgruppe stellte an ihrer Stanze in einer Schicht, wenn ich die Zahl recht in Erinnerung habe, 1.600 Exemplare davon her. Das bedeutete keineswegs, daß auf die Arbeitsstunde 200 Stück entfielen, vielmehr wurde ruhig und zügig, wenn nicht gerade ein Maschinenschaden oder ein Nachschubmangel auftrat, bis zur Hälfte der Schichtzeit, also in vier Stunden, ein gestecktes Ziel von 1.200 Stück erreicht. Die Rechnung ging meist auf. Zu Anfang war man frisch, waren die Maschinen im besten Zustand, war die gelegentliche Aufsicht lebhafter. Nach der Pause zur halben Schichtzeit konnte es dann gemächlich gehen, wegen der schon erreichten Zahl war kaum noch ein Vorgesetzter zu erwarten. Auch hatte man sich bis zu einem gewissen Maße verausgabt, vor allem aber war man nun annähernd gewiß, sein Quantum zu schaffen. Gerade dieser Gewißheit wegen war anfangs so schnell gearbeitet worden. Denn sollte mal der Prozeß beeinträchtigt werden, dann hatte man vorgearbeitet oder konnte zur Not im späteren Schichtverlauf so zügig arbeiten, wie man es grundsätzlich im ersten Teil zu tun pflegte. Daß die Arbeitsgruppen im Kleineisenbetrieb sich bei dieser Festlegung von Zeiten und Quantitäten solidarisch verhielten, erscheint als nahezu unvermeidbar. Jeder wollte auf sein Geld kommen, wobei es sich wegen betrieblicher Lohnregelungen nicht auszahlte, mehr als 1.600 Stück je Gruppe herzustellen. Um das Ziel zu erreichen, waren alle auf weitgehende zeitliche Koordination angewiesen.

Keineswegs, das wäre in die Erinnerung zurückzurufen, war hier der Takt eines Motors maßgeblich. Der gleichmäßige Abstand zwischen den Stanzvorgängen wurde vielmehr vom Zeitgefühl des Gruppenmitgliedes bestimmt, der den Hebel zur Auslösung des Vorgangs bediente. Von Gruppe zu Gruppe mochte wohl ein geringfügiger Unterschied im Tempo dieser Wiederholungen erkennbar gewesen sein. Wenn aber eine der Gruppen eine Zwangsverzögerung erlitten hatte, dann zeigte sich, mit welchen Unterschieden im Tempo die mehrfach erwähnte und für alle Gruppen gleiche optimale Quantität nun doch praktisch erreicht wurde. Das Arbeitstempo, das in der zweiten Hälfte der Schicht, also nach der Pause, von dem in der ersten erheblich abwich, zeigte das gleiche Bild eines generell übereinstimmenden Verhältnisses zur Zeiteinteilung. Es gab hier keine Fließbandprobleme im Tempo, aber auch keine Versuche einzelner Gruppenmitglieder, von dem nun einmal festgelegten Tempo abzuweichen.

Am Hochofen hatte die Solidarität der Arbeitsgruppe eine ganz andere Grundlage, hervorgerufen durch eine entgegengesetzte Gliederung der Zeit. Während die Stanzer ihre Arbeit ständig wiederholen mußten, wie oft in der Stunde (!), kamen nur ganz wenige Arbeitsausführungen des Ofengangs zweimal in einer Schicht vor. Diese lange Spanne von einer Wiederholung zur anderen hatte zu der Regelung geführt, die Verrichtungen auf die vier Ofenmänner so aufzuteilen, daß jeder seinen eigenen Verantwortungsbereich hatte, somit auch nach eigenem Ermessen die Zeiten für seine Verrichtungen festlegen konnte.

Das galt allerdings nicht für den Abstich. Hierzu waren alle vier auf engste Zusammenarbeit angewiesen. Beim Abstich war auch unumgänglich, daß alle Arbeiten, die ihn vorbereiteten, restlos abgeschlossen sein mußten. Zudem sollte ihm wegen der starken körperlichen Anforderung an die Hochofenbesatzung eine ordentliche Pause vorangehen, wenn es die Verhältnisse nur eben zuließen. Das spornte zwar an, die Arbeit abzuschließen, doch sah man es nie anders, als daß alle vier gleichzeitig aufhörten. Jeder hatte sich deshalb bei seiner Verrichtung nach den Kollegen umgeschaut, wie sie mit ihrer Arbeit vorankamen, um sich auf eine eventuelle Hilfeleistung für stärker belastete Kollegen einrichten zu können.

Hier gewinnt die Solidarität einen anderen Ausdruck, als er bei den Stanzern des Kleineisenzeugs vorlag. Die Solidarität begann mich zu interessieren, vor allem die Umstände, die für sie in Betracht zu ziehen waren. Sie ist keineswegs identisch mit der Kameradschaft, für die ich viele Beispiele erlebt hatte, im Guten, allerdings auch im Üblen. Während meiner eigenen Hüttenarbeit war mir dieser wesentliche Zug von Solidarität, der sich im Eingehen auf die Zeit äußert, nicht deutlich genug geworden. Dabei denke ich vor allem an die Arbeit in einem Rohrwalzwerk, in dem ich vorwiegend tätig war. Die Unklarheit geht sicher nicht zurück auf den schon damals archaischen Zustand des Werkes. (Heute steht von ihm nichts mehr als ein pittoresker Schornstein, den noch jeder sehen kann, wenn er mit der Bahn durch das Ruhrgebiet fährt.) Sie geht vielmehr darauf zurück, daß, anders als bei Stanzern und Hochofenleuten, in der Arbeitsgruppe zwischen Blockofen und Rohrwalze eine viel größere Zahl von Arbeitern in stark unterschiedlichen Funktionen aufeinander angewiesen war. Zudem war die Technik der Anlagen vielfältiger, und die Prozesse wie die Arten ihrer Bewältigung führten zu Zeiteinteilungen, die sich markant voneinander abhoben. Bei solchen Voraussetzungen zu erkennen, wie sich Solidarität darstellt, war weitaus schwieriger als in den ersten beiden Fällen.

Was ich nun beschreibe, hat also nur noch historische Bedeutung, hatte sie schon, als wir noch mit unserer Untersuchung beschäftigt waren. Im Mittelpunkt stand in jenem Walzwerk und wohl in allen ähnlicher Art die magische Zahl zwanzig. Soviel Blöcke vermochten die vier oder fünf Walzer am Hauptgerüst durchzusetzen, mehr nicht. Das lag an der Temperatur des Walzgutes, das mit ca. 1000^0 C aus dem Blockofen (lange meine Domäne) gezogen wurde. Das lag auch daran, daß die Walzer die Blöcke über einen nicht angetriebenen

Rollgang mit Hilfe von Rengel und Zange in das jeweilige Walzenkaliber wuchten mußten. Mit vier bis acht Stichen, wie es jeweils klappen wollte, wurde das Walzgut hin und her durch die Kaliber geschickt. Dann waren Rohrrohlinge entstanden. Zwanzig Block walzen, zwanzig Block Pause; jedes der beiden Gerüste, die nebeneinander und in härtester zeitlicher Konkurrenz arbeiteten, hatte entsprechend doppelte Besetzung.

Somit saß oder stand jeweils die Hälfte der Walzer ständig bei der Hallentür in der kühlenden Luft. Wie oft sich eine Ablösung wiederholte, war wichtig für den Akkord. Doch das Tempo ergab sich schon daraus, daß jeder der Walzer so kurz wie möglich in der Hitze stehen wollte. Daher folgte dann, daß ziemlich genau jede der beiden Ablösungen über die gesamte Schichtzeit hinweg vier Stunden walzte und vier Stunden Pause hatte und daß die übrige Belegschaft das Tempo der zwanzig Blöcke mitzuvollziehen hatte.

Da die Schlepper, die die Blöcke vom Ofen jeweils zu einer der beiden Walzen zu fahren hatten, der glühenden Hitze weniger ausgesetzt waren, mußten sie zwei mal zwanzig Block hintereinander bewegen, bis sie Pause machen konnten. Sie lösten sich zu dreien ab.

Meine ständigen Nachbarn am Ofen, die Roller, mußten sogar drei mal zwanzig Block lang arbeiten. Ihre Aufgabe war, die vier oder fünf Blöcke unmittelbar an der Feuerung um jeweils 90 Grad zu kanten, damit sie auf allen Seiten gleichmäßige Hitze hatten. Wenn ein Schlepper von der Walze zurückkam, zog ihm ein Roller den heißesten Block aus dem Ofen, während jener wieder abfuhr, drückte der Einsetzer die Reihe der im Ofen liegenden Blöcke um eine Blockbreite weiter. Bei den Rollern machten von acht Mann jeweils zwei Pause.

Der Einsetzer, der die kalten Blöcke vom Kran abnahm, sie in den Ofen einsetzte und nach jeder Entnahme eines heißen Blocks für die Walze die Blockreihe vom Ofeneingang bis zum Feuer um einen Platz weiterdrückte, machte dagegen Pause nach Zeit, nicht nach Blockzahl. Der Ofenmann hatte ihn abzulösen, ich glaube mich zu erinnern, zweimal für je eine Viertelstunde, konnte oder durfte aber nicht, wie man es betrachten will, den hydraulischen Drücker bedienen. Er legte lediglich die angelieferten Blöcke auf der Plattform zwischen Ofen und Drücker ab. Den Drücker zu bedienen, war ein gehegtes Privileg. Der Einsetzer, der dieses Privileg auf meiner Schicht hatte, war ein verdienstvoller Mann, ein ehemaliger Walzer, der hier nun nicht mehr der

Hitze und der unbändigen Anstrengung mit dem Rengel ausgesetzt war, statt dessen jedoch kontinuierlich mit nur geringen Pausen tätig sein mußte. Er hatte die Fähigkeit entwickelt, die Blöcke so zu drücken, daß sie zu zwanzig oder dreißig in zwei Reihen vorrückten und dabei um keinen Jota in der trotz Schienen holprigen Landschaft des Ofeninneren ausbrachen. Jedenfalls vermochte er stets dafür zu sorgen, daß ein Ausbrechen nicht zur Beschädigung des lediglich gemauerten Ofens führte. Das Walzwerk hätte dann für Stunden stillgestanden. Das soll wohl einmal vorgekommen sein, der Sage nach, doch war es kein Einsetzer, dem das passierte, sondern ein Ablöser.

Ich war es nicht, obwohl ich Ofenmann war. Dem stand gar keine Pause zu, im Gegenteil, er mußte, wie gesagt, dem Einsetzer zu Pausen verhelfen. Während er zu diesem Zweck die Feuerung verließ, der er mit Hilfe von Koks, zugeführter Warmluft und gezogener Schlacke eine gleichbleibende Temperatur zu gewährleisten hatte, mußte ihn einer der Roller, der selbst gerade Pause machte, vertreten. Der saß die angesetzte Viertelstunde ruhig auf der Ofenbank ab. Wehe dem Ofenmann, der ihm nicht durch Vorabarbeit diese Ruhe gesichert hätte!

Bei all diesen Auflagen war der Ofenmann dennoch das freieste Mitglied der Schicht. Er konnte seine Zeit weitgehend selbst gestalten. Er mußte lediglich für stets gleich hohe Temperatur sorgen. Doch der Koks dazu kam nicht wie die Warmluft von selbst. Der mußte vielmehr von einem Platz vor der Halle mit der Schubkarre geholt und in den Bunker bei der Feuerung gekippt werden, weiter war die Feuerung zu besorgen, Schlacke zu ziehen, ansonsten konnte man auf der Bank sitzen. Die Auflagen: Für den Nachfolger soviel Koks geholt zu haben, daß bei Schichtbeginn der Bunker randvoll war, sodann weiter, nicht auf der Bank liegen oder auf ihr lesen, das hätte die Kollegen reizen können, vormittags auch die Vorgesetzten, nachmittags die schon seltener, nachts kaum noch. Der einzige nachts anwesende Vorgesetzte, der Schichtmeister, der mir über Tag alles nachsah, selbst wenn ich das ganze Walzwerk besichtigte, hatte nachts viel gegen die Bank einzuwenden, es sei denn, ich teilte sie mit einem der abgelösten Kollegen. Da ich studiert war, wie sie sagten, mußte ich über alles Bescheid wissen, Recht, Medizin, Historie, Religion, nachts natürlich Astrologie und Astronomie, über das Schicksal, über Abtreiben, zuweilen auch über Literatur. Wissensdurst konnte nach Ansicht des Meisters nicht Faulenzen gleichgestellt werden. Er verstand eben etwas von der Psychologie der Nachtarbeit, die der des Schlafens so nahe verwandt ist.

Der Koksbunker mußte bei Schichtbeginn auch deshalb randvoll gefüllt sein, weil der Ofenmann generell als Springer für zahlreiche Tätigkeiten des Walzwerkes gedacht war, im Sommer bei entsprechend zusätzlichen Temperaturen in der Halle sogar als Ersatz für die Hauptakteure, die Zweizentnermänner an den Walzgerüsten. Bis bei größerem Personalausfall die endgültige Besetzung feststand, vergingen eben mehrere Viertelstunden, in denen der Ofen darauf angewiesen war, daß er von jemand von Zeit zu Zeit versorgt wurde, dessen Funktion es gerade zuließ, meist wohl, wenn er Pause hatte.

Sich auf diese und ähnliche Weise zu engagieren, war auch im Interesse der übrigen Schichtmitglieder. In dieser Form war Solidarität noch leicht zu erbringen. Auf den ersten Blick konnte man ohnehin der Ansicht sein, daß es Schwierigkeiten, die erst durch die Solidarität aller zu meistern wären, auf einer Walzwerkerschicht von damals gar nicht gab. Sie umfaßte infolge der vorgesehenen Ablösungen immer viel mehr Arbeiter, als zunächst Funktionen zu besetzen waren. Zudem waren noch Platzarbeiter verfügbar, auf die man zur Auffüllung zurückgreifen konnte. Die langjährig Tätigen wußten jedoch, daß die meisten Probleme in dieser Großgruppe mit ihrem komplizierten und differenzierten Arbeitsbereich nicht durch Spontaneität zu lösen waren. Abwarten war hier nicht mangelnde Solidarität.

War z.B. in einer Schlüsselfunktion ein Ausfall eingetreten, so mußte meist sehr weitgehend unter den anwesenden Arbeitern umdisponiert werden, bis ein jeweils abgezogener Mann durch einen annähernd gleichwertigen ersetzt war. Vom Schichtmeister war es infolgedessen zumeist abhängig, daß die Voraussetzungen, die für Solidarität überhaupt erst gegeben sein müssen, wieder einsetzten. Anschließend kann sich Solidarität etwa in der Bereitschaft zeigen, rasch hinzuzulernen, was man von der neu übernommenen Funktion noch nicht beherrscht. Größer war vielleicht die Solidarität dessen, dem nun geringere Vorleistungen durch den Neuen angeboten wurden, als sie im allgemeinen für seine eigene Arbeitsausführung als erforderlich angesehen wurden. Er mußte sich mehr anstrengen, um seine eigene Leistung dennoch nicht absinken zu lassen. Erst recht war solidarisch, wer in solchen Lagen den neuen nicht nur tolerierte, sondern ihm half, seine Ausführungen zu verbessern.

Solche Einsichten stellten sich für mich erst im Zuge unserer Beobachtungen und Auswertungen in Rheinhausen ein. Ohne sie hätte ich angenommen, daß die Solidarität der Walzwerker, zwischen denen ich gearbeitet hatte, viel geringer wäre als die der Stanzer oder der Hochofenleute. Im Arbeitsleben versteht man eben nicht schon alles durch Dabeisein oder Mitmachen.

***

Eine letzte Erinnerung, die aus meiner eigenen Arbeiterzeit kommt, sei nun noch berichtet. Sie hat kaum etwas mit Solidarität zu tun, nur am Rande, jedoch wird immer noch viel von Zeit die Rede sein. Ich berichtete schon in Rheinhausen darüber, wie ohnehin alles, was ich hier anführe, schon einmal erörtert worden ist. Doch kann man es, wenn ein Anlaß vorliegt, einmal wieder aus der Schublade ziehen.

In einem anderen Teil des Walzwerkes als dem zuletzt behandelten war ich einmal Schlepper. In diesem Werksteil wurden die schon erwähnten Rohlinge auf kleinere und endgültige Rohrausmaße gewalzt, nachdem sie in einem Ofen auf Walztemperatur gebracht worden waren. Man kann sagen, generell handelte es sich um den schon einmal beschriebenen Vorgang, nur eben in kleineren und leichteren Proportionen, dagegen mit kürzeren Zeiten, also auch häufigeren Wiederholungen und selteneren Ablösungen. Dramatik tritt zurück, Eintönigkeit hervor.

Als Schlepper hatte ich die Rohlinge, die der Zieher aus dem Ofen geholt und auf eine Art Tisch davor gelegt hatte, von dort zur Walze zu bringen. Dazu bediente der Schlepper sich der Schere, die mittels Kette und Rolle an einer Schiene aufgehängt war. Mit ihren langen Backen wurde der Rohling gefaßt. Im Abziehen vom Tisch machte der Schlepper mit der Schere eine Drehung von 180^0, und mit deren Schwung ging es auf die Walze zu, auf deren Tisch das Stück zu legen war, unmittelbar vor dem zu nutzenden Kaliber. Zwei Walzer, mit Rengel und langer Zange ausgestattet, hatten nun das Walzgut auf der ofenwärts gelegenen Seite der Walze in das vorgesehene Kaliber einzuführen. Hinter der nichtreversierenden Walze standen zwei Mann, die das Stück zurückbeförderten.

Die Walzer erwarteten nun, daß der Schlepper den Rohling nicht nur vor das Kaliber legte, sondern ihn gleich zwischen die beiden Walzen, also in das

Kaliber steckte, so daß bei der ununterbrochen laufenden Walze der erste Stich für die Walzer schon erledigt war, ohne daß sie sich mit Rengel und Zange mühen mußten. Auf diese Erwartung ging der Schlepper am besten ein. Er vermied damit, Gemurre der Walzer hören zu müssen. Meist fielen darin auch noch die anderen Gruppenmitglieder ein, denn jeder gesparte Stich verkürzte die Walzzeit und erhöhte damit den Akkord. Die Erwartung der Walzer richtete sich auch nicht auf Unmögliches. Man konnte ihr mit etwas Geschicklichkeit entsprechen, zuweilen mit gleichem, oft allerdings mit etwas mehr Kraftaufwand. Dieser Zusatz wurde ausgeglichen durch den Erfolg, auch durch den Beifall der anderen, vor allem durch die Spannung, mit der man das Eintönige ständiger Wiederholung erheblich mindern konnte.

So sah ich es. Andere nahmen das Murren in Kauf, sahen es lediglich als Anfeuerung an, die meist aufgegeben wurde, wenn man sah, daß dem Schlepper die gezielte Ablieferung nicht lag oder ihm zuviel wurde. Den erwarteten Stoß zu vollziehen, glückte selten über längere Zeit kontinuierlich. Keinesfalls war das allein vom guten Willen abhängig. Hatte man sich beim Aufnehmen des Stückes verschätzt, so daß man es nicht genau an der optimalen Stelle gegriffen hatte, so wuchs der benötigte Kraftaufwand, und die Chance der Treffsicherheit sank. Dann war man schon froh, in der üblichen Zeit überhaupt die Walze zu erreichen. Versuchte man, den verfehlten Griff schon am Ofen zu korrigieren, so stand man dem Zieher im Weg. Unterwegs war eine Korrektur nahezu sicher mit dem Fallenlassen des Stückes verbunden. Das währte erst recht über die Zeit, und die Walzer mußten helfen, das Rohr vom Boden zu retten, wo es für die Zange des Schleppers unerreichbar war.

Schließlich konnte man an der Walze selbst die Korrektur versuchen, indem man auf dem Walzentisch nachfaßte und sich nun bemühte, das Kaliber zu treffen. Der Hohn der Walzer war jedem Schlepper bei solchem fast stets unelegant wirkenden Manöver sicher, erst recht, wenn dann der gezielte Stich auch noch mißlang. Das aber konnte nicht nur bei verfehltem, sondern durchaus auch bei einem optimalen Griff geschehen, wenn man also schon halb erfolgsgewiß auf die Walze zumarschierte. Der Stoß konnte danebengehen, die Walze zog das Rohr nicht ein, sondern krachte. Im Abgang sah man, wie die Walzer doch zufassen mußten, und hörte sie schimpfen.

Mir war solch ein Mißerfolg zwar nicht gleichgültig. Aber ich betrachtete ihn als Teil des Spieles, das ich gegen einen andern spielte. Ein gelungener

Stich war ein Punkt für mich, war er mißlungen, war es einer für die Gegenseite, den gedachten Spielpartner. Anfangs, später nur noch, wenn ich zu faul oder zu müde war, zählte ich über einen längeren Zeitraum ununterbrochen durch. Das hatte aber auch schon einen Teil der Stupidität des Rohreschleppens an sich. Erfolg oder Mißerfolg sind dann Kismet, haben nichts mehr vom Kitzel der Auseinandersetzung an sich, in der man sich zu behaupten sucht.

Das Spiel ließ sich durchaus verfeinern, wie wohl fast alle Spiele, selbst die, die bei genormten Regeln stehengeblieben sind. Nur eine der Möglichkeiten erwähne ich. Sie ist mir gut in Erinnerung geblieben, weil ich sie, gewissermaßen mit Bewußtsein, gegen die Zählweise des Tennis entwickelte. Die schien mir unangebracht bei einer solch schwergewichtlichen Sportart, wie ich sie trieb.

Ich teilte die Unendlichkeit zwischen den Ablösungen in je zehn Gänge ein. In diesem Zehner konnte die Zahl der Treffer überwiegen, er konnte unentschieden ausgehen, die Treffer konnten in der Minderzahl sein. Nach drei Zehnern hatte sich entschieden, ob ich unzweideutigen Erfolg oder Mißerfolg gehabt hatte. Unzweideutigkeit wurde dabei nicht etwa aus Fairneß oder Sportlichkeit eingeführt. Es blieb mir auch in dieser Lage bewußt, daß es keinen mit solcher Rücksicht zu bedenkenden Spielpartner gab. Unzweideutigkeit wurde vielmehr eingeführt, um die Unendlichkeit besser zu zerlegen. Sie besagte, daß ein Spiel nach drei Zehnern nicht eindeutig entschieden war, wenn auch nur einer mit 6 zu 4, gleich, ob für oder gegen mich, ausgegangen war. Dann wurden noch zwei weitere Zehner gezählt. Danach war ein Spiel endgültig beendet, gleich, ob nun in den Zehnern weitere zweideutige Ausgänge waren.

Ich glaube, ich habe es selten auf ein gewonnenes Spiel mit fünf Zehnern gebracht. Man bedenke die zusätzliche Belastung, die durch die Spielbeachtung zum Schleppen und dann noch zum Treffen hinzutritt. Je mehr man zählt und Zahlen auseinanderhält, desto stärker ist die Aufmerksamkeit vom Treffen und schließlich gar vom Schleppen abgelenkt. Krachte es wieder einmal ordentlich gegen die Walze, so konnte es geschehen, daß ich von der einen Ebene in die andere zurückrutschte. Ich war nicht mehr im Spiel, sondern beim Schleppen. Aber von den 75 Minuten zwischen den Pausen war ein großer Teil vergangen. Da die Walzer ob des Fehltreffers schimpften, machte ich einen Knicks zu ihnen hin, was in dieser Sportart das Gleiche bedeutete wie in anderen die jeweiligen Gesten der Auseinandersetzung, und ging, die Zange hinter mir herziehend, zum Ofen zurück.

Andere Arbeiter haben bei Tätigkeiten mit ähnlichen Ansprüchen sicher auch ihre Mittel gehabt, mit ihnen fertig zu weren. Vielen bieten sich in diesen Lagen Überspielungen geradezu an. Mein Zählspiel ist wohl nur eine davon. Man muß allerdings intensive Beobachtung solcher Lagen oder eigene Erfahrung hinter sich haben, um nicht anzunehmen, mein Bericht über das Spiel sei erfunden und erfolge lediglich, um die Historie der Rheinhausen-Untersuchung noch einmal interessant zu machen, gar unter Benutzung sportlicher Aktualitäten. Ich meine, in den Veröffentlichungen der Rheinhausen-Untersuchung werde auf dieses Zählspiel Bezug genommen. Wenn Sie, lieber Herr Popitz, an die Gespräche jener Zeit zurückdenken, so wird auch Ihnen wohl in die Erinnerung kommen, daß ich die Geschichte im dortigen Kreise schon einmal erzählt habe.

In der Hoffnung, daß ein solcher Rückblick Sie erheitert und Sie bei Wiederholung für noch manches Jahr vergnüglich stimmen kann, verbleibe ich mit weiteren guten Wünschen

Ihr Ernst August Jüres

Die Anfänge der Wissenschaftlichen Politik und Soziologie an der Universität Freiburg im Seminar Arnold Bergstraessers - Begegnungen mit Heinrich Popitz

Dieter Oberndörfer

Vorrede

Heinrich Popitz habilitierte sich im Sommersemester 1957 bei Arnold Bergstraesser in der rechts- und staatswissenschaftlichen Fakultät der Albert-Ludwigs-Universität in Freiburg. Er lehrte hier als Privatdozent für Soziologie bis zu seiner Berufung auf einen Lehrstuhl für Soziologie an der Universität Basel im Wintersemester 1959.

Ich möchte im folgenden in einem ersten Abschnitt das akademische Umfeld darstellen, in dem Heinrich Popitz seine Tätigkeit als akademischer Lehrer begann. Dieses Umfeld wurde durch Arnold Bergstraesser und dessen Seminar geprägt. Wesentlich waren auch die Strukturen und die akademische Lebenswelt der Freiburger Universität zu Beginn der Studentenexplosion und der dann folgenden Umwandlung in eine Massenausbildungsstätte.

In einem zweiten Abschnitt will ich persönliche Begegnungen mit Heinrich Popitz in jenen Jahren schildern und abschließend auch Eindrücke über sein akademisches Wirken aus den vielen Jahren vermitteln, in denen Heinrich Popitz seit 1964 mein Freiburger Kollege war.

1. Arnold Bergstraesser, sein Seminar und die "alte" Freiburger Universität

Arnold Bergstraesser nahm zum Sommersemester 1954 den Ruf auf einen neugeschaffenen Lehrstuhl für "Wissenschaft von der Politik und Soziologie" in der Rechts- und Staatswissenschaftlichen Fakultät der Universität Freiburg an. Damit begann die Geschichte der Politikwissenschaft und Soziologie als akademische Disziplinen an der Albert-Ludwigs-Universität.

Mit Arnold Bergstraesser kam ein glanzvoller akademischer Lehrer nach Freiburg. Als Schüler des Historikers Eberhard Gotheim, der Soziologen Max und Alfred Weber, bei dem er sich 1927 in Heidelberg habilitiert hatte, war Bergstraesser einer der letzten Repräsentanten der großen deutschen Tradition einer synoptischen historischen und kulturwissenschaftlichen Staatswissenschaft, für die u.a. die Namen Max und Alfred Weber, Alexander Rüstow, Werner Sombart, Ferdinand Tönnies und Edgar Salin stehen. Diese Tradition ist heute in der auf "Nationalökonomie" reduzierten "Staatswissenschaft" erloschen. Arnold Bergstraesser war ein souveräner Kenner der deutschen, italienischen und französischen Kultur- und Geistesgeschichte. In der Kultursoziologie, der er sich selbst zuordnete, ging es ihm um die Analyse der Interdependenzen zwischen den Bereichen der Wirtschaft, der Gesellschaft, der Politik und der kulturellen Überlieferung. Von der Spannweite dieser Kultursoziologie zeugen schon seine Heidelberger Veröffentlichungen zu Lorenzo Medici, Hofmannsthal und "Zu Staat und Gesellschaft in Frankreich". Im Exil in den Vereinigten Staaten lernte Arnold Bergstraesser auch die amerikanische Demokratie und ihre geistig-kulturellen Grundlagen kennen. Die charismatische Ausstrahlungskraft Bergstraessers, die auch von seinen Freiburger Schülern erfahren wurde, beschreibt Carlo Schmid in seinen Memoiren mit den Worten: "Er war rundum begabt, nichts schien ihm schwerzufallen. Ich brauchte einige Zeit, um mein Selbstbewußtsein wieder zu finden: So war mir bisher keiner begegnet."

Bergstraesser war ein erbitterter Gegner des Postulats der Wertfreiheit in den Sozialwissenschaften. Daher war die Kultursoziologie für ihn immer auch eine politische Wissenschaft. Der auch im persönlichen Naturell eines geborenen "Homo Politicus" angelegte Wille zum politischen Engagement hatte sich schon in Weimar u.a. in der maßgeblichen Beteiligung Bergstraessers an der Aussöhnungspolitik Stresemanns mit Frankreich und in vielen politisch organisatorischen Tätigkeiten[1] niedergeschlagen. Durch die Berufung auf einen Stiftungslehrstuhl für Auslandswissenschaften an der Universität Heidelberg im Jahre 1928 hatte die Verbindung zwischen Kultursoziologie und Politik schon früh eine institutionelle akademische Grundlage erhalten. Dies war schon ein Vorspiel für die Verlagerung der politischen und wissenschaftlichen Aktivitäten

1 So z.B. die Einberufung des ersten deutschen Studententages und die Gründung des deutschen akademischen Austauschdienstes.

Bergstraessers in seinen letzten Freiburger Jahren auf den Bereich der internationalen Politik.

Arnold Bergstraesser ist heute vor allem als große Gründergestalt der Politikwissenschaft in der Bundesrepublik im Gedächtnis. Bergstraesser selbst hat sich jedoch immer auch zu seiner Herkunft aus der Soziologie bekannt. Der Schwerpunkt seiner akademischen Lehre lag daher in den ersten Jahren seines Freiburger Wirkens eher in der Soziologie als in der Politikwissenschaft. So wurde das für den Schülerkreis Arnold Bergstraessers so entscheidende Hauptseminar am Dienstagabend unter der Überschrift "Soziologisches Seminar" im Vorlesungsverzeichnis angezeigt.[2] Auch in der akademischen Öffentlichkeit wurde Bergstraesser damals als Soziologe gesehen. So war dem Ruf nach Freiburg ein von Bergstraesser allerdings abgelehnter Ruf auf einen soziologischen Lehrstuhl an der Universität Frankfurt vorausgegangen. Als Soziologe hat Bergstraesser allerdings die Politik nicht als bloßes Epiphänomen der Gesellschaft, sondern vielmehr in der Tradition der Heidelberger Kultursoziologie als eigenständigen Bereich neben den Bereichen der Wirtschaft, der Gesellschaft und der Kultur gesehen. So erklärt es sich, daß er "die Soziologie" (gemeint ist die Kultursoziologie) noch 1961 in einem Studienführer des Seminars für Wissenschaftliche Politik "als Voraussetzung der politischen Wissenschaften" bezeichnete. Daher war es auch konsequent, daß das erste von Arnold Bergstraesser eingeleitete Habilitationsverfahren in Freiburg die Habilitation Heinrich Popitz' war, für den die Lehrbefugnis im Fach Soziologie beantragt wurde. Bei der zweiten Habilitation Bergstraessers, der Habilitation des Verfassers, wurde die Doppelvenia für Politik und Soziologie verliehen. Alle weiteren Mitarbeiter Bergstraessers aus seinem engeren Schülerkreis, die sich noch zu seinen Lebzeiten (Kurt Sontheimer und Hans Maier) oder nach seinem Tode habilitierten (Alexander Schwan, Manfred Hättich, Karl-Gottfried Kindermann, Hans-Peter Schwarz), optierten dann freilich für die Lehrbefug-

2 Als Untertitel wurden u.a. angekündigt: "Kultursoziologische Grundlagen der Politik" (SS 1955), "Kultursoziologische Deutungen der Gegenwart" (WS 1955/56), "Die Rechtsphilosophie Hegels" (WS 1956/57), "Soziologie des Wissens" (SS 1957). Besonders lebhaft sind mir noch die Diskussionen in Bergstraessers großartigem Seminar zu Hegels Rechtsphilosophie in Erinnerung. Das Lehrprogramm des "Seminars für Wissenschaftliche Politik" wurde viele Jahre durch die Vorlesungen und Seminare des Soziologen Eduard Baumgarten bereichert. Dazu kamen seit 1957 die Lehrveranstaltungen Heinrich Popitz' und später auch Friedrich Heinrich Tenbrucks, wodurch sich für das gesamte Lehrprogramm sogar ein Übergewicht der Soziologie gegenüber den Lehrveranstaltungen für Politikwissenschaft ergab. Dies gilt im übrigen auch für die von den ersten Assistenten Bergstraessers, von Kurt Sontheimer und mir selbst, durchgeführten frühen Proseminare.

nis in Politikwissenschaft. Damit wurde bereits die Schwerpunktverlagerung im wissenschaftlichen Wirken des späten "Freiburger" Bergstraesser von der Soziologie zur Politikwissenschaft und insbesondere zur internationalen Politik angezeigt. Wie schon früher in Heidelberg, war auch hier das zunehmende Engagement in politischen und wissenschaftsorganisatorischen Aktivitäten ursächlich.[3] Hier erwarb sich Bergstraesser vor allem Verdienste um den Ausbau und die Verbesserung des transatlantischen politischen und kulturellen Dialogs. Zuletzt hat er schon früh und als erster in seiner Disziplin die geistigen und politischen Herausforderungen erkannt, die sich für Europa durch die Emanzipation der Dritten Welt stellten.

Als Arnold Bergstraesser aus dem Exil in den Vereinigten Staaten und vorübergehender Lehrtätigkeit in Erlangen nach Freiburg kam, hatte aus der heutigen Perspektive die Albert-Ludwigs-Universität, wie die meisten deutschen Nachkriegsuniversitäten, wenige Studenten. In allen Fakultäten zusammengenommen waren damals nur etwa 4000 Studenten eingeschrieben. An der Erlanger Universität belief sich zur gleichen Zeit die Zahl der Studenten sogar nur auf 2000. Die meisten Professoren der Philosophischen, der Theologischen und der Rechts- und Staatswissenschaftlichen Fakultäten hatten noch keine eigenen Assistenten, wissenschaftlichen Hilfskräfte oder Sekretärinnen. Manche, wie der berühmte Freiburger Historiker Gerhard Ritter, bezahlten einen "Famulus" für Hilfskrafttätigkeiten aus der eigenen Tasche. Viele sogenannte Assistenten waren nur Titularassistenten, die "ihrem" Professor aus Ehre zuarbeiteten. Einem Professor, auch nur gratis, zuarbeiten zu dürfen, die Formel "ich bin Assistent bei" bedeuteten viel Prestige.

Die Inhaber der wenigen Assistentenstellen hatten den Rang akademischer Kronprinzen. Sie lehrten nur ausnahmsweise. Assistenten hatten vornehmlich

3 Zu der Veränderung in der Gewichtung und Zusammensetzung des Lehrangebotes des "Seminars für Wissenschaftliche Politik" zugunsten der Politikwissenschaften und auf Kosten der Soziologie trug allerdings auch der Zustrom von Staatsexamensstudenten für das Fach "Gemeinschaftskunde" bei, dessen Einführung an den Schulen Baden-Württembergs von Arnold Bergstraesser gemeinsam mit Theodor Eschenburg durchgesetzt worden war. Durch den Lehrplan für Gemeinschaftskunde ergaben sich Eckdaten, die weitreichende Gefügezwänge für das Lehrangebot mit sich brachten. Sie wirkten sich nach dem Tode Bergstraessers und der Wegberufung Tenbrucks auf einen Lehrstuhl für Soziologie noch stärker aus. Zwar habe ich selbst noch bis Ende der 70er Jahre eigene Schüler und Schüler Bergstraessers in Soziologie promoviert. Dann war es mir wegen anderer Prioritäten nicht mehr möglich, diese soziologische Tradition des Seminars für Wissenschaftliche Politik fortzusetzen. Zudem war ja 1964 mit der Berufung Heinrich Popitz' nach Freiburg auf einen Lehrstuhl für Soziologie und dem folgenden Aufbau des Soziologischen Instituts an der Albert-Ludwigs-Universität ein neues eigenständiges Zentrum für Soziologie in Lehre und Forschung geschaffen worden.

dem Lehrstuhlinhaber zuzuarbeiten, organisatorische Aufgaben im Institut wahrzunehmen und sich im übrigen auf ihre Habilitation vorzubereiten. Die Fakultäten achteten darauf, daß die Lehre möglichst nur von habilitierten Dozenten ausgeübt wurde. Als Bergstraesser einigen Mitarbeitern über vergütete Lehraufträge die Durchführung von Proseminaren übertrug, um ihnen damit den Erwerb von Lehrerfahrungen zu ermöglichen, wurde dies von der Fakultät nur mit Murren hingenommen.

Die geringe Zahl der Studenten und der fehlende "Mittelbau" in der Lehre ermöglichten eine enge Lehrer-Schüler-Beziehung zwischen Professoren und Studenten. Die Anonymität der modernen Massenuniversität gab es noch nicht. Der Lehrkörper war für die Studenten und für die Professoren überschaubar. Unter den Professoren gab es über die Grenzen der eigenen Fakultät hinaus ein dichtes Geflecht persönlicher Beziehungen. Vor allem in der Philosophischen Fakultät kannten die Studenten "ihren" Professor, und "der" Professor kannte "seine" Studenten. Da in der Philosophischen Fakultät viele Fächer lediglich durch einen Professor in Lehre und Forschung vertreten waren, wurden das Hauptfach und die Nebenfächer nur jeweils bei einem Professor studiert. In der Vorlesung, im Hauptseminar und in den Kolloquien des "einen" Fachprofessors trafen sich die gleichen Studenten und lernten sich bald persönlich kennen. Lebenslange Freundschaften bildeten sich. Da die Teilnehmerzahl an den Hauptseminaren gering war - in meiner Erlanger Studienzeit wurde ein Seminar mit 20 Teilnehmern schon als seltene Massenveranstaltung angesehen -, wurden einige Hauptseminare abends in der Wohnung des Professors abgehalten.[4] Nach dem Hauptseminar war der anschließende gemeinsame Umtrunk die Regel.

Im Hauptseminar saßen nicht nur Studenten höherer Semester, die bemoosten Häupter, sondern auch schon die Studienanfänger. Hauptseminare waren für das Staatsexamen noch nicht obligatorisch. Es gab daher auch keine benoteten Seminarscheine. Noten wurden nur gelegentlich bei besonders guten Leistungen vom Professor als Belohnung und Ermunterung handschriftlich auf dem Seminarschein vermerkt. Besucht wurden Seminare aus persönlichem

---

4 So z.B. die Hauptseminare meines Lehrers der Philosophie in Erlangen Wilhelm Kamlah. Bergstraesser lud zu "außerordentlichen" Sitzungen seines Hauptseminars in sein Haus ein. Besonders in Erinnerung ist mir ein "Gipfeltreffen" zwischen Heidegger und Bergstraesser. Jeder der beiden Professoren wollte vor den anwesenden Assistenten und Doktoranden der Größte sein. Daher brach anschließend die Kommunikation zwischen Bergstraesser und Heidegger ab.

Interesse am Seminarthema und um sich für die Vergabe eines Dissertationsthemas oder für die Nebenfachprüfung in der Promotion zu profilieren. Das Magisterstudium gab es damals noch nicht. Es wurde erst Ende der 60er Jahre eingeführt. Beides, das Studium des Hauptfaches bei nur einem Professor und das Fehlen eines Magisterstudiengangs, bewirkten wesentlich kürzere Studienzeiten als heute. Die Promotion nach zehn Semestern im Alter von 24 oder 25 Jahren war der Normalfall. Abwechslung im Fachstudium, die Begegnung mit Professoren unterschiedlicher Orientierung und Schwerpunkte, wurden durch den damals noch üblichen Studienplatzwechsel, durch ein Studium an zwei oder drei Universitäten, ermöglicht. Die Inhalte der Prüfung wurden nur durch einen Fachvertreter definiert. Der Examensstoff wurde nicht durch das Zusammenwirken mehrerer Parallellehrstühle mit ihren jeweiligen Spezialisierungen aufgebläht. Den inneren Kern der Hauptseminare bildete über mehrere Semester hinweg eine Stammannschaft aus älteren Semestern, meist den Doktoranden des Lehrstuhls. Vor allem ihr gestrenges Urteil wurde vom Anfänger, der sein erstes Referat hielt, gefürchtet. So oblag dem Professor häufig primär die Aufgabe des Wiederaufrichtens und der Ermunterung gegen die überscharfe Kritik der alten Seminarhasen. Dennoch wirkte diese Kritik leistungssteigernd. Der Ehrgeiz des Anfängers war es ja, nicht nur eine Doktorarbeit zu erhalten, sondern vor allem auch in den Kreis der bewunderten arrivierten älteren Studenten aufgenommen zu werden.

Die oben beschriebenen Studienbedingungen galten auch für das Studium der Politikwissenschaft und Soziologie in den ersten Jahren der Lehrtätigkeit Bergstraessers in Freiburg. Sein Seminar war im Kollegiengebäude I, im obersten Stock unterhalb des alten Karzers aus der Zeit vor dem Ersten Weltkrieg, untergebracht. Es gibt diesen Karzer noch heute. Interessant sind die Inschriften der ehemaligen Insassen. Das Seminar selbst bestand aus dem Direktorenzimmer, einem Vorzimmer für die studentische Hilfskraft Christine Penitzka, die die Sekretariatsarbeiten erledigte, sowie einem Assistentenzimmer und einem Übungsraum, in dem auch die Bibliothek untergebracht war. Letztere wurde von den Assistenten organisatorisch betreut und aufgebaut. Dies schloß die Bestellungsarbeiten, das Numerieren und die Einordnung der Bücher ein. Bergstraesser hatte in seinen Berufungsverhandlungen zunächst eine Assistentenstelle - was damals eine Luxusausstattung war - ausgehandelt. Sie wurde mit Kurt Sontheimer, meinem Zimmergenossen während des Studiums und der gemeinsamen Promotion bei Bergstraesser in Erlangen, besetzt. Mir selbst war von Bergstraesser die Stelle eines Tutors des Colloquium Politicum im Studium Generale der Universität Freiburg angeboten worden zu dem damals königlichen Gehalt von 310.-- DM. Ich nahm dieses Angebot an, weil ich ein Zweitstudium der Jurisprudenz beabsichtigte und aus bayrisch-Erlanger Perspektive glaubte, in Freiburg könne man wegen der geographischen Nähe zu Frankreich leicht französisch lernen. Bergstraesser übertrug mir mit Geschick viele "ehrenamtliche" Aufgaben am Seminar. Ich wurde von ihm als sein Assistent tituliert. Die Tutorenstelle wurde so de facto bald zu einer zweiten Assistentenstelle am Seminar. Das vielfältige Lob Bergstraessers und die persönliche Nähe zu einem großen Lehrer ließen mich bald das ursprüngliche Ziel meiner Übersiedelung nach Freiburg, das Zweitstudium der Jurisprudenz, vergessen. Die geniale Fähigkeit Bergstraessers im Auffinden von Finanzierungsmöglichkeiten ermöglichte schon früh die Gewinnung weiterer Mitarbeiter. Zu ihnen gehörten insbesondere Manfred Hättich, Karl-Gottfried Kindermann, Alexander Schwan, Hans Maier, Hans-Peter Schwarz und Hans-Wolfgang Kuhn. Aus seinem Chicagoer Schülerkreis holte er Emanuel Sarkisyanz und Muhsin Mahdi (heute Harvard) nach. Später kam noch Friedrich Heinrich Tenbruck hinzu.

Mit der Zunahme der Studentenzahlen hatte sich die Studentenzahl Freiburgs bis 1958 schon auf 8000 verdoppelt. Daher wurden eine weitere, mir zugewiesene Assistentenplanstelle und vor allem eine Sekretärinnenstelle bewilligt.

Im soziologischen Hauptseminar Bergstraessers am Dienstagabend traf sich die Kernmannschaft des Fachs. Am Hauptseminar waren in den ersten Jahren nie mehr als 20 bis 30 Personen beteiligt. Neben den Mitarbeitern bestand der Teilnehmerkreis aus Doktoranden und prospektiven Doktoranden. Dazu kamen häufig auch noch Studenten aus Nachbardisziplinen hinzu, die sich für das Seminarthema interessierten und Bergstraesser kennenlernen wollten. Einige waren das Salz in der Suppe. Die meisten Teilnehmer haben später in der Wissenschaft, in der Politik, in der öffentlichen Verwaltung und in den Medien Karriere gemacht. Außer den schon oben genannten Mitarbeitern - alles später renommierte Professoren der Politikwissenschaft - gehörten zur ersten Schülergeneration neben vielen anderen Fritz W. Scharpf, ehemals Direktor des Wissenschaftszentrums in Berlin und heute Direktor des Max-Planck-Instituts für empirische Sozialforschung in Köln, der Staatsrechtslehrer Peter

Häberle, die Trierer Politikwissenschaftler Claus Kernig und Arnd Morkel, letzterer zeitweilig Präsident der Universität Trier, der Augsburger Politikwissenschaftler Theo Stammen, Peter Jochen Winters, heute Korrespondent der Frankfurter Allgemeinen Zeitung in Berlin, der Trierer Soziologe Roland Eckert, die Professorin für Pädagogik an der Technischen Universität Berlin Barbara Schaeffer-Hegel, Walter Fehling, Ministerialrat in der Staatskanzlei Nordrhein-Westfalens, und Gertraud Linz, zuletzt Abteilungsleiterin bei ARD in Mainz. Dies sind einige zufällige Nennungen aus meinem eigenen persönlichen Umfeld.

Die Fähigkeit Arnold Bergstraessers, Begabungen um sich zu sammeln und für das Studium der Politikwissenschaft und Soziologie zu begeistern, beruhte nur zum Teil auf der Faszinationskraft seiner charismatischen Persönlichkeit und großen Seminaren und Vorlesungen, die bald auch durch Studenten anderer Fakultäten Zulauf fanden. Sie gründete auch in der Möglichkeit des persönlichen Austausches der Studenten mit dem akademischen Lehrer. Der "frühe" Bergstraesser hatte noch Zeit für seine Studenten. Nach den Vorlesungen lud er Mitarbeiter und Studenten in das Café Schmidt ein. Auf Wochenendseminaren im Haus des Studium Generale in Todtnauberg oder im Fachschaftshaus der Universität auf dem Schauinsland gab es für die "Kernmannschaft" viele Möglichkeiten des persönlichen Gesprächs mit dem Lehrer. Die Sprechstunden waren noch nicht überfüllt. Auch der Studienanfänger hatte keine Schwierigkeiten, den Lehrer zu sprechen und sich von ihm beraten zu lassen. Bergstraesser kam aus der Jugendbewegung, in der er im Wandervogel und später als Studentenführer in der frühen Weimarer Republik eine wichtige Rolle gespielt hatte. Bergstraesser wich in allem von den Klischees über den "Ordinarius" ab. Er suchte das Gespräch und den persönlichen Kontakt zu seinen Studenten, ja ihre persönliche Zuneigung als väterlicher Freund und Helfer auch im persönlichen Bereich. Dabei war seine Autorität stets unumstritten.

Soziologie und Politikwissenschaft waren damals etwas Neues und Exotisches. Sie wurden als Demokratiewissenschaften wahrgenommen. Viele von uns fühlten die Abwehr gegen den "Emigranten" Bergstraesser in Teilen der Freiburger Professorenschaft. Der Freiburger Oberbürgermeister Rolf Böhme sagte später einmal bei einem Treffen der Schüler Bergstraessers: "Er lehrte uns, an die Demokratie zu glauben".

Das politikwissenschaftliche und soziologische Studium erhielt durch die enge Kooperation mit dem damaligen "Ring politischer Hochschulgruppen" wesentliche und "vitalisierende" Impulse. Politische Konflikte spielten zu jener Zeit in der Studentenschaft allerdings nur eine geringe Rolle. Der breite demokratische Grundkonsens, der für die Bundesrepublik bis zum Ende der Großen Koalition Kurt-Georg Kiesingers bestimmend war, ermöglichte auch in der Studentenschaft eine Zusammenarbeit der verschiedenen politischen Hochschulgruppen über alle politischen Gegensätze hinweg. Die politische Polarisierung der Studentenschaft seit 1968, das sich gegenseitige Abschotten der politischen Gruppen voneinander mit Feindbildern, die keinen Dialog mehr zulassen, gab es noch nicht. Die damaligen politischen Hochschulgruppen, der Sozialistische Deutsche Studentenbund, der Christlich-Demokratische Hochschulbund und die Liberale Studentengruppe, die im "Ring demokratischer Hochschulgruppen" politisch-organisatorisch zusammengeschlossen waren, lieferten sich zwar bei den gemeinsamen Podiumsdiskussionen heftige rhetorische Gefechte. Nach Abschluß der Veranstaltungen trafen sich die Beteiligten aber wieder friedlich in einem Lokal, meistens in der inzwischen geschlossenen Weinstube Dietsch-Hetterich, zum gemeinsamen Umtrunk und freundschaftlichen Austausch. Die Freundin oder der Freund kamen oft aus dem anderen politischen Lager. Die politischen Hochschulgruppen hatten auch nichts einzuwenden gegen die Betreuung und Koordinierung ihrer Aktivitäten durch mich als Tutor des Colloquium Politicum im Studium Generale der Universität. Viele Angehörige der politischen Hochschulgruppen waren dabei Studenten Arnold Bergstraessers. Zu ihnen gehörten u.a. der heutige Freiburger Oberbürgermeister, Rolf Böhme, aus dem Sozialistischen Deutschen Studentenbund, Adolf Theiß, der heutige Präsident der Universität Tübingen, damals aus dem Liberalen Hochschulbund, sowie Hans von Sandrart aus der Christlich-Demokratischen Hochschulgruppe, später General der Bundeswehr.

Die Bereitschaft zur Kooperation und zum Dialog ermöglichten auch gemeinsames politisches Handeln. So führte die Protestdemonstration der Studenten gegen die Aufführung eines Veit-Harlan-Films unter Führung des ASTA-Vorsitzenden Manfred Hättich und späteren ersten Tutors des Colloquium Politicum zu bundesweit beachteten schweren Konflikten mit der Freiburger Polizei und der Freiburger Bürgerschaft. Nachfolgende rechtliche Auseinandersetzungen zeigten, daß die Polizei sich böser Übergriffe schuldig gemacht hatte. Auch mein Kollege und Freund Manfred Hättich war in der nächtlichen Haft auf der Polizeiwache übel traktiert worden.

2. Begegnungen mit Heinrich Popitz

In diesen bunten Kreis faszinierter Schüler Bergstraessers, vielen kenntnisreichen Weintrinkern und überwiegend vergebungsfähigen Diskutanden - es gab auch konfliktive Ausnahmen, die sich in lebenslangen negativen "Freundschaften" niederschlugen - stieß 1957 Heinrich Popitz hinzu. Heinrich Popitz hatte 1949 in Basel bei Carl Jaspers promoviert. Die Dissertation "Der entfremdete Mensch. Zeitkritik und Geschichtsphilosophie des jungen Marx" (1953) war für die Marx-Forschung wegweisend und grundlegend. Sie ist später nach einer zweiten Auflage auch ins Spanische und Japanische übersetzt worden. Einige Jahre nach seiner Promotion wurde Heinrich Popitz Mitarbeiter in der von Helmut Schelsky geleiteten Arbeitsstelle für empirische Sozialforschung in Münster. Die Frucht dieser Tätigkeit waren die Schriften "Technik und Industriearbeit" (3. Aufl. 1976) und "Das Gesellschaftsbild des Arbeiters" (5. Aufl. 1977). Beide Untersuchungen wurden zusammen mit H.P. Barth, E. A. Jüres und H. Kesting veröffentlicht. Die Studie zum Gesellschaftsbild des Arbeiters, die damals einen Kontrapunkt zu Helmut Schelskys These von der mittelständisch nivellierten Gesellschaft bildete, wurde in fünf Auflagen veröffentlicht und ins Italienische und Englische übersetzt.

Als sich Heinrich Popitz nach vorübergehender Tätigkeit als Industriesoziologe in Mannheim im Sommer 1957 in Freiburg bei Bergstraesser habilitierte, war er damals manchen Schülern Bergstraessers bereits durch seine Arbeit über den jungen Marx bekannt. In den Übungen Thilo Ramms, des späteren Gießener Juristen, war sie behandelt worden. Popitz selbst kam nach Freiburg, als die Phase des "späten" Freiburger Bergstraessers schon begonnen hatte. Als Dekan der Philosophischen Fakultät war Bergstraesser zum Beauftragten für die Durchführung der 500-Jahrfeier der Universität im Sommer 1958 gewählt worden. Die Übernahme dieser Aufgabe stand symbolisch für die in den folgenden Jahren immer stärker werdende Verstrickung Bergstraessers in politische und wissenschaftsorganisatorische Aktivitäten außerhalb Freiburgs. Auch angesichts der für 1964 anstehenden Emeritierung schien Bergstraesser nun mit steigender innerer Rastlosigkeit alles nachholen zu wollen, was ihm in den langen Jahren der Emigration in den Vereinigten Staaten an politischer und organisatorischer Wirksamkeit versagt geblieben war.[5] Mit immer neuen Institutsgründungen und dem Vorsitz in wichtigen internationalen Organisationen wuchsen das Umfeld, aus dem Bergstraesser neue Mitarbeiter für Freiburg gewinnen konnte. Gleichzeitig schrumpften die Möglichkeiten des persönlichen Gesprächs mit Bergstraesser für die Mitarbeiter und Studenten immer mehr. Gelegentlich reichte es nur noch zu einem Termin auf dem Bahnhof in der Zeit des Umsteigens von einem Zug in den anderen. Die Einbestellung von Mitarbeitern für ein Gespräch zu später Stunde war nichts Ungewöhnliches. Auch als Folge der sich anbahnenden Studentenexplosion nahm die Zahl der Studenten am Seminar für Wissenschaftliche Politik schnell zu. Um Bergstraesser sprechen zu können, mußten nun nicht nur die Studienanfänger, sondern auch die Doktoranden lange warten. Zur Verunsicherung der Kerntruppe des Seminars, der Doktoranden, trug ferner bei, daß die Kommunikation mit dem akademischen Lehrer häufig nur noch über "Statthalter" erfolgen konnte, die den direkten Zugang zu Bergstraesser hatten. Durch Verpflichtungen im öffentlichen Leben und die Beanspruchung mit organisatorischen Leistungen, bei denen er für die Politikwissenschaft durch seine Institutsgründungen Grundlegendes schuf und wegweisend wirkte, litt nunmehr auch seine Lehrtätigkeit. Bergstraesser konnte, als er nach Freiburg zurückkehrte, aus dem Fundus der Kenntnisse schöpfen, die er sich in Heidelberg und in der Emigration erworben hatte. Jetzt trocknete dieser Fundus aus. Die Vorlesungen wurden nach Notizen gehalten. Dies ging manchmal gut. Wenn aber die Notizen nach einer Nachtfahrt mit der Bundesbahn nicht mehr auffindbar waren, gab es trotz der großartigen Begabung Bergstraessers zu inspirierter Improvisation häufige Wiederholungen. Dies hatte auch Auswirkungen auf den Besuch. Zu Beginn

5 So war Bergstraesser neben seinem Freiburger Lehrstuhl seit 1957 als Direktor des Forschungsinstituts der Gesellschaft für Auswärtige Politik in Frankfurt tätig, das später nach Bonn verlegt wurde, und gab damals das erste "Jahrbuch für Internationale Politik" heraus. Für die Hinwendung zum politischen und organisatorischen Engagement stehen ferner in den letzten Jahren seines Lebens u.a. die Gründung der Arbeitsstelle für Weltzivilisation, der Arbeitsstelle für kulturwissenschaftliche Forschung, dem späteren Arnold-Bergstraesser-Institut, und der politischen Akademie Eichholz, die Gründung der Stiftung Wissenschaft und Politik in Ebenhausen, des Studienhauses Wiesneck sowie die Tätigkeit als Vorsitzender der Atlantikbrücke, der Deutschen UNESCO-Kommission und des Kuratoriums der Akademie für politische Bildung des Freistaates Bayern in Tutzing. Zu erwähnen sind hier auch die von Bergstraesser 1959 und 1960 einberufenen und glanzvoll geleiteten Nato-Kulturtagungen in Freiburg und Bonn.

des Semesters war die Aula gefüllt. Zuletzt gab es zuweilen nur noch wenige Getreue.

In dieser Situation bot Heinrich Popitz in der Lehre eine notwendige Ergänzung. Seine Vorlesungen waren sorgfältig, ja akribisch genau vorbereitet. Jeder Absatz und die Gesamtstruktur "stimmten" und überzeugten durch ihre logische Struktur und ihre Präzision im Detail. In den Seminaren wurde hart gearbeitet, wurden Aufgaben gestellt, wurde aufgerufen und gedanklicher Schwulst erbarmungslos demaskiert. Man merkte, daß sich Popitz mit wissenschaftlicher Leidenschaft in der Lehre engagierte und hier das Zentrum seines akademischen Wirkens sah, wobei die Lehre selbst hautnah mit eigener kontinuierlicher Forschung verbunden war. Für viele von uns - wir waren typische Vertreter der "skeptischen Generation" - besaß die damals einsetzende empirische Sozialforschung den Reiz des geheimnisvoll Neuen. In einer Gegenbewegung zur normativen historischen Kultursoziologie fand zum großen Kummer Bergstraessers bei vielen das Postulat der "Wertfreiheit" Resonanz. Popitz wurde dabei durch seine Arbeit über das Gesellschaftsbild der Arbeiter von manchen als Vertreter einer neuen empirischen Soziologie mit positivistischem Einschlag wahrgenommen, was sicher eine Fehlperzeption war. In dieser Perspektive wurde auch das Duell der Privatdozenten Wilhelm Hennis vom Frankfurter Lehrstuhl Carlo Schmids und Heinrich Popitz aus dem Freiburger Seminar Bergstraessers auf der Tutzinger Tagung der Deutschen Vereinigung für Politikwissenschaft wahrgenommen. In Anwesenheit der Gründungsväter der Disziplin, insbesondere Theodor Eschenburgs, Arnold Bergstraessers, Ernst Fraenkels, Eric Voegelins und Heinrich Otto von der Gablentz' und ihrer wenigen Assistenten, verurteilte Wilhelm Hennis hitzig und feuerköpfig Webers Soziologie und Machtverständnis als Inbegriff einer zerstörerischen modernen positivistischen Soziologie, während Heinrich Popitz mit ganz anderem Naturell kühl und präzise die Soziologie Max Webers erläuterte. Es war ein Gefecht, bei dem der eine Kontrahent mit dem schweren Säbel und der andere mit dem Florett kämpfte.

Heinrich Popitz wurde innerhalb der Freiburger Schule bald zum bewunderten und umschwärmten akademischen Lehrer, dessen Seminare und Vorlesungen "man" besuchen mußte. Bei einigen ging die Verehrung so weit, daß sie Popitz im Sprachstil und Habitus nachzuahmen versuchten, was allerdings manchmal unfreiwillig-komische Resultate zeitigte. Bei gemeinsamen Wochenendseminaren mit Bergstraesser im Fachschaftshaus der Universität auf dem Schauinsland gab es gelegentlich kritische Dialoge zwischen unserem "Alten" und Heinrich Popitz, dem jungen Privatdozenten. Obwohl die Gegensätze in der äußeren Form verhalten und moderat ausgetragen wurden, spürten wir, daß es "knisterte". Heinrich Popitz hatte dabei auch deshalb ein spezielles Sympathiepotential, weil er es verstand, in den nächtlichen Nachsitzungen immer neue Spiele zu erfinden, so z. B. das Pokern mit Zündhölzern.

Wichtig wurde Heinrich Popitz für den Schülerkreis Bergstraessers, aus dem einige in der Folge seine eigenen Schüler und späteren Mitarbeiter wurden, als Vermittler, wenn es mit dem älteren, reizbar gewordenen Bergstraesser "lebensgefährliche" Konflikte gab, - was uns freilich nicht hinderte, Bergstraesser weiterhin hoch zu schätzen und zu mögen.

Von den Vorlesungen und Übungen Popitz' sind mir seine "Einführung in die Soziologie" (WS 1957/58), sein Seminar über "Soziologie der Institutionen" (WS 1957/58), sein Seminar zur "Soziologie der Gemeinde" (SS 1958) und seine Vorlesung über "Sozialgeschichte und Sozialstruktur der Gegenwart", in der er Theodor Geiger vermittelte, in Erinnerung geblieben. Die Seminare Popitz' wurden von vielen Doktoranden und Mitarbeitern Bergstraessers besucht. Teilgenommen haben u.a. Fritz W. Scharpf, Hans-Peter Schwarz, Irma und Peter Hanke, Barbara Schaeffer-Hegel, Hans Oswald, Hans Weiler, Walter Fehling, Christian Sigrist und Gertraud Linz.

Die Soziologie, die Heinrich Popitz lehrte, war nach meinem Eindruck in der Mitte eines Dreiecks angesiedelt, dessen Eckpunkte Karl Marx, Max Weber und Theodor Geiger bildeten. Die Auseinandersetzung mit der Kulturkritik des jungen Marx in der Dissertation stand am Beginn des wissenschaftlichen Werkes Heinrich Popitz'. Die Definitionsvorgaben und die Gliederung der Herrschaftssoziologie Max Webers bildeten den Ausgangspunkt für seine eigene Soziologie der Macht.[6] Für die Entwicklung seiner Theorie über Norm und Sanktion[7] wiesen die rechtssoziologischen Studien des im Nachkriegsdeutschland fast vergessenen Theodor Geigers den Weg.

Die Soziologie Heinrich Popitz' innerhalb des deutschen Soziologenspektrums ist einzigartig. Heinrich Popitz setzt wie nur wenig andere die Tradition

6 Prozesse der Machtbildung, 1968; Phänomene der Macht, 1986.

7 Die normative Konstruktion von Gesellschaft, 1980; Über die Präventivwirkung des Nichtwissens, 1968; Der Begriff der sozialen Rolle als Element der soziologischen Theorie, 1967.

der "klassischen" deutschen Soziologie fort. Seine Soziologie leistet einen bleibenden Beitrag zur soziologischen Theoriebildung. Dies gilt für die deutsche Nachkriegssoziologie wohl nur noch für Ralf Dahrendorf, Jürgen Habermas und Niklas Luhmann. Die Soziologie Heinrich Popitz' weist, wie mir scheint, eine innere Verwandtschaft mit der Soziologie Simmels auf. Aus der phänomenologischen vignettenhaften Beschreibung eines scheinbar kleinen Details werden zwingende theoretische Konsequenzen abgeleitet. Die Ableitungen sind so stringent, daß es manchmal scheint, als hätte die theoretische Konsequenz die plastische Illustration hervorgebracht. Die Annahmen und Ideen Popitz' reihen sich so fugenlos aneinander, daß die Linie der Gedankenführung eine eigene Kraft entwickelt, die den Leser und Zuhörer zur Annahme neuer und unerwarteter Konsequenzen zwingt. Dabei eröffnen sich überraschende Perspektiven auf die Denkentwürfe der klassischen Soziologie. Aus anderem Blickwinkel erscheinen sie nun in einem anderen Lichte und gewinnen damit neue Bedeutung.

So jedenfalls habe ich die Soziologie Popitz' empfunden, und so begegnete sie mir später in seinen großen, in mehreren Auflagen und verschiedenen Sprachen übersetzten Beiträgen zur soziologischen Theoriebildung.

Später, als Heinrich Popitz seit 1964 als Kollege und Inhaber des neuen Lehrstuhls für Soziologie in Freiburg wirkte, habe ich von Studenten sehr oft gerade auch den ungewöhnlich engagierten Einsatz Heinrich Popitz' in der Lehre rühmen gehört. Dabei tauchten wieder und wieder die Charakterisierungen auf, die mir selbst aus den frühen Begegnungen noch in Erinnerung sind, die millimeterhafte Genauigkeit und Sorgfalt der sprachlichen und inhaltlichen Ausarbeitung, die hohen Anforderungen an seine Studenten sowie trotz aller formalen Distanz zwischen dem Lehrer und seinen Studenten ein Ernstnehmen und Sichkümmern, auch um die schwächeren Glieder und ihre Probleme. Ferner: Bei aller Zurückhaltung vor vorschnellem Urteil und der Bemühung um Fairness und "asketische" wissenschaftliche Objektivität im Sinne Max Webers ein in der Sprache zwar unterkühltes, aber in der Sache leidenschaftliches politisch normatives Engagement.

Dankesbrief

Fritz Latscha

Lieber Herr Professor Popitz,

mit dem Manuskript meiner Dissertation in den Händen stand ich - es sind inzwischen wohl 25 Jahre vergangen - vor Ihrem Haus in Freiburg. Sie waren bereits von Basel nach Freiburg gezogen, betreuten aber noch einige Studenten aus Ihrer Basler Zeit bis zu deren Studienabschluß.

Das Gespräch war sehr kurz und fand unter der Haustüre statt. Meine Terminvorstellungen über den weiteren Ablauf meiner Prüfungen etc. paßten offensichtlich nicht in den Zeitrahmen, den Sie sich als mein Doktorvater für einen solchen Vorgang üblicherweise gesetzt hatten. Wie ich mir das denn vorstelle, das bedeute ja, daß das Referat für die Dissertation in wenigen Tagen und Nächten erstellt werden müsse, erklärten Sie mir. Darauf konnte ich nur erwidern, daß mir - ich war damals bereits verheiratet und Vater eines Buben; das Stipendienwesen stand in Basel noch ganz am Anfang - nicht mehr Zeit zur Verfügung stünde, wollte ich die Chance wahrnehmen, mein Studium zu einem gültigen Abschluß zu bringen.

Mit welchen Worten Sie mir Ihre Zustimmung gaben, ist mir inzwischen entfallen. Die Heimreise nach Basel konnte ich jedoch im guten Gefühl antreten, daß Sie meine Situation verstanden hatten. Ich bin Ihnen heute noch dafür dankbar.

Situationen im Rahmen sozialer Gegebenheiten und Bedingtheiten zu sehen, zu verstehen und zu interpretieren, ist mir aus dem Soziologiestudium bei Ihnen in Basel auch für meine spätere berufliche Tätigkeit wichtig geblieben. Sicher hat dazu auch der Glücksfall beigetragen, zusammen mit den Kommilitonen Franz Hess und Willi Schneider unter Ihrer Leitung Untersuchungen zum Schulübertritt von der Grundschule ins Gymnasium durchführen zu können. Diese Basler Arbeiten zur faktisch nicht vorhandenen Chancengleichheit in einem der wichtigsten Selektionsprozesse unserer Gesellschaft haben aber nicht nur theoretische Erkenntnisse gebracht. Sie haben auch Niederschlag in der Praxis gefunden, auf welchem - wenn auch sehr langsam - die Hoffnung tatsächlich aufgeht, die Sie in Ihrem Vorwort zur gemeinsamen Publikation[1] geäußert haben: "Dies ist eine Untersuchung eines der vielen Ausleseverfahren unserer Gesellschaft, vielleicht des bedeutsamsten. Sie geht aus vom Selbstverständnis der bürgerlichen Gesellschaft und nimmt es beim Wort. Sie beruht also auf der Voraussetzung, daß die Idee der Gleichheit der Chancen einen regulativen Anspruch erhebt. Und sie beruht daher auf der Hoffnung, beitragen zu können zur Veränderung der Wirklichkeit, die sie darstellt, indem sie sie darstellt."

Aus dem Vertrauen in die Veränderbarkeit von Zuständen schöpft sich letztlich die Hoffnung für unsere Zukunft. Und aus der Erkenntnis, daß Wirklichkeit nicht ist, was ist, sondern was wirkt, nährt sich der Mut, diese Veränderbarkeit stets neu zu erstreben.

Sie, lieber Herr Popitz waren nur kurze Zeit in Basel. Diese Zeit war aber doch lange genug - und dafür gebührt Ihnen aufrichtiger Dank -, um Wirkung auf Dauer zu initiieren.

Fritz Latscha

1 Hess, Latscha u. Schneider: Die Ungleichheit der Bildungschancen. Texte und Dokumente zur Soziologie. Herausgegeben von Heinrich Popitz. Olten: Walter-Verlag 1966.

Wirklichkeitsveränderung oder das Rütteln am Schulsystem

Willi Schneider

Lieber Herr Professor Popitz,

im Vorwort zum Band "Die Ungleichheit der Bildungschancen" (Olten und Freiburg 1966), worin drei Ihrer Schüler, darunter ich, die Ergebnisse von Feldforschungen in Basel präsentierten, schrieben Sie, die Untersuchung beruhe

> "auf der Voraussetzung, daß die Idee der Gleichheit der Chancen einen regulativen Anspruch erhebt. Und sie beruht daher auf der Hoffnung, beitragen zu können zur Veränderung der Wirklichkeit, die sie darstellt, indem sie sie darstellt."

Ihr 65. Geburtstag sei zum Anlaß genommen, die Frage zu stellen, ob sich die damals ausgesprochene Hoffnung erfüllt hat.

Ich kann darüber freilich nicht objektiv berichten, weil mich diese Hoffnung selber bewegte, als ich kurz vor dem Abschluß meines Studiums in die Dienste des Erziehungsdepartementes des Kantons Basel-Stadt trat. Gymnasiastenquoten, schichtspezifische Verhaltensweisen, Selektionsmechanismen, Unterrepräsentation der Arbeiterkinder: bisherige Erkenntnis- und Studienobjekte verwandelten sich in Gestaltungsaufgaben und Gegenstände politischer Auseinandersetzungen. In den Sechziger Jahren schien es, der Aus- und Umbau des Bildungswesens sei ein allseits anerkanntes Postulat.

Eine Kommission des Basler Großen Rates, die sich zur gleichen Zeit wie die Popitz-Seminarteilnehmer mit Fragen der Basler Gymnasien beschäftigte, stellte einen weltweiten "Wettlauf um die Erziehung" fest, zitierte bildungsfreundliche Sätze von Kennedy und Chruschtschow und beschloß einstimmig:

> "Es ist ein dringendes Erfordernis, daß alle für einen gymnasialen Bildungsgang fähige Kinder erfaßt und zur Maturität geführt werden." (Bericht Nr. 5838, 1962, S. 21)

In diesen Horizont fügte sich der Soziologe gut ein, der den Nachweis erbrachte, daß es in Basel tatsächlich Kinder gab, die von der Berechtigung, aufgrund ihrer Schulleistungen ins Gymnasium einzutreten, keinen Gebrauch machten. Daß es dem Soziologen auch um die Verwirklichung von Gleichheits-Ideen gehen mochte, wurde hingenommen, weil er sich für die Beseitigung von Bildungshindernissen als nützlich erwies und im Einklang mit der politischen Grundmelodie der allgemeinen Bildungs- und Nachwuchsförderung stand. Da bereitete es keinerlei Schwierigkeiten, zunächst die schriftliche Elterninformation über das Schulsystem zu vereinheitlichen und sicherzustellen, daß alle Eltern die gleichen Unterlagen erhielten. Daß dabei die bei den Feldforschungen zutage getretenen Informationslücken und Ängste besonders berücksichtigt wurden, versteht sich von selbst. Insbesondere wurde auf Hinweise verzichtet, die als schichtspezifischer Code der Entmutigung hätten wirken können.

So weit, so gut. Die Gymnasiastenquote stieg von einem Viertel Anfang der Sechziger Jahre auf ein Drittel zehn Jahre später. Die Anmeldungen für den anspruchsärmsten Zweig des Schulsystems (in Basel Sekundarschule genannt) sanken entsprechend auf rund ein Fünftel.

Diese Entwicklung verstärkte die seit Jahrzehnten vorhandenen Tendenzen einer Reform des überkommenen dreigliedrigen Schulsystems. Die Quotenverschiebung veränderte die Schülerzusammensetzung und damit das Geschehen im Innern des Systems. Es wurde eine Überprüfung der Zuweisungskriterien und der Selektionsvorschriften verlangt. Die auf den Plan gerufenen Psychologen konnten und wollten aber keine Methoden aufzeigen, wie man zehnjährige Kinder nach ihren vermuteten Bildungsmöglichkeiten zuverlässig sortiert. Bis auf den heutigen Tag sind keine solchen Verfahren bekannt geworden.

So blieb das dreigliedrige System ohne psychologische Rechtfertigung dem Einwand ausgesetzt, es sei im Grund das unzeitgemäße Abbild einer ständischen Gesellschaft und ein Hauptinstrument im Prozeß der Herstellung und Reproduktion sozialer Ungleichheit.

Hier hatte der Soziologe ein offensichtlich sperriges Werkstück zu bearbeiten.

Zunächst schlug er einen Schulversuch vor. Außerhalb des Systems der dreigliedrigen Regelschule sollten in begrenztem Umfang und auf freiwilliger Basis neue Wege in der Differenzierung der Unterrichtsprogramme und der Verteilung der Schüler gesucht werden. Das Reformprojekt segelte unter dem

Namen "Neue Schule", stieß bei der verwaltungsinternen Vorbereitung auf höfliches, öfters auch skeptisches Interesse der Lehrerschaft und wurde 1971 als Gesetzesentwurf von der Regierung zuhanden der parlamentarischen Beratung verabschiedet. Die Begründung des Schulversuchs erhielt, so scheint es mir in der Rückschau, viel Soziologisches. Da war von Gleichheit und Ungleichheit die Rede, von der Verteilung des Wissens in der arbeitsteiligen Gesellschaft, von der Verknüpfung der Bildungsgänge mit Sozialchancen. Die Regierung unterschrieb beispielsweise die folgenden Sätze:

> "Das Bildungswesen versucht die Härten, die mit der Herstellung der sozialen Ungleichheit notwendig verbunden sind, dadurch zu mildern, daß es auf individuelle Ungleichheiten zurückgreift und sie gleichsam in soziale Ungleichheiten überführt. Die soziale Ungleichheit erscheint dann lediglich als die Fortsetzung und Verallgemeinerung individueller Ungleichheit, die Schule als eine Institution, die individuelle Ungleichheit in soziale umsetzt". (Ratschlag und Entwurf zu einem Gesetz über die versuchsweise Einführung einer neuen Schulorganisation ("Neue Schule") vom 30. September 1971 (Nr. 6839), S. 10)

In den folgenden Ausführungen diskutierte die Regierung mit einer gewissen Gelehrsamkeit diese These und folgerte, daß die Antworten des bisherigen Systems "auf die Frage nach der Wissensverteilung" problematisch seien, so daß auf jeden Fall ein Reformversuch gewagt werden sollte.

Die Reformvorlage überstand die parlamentarische Beratung, wurde jedoch in der Volksabstimmung vom November 1973 deutlich abgelehnt. Der Niederlage war ein wüster Abstimmungskampf vorangegangen, in welchem es den Gegnern gelang, die Reformvorlage als ein Werk linker Ideologen zu diskreditieren und mit dem Slogan "Keine Experimente mit unseren Kindern!" Ängste zu mobilisieren.

Der Soziologe im Erziehungsdepartement hatte aber keine Zeit, der Resignation zu verfallen, denn nach dem Scheitern der "Neuen Schule" erhob sich mit großer Lautstärke der Ruf nach Schulreform. Auch die Gegner der soeben verworfenen Reformvorlage stimmten ihn an. Er war wohl darum so beliebt, weil er die Last des Planens und Handelns den Behörden auferlegte und darum so lange risikolos blieb, als der Diskurs über die neue Reform andauerte. Nach der falschen Reform nun die richtige! Die Frage war nur, welche.

Der Soziologe schaltete auf Vorsicht. Das heiß: Er geizte mit soziologischer Argumentation. Er stellte dar, erhob Fakten, belegte mit Zahlen die tristen Vorgänge innerhalb des sich bewahrenden und deshalb oft als bewährt etikettierten Systems. Überalterungsstatistiken, die zeigten, daß nach der Primarschule jeder dritte Schüler ein Jahr verliert, Mißerfolgsstatistiken mit schichtspezifischer Schlagseite, besorgte Lehrerstimmen zur pädagogischen Lage. Der nächste Reformbericht enthielt eine kommentierte Auslegeordnung von mehrheitlich aufgeschobenen Handlungsmöglichkeiten und schloß mit folgenden Sätzen:

> "Schulreform kann keine spektakuläre Einmalaktion sein, die alles Ungelöste in Ordnung bringt. Schulreform ist viel eher ein ständiges Ringen um Gestalt, Inhalt und Ziel der Schule." (Bericht zu Fragen der Schulreform, Nr. 7320 vom 29. Juni 1977, S. 61).

Diese Haltung jedoch wurde in der anschließenden Debatte des Großen Rates nicht nur als weise Zurückhaltung, sondern auch als entscheidungsschwaches Zaudern ausgelegt. Der Departementsvorsteher wollte solche Kritik nicht auf sich sitzen lassen und setzte, wie neun Jahre zuvor, eine Arbeitsgruppe mit Reformauftrag ein. So kam der Soziologe erneut zur Bearbeitung seines Lieblingswerkstücks, des dreigliedrigen Schulsystems.

Dieses entfaltete sich insofern weiter, als die Gymnasiastenquote in die Größenordnung von 40% stieg, während die selektive Kraft des Systems rapide nachließ. Dieses Bildungswunder, daß um so mehr Kinder im Gymnasium verblieben, je höher die Eintrittsquote stieg, hängt vermutlich mit dem dramatischen Rückgang der Schülerzahl und der massiven Verkleinerung der Schulklassen zusammen.

In Stunden soziologischer Analysiersucht befiel den Schreibenden die Frage, ob sich das Bildungssystem durch die breitenwirksame Verteilung zunehmend leistungsneutraler Erfolgsausweise legitimiere, damit stabilisiere und gegen Reformen immunisiere.

Mittlerweile konzentrierten sich die Reformarbeiten auf die Frage des Entscheidungsaufschubes. Eine Umfrage unter der Lehrerschaft, durchgeführt im Jahre 1980, ergab eine überwältigende Zustimmung zum Grundsatz, daß der Entscheid für die Wahl der weiterführenden Schule zwei bis drei Jahre später getroffen werden sollte.

Die Vorarbeiten der Reformgruppe verdichteten sich zu einem gesetzgeberischen Vorschlag, der jedoch von der Regierung im Jahre 1982 abgelehnt wurde. Statt dessen legte die Regierung ein Bekenntnis

> "für die Beibehaltung des bisherigen Schulsystems" ab. (Bericht Nr. 7724 vom 19. November 1982)

Hier kam nun die schwierigste Phase im Berufsleben des Soziologen. Er erhielt die Mitteilung, daß die Regierung keine Reform, wohl aber eine von ihm verfaßte Begründung der Nichtreform wolle. Der Soziologe seufzte, das Wort Rollenkonflikt kam ihm in den Sinn. Sollte er jetzt widerlegen, was er während Jahrzehnten vertreten hatte? Er behalf sich damit, daß er sich Enzensbergers "Sieben Hauptfiguren konservativer Rhetorik" entsann und der Regierung einen Text vorschlug, der die Substanz der Reformvorschläge und die ihnen zugrundeliegende Kritik am dreigliedrigen System nicht entkräftete. So führte er Enzensberger nachempfindend aus, die Schule sei wesensmäßig mit oder ohne Reform unvollkommen, und die vertrauten Mängel des Bestehenden seien den unbekannten Mängeln des Neuen vorzuziehen, weil bereits Erfahrung im Umgang mit ihnen bestehe. Überdies bewirkte der Soziologe, und damit beschwichtigte er sein ungutes Gewissen einigermaßen, daß dem Bekenntnis zur Nichtreform die Dokumente der Reform beigefügt wurden.

Die bildungspolitische Standortbestimmung der Regierung gefiel dem Großen Rat nicht. Das Parlament setzte eine Kommission ein und bemächtigte sich damit des von der Regierung freigelassenen Handlungsspielraums.

Innerhalb von vier Jahren erarbeitete diese Kommission, deren Arbeiten der Soziologe, wiederum in einem gewissen Rollenkonflikt als Beamter einer reformfeindlichen Exekutive und als Helfer einer reformfreundlichen Legislative, begleitete, einen Reformvorschlag, den sie einstimmig verabschiedete. Das war wichtig, weil das Reformprojekt damit außerhalb der Links-Rechts-Polarisierung lag. Das Kommissionswerk ging insofern wesentlich weiter als die 1973 abgelehnte "Neue Schule", als es keinen Versuch, sondern die radikale Ablösung des dreigliedrigen Systems durch neukonzipierte Schultypen vorsah. Die Reform besteht im wesentlichen darin, daß zwischen die vierjährige Primarschule und die Wahl der weiterführenden Schultypen eine dreijährige Orientierungsschule geschoben wird, die an die Stelle der Dreigliedrigkeit tritt.

Die Lehrerschaft, nunmehr nicht mehr mit dem Grundsatz, sondern mit der konkret ausgestalteten Reform konfrontiert, scheute zurück und lehnte das Projekt mehrheitlich ab.

So sah der Soziologe dem Abstimmungskampf mit gemischten Gefühlen entgegen. Die Lehrerschaft gespalten, die Reformgegner, die sich inzwischen doch auf dem bürgerlichen Rechtsflügel formiert hatten, gut organisiert und von einem erstklassigen Werbebüro betreut - wie würde das Stimmvolk reagieren? Der Soziologe wäre nicht überrascht gewesen, wenn das Reformprogramm als das Komplizierte, Vorausgreifende, nicht auf einen Blick Faßbare und Utopische gegenüber dem Bestehenden auf der Strecke geblieben wäre. Aber es kam anders. Mit einem Ja-Stimmenanteil von 54% stimmten Baslerinnen und Basler am 4. Dezember 1988 der Reform zu.

Die Hoffnungen siegten über die Befürchtungen.

Soweit das dreigliedrige, auf Frühselektion beruhende Schulsystem ein Hindernis der Wirklichkeitsveränderung war, sind nun mit seiner Abschaffung neue Chancen der Wirklichkeitsveränderung gegeben. Ihre Nutzung wird ein noch härteres Stück Arbeit sein, als es die bisherigen Bemühungen um die Schulreform waren.

Lieber Herr Professor Popitz, ich versuchte darzutun, daß Ihre Hoffnung, die Wirklichkeit lasse sich verändern, indem sie dargestellt werde, im Zeitablauf betrachtet sich als durchaus berechtigt erwiesen hat. Darüber hinaus kann ich für meine Person sagen, daß Ihre Lehrveranstaltungen von nachhaltiger Wirksamkeit waren. Eigentlich bin ich immer noch beim Seminarthema 1961, Basler Bildungsfragen. Dafür bin ich Ihnen zeitlebens dankbar.

Dr. Willi Schneider
Departementssekretär
des Erziehungsdepartements des
Kantons Basel-Stadt

Die zweite Stufe der Währungsunion oder die normative Ohnmacht des Faktischen

Ralf Dahrendorf

Seine Freunde wissen, daß Heinrich Popitz Schüttelreime liebt. Dabei sind ihm soziologische Orchideenblüten gelungen, wie zum Beispiel:

Im heimatlichen Schollenreich
bleibst ewig du ein Rollenscheich.

Georg Simmel, und nicht nur er, hätte den Vers gemocht und amüsant zu interpretieren gewußt. Der Fremde allein entflieht den Rollen. Die Heimat ist nicht etwa nur Bindung, Ligatur, sondern auch Backform, der man schwer entkommt. Das steht indes auf einem anderen Blatt als die Widmung, die Popitz mir in eine seiner kleinen, vielmehr kurzen Schriften schrieb, in denen er seine Gedanken halb zu enthüllen, halb zu verbergen liebt:

Siehst du sie rein, in nackten Formen,
so werden dir aus Fakten Normen.

Das ist ein altes, wichtiges Thema, und es lohnt sich, der Frage nachzugehen, ob Popitz hier dem Reim die Wahrheit geopfert hat. Denn die normative Kraft des Faktischen gehört zu den Vexierbildern der Rechtssoziologie.

Das Beispiel, von dem die Rede sein soll, ist das der Europäischen Währungsunion (EWU). Zweimal ist in den letzten zwanzig Jahren der Versuch unternommen worden, die Zollunion des Gemeinsamen Marktes dadurch zu ergänzen, daß ihr eine (Wirtschafts- und) Währungsunion hinzugefügt wird. Die Geschichten liefern nützliches Material zum Verständnis der komplizierten Beziehungen von Fakten und Normen, in diesem Fall von tatsächlicher und geregelter Zusammenarbeit der Mitgliedsstaaten der Europäischen Gemeinschaft.

Der erste Anlauf zur EWU begann 1969. Vielmehr wurde er 1969 formalisiert, denn auch seine Vorgeschichte ist nicht ohne Interesse. In ihr fehlt es nicht an naiven Zügen wie der Rede eines besser ungenannten Europa-Abgeordneten im Jahre 1966, in der "zur Förderung und Popularisierung des Europa-Gedankens in weiten Kreisen der Bevölkerung" eine Europa-Währung gefordert wurde: "Bei der Einführung wird das neue europäische Geld noch als etwas Besonderes auffallen; sobald jedoch der Gewöhnungsprozeß eingesetzt hat, wird es wie das jetzt gültige Geld zu einer unbemerkten Selbstverständlichkeit werden." Mit anderen Worten, es werden aus Normen Fakten - auch das ein Thema mit beträchtlichem Tiefgang, zu dem Sir Thomas Gresham ("schlechtes Geld verdrängt gutes") seine eigene Meinung hatte.

Neben den Naiven gab es vor 1969 übrigens auch die Raffinierten, die mit cartesianischen Argumenten aus Normen Normen ableiteten und dabei die Fakten großzügig voraussetzten oder implizierten. Nach dieser Auffassung folgt aus den Grundnormen der EWG - der Gemeinsamen Agrarpolitik, der Zollunion - mit Notwendigkeit, daß weitere Normen geschaffen werden. "Die Wirtschaftsunion setzt nämlich spätestens nach Abschluß der Übergangszeit feste Wechselkurse zwischen den Währungen der Mitgliedsstaaten voraus ...". Das ist nun nicht mehr ein enthusiastischer Abgeordneter, sondern das "Aktionsprogramm der Gemeinschaft für die zweite Stufe", das die Hallstein-Kommission 1962 vorgelegt hat. Mit anderen Worten, es werden aus Normen Normen. Die Logik der Argumente hatte indes mit der Logik der Realität wenig zu tun. Bis heute gibt es die festen Wechselkurse nicht.

Im Gegenteil. Der 1969-71 unternommene Versuch der EG, den Spontannormen und den Logiknormen auf die Sprünge zu helfen, scheiterte in eben dem Moment, in dem die Wechselkurse frei zu schweben begannen (floating), also im Sommer 1971. Doch bleibt der Versuch interessant. Er begann mit einem Vorschlag des Europa-Kommissars für Wirtschaft und Finanzen, Raymond Barre, der dazu dienen sollte, das von der Haager Gipfelkonferenz im Dezember 1969 beschlossene *approfondissement* in die Tat umzusetzen. Dem Barre-Papier folgte ein Plan, den eine Kommission des Ministerrats unter Leitung des luxemburgischen Ministerpräsidenten Pierre Werner ausarbeitete. Dieser Werner-Plan ist Modell für alle späteren Überlegungen zum Thema und lohnt etwas nähere Betrachtung.

Der Werner-Plan sucht die Währungsunion in drei Stufen zu erreichen. Die dritte Stufe ist relativ klar; sie beschreibt das angestrebte Ziel: alle für das gesamtwirtschaftliche Gleichgewicht nötigen Befugnisse werden auf die Gemeinschaft übertragen; Haushalts- und Steuerpolitik werden einheitlich; es gibt eine Währung mit einer Zentralbank, einem Wechselkurs usw. Auch die erste Stufe ist relativ klar: Wirtschafts- und Währungspolitik der Mitgliedsstaaten werden durch Konsultationen koordiniert, nach Möglichkeit konzertiert; Vertreter der Zentralbanken verständigen einander über beabsichtigte Wechselkursänderungen; die Zusammenarbeit wird zunehmend intensiviert usw. Der Werner-Plan sah auch einen Kalender vor: Stufe drei in zehn Jahren, Stufe eins sofort. Zwischen beiden indes steckt das Problem, die mysteriöse, dennoch allwichtige zweite Stufe. Zu gegebener Zeit sind Entscheidungen mit institutionellen Folgen zu treffen, heißt es dazu. In der Tat.

Die "zweite Stufe" enthält eben jene Antwort, die sich in dem Wörtchen "werden" verbirgt: so werden dir aus Fakten Normen. Denn es liegt auf der Hand, daß die komplette EWU ein Normensystem ist. Da gibt es Regeln, aus denen niemand ohne schwerwiegende Sanktionen ausbrechen kann. Die Geltung der Regeln beruht nicht bloß auf einem regelmäßigen Verhalten, sondern auf einer ausdrücklichen, institutionell verankerten Anerkennung und Garantie. Durch Sanktionen geschützte Normen werden von Instanzen gewährleistet, die Herrschaft ausüben, von einer Zentralbank und einem hinter dieser stehenden Gewaltmonopol ("Wer Banknoten nachmacht oder verfälscht ..."). Die erste Stufe kennt von alledem noch nichts. Konsultation, Konzertation, Koordinierung sind im Prinzip freiwillig, wie sich alsbald herausstellte, als der Beschluß zum Eintritt in die erste Stufe der EWU 1971 auf den Klippen des Weltwährungssystems auflief. Was also führt von A nach C oder vielmehr nach O?

Wer je in europäischen Dingen tätig war, kennt die bevorzugte Antwort in Brüssel und Straßburg. Sie lautet: der politische Wille. "Wenn nur der politische Wille da wäre, könnten wir morgen die Währungsunion haben." Dieser politische Wille ist ein rechter *deus ex machina*. Er setzt merkwürdige Beziehungen zwischen Führern und Geführten, Akteuren und Institutionen, Absichten und Interessen voraus. Es handelt sich jedenfalls um einen ganz und gar geschichtslosen Begriff. Normen werden nur einmal erfunden, beim Rütli-Schwur, beim Gesellschaftsvertrag, und dieser ist selbst Erfindung. Das Märchen der Urzeugung hat mit der tatsächlichen Schaffung von effektiv geltenden Normen wenig zu tun. Der vielzitierte politische Wille der Europäer ist ein leeres Wort, ein Alibi der Ahnungslosen.

Die Barre-Wernersche EWU ging in den Währungsstürmen des Jahres 1971 zu Bruch, obwohl sie nicht ohne Spuren versank. Jene Zeit hat plastische Sprachbilder geschaffen. Mühsam einigten sich die Hinterbliebenen des Weltwährungssystems von Bretton Woods, ihre Währungen immerhin in einem "Tunnel" von Wechselkursschwankungen zu halten. Die EG ging einen Schritt weiter zu einer "Schlange" im Tunnel, also engeren Schwankungsbreiten. Es half nicht viel. Der Tunnel barst glücklicherweise, bevor die Schlange in ihm erstickte, aber beide hatten keinen Bestand: in Abwesenheit von Normen reichten gute Absichten nicht, um Berechenbarkeit zu schaffen. Manche jubelten ob der Anarchie des Marktes. Andere blieben dabei, Normen zu suchen oder doch Fakten. Der Prozeß (der hier mit frivoler Abkürzung geschildert wird) machte wenigen Freude, am wenigsten den eher interventionistischen Regierungschefs von Frankreich und Deutschland, Valéry Giscard d'Estaing und Helmut Schmidt. So ersannen sie 1976 das sogenannte Europäische Währungssystem (EWS).

Das EWS ist in unserem Zusammenhang von besonderem Interesse. Es ist streng genommen kein System. Vielmehr handelt es sich um eine Übereinkunft der Zentralbanken der beteiligten Länder, ihre Wechselkurse innerhalb bestimmter Bandbreiten zu halten und immer dann, wenn das nicht mehr geht, Veränderungen nach Absprache mit den anderen (also zwischen Freitagabend und Montagfrüh) vorzunehmen. Die Beteiligten dieser Abmachung fühlen sich gebunden, aber die Bindung ist mit hinlänglich vielen Kautelen versehen, um sie auch unter mißlichen Umständen erträglich zu machen. Zum Beispiel wird der italienischen Lira von vornherein eine weit größere Schwankungsbreite zugestanden als den übrigen Währungen. Zudem gibt es keine institutionelle Sanktion, wenn ein Mitglied des EWS beschließen sollte, das "System" zu verlassen.

Die Geschichte des EWS beweist an vielen Punkten, daß es sich hier nicht um eine Norm im strengen Sinn des Begriffs handelt. Wenn immer es im Interesse eines Mitglieds lag, wurde das System angepaßt. Dennoch kann man sagen, daß es im großen und ganzen funktioniert hat. Der Grund dafür ist nicht schwer zu finden, und er ist von besonderem Interesse in unserem Zusammenhang. Währungsstabilität war in den letzten zehn, zwölf Jahren ein Kerninteresse nahezu aller europäischen Länder. Von der Inflationsbekämpfung bis zur Berechenbarkeit der Wechselkurse bedeuteten stabile Währungen eine nützliche Voraussetzung für Wirtschaftswachstum und ökonomisch-politisches Vertrauen. Diese Währungsstabilität wurde vor allem durch die Bundesrepublik, vielmehr durch die Bundesbank garantiert. Sie vertrat einerseits die stärkste Wirtschaft Europas und war andererseits hinlänglich unabhängig von tagespolitischen Interessen, um Inflation notfalls auch gegen die Wünsche von Regierungen zu bekämpfen. Das EWS wurde zunehmend zu einem D-Mark-System. Es funktionierte, weil es einen Orientierungspunkt, wenn schon nicht ein Herrschaftszentrum hatte.

Dies alles sind (um beim Thema zu bleiben) zunächst faktische, nicht normative Entwicklungen. Sie definieren jedoch den Horizont, in dem der Präsident der Europäischen Kommission, Jacques Delors, in der zweiten Hälfte der 80er Jahre den Gedanken der Währungsunion erneut in die Diskussion brachte. Wiederum fehlte nicht das cartesianische Element: der erneut anvisierte Gemeinsame Markt von 1992 bliebe unvollständig ohne EWU; die Währungsunion sei "logische" Folge der Übereinkunft, alle Handelshemmnisse abzuschaffen. Indes zeigt der Delors-Bericht von 1989 in mancher Hinsicht ein klareres Verständnis des Verhältnisses von Normen und Fakten als frühere Versuche zum gleichen Ziel.

Das gilt schon für den Abschnitt, in dem der ECU als Grundlage einer zukünftigen europäischen Währung verworfen wird. Der ECU ist ein Währungskorb, insofern ein (kompliziertes) Faktum. In ihm liegt keinerlei Disziplinierungskraft, sondern nur die statistische Tatsache, daß ein Korb von sehr disparaten Währungen aller Wahrscheinlichkeit nach auf einen Mittelwert hintendiert, also extreme Ausschläge nivelliert. Der Delors-Bericht argumentiert, daß das normativ nicht zureicht. Eine zusätzliche Quelle der Geldschöpfung ohne wirtschaftspolitische Stütze kann inflationär wirken. Außerdem fügt der ECU den zu koordinierenden nationalen Währungen ein weiteres Problem hinzu. Mit anderen Worten, Fakten schaffen keine Normen und können keine Normen schaffen. Zwischen Durchschnitt, bzw. einem "Korb", und Regel besteht ein entscheidender, vielmehr Entscheidungen verlangender Unterschied.

Sodann nimmt der Delors-Bericht zwar die Drei-Stufen-Idee des Werner-Plans auf - die EG für immer zwischen Descartes und Hegel! -, sagt aber mit Recht, daß nur die "Verpflichtung auf die Endphase" den übrigen Phasen ihren

Sinn gibt. Zudem wird die erste Phase sehr viel schärfer definiert. Sie ist nicht nur eine Phase der Koordination, sondern schließt zwei normintendierende Elemente ein: den Beitritt aller Mitgliedsstaaten zum EWS und die Einberufung einer Regierungskonferenz, die notwendige vertragliche Grundlagen für die weiteren Phasen ausarbeitet. Damit wird die entscheidende Schwelle vom Übergang der zweiten zur dritten Phase vorverlegt auf den Übergang von der ersten zur zweiten Phase. "Die zweite Phase könnte erst nach Inkrafttreten des neuen Vertrages beginnen."

Das macht die zweite Stufe indes nicht weniger mysteriös. Einen Satz wie den folgenden muß man auf der Zunge zergehen lassen, um ihn voll zu goutieren: "Phase zwei ist als eine Phase des Übergangs zur Endphase zu sehen und wäre in erster Linie ein Lernprozeß, der zu kollektiven Entscheidungen führt, während die endgültige Verantwortung für politische Entscheidungen in dieser Phase bei den nationalen Instanzen verbliebe."

Das ist mehr clever als klar. Es bedeutet, daß zwar in der zweiten Stufe ein neuer Vertrag - bzw. eine Revision der alten Verträge - in Kraft tritt, daß dies aber zunächst noch keine volle Verbindlichkeit der Währungsunion schafft. Erst die Endphase, die dritte Stufe, bringt unwiderruflich feste Wechselkurse und die Übertragung von wirtschafts- und währungspolitischen Kompetenzen auf Gemeinschaftsinstitutionen. Die zweite Stufe oder Phase wird gleichsam als Prozeß eines unwiderruflichen Übergangs konzipiert. "Unwiderruflicher Übergang" - kann es das geben? Sind revidierte Verträge denkbar, die dennoch sozusagen nicht voll in Kraft treten?[1]

Hier ist es von Interesse, die britische Position, jedenfalls in der Perspektive von Premierministerin Thatcher, zu betrachten. Frau Thatcher zögert dem EWS beizutreten. Sie sieht in einem solchen Beitritt einen Grad an Verpflichtung, vor dem sie zurückschreckt. Das hängt (auch) mit der britischen Einstellung zu Normen zusammen. Die Großzügigkeit, die das EWS etwa Italien ausdrücklich zugesteht, ist Großbritannien fremd. Beitritt heißt, daß man sich an Abmachungen hält, auch wenn diese zunächst noch keinen im strengen Sinn normativen Charakter haben. (Kulturen des normativen Verhaltens sind ein eigenes Thema!). Das britische Zögern hängt indes auch mit den normativen Implikationen eines Systems zusammen, das am Ende von der D-Mark oder der

1 Die Antwort auf diese Frage könnte "ja" lauten. Die EG hat Erfahrung mit Übergangszeiten. Die Beitrittsverträge für neue Mitglieder z.B. sehen Phasen vor, in denen die Römischen Verträge noch nicht voll in Kraft treten, ein Rückweg aber ausgeschlossen wird.

Bundesbank kontrolliert wird. Hier geht es um den Transfer von Souveränität, im britischen Sinne der Souveränität des gewählten Parlaments. Nimmt man beides, Normenkultur und Souveränitätsverzicht, zusammen, dann wird verständlich, warum Frau Thatcher vorerst nicht bereit ist, die mit der ersten Stufe des Delors-Berichtes verbundenen Verpflichtungen zu akzeptieren.

Doch ist das nur der politische Anfang der komplizierten Geschichte. Delors und seine Kollegen haben gesehen, daß der ECU zwar vielleicht die Phantasie des ungenannten Abgeordneten von 1966 befriedigt, aber nicht zur Währungsunion führt. Der ECU als Währungskorb ist ein bloßes Faktum. Normen und Fakten sind zweierlei.

Es ist nicht ganz so sicher, daß der Delors-Bericht die Begrenzungen des EWS ganz erkannt hat. Auch das Europäische Währungssystem ist vor allem ein Faktum. Zum Unterschied vom Währungskorb ist es allerdings ein mehr als statistisches Faktum. Es veranlaßt die beteiligten Zentralbanken und Regierungen zu regelmäßigen Konsultationen. Es fördert damit jene "Gewohnheit der Zusammenarbeit", die der britische Sozialökonom Andrew Shonfield vor fünfzehn Jahren zur stärksten Integrationskraft der EG erklärt hat. Diese "Gewohnheit der Zusammenarbeit" führt nun aber geradewegs zu Theodor Geiger und zu klassischen Theorien des Weges von Sitte und Brauch zum Gesetz. Es zwingt zwar niemand den italienischen Zentralbankgouverneur, im EWS zu bleiben, aber peinlich wäre ihm und seiner Regierung das Ausbrechen schon. Das mag erträglich sein; Staaten haben in diesem kriegerischen Jahrhundert schlimmere Reaktionen anderer wortlos auf sich genommen; es ist jedoch im normalen Gang der Dinge lästig und sogar kostspielig.

Die soziologisch informierte Lektüre des Delors-Berichts macht den Unterschied zu den Plänen von Barre und Werner deutlich. Delors glaubt nicht an cartesianische Notwendigkeiten und auch nicht an den großen Aufschwung des politischen Willens; er will vielmehr Tatsachen schaffen, die am Ende den Schritt zur normativen Sicherung verkürzen. Die zweite Stufe von Delors ist eine Stufe der massiven Schaffung von Gewohnheiten und prä-institutionellen Realitäten, verbunden mit Versprechungen zukünftiger Institutionalisierung. Barre und Werner mußten hoffen, die Mitgliedsstaaten der EG über die Schwelle zur dritten Stufe bringen zu können; für Delors, jedenfalls im Sinne seines Berichts, reicht die zweite Stufe.

Oder bleiben doch Zweifel? Was zunächst die Realentwicklung zur EWU betrifft, so werden Zweifel bis zur letzten Minute bleiben. Nach der Gipfelkonferenz von Madrid im Juni 1989 sind sie jedenfalls viel stärker, als das Communiqué der Regierungschefs verrät. Nicht nur britische Einwände schaffen dicke Fragezeichen. Die Deutsche Bundesbank wird alle Hebel in Bewegung setzen, um ihre Unabhängigkeit gegen den vorhersehbaren Wunsch anderer Staaten zu verteidigen, einen stärkeren politischen Einfluß auf Währungsentscheidungen auszuüben. Die Sonderstellung Italiens, und nun auch Spaniens, läßt sich vermutlich schon in der zweiten Delors-Phase nicht mehr aufrechterhalten und hat doch gute wirtschaftliche und kulturelle Gründe. Und dann ist da das Umfeld, das die EG 1971 so sträflich vernachlässigt hatte. Der Versuch, der Welt den eigenen Kalender aufzudrängen, scheiterte kläglich, als Präsident Nixon die Konvertibilität des Dollar in Gold aufhob. Nach wie vor hat der Dollar eine bestimmende Rolle für die Währungen der Welt; mittlerweile ist der Yen komplizierend hinzugekommen. Die EWU existiert erst, wenn sie existiert, und nicht schon, wenn die Vorschläge der Regierungskonferenz (wenn diese denn wirklich so bald einberufen wird und zu Schlußfolgerungen kommt) von den Mitgliedsstaaten ratifiziert werden. Unerwartete Fakten können die besten normativen Absichten durchkreuzen.

Indes dürfen wir hier für einmal die Realität Realität sein lassen, um die angedeutete Geschichte auf ihren gedanklichen Kern zurückzuführen. Zwei Schlüsse bieten sich an. Sie sind nicht weltbewegend, aber von allgemeinem Interesse. Der eine Schluß ist, daß die Saga der EWU einmal wieder zeigt, wie sehr die Formulierung in die Irre führt, daß aus Fakten Normen werden. Bei näherer Betrachtung ist das Wort "werden" in dieser Aussage ebenso mysteriös wie die zweite Stufe der Währungsunion. Es verbirgt einen Schritt, der weder linear noch einfach stufenförmig voranführt, sondern eine Dimensions- oder Qualitätsveränderung mit sich bringt, eben den Schritt zur Normierung. Auch der vertrautesten Gewohnheit fehlt der Disziplinierungscharakter der Norm. Eine EWU wird es erst geben, wenn außer Regeln Sanktionen und Herrschaftsinstanzen geschaffen sind. Darum ist es übrigens richtig, in der EWU die politische Union zu sehen.[2]

2 Dieser wichtige Satz läßt ein paar Zwischenglieder unausgesprochen: Zollunion ist noch nicht politische Union, Währungsunion ist es, weil Währung allerlei Implikationen hat, die zu explizieren wären.

Der Popitzsche Schüttelreim sprach von den Fakten "rein, in nackten Formen". Damit stellt sich eine theoretische Frage, die hier immerhin formuliert werden soll. Könnte es sein, daß im Wust faktischer Entwicklungen zuweilen Strukturen erkennbar werden, die sich als Normen denken lassen? Ist die Praxis des EWS vielleicht so ein Faktum, in dem sich die EWU schon erkennen läßt? Ich vermute, daß die Antwort lauten muß, daß sich zwar der Text von Normen auf diese Weise antizipieren läßt, die normative Qualität selbst aber nicht mit der Struktur von Beziehungen gegeben ist. Man müßte schon annehmen, daß sich Strukturen gleichsam von selbst aufdrängen, also einem strukturellen Determinismus huldigen, um zu einem anderen Schluß zu kommen. Mancher tut das. Es wird dem geneigten Leser nicht entgangen sein, daß in dieser kleinen Reflektion über die zweite Stufe der Währungsunion allerlei vertraute Theorien über Bord gegangen sind.

Der erste Schluß ist also, daß die normative Qualität etwa der EWU sich weder automatisch noch aus der Struktur von Gewohnheiten noch durch einen linearen oder auch stufenweisen Prozess ergibt; Die Europäische Währungsunion "wird" nicht, sondern sie muß geschaffen werden. Der zweite Schluß ist, daß die Schaffung der EWU nicht als *acte gratuit*, als reiner politischer Wille gedacht werden kann, sondern im Hinblick auf Fakten erfolgen muß. Fakten bereiten den Prozeß der Normierung vor, und sie geben ihm Geltung, wenn er erfolgt ist. Das sind zum Teil innere Fakten, wie etwa die Gewohnheit der Zusammenarbeit, zum Teil äußere Fakten, nämlich die Beziehung zu den anderen großen Währungen der Welt. Der politische Wille muß eingebettet bleiben in massive faktische Entwicklungen. Am Ende hat dann sogar der ungenannte Europa-Abgeordnete recht: das neue Geld wird zu einer "unbemerkten Selbstverständlichkeit", allerdings nicht nach einer langen Gewöhnungsphase, sondern weil schon bei seiner Einführung hinlänglich viele Tatsachen darauf vorbereiten.

Ist das alles? Nicht ganz. Wir haben das Mysterium der zweiten Stufe zwar eingegrenzt, aber nicht gelöst. Es bleibt der Moment der Transformation, oder vielmehr, der Normenstiftung. Also doch politischer Wille? Nur wenn das Wort ganz und gar von seinen deutschen Konnotationen eines reinen, abstrakten Willens, der Willkür geradezu, befreit wird. *Politics* ist hier eher gefragt als politischer Wille. Dann kommt sogar das vielverlästerte Wort zu seinem Recht, *in politics everything is a matter of timing*, bei politischen Entscheidungen kommt alles auf den richtigen Zeitpunkt an. Für Normierungssprünge, große zumal, gibt es einen richtigen Zeitpunkt. Starke Politiker können diesen Zeitpunkt etwas vorziehen oder hinauszögern; bedeutende Politiker werden ihn jedenfalls nicht verpassen; und schon vor dem Zeitpunkt ist es wichtig, vorbereitet zu sein. Bei großen Themen wie der EWU ist es sogar gut, vorbereitet zu sein, wenn der richtige Zeitpunkt noch gar nicht in Sicht ist.

Die Stärke des Delors-Berichts liegt darin, daß er diesen Prozeß der Vorbereitung fördert. Erfordernisse und Ziele der EWU werden jedenfalls durchdacht, und zwar innerhalb eines begrenzten Zeitraumes. Der Delors-Bericht ist zudem dem Werner-Plan darin überlegen, daß er keinen erfundenen Zeitpunkt - "zehn Jahre" - für das Erreichen der Endphase einschließt. Insoweit ist der zweite Anlauf zur EWU politischer als der erste. Es bleibt indes eine gewisse Überpräzision im Hinblick auf den Zeitplan des großen Schritts in die Normierung, also die von der Regierungskonferenz vorzuschlagenden Vertragsänderungen. Präzise inhaltliche Vorbereitung verbunden mit flexiblem Sinn für den richtigen politischen Augenblick wäre ein besseres Rezept.

Heinrich Popitz hat grundlegende Normstrukturen in seinem Buch "Die normative Konstruktion von Gesellschaft" analysiert. Der Schüttelreim, von dem wir hier ausgegangen sind, untertreibt naturgemäß die Subtilität seiner Analyse. Bis fast zum Schluß der hier erzählten Geschichte könnte Popitz dem Argument folgen. Bis *fast* zum Schluß. Dem Rest steht ein Denkstil im Wege, der in den Widmungsreimen zu dem Buch über "Die normative Konstruktion" deutlich wird:

> In der Erkenntnis weitem Zelt
> durchforschest du die Zeitenwelt
> und suchest nach dem Immer-Gleichen,
> willst auch den kleinsten Glimmer eichen -
> und find'st doch nur die Fabelnorm
> in deiner eignen Nabelform.

Das ist reiner Strukturalismus im besten Sinne des Begriffs: die Suche nach der Grammatik von Gesellschaft, bei der Popitz dem Ansatz von Geiger weit überlegen argumentiert. Geiger hätte die Chancen der EWU mißverstehen müssen, weil er den von Popitz klar erkannten Sprung vom regelmäßigen zum regelhaften Gebaren nicht als solchen gesehen hat. Wenn der Ansatz von Popitz eine Schwäche hat, dann allenfalls die, daß der Prozeß der Normenbildung bei ihm als Prozeß der Bildung von Grundnormen, eben als normative Konstruktion von Gesellschaft zum Thema wird. Der Gesellschaftsvertrag ist aber das einzige Mal, zu dem der Zeitpunkt keine Rolle spielt. In allen späteren Prozessen der Normierung und des Normenwandels ist *timing* ebenso entscheidend wie der Kranz von Tatsachen, der den Normierungsprozeß umgibt. Der poeta sociologus möge mir die (übrigens nur auf schwäbisch oder sächsisch lesbare) Schrecklichkeit vergeben:

Willst schaffen du aus Fakten Normen,
mußt du um ihre nackten Formen
zur rechten Zeit bei heiter' Klängen
wohlzugeschnittne Kleider hängen.

Umstrittene Vernunft - Ein Bericht

Reinhard Bendix

Mein Ruhestand seit 1986 hat gelegentlich den Gedanken mit sich gebracht, was wohl ein künftiger Student tun würde, der in der Literatur auf meinen Namen stößt und sich näher informieren möchte. Mit etwa einem Dutzend Büchern und sechzig Aufsätzen sähe er oder sie sich vor einem Gewirr von Veröffentlichungen, durch das sich kein leichter Weg finden ließe. Da ich gern Lehrer war, fühle ich mich verpflichtet, die hypothetische Frage zu beantworten und ein geistiges Selbstportrait zu entwerfen. Eine Bilanz kann nicht erschöpfend sein und muß sich manchmal auf Andeutungen beschränken. Aber der Versuch lohnt sich, wenn es mir gelingt, das anderwärts in der Breite dargestellte Material hier durch Verkürzung prägnanter zu formulieren. Ich benutze die Gelegenheit einer Festschrift für Heinrich Popitz zu diesem Zweck um so lieber, als ich mir einer gewissen Wahlverwandtschaft mit ihm bewußt bin, obwohl unsere Arbeiten thematisch in verschiedene Bereiche gehören.

Meine Themen sind in drei Teile gegliedert: Bedingtheit der Wissenssuche, theoretische Voraussetzungen und vergleichende sozialgeschichtliche Untersuchungen.

I. Bedingtheit der Wissenssuche

Es handelt sich zunächst um eine Wissenssuche, die durch die justizkritische Einstellung meines Vaters bedingt war. Als Halbwüchsiger hat er meine geistigen Interessen angeregt und dann durch seine Analyse richterlicher Entscheidungen in eine bestimmte Richtung gedrängt. Die Tendenz dieser Analyse war Skepsis gegenüber dem juristischen Formalismus richterlicher Entscheidungsbegründungen, hinter dem sich persönliche Schwächen, politische Vorurteile, Standesdünkel u.a. verbargen. Die geistigen Ahnherren dieser Skepsis waren Marx und Nietzsche, die mein Vater unter dem Einfluß Wilhelm Diltheys ins Lebensphilosophische und Individualpsychologische umwandelte. Diesem allgemeinen Einfluß wurde dadurch eine Pointe gegeben, daß mein Vater mich zur Lektüre von Karl Mannheims *Ideologie und Utopie* anregte, mir mit dem schwierigen Text half und mich dadurch auf das allgemeine Problem der Bedingtheit rationaler Bestrebungen brachte. Ich übergehe die Einzelheiten und wende mich meiner ersten Erfahrung an der Universität von Chicago zu, wie sie sich mir im Rückblick darstellt.

In der amerikanischen Soziologie begegnete mir die allgemeine Tendenz einer *empirischen* Sozialwissenschaft aber zugleich eine grundlegende Auseinandersetzung darüber, was das Erkenntnisobjekt dieser Wissenschaft sein soll. Sachliche wie methodische *Meinungen* gingen auseinander, aber sie waren trotzdem durch sachliche und methodische *Interessen* miteinander verknüpft. Hier Analysen des menschlichen Lebenslaufs und beruflicher wie ethnischer Subkulturen unter Betonung des einfühlenden Verstehens, dort Demographie und Meinungsumfragen unter Betonung statistischer Analysen, die einem naturwissenschaftlichen Wissenschaftsmodell nacheifern. Die empirische Tendenz beider Seiten habe ich mir zu eigen gemacht. Aber die genannten geistigen Alternativen habe ich umgangen, indem ich die Reflexivität insbesondere aller sozialwissenschaftlicher Studien zum Ausgangspunkt meiner Überlegung und Forschung machte. In der Geschichte der Naturwissenschaften ist man seit der Antike von der Gegenüberstellung zwischen Subjekt und Objekt ausgegangen, was in der modernen Physik u.a. durch Heisenbergs Prinzip der Unbestimmtheitsrelation in Frage gestellt worden ist. Aber in der Geschichte der Sozialwissenschaften ist diese Subjekt-Objekt-Trennung von Anfang an problematisiert worden.

Das hat Hans Barth in seinem Buch *Wahrheit und Ideologie* (1945) nachgewiesen, indem er das Infragestellen menschlicher Rationalität von Bacons Theorie der Idole bis hin zum Freudschen Begriff des Unbewußten nachgezeichnet hat. Als ich Barths Ergebnisse zusammenfaßte, kam ich zu folgendem Schluß: die Entwicklung der Sozialwissenschaften besteht vielfach darin, daß wir tiefere Einsichten in die Bedingtheiten der Sozialforschung, also mehr Menschenkenntnis gewinnen. In einem Satz: Bacons Idole kann man durch umsichtige Reflektion, Destutt de Tracys Ideologie durch Reform der Erziehung, Marx' falsches Bewußtsein durch Revolution, und Freuds Verdrängung durch Psychotherapie "bewältigen". Der korrigierende Rück- und Eingriff ist also der Idee nach immer tiefgreifender geworden, weil wir über mögliche Fehlerquellen sozialwissenschaftlicher Rationalität mit der Zeit mehr in Erfahrung gebracht haben. Robert Merton hat gegen diesen Ansatzpunkt eingewandt, daß das Paradox des Lügners (Zenos "Ein Kreter sagt, alle Kreter sind Lügner") zwar ein logisches Problem für Mathematiker und Philosophen darstellt, Wissenschaftler aber darüber hinweggegangen sind, ohne die Produktivität ihrer Forschung zu gefährden. Der Einwand scheint mir aus drei Gründen nicht stichhaltig. Einmal gehören die Irrungen der Wahrheitssuche zum Gegenstand der sozialwissenschaftlichen Forschung, weil wir ohne vage und auch falsche Annahmen und Meinungen über Mensch und Gesellschaft in einer anderen Welt als der unsrigen leben würden. Die Irrungen und Wirrungen, in Fontanes Worten, sind ein Teil der menschlichen und sozialen Natur, in der wir zu leben haben und die wir zu verstehen suchen. Zum anderen weisen neuere Überlegungen in der Wissenschaftsphilosophie auf die Wahrscheinlichkeit hin, daß auch naturwissenschaftliche Forschungen von mehr oder weniger willkürlichen und jedenfalls subjektiven Annahmen ausgehen, die gesellschaftlich und geistesgeschichtlich bedingt sind, aber der bekannten Produktivität der Naturwissenschaften trotzdem nicht im Wege stehen. Jedoch hat Merton sicher recht, daß Untersuchungen ihrer geschichtlichen Voraussetzungen die Naturwissenschaften von ihrer eigentlichen Aufgabe nicht abgehalten haben, weil (so meine ich) Fehler und Illusionen kein Teil der Natur sind, die sie analysieren. Dazu kommt letztlich, daß Merton von der Hoffnung ausgeht, die Sozialwissenschaften könnten und würden sich so erfolgreich wie die Naturwissenschaften entwickeln, wenn sie nur ähnlich wie diese über das Paradox des Lügners hinweggingen, um empirisch und hypothetisch-deduktiv vorzugehen. Ich teile diese Hoffnung nicht und bin dementsprechend skeptischer gegenüber dem naturwissenschaftlichen Erkenntnisideal für die Sozialwissenschaften. Insbesondere erscheint mir die Auffindung von sozialwissenschaftlichen Gesetzen oder Universalregeln kein erstrebenswertes Ziel, weil solche Gesetze - selbst wenn sie auffindbar wären, und bisher sind sie es nicht - relativ inhaltsleer sein müßten. Allerdings bin ich kein Gesetzgeber für die Sozialwissenschaften, und im amerikanischen Zusammenhang besteht keine Gefahr, daß die Bemühungen um eine am naturwissenschaftlichen Modell orientierte Sozialwissenschaft meinetwegen aufhören werden. Doch gerade weil diese Bemühungen vorwiegen und kaum "hinterfragt" werden, schien es mir nützlich zu sein, einen anderen Weg zu gehen.

Dieser Weg geht davon aus, daß Wissenschaft ohne Voraussetzungen unmöglich ist und daß die erkenntnisleitenden Fragestellungen zu diesen Voraussetzungen gehören. Man kann keine Antworten finden, ohne Fragen gestellt zu haben, und mehrere Forscher können nur dann die gleiche Antwort finden, wenn sie die gleiche Frage gestellt haben. Indem man eine Frage stellt, hofft man natürlich, eine Antwort zu bekommen, aber die mit den Fragen verbundenen Hoffnungen können voneinander abweichen. Mertons Hoffnung und meine Skepsis sind Beispiele. Solche Grundhaltungen deuten an, daß mit jeder auf Antwort hoffenden Fragestellung mehr als die Frage selbst verbunden ist. Ich nenne dieses "mehr" das zugrunde gelegte Bild von Mensch und Gesellschaft, was in den Naturwissenschaften dem zugrunde gelegten Naturbild entspricht.

Philosophen neigen dazu, den hier vorgeschlagenen Ausgangspunkt als Relativismus abzuurteilen, weil sie ihn sowohl logisch wie ethisch für unhaltbar ansehen. Sie meinen, daß man die *Vielfalt* der Gedankensysteme und Morallehren nur dann als solche auffassen und annehmen kann, wenn man diese Vielfalt als *unbedingt* wahr und *unbedingt* verpflichtend ansieht. Das sei eine *contradictio in adjecto*, weil nur *eine* Wahrheit und *eine* Moral unbedingte Geltung beanspruchen können. Für den Sozialwissenschaftler bestehen aber so viele Wahrheiten und Ethiken wie es Kulturen und Subkulturen gibt, so daß jede einzelne Wahrheit und Ethik relativierbar zu sein scheint. Doch Sozialwissenschaftler halten sich so wenig bei diesem Paradox auf wie Naturwissenschaftler bei dem Paradox des Lügners. Sie haben kein philosophisches Problem zu lösen, sondern suchen die Vielfalt der Wahrheiten und Ethiken als solche zu analysieren. Das können sie nicht tun, wenn sie sich zugleich um die hypostasierte Einheit von Wahrheit und Ethik bemühen. Dazu gehören zwei weitere Beobachtungen. Die Wahrheits- und Ethikvielfalt stört die Kulturträger nicht; im Gegenteil, sie halten an der eigenen Sicht um so eher fest, je mehr sie Gelegenheit haben, andere Wahrheiten und Ethiken zurückzuweisen. Nur die Philosophen machen daraus ein logisches Problem. Zum anderen meine ich, daß die philosophische Annahme nur *einer* Wahrheit und Ethik eine Sicht des Ganzen für möglich halten muß, und das widerspricht der Begrenztheit menschlichen Auffassungsvermögens. Hegel sagt: "die Wahrheit ist das Ganze", aber zugleich säkularisiert er die religiöse Kosmologie, die diesem Satz seinen Sinn gegeben hatte. Sozialwissenschaftliche Anerkennung der Vielheit kann als Bescheidung gedeutet werden. Das Verstehen verschiedener kultureller und zugleich ethischer Wahrheiten ist nicht einfach mit Relativismus zu identifizieren. Es stellt uns vielmehr vor die Aufgabe, beides zusammen zu sehen, den elementaren Antrieb und die Fähigkeit, menschliche Tugenden zu idealisieren, wie sie in allen Gesellschaften anzutreffen sind (der universale Sinn), und die Tatsache, daß Menschen verschiedener Kulturen auch verschiedene Auffassungen der idealen Tugenden haben (der empirische Sinn).

Darüber hinaus gibt es bei meinem Ansatzpunkt ein Problem, das nur von Fall zu Fall praktisch lösbar ist und auch dann nur annähernd. Die mit allen Fragestellungen verbundenen Hoffnungen, Menschenbilder und Gesellschaftsmodelle sind den Fragestellern nur selten und unvollkommen bewußt; häufig müssen sie erst mühsam gegen den Widerstand des Fragestellers ans Licht gezogen werden. Denn indem man die Voraussetzungen einer Frage kritisch beleuchtet, macht man zum Problem, was der Fragesteller selbst als gegeben voraussetzen muß, um seine Antworten ergründen zu können. Man scheint seine Wahrheitssuche zu behindern. Anders gesagt: man wird keine Antwort finden können, wenn man dauernd damit beschäftigt ist, die Voraussetzungen einer Fragestellung zu durchleuchten.

Es ist ein schwieriges Unterfangen, hier ein angemessenes Maß zu finden. Zugleich gibt es aber einen Gesichtspunkt, der die von mir befürwortete Voraussetzungsanalyse der Mühe wert erscheinen läßt. Uns allen ist die Vielfalt entgegengesetzter Meinungen, Interpretationen, Erklärungsmodelle etc. zur Genüge bekannt. Die Wiederkehr geistiger Gegensätze scheint kein Ende zu nehmen, und ich behaupte nicht, durch meinen Ansatz ein Ende finden zu können. Ich erhoffe mir aber von der Bewußtseinserhöhung, daß das große Ausmaß unvereinbarer Antworten sogar bei gleichen Fragestellungen vermindert werden kann. Wenn dieser Versuch unterbleibt, darf man sich nicht wundern, daß die Antworten auseinandergehen.

Auf diesem Gebiet gibt es ein wissenschaftliches Hegemonialstreben, das sowohl fruchtbar wie zerstörerisch sein kann. Der amerikanische Politologe Don Price hat darauf hingewiesen, daß jeder Wissenschaft daran gelegen sein muß, die von ihr behandelten Fragen und angewandten Methoden selbst zu bestimmen. Soweit eine Wissenschaft sich auf Zwecke einläßt, die von außen an sie herangetragen werden, geschieht dies im Prinzip unter der Voraussetzung, daß sowohl Fragestellung wie Methodenwahl der Entscheidung der zuständigen Wissenschaftler vorbehalten bleibt. Nur durch diese Selbstbestimmung, die natürlich auch pädagogische und institutionelle Konsequenzen hat, ist Forschung bisher erfolgreich gewesen. Das ist die fruchtbare Seite. Das zerstörerische Potential wissenschaftlicher Autonomie liegt andererseits in der Gefahr, daß Selbstbestimmung zum Selbstzweck wird und, wie Nietzsche sagt, zu Wahnvorstellungen über die Macht der Wissenschaft führt, also gerade das hervorruft, was die Selbstbegrenzung wissenschaftlicher Forschung vermeiden will. Auch hier kann Bewußtseinserhöhung in bezug auf Voraussetzungen eine heilsame Wirkung erzielen, besonders nachdem wissenschaftlicher Fortschritt das menschliche Machtpotential für gute und für gefährliche Zwecke in historisch einmaliger Weise erhöht hat. *Das Prinzip Verantwortung*, das Hans Jonas so eindrucksvoll philosophisch unterbaut hat, ist ohne selbstkritische Reflexivität nicht zu verwirklichen.

II. Theoretische Voraussetzungen

Im Interesse der Kürze beschränke ich mich auf abstrakte Überlegungen und klammere geistesgeschichtliche Perspektiven aus.

In der Zeit nach dem Zweiten Weltkrieg wog der Systemgedanke im sozialwissenschaftlichen Denken vor. Das hatte vor allem mit der Nutzanwendung des Systembegriffs auf so verschiedenen Gebieten wie Biologie, Ökologie, Ökonometrie, Computerwissenschaft und anderen Gebieten zu tun. Begriffe wie Funktion und Evolution waren aufs engste mit dem Systembegriff verknüpft. Trotzdem meine ich, daß die Anwendung dieser Begriffe auf die Gesellschaft *als Ganze* fragwürdig ist.

Der Systembegriff bedeutet die gegenseitige Abhängigkeit aller Faktoren, derart, daß Veränderungen in einem unweigerlich Veränderungen in anderen nach sich ziehen, daß diese Interdependenz intern innerhalb gewisser festgelegter Grenzen gesteuert wird und daß das Gesellschaftssystem als Ganzes durch klare Grenzziehungen von anderen Gesellschaftssystemen unterschieden ist. Die Analogie zum Begriff des Körpers liegt auf der Hand und ist von alters her immer wieder benutzt worden. Das hat religiöse und tiefenpsychologische Wurzeln, aber als sozialtheoretisches Modell erscheint es mir trotzdem ungeeignet. In modernen Gesellschaften sind gegenseitige Abhängigkeiten mehr oder weniger unvorhersehbar, weil diese Sozialstrukturen in nur geringem

Maße integriert sind und keinen Gleichgewichtsmechanismus wie der Körper besitzen. Durkheims Versuch, eine normale Rate der Verbrechen zu hypostasieren, deren Bestrafung zur Aufrechterhaltung sozialer Normen unabdingbar ist, muß als verfehlt angesehen werden, weil er eine nicht erreichbare Präzision verlangt. Merton hat die zugrundeliegende Idee eines innergesellschaftlichen Gleichgewichts die zweifelhafteste Seite des Funktionalismus genannt. Ich sehe einen Grund für die Fragwürdigkeit dieser Gleichgewichtsidee in der Durchlässigkeit der Grenzen zwischen verschiedenen Gesellschaften im Gegensatz zu Körpern, die klar voneinander geschieden sind. Heute ist diese Durchlässigkeit einer der wichtigsten Gründe für politische Unruhen und dementsprechend ein Anzeichen für den Mangel an innerem Gleichgewicht der Gesellschaften in der ganzen Welt.

In diesem Zusammenhang habe ich mich mit der Phänomenologie des sozialen Wandels beschäftigt, die davon ausgeht, daß nach einer gewissen Zeit eine Gesellschaftsstruktur anders ist als zuvor. Die Tendenz, das "Vorher" und "Nachher" durch Gegenüberstellung von Tradition und Modernität zu formulieren, ist sehr weit verbreitet; man sollte ihr sehr skeptisch gegenüberstehen, aber ganz wird sie sich nicht vermeiden lassen, solange man eben von sozialem Wandel sprechen will. Skepsis ist besonders gegenüber dem Evolutionsschema angebracht, nach dem alle Gesellschaften am Ende die gleichen Stufen durchlaufen werden, eine Abfolge, die verschiedenen Basisfaktoren zugeschrieben wird, aber immer mit der Fortschrittsidee verbunden ist. Nun kann man sicher in umgrenzten Gebieten von Fortschritt reden. Wissenschaft und Technik sind die besten Indizien dafür, daß man heute mehr weiß und kann, als man früher wußte und konnte. Dieses "Mehr" legt aber ein Ideal der Erkenntnis und der Naturbeherrschung zugrunde, und es gibt Wertungen, von denen aus die gleichen Errungenschaften des Wissens und Könnens als Rückschritte erscheinen. Diese Diskussion wird weitergeführt. Es bleibt jedoch unumstritten, daß der Entwicklungsgedanke einer gleichen Stufenfolge in einer Hinsicht falsch ist, nämlich in bezug auf den Durchbruch der Rationalisierungstendenz in der westlichen Welt, wie Max Weber sie bezeichnet hat. Es mag genügen, hier mit Nietzsche von dem Glauben zu sprechen, "daß das Denken, an dem Leitfaden der Kausalität, bis in die tiefsten Abgründe des Seins reicht und daß das Denken das Sein nicht nur zu erkennen, sondern sogar zu korrigieren imstande ist". Weber hat die Tendenz dieses Glaubens in vielen Zusammenhängen analysiert und angedeutet, aber ich meine in einem Punkt etwas Eigenes beigetragen zu haben. Denn wenn die Rationalisierungstendenz einen Durchbruch oder etwas Neues, also eben nicht "gleiche Stufenfolge", darstellt (und dabei kann man getrost auf die griechische Antike zurückgehen und sich nicht nur mit der protestantischen Ethik befassen), so folgt daraus die Konsequenz von immer wieder neuen Ungleichmäßigkeiten in der Entwicklung der verschiedenen Gebiete unserer Welt. Ich habe in dieser Beziehung von Pionierländern gesprochen, die für Nachzüglerländer auf verschiedenste Weise zu Bezugsgesellschaften werden, womit ich in Anbetracht von Helmuth Plessners *Verspätete Nation* mit unmittelbarem Verständnis rechnen kann. Nur ist ein Sonderweg keine spezifisch deutsche Erscheinung; in *Könige oder Volk* habe ich ausgeführt, wie ich mir die Analyse der Sonderwege als allgemeines Phänomen vorstelle.

Es ist immer wieder behauptet worden, daß eine Betrachtung sozialer Tatsachen ohne Werturteile unmöglich ist, oder - wenn nicht unmöglich - dann fatal in ihren Konsequenzen für die normative Ordnung der Gesellschaft. Mir kommt es jedoch hier darauf an, daß es seit der Antike zwei miteinander nie ganz harmonisierende Geistesrichtungen gibt, von denen die eine sich am Leitfaden des Kausalzusammenhangs und die andere am Leitfaden des Normativzusammenhangs orientiert. William Butler Yeats hat diesen Zwiespalt in denkwürdige Worte geprägt:

> The intellect of man is forced to choose
> Perfection of the life, or of the work
> And if it take the second must refuse
> A heavenly mansion, raging in the dark.

Beide: das "himmlische Soll" und das "weltliche Ist" beruhen auf kosmologischen Vorstellungen, die eine metaphysische Einheit voraussetzen. Religiös gesprochen ist die Einheit Gotteswerk. Dagegen ist es Menschenwerk, Trennungen auf Grund dieser vorausgesetzten Einheit der Natur vorzunehmen. Um von Fall zu Fall Wahrheitssuche am Leitfaden des Kausalitätszusammenhangs zu unternehmen, bedarf es der methodisch fundierten Zuwendung zur Wirklichkeit unter wertenden Voraussetzungen, die *nicht* mit persönlichen Vorurteilen identisch sind. Das war die Differenzierung Max Webers. Um von Fall zu Fall Wahrheitssuche am Leitfaden des Normativzusammenhangs zu unternehmen, bedarf es der Zusammenschau von Wirklichkeitszuwendung und Normsetzung. Der Grund, warum diese Zusammenschau immer wieder bei den alten Griechen gesucht wird, liegt wohl darin, daß diese noch eine einheitlich kosmologische Fundierung von Kausalität und Normativität besaßen, zugleich aber die Trennung zwischen beiden Sichtweisen in Bewegung setzten.

Zum Zwecke geistiger Auseinandersetzung wäre viel gewonnen, wenn Gelehrte, die sich am normativen Leitfaden orientieren, sich auch ihrer eigenen religiösen Wurzeln bewußt wären, anstatt bei der griechischen Moralphilosophie Zuflucht zu nehmen, um die seit den Griechen sich entwickelnden Wirklichkeitswissenschaften anzuprangern. Die Trennung von Sein und Sollen kann nicht dadurch aus der Welt geschafft werden, daß man die Wirklichkeitswissenschaften verdammt, die auf dieser teilweisen Trennung beruhen, aber zugleich die Ergebnisse dieser Wissenschaften genießt, ohne sich der moralischen Fragwürdigkeit dieses zwiespältigen Verhaltens bewußt zu werden. Allerdings wäre es auch besser, wenn Wissenschaftler selbst sich die normativen Voraussetzungen ihrer Forschung sowie die normative Belastung durch ihre Ergebnisse vor Augen halten würden. Ich denke, wir sollten von normativer Belastung immer dann sprechen, wenn wissenschaftliche Ergebnisse die moralische und politische Entschlußfähigkeit einer Gesellschaft überfordern, so schwierig es sicher ist, den Begriff der Entschlußfähigkeit zu präzisieren.

Der Begriff der Gesellschaft als Feld begrenzter Konflikte und die Phänomenologie des sozialen Wandels sind nur ein Teil der geistigen Voraussetzungen, mit denen ich mich beschäftigt habe. Der andere Teil bezieht sich auf die innere Verfassung der Gesellschaftsstruktur, wobei sich mein Ansatzpunkt schon aus dem Vorhergehenden ergibt. Wenn Gesellschaft kein Organismus im biologischen Sinne des Systems ist, so folgt daraus, daß wir eine nur schwache Integration der gesamten Gesellschaft als Grundmuster voraussetzen können. Wie ist einer solchen Gesellschaftsstruktur begrifflich beizukommen?

Ich gehe von der Tatsache nicht-enden-wollender Schwankungen sozialer Theorien aus und von der Beobachtung, daß trotz großer Unterschiede im einzelnen die gleichen Themen immer wieder auftauchen. Diese lassen sich nach Kant durch die Formel der ungeselligen Geselligkeit der Menschen kennzeichnen, d.h. "durch den Hang derselben in Gesellschaft zu treten, der doch mit einem durchgängigen Widerstande, welcher diese Gesellschaft beständig zu trennen droht, verbunden ist". Soziale Theorien unterscheiden sich voneinander nach den Gründen, die zu dieser ungeselligen Geselligkeit führen, nicht aber in bezug auf dieses Phänomen selbst. Die Verschiedenheit der Gründe lasse ich hier unberücksichtigt, weil die Annahme einer ungeselligen Geselligkeit ihre eigenen Folgen hat. Zum einen die Zurückweisung jedes theoretischen Ansatzes, der das dauernde Zusammenwirken von Geselligkeit und Ungeselligkeit durch ausschließliche Betonung der einen oder anderen Seite hinwegzuzaubern sucht. Zum anderen die sozialwissenschaftliche Nutzbarmachung der Kantischen Formel. Vielleicht läßt sich von hier aus die begriffliche Zweiteilung, die in allen Sozialwissenschaften immer wieder auftaucht, besser verstehen und handhaben. Man kann das an dem Eindruck ablesen, der von der aphoristischen Weisheit Goethes ausgeht, wie sie in dem Satz "jeder Zustand hat seine Beschwerlichkeit, der begrenzte sowohl als der losgebundene" zum Ausdruck kommt. Allerdings will der Sozialforscher wissen, welche Beschwerlichkeiten mit welchen Begrenzungen oder Losgebundenheiten einhergehen. Aber von Goethe ausgehend wäre der Sozialtheoretiker gut beraten, wenn er bei jedem seiner Begriffe fragte, welche Bereiche durch ihn ausgeklammert sind. Und dementsprechend würde es die vergleichende Analyse historischer Konstellationen und verschiedener Kulturen fördern, wenn man die jeweiligen Idealtypen nach ihren Erfolgen *und* nach den *mit diesen Erfolgen verbundenen* Beschwerlichkeiten befragte.

Ich gebe ein Beispiel aus *Embattled Reason*, eine Interpretation von Webers drei Herrschaftstypen, um dadurch die besagte Nutzanwendung zu konkretisieren. Weber hat bekanntlich zwischen charismatischer, traditionaler und legaler Herrschaft unterschieden. Ich möchte auf eine Eigenschaft der Weberschen Begriffsbildung hinweisen, die m.E. von zentraler Bedeutung ist. Jeder der Weberschen Typen ist durch eine ihm eigene Unbestimmtheit gekennzeichnet. Ein charismatischer Herrscher verlangt von allen den unbedingten Glauben an seine außerordentliche, im Prinzip gottgegebene Kraft, sieht sich aber durch seine Gefolgsleute immer wieder mit dem Verlangen nach beweisenden Wundern konfrontiert. Ein traditionaler Herrscher legitimiert sich durch Aufrechterhaltung der von alters her geltenden Ordnungen, aber es ist Teil dieser Ordnungen, daß auch die herrschaftliche Willkür legitim ist. Schließlich ist legale Herrschaft durch die Durchrationalisierung formalen Rechts gekennzeichnet, aber zugleich basiert dieser Formalismus auf naturrechtlichen Vorstellungen, die sich durch Begriffe wie "Treu und Glauben" oder "unlauterer Wettbewerb" ausdrücken. Dementsprechend enthalten die Weberschen Herrschaftstypen immer eine Doppeldeutigkeit der Befehls- und Gehorsamslegitimierung, die sich m.E. für eine Analyse gesellschaftlicher Integrationsprozesse eignet, auch wenn Weber sie explizit so nicht formuliert hat.

III. Vergleichende sozialgeschichtliche Untersuchungen

Ich beschränke mich auch hier auf Fragestellungen, die mich besonders beschäftigt haben, und klammere vieles aus, was mir im nachhinein weniger wichtig erscheint. Wenn dabei der Eindruck von Folgerichtigkeit entstehen sollte, so ist er auf die Vorteile des Rückblicks zurückzuführen.

Meine ersten vergleichenden Arbeiten standen ganz unter dem Eindruck des Hitlerregimes, dem ich entkommen war. Ich wollte wissen, wie es zu der deutschen Katastrophe gekommen war. Ergebnis der Frage war eine geistesgeschichtliche Untersuchung der deutschen Soziallehren im 18. und 19. Jahrhundert, die unveröffentlicht blieb. Dann kam eine Habilitationsschrift über das höhere amerikanische Beamtentum, das mir eine meist implizite Gegenüberstellung mit dem deutschen Beamtentum ermöglichte. Die dritte, durch jenen Eindruck ausgelöste Forschungsaufgabe war eine vergleichende Studie über Ideologien des industriellen Managements im Laufe der Industrialisierung, die in der Bundesrepublik unter dem Titel *Herrschaft und Industriearbeit* (1960) veröffentlicht wurde. Bei ihr muß ich kurz verweilen.

Zunächst änderte ich mein Thema, indem ich von dem vergangenen deutschen Totalitarismus auf den gegenwärtigen Totalitarismus russischer Prägung überwechselte. Dabei hielt mich zwar die durch Hitler ausgelöste Fragestellung weiter gefangen, aber inzwischen war ich in Amerika eingewandert.

So ergab sich ein Vergleich zwischen "Ost und West, einst und jetzt", also russische und englische Industrialisierung im 18. und 19. Jahrhundert, und Probleme des Managements in der DDR vor dem 17.6.1953 und in den USA bis in die frühen fünfziger Jahre. Zwei Gesichtspunkte waren für mich grundlegend: die Tatsache, daß die moderne Welt nicht ohne industrielle Produktionsfähigkeit zu denken ist, und die andere Tatsache, daß industrielle Organisation einer Koordination bedarf, die ohne irgendeine Form von Autorität nicht zu haben ist. Ich merke an, daß keine Sozialforschung ohne eine Tatsachenfeststellung dieser Art auskommt, was immer ihr spezifischer Inhalt sein mag. Wer von solchen Feststellungen nichts wissen will, sollte auch von Sozialforschung schweigen. Meine Frage war, ob sich im Laufe der Industrialisierung Form und Inhalt dieser organisatorischen Herrschaftsausübung geändert hätten und ob in dieser Beziehung grundlegende Unterschiede zwischen "Ost und West" zu verzeichnen seien. Die Antwort war der positive Befund, daß sich sowohl das Selbstbild des Entrepreneurs (oder Managers) wie auch das Bild des Arbeiters von Grund auf verändert haben und daß sich die osteuropäische und die angelsächsische Tradition einst wie jetzt voneinander unterscheiden. Der Gesichtspunkt der Alleinherrschaft des Besitzers hat auf der einen Seite den organisatorischen Experten und auf der anderen den kommunistischen Funktionären Platz gemacht. Dementsprechend: das Bild des Arbeiters hat sich von einem Untergebenen in England zu einem Selbstverantwortlichen im amerikanischen Kampf ums Dasein verwandelt, während im "Osten" der Arbeiter von einem unzuverlässigen Diener des Eigentümers zu einem nominellen Herrn und tatsächlichen Opfer parteilicher Massenorganisation geworden ist. Das sind Stichworte, die einen Eindruck vom Inhalt der Studien vermitteln sollen.

Meine nächste Fragestellung hing mit dem Marxismus zusammen, obwohl ich nie recht an die Marxsche Vorhersage einer proletarischen Revolution glauben konnte. Aber zur Zeit der chinesischen Revolution 1949 war es offensichtlich geworden, daß gut ein Drittel der Menschheit bis auf weiteres unter einem kommunistischen Herrschaftssystem leben würde. Hinzu kam, daß die Epoche der Dekolonisierung nach dem Zweiten Weltkrieg sowohl das Problem der kommunistischen Herrschaftsordnung wie das Problem der Modernisierung auf die Tagesordnung setzte. Da der sozialgeschichtliche Vergleich inzwischen meine Forschungsmethode geworden war, wandte ich mich folgender Frage zu: warum hat das Proletariat die von Marx vorhergesagte Rolle nicht gespielt und vermutlich nicht spielen können? In dieser Frage waren, wie sich herausstellte, viele andere Fragen enthalten. Zum einen die Frage der Staatsbürgerschaft: wenn sich das Proletariat (zunächst in England) nicht radikalisiert hat, wie ist dann seine gesellschaftliche Integration zu verstehen? Der Titel *Nation-Building and Citizenship* (1964) weist darauf hin, daß meine Untersuchungen der europäischen Formen dieses Zusammenhangs darauf angelegt waren, das Problem des gesellschaftlich-politischen *Zusammenhalts* im Laufe der Modernisierung oder Industrialisierung zu untersuchen. Diese weite Fassung des Problems führte mich bald dazu, über die Frage der Staatsbürgerschaft der

Fabrikarbeiter hinauszugehen und die Integrationsproblematik aller Bevölkerungsteile (Frauen, ethnische Gruppen, Jugendliche, vom Lande Zugewanderte, in städtischen Enklaven Lebende, Einwanderer, Gastarbeiter) ins Auge zu fassen.

Daraus entstand zum anderen die kritische Analyse des Begriffspaars Tradition und Modernität, die mich wieder zu meiner Kritik von "Ganzheitsperspektiven" und Entwicklungstheorien zurückführte. Denn wenn es zutrifft, daß in England die Integration der Arbeiter und anderer benachteiligter Gruppen nur im Verlauf langer Konflikte beendet werden konnte und auch heute noch in der Form von religiösen und ethnisch-politischen Konflikten in Irland andauert, dann ist zu erwarten, daß Integrationsprozesse in weniger stabilen Ländern noch schwieriger sein werden. Dazu kommt, daß diese "anderen Länder" durch ihre relative Rückständigkeit von importierten Gütern und Ideen in viel größerem Ausmaß abhängig sind als England. Obwohl ich für diese weitergehenden Studien mehrere Gesichtspunkte beigetragen habe, mußte ich erkennen, daß die mir verbleibende Zeit nicht ausreichen würde, um diesen Fragen weiter nachzugehen.

Dementsprechend habe ich mich einem dritten Fragenkomplex zugewandt, der in weiteren vergleichenden Studien zwei recht verschiedene Zwecke verfolgt, die in den zwei Teilen von *Könige oder Volk* zum Ausdruck kommen. Der erste Zweck ist wissenschaftsstrategisch zu verstehen. An amerikanischen Universitäten hat sich in der Soziologie und in anderen Sozialwissenschaften im Verlauf der Nachwehen der sechziger Jahre ein Themenwechsel vollzogen, den ich nur andeuten kann. Der Systemgedanke ist zurückgetreten, Sozialgeschichte des Alltags, neue Formen eines "salonfähigen" Marxismus (Weltkapitalismus, Kulturpessimismus u.a.) stehen im Vordergrund. Vor allem hat sich in vergleichenden Studien, die mich besonders angehen, ein m.E. vorschneller Positivismus breitgemacht, der mit den logischen Kategorien von John Stuart Mill arbeitet, obwohl Mill selbst in dieser Beziehung eher skeptisch war. Dementsprechend befaßt sich der erste Teil von *Könige oder Volk* (1978) mit einer vergleichenden Analyse von Grundbegriffen wie Königtum, Aristokratie und Repräsentation, um darzulegen, welche Erbschaften geschichtlich entwickelter Strukturen hinter diesen nur scheinbar einfachen Worten verborgen sind. Indem ich z.B. die Eigenart des Zarentums gegenüber dem englischen Königtum analysierte, wollte ich die langfristige Kausalbedeutung solcher Strukturen demonstrieren, um vorschnellen Verallgemeinerungen gerade als Sozialwissenschaftler einen Riegel vorzuschieben. Das vielbändige Werk *Geschichtliche Grundbegriffe* geht in eine ähnliche Richtung, aber mit größerer Betonung der Ideengeschichte.

Der zweite Zweck (und der zweite Teil *Auf dem Weg zum politischen Mandat des Volkes)* befaßt sich, auf dem Hintergrund der von Königen und Aristokraten geformten Strukturen, mit den national differenzierten Mobilisierungsprozessen, die mit der Idee der Volkssouveränität verbunden waren. Hier steht der Zusammenhang zwischen relativer Rückständigkeit und geistiger Mobilisierung im Mittelpunkt meines Interesses. Diese Analyse interpretiert die weltweite Verbreitung des Nationalismus, die im 19. und 20. Jahrhundert eine viel größere geschichtliche Rolle als die Arbeiterbewegung gespielt hat.

Meine letzte abgeschlossene Arbeit *Von Berlin nach Berkeley* (1985) ist der Biographie meines Vaters und meinen Beziehungen zu ihm gewidmet. Diese Wendung zum Persönlichen war sicher zum Teil durch die wachsende Problematik der modernen Wissenschaft ausgelöst worden, weil es fraglich geworden ist, und schon seit geraumer Zeit war, wie weit wissenschaftliche Produktivität mit ihren Folgelasten fertig werden kann. Schon zu Anfang meiner schriftstellerischen Tätigkeit 1951 hatte diese Sorge zu dem "perversen" Gedanken geführt, daß die Sozialwissenschaften froh sein könnten, keine den Naturwissenschaften vergleichbare Produktivität zu besitzen. "They can do less good and less harm", schrieb ich damals. Aber die Biographie ist zugleich eine Weiterführung meiner Arbeit. Da ich mich empirischen Studien gewidmet hatte, wollte ich so nah wie möglich an die Evidenz des einen Falles herankommen, den ich bis ins intime Detail hinein kannte. Durch die Analyse gut dokumentierter persönlicher Erfahrung als soziologische Fallstudie wollte ich meine Fähigkeit erproben, diesen einen Komplex trotz persönlicher Befangenheit in einem wissenschaftlichen Rahmen zu interpretieren. Zum anderen wollte ich den Fall meiner Familie dazu benutzen, die mannigfaltigen Brechungen unserer Zeit unter dem Aspekt des Außenseitertums, des Individualismus und des Generationskonflikts verstehen zu lernen. Es hat seinen guten Sinn, daß diese jüngst abgeschlossene Studie das Prinzip geistiger Reflexivität, die meinen Arbeiten zugrunde liegt, in dieser Weise veranschaulicht.

Das ist zugleich ein wichtiges Motiv meiner gegenwärtigen Studien, die sich mit den Vorbedingungen unserer Welt im frühen Christentum, in der Frühphase der modernen Naturwissenschaften und der Industrialisierung beschäftigen. Obwohl der Anfang und die Laufbahn dieser drei Bewegungen zeitlich wie inhaltlich sehr voneinander abweichen, sind sie in ihren weltweiten Auswirkungen vergleichbar. Alle drei Umwälzungen haben unsere Ideen und Handlungsweisen grundlegend verändert. Alle drei kamen durch die Errungenschaften einer Elite zustande, die in der Folge das Leben großer Menschenmassen umgestaltete. Im Falle des Christentums habe ich mich besonders für die ethische Umwälzung interessiert, die darin bestand, eine partikularistische Ethik der Familie und der Verwandtschaft durch eine universalistische Ethik aller Gläubigen zu ersetzen, was Benjamin Nelson "from brotherhood to universal otherhood" genannt hat. Im Falle der Wissenschaft wollte ich Klarheit gewinnen über die Art, in der frühe Pioniere wie Galilei und Bacon die Wissenschaft verteidigten vor ihren religiösen Gegnern, die für den Glauben, und vor Staatsmännern, die die durch Erfindungen verursachten Unruhen fürchteten. Im Falle der Industrialisierung war mir darum zu tun, die Strukturierung der Autorität und die Disziplinierung der Arbeitskräfte in industriellen Unternehmen zu analysieren; daraus ergab sich eine vergleichende Interpretation der historischen Vorbedingungen des *homo oeconomicus*. Christentum, Wissenschaft und Industrie sind bis heute umkämpfte Ideen und Institutionen. Ihre Kampfsituationen sind einst wie jetzt sehr unterschiedlich, aber ihre weltweiten Nachwirkungen haben unser Leben geprägt. Verständigung über ihre prägenden Kräfte erscheint mir als ein Beitrag zur Entwicklung unseres moralisch-politischen Bewußtseins, den die Geistes- und Sozialwissenschaften über Kausalanalysen hinaus leisten können.

Bibliographische Anmerkungen:

Drei der Schriften, auf die sich der Aufsatz bezieht, *Work and Authority in Industry* (1956), *Kings or People* (1978) und *From Berlin to Berkeley* (1986), sind in deutscher Übersetzung erschienen, *Herrschaft und Industriearbeit* in der Europäischen Verlagsanstalt und *Könige oder Volk* sowie *Von Berlin nach Berkeley* bei Suhrkamp. Zwei weitere Bücher, auf die sich meine Diskussion stützt, nämlich *Nation-Building and Citizenship* (1974) und *Embattled Reason* (2 Bd., 1988-89), sind nur auf Englisch erhältlich. Ich habe von Zitatnachweisen abgesehen, weil die genannten Bände ausreichend dokumentiert sind.

Berufliche Gratifikationskrisen und körperliche Erkrankung - Zur Soziologie menschlicher Emotionalität

Johannes Siegrist

Einleitung

Vergesellschaftung bedeutet, wie jeder Prozeß der Systembildung, daß Individuen sich bestimmte Restriktionen auferlegen, aus denen sodann Eigenschaften eines neuen (sozialen) Systems entstehen. Die wichtigsten Elemente dieses Restriktionshaushalts sind bekanntlich die soziale Normierung und Differenzierung, die Bildung sozialer Rollen, die Verlagerung und Verfestigung von Macht, die Ausbildung sozialer Distanz und die Verallgemeinerung von Kommunikation. Restriktionen können erzwungen oder erwünscht sein, sie können hingenommen oder abgelehnt werden - immer jedoch bewirken sie beim betroffenen Individuum eine gefühlsmäßige Reaktion, eine Reaktion, die in der Regel ambivalenten Charakter besitzt. So wird soziale Normierung als "ärgerliche Tatsache" der Anpassung, des Verzichts, des Verlusts an Spontaneität erlebt, zugleich aber auch als Entlastung, Schutz und Versicherung. Im sozialen Rollenspiel werden Individuationsbestrebungen unterdrückt, wird Authentizität bedroht, aber ohne Übernahme gesellschaftlicher Rollen findet die für das Wohlbefinden wichtige soziale Identität keinen Ort und keine Chance der Entfaltung. Sozialer Rückhalt gewährt emotionale Stützung, Vertrauen und Solidarität; andererseits beengt er das Individuum durch Kontrolle und reziproke Verpflichtung. Ausübung sozialer Macht kann Beziehungen entlasten, stabilisieren, aber sie offenbart auch "die Verletzungsoffenheit des Menschen, die Sorge, Furcht, Angst voreinander als Modus des Vergesellschaftetseins" (1).

Die Liste solcher ambivalenter Stimmungen als Modi der Vergesellschaftung ließe sich fortsetzen. Entscheidend ist offenbar, daß, wie in der Ökonomie lebender Systeme im allgemeinen, so auch beim Vergesellschaftungsprozeß von Individuen Kosten und Nutzen in einer erträglichen Relation gehalten werden können. Jedes gesellschaftliche System hat allgemeine Mechanismen ausgebildet, die affektive Sprengkraft zu verringern, welche von gesellschaftlich erzeugten Ambivalenzzuständen ausgeht: die äußere soziale Kontrolle (Sanktionsmacht), die innere soziale Kontrolle (Internalisation gesellschaftlicher Wirklichkeitsdefinitionen, Legitimationen und Wertsetzungen im Prozeß der Sozialisation) sowie die Zuteilung sozialer Gratifikationen.

In der soziologischen Theorie sind klassische Konzepte entwickelt worden, Spannungen von Individuen auf der kognitiven Ebene zu analysieren, die sich aus konflikthaften sozialen Restriktionsleistungen ergeben (Anomie, Entfremdung). Eine vergleichbare Untersuchung solcher Spannungen auf der Ebene menschlicher Emotionalität ist bisher nicht erfolgt. Der vorliegende Aufsatz setzt sich zum Ziel, den heuristischen Ertrag einer emotionssoziologischen Analyse von Folgen kritischer Vergesellschaftungsleistungen exemplarisch zu demonstrieren.

Eine exemplarische Demonstration bedeutet hier, daß Eingrenzungen auf drei Ebenen vorgenommen werden: Erstens konzentrieren wir uns auf jenes Ungleichgewicht von Kosten- und Nutzenerfahrungen der Vergesellschaftung, das sich aus den Leistungsanforderungen der Erwerbsarbeit abhängig Beschäftigter ergibt. Hier scheinen nachhaltige, immer wiederkehrende affektive Spannungen sowohl besonders häufig als auch, wie zu zeigen sein wird, besonders schwer kontrollierbar zu sein. Daraus ergibt sich eine zweite Einengung: unser Erkenntnisinteresse richtet sich auf Auswirkungen negativer emotionaler Erfahrungen auf den menschlichen Körper. Nicht eine Ethnographie von Affektäußerungen verbaler oder non-verbaler Art steht im Vordergrund, sondern eine biosoziologische Analyse der Auswirkungen kritischer Vergesellschaftungsleistungen auf physiologische Funktionen des Organismus. Mit diesen Akzentsetzungen sind zwei Absichten verbunden. Erstens wird Elias' These der fortschreitenden Affektkontrolle im Modernisierungsprozeß (2), und besonders im Leistungszusammenhang der Erwerbsarbeit, beim Wort genommen. Wenn sie zutrifft, ist zu erwarten, daß sich das Emotionspotential wesentlich über andere Kanäle als denjenigen der Affektäußerungen ausdrückt. Mit andern Worten: die Somatisierung der Emotionalität wird als kompensatorischer Vorgang der zivilisatorischen Affektkontrolle interpretiert.

Zweitens gehen wir von der These aus, daß die systematische Ausgrenzung der biologischen Dimension menschlichen Daseins aus soziologischer Theorieentwicklung und -diskussion zu Verzerrungen und Einseitigkeiten geführt hat, welche anhand einer Analyse biosozialer Prozesse menschlicher Emotionalität zumindest bewußt gemacht und abgeschwächt werden können. Wissenschaftssystematisch bedeutet dies, daß aus der Zusammenarbeit allgemeiner Soziologie und medizinischer Soziologie, soweit letztere sich theoriegeleitet mit Auswirkungen einer Somatisierung von Emotionen auf Gesundheit und Krankheit befaßt, ein fruchtbarer Dialog entstehen könnte (3).

Die dritte Einengung schließlich ist empirischer Art: im folgenden werden Hypothesen an einem Kollektiv von Industriearbeitern des mittleren Lebensalters in der Bundesrepublik Deutschland getestet. Die Daten entstammen einer prospektiven Studie zur Rolle von Arbeitsbelastungen bei der Entwicklung von Herz-Kreislaufrisiken und koronaren Herzkrankheiten, die unsere Arbeitsgruppe im Zeitraum zwischen 1982 und 1988 durchgeführt hat.

Bevor die Hypothesen spezifiziert und empirische Ergebnisse kurz vorgestellt werden können, müssen begriffliche Grundlagen weiter geklärt werden: in welchen Dimensionen läßt sich das Ungleichgewicht von Verausgabung und Belohnung in der Erwerbsarbeit abhängig Beschäftigter beschreiben? Und wie kann die Redewendung von der Somatisierung der Emotionalität wissenschaftlich präzisiert werden?

Begriffliche Grundlagen

Im Erwerbsleben werden die wichtigsten und häufigsten Verausgabungserfahrungen gemacht. Zugleich sind die Chancen erfolgreicher Anforderungsbewältigung und entsprechender Anerkennung hier besonders häufig strukturell begrenzt. Gesellschaftliche Anerkennung von Leistung äußert sich in allgemein akzeptierten Formen der Belohnung und Entlohnung. Ein Ungleichgewicht zwischen hoher beruflicher Verausgabung auf der einen und vergleichsweise niedriger Belohnung auf der anderen Seite ist schon deshalb häufiger zu erwarten, weil Belohnung auf ökonomischer und symbolischer Ebene in der Regel ein knappes Gut darstellt und damit gesellschaftlichen Verteilungsprozessen unterworfen ist. Erfahrungen wiederholter hoher Verausgabung am Arbeitsplatz bei vergleichsweise niedriger Belohnung nennen wir im folgenden "Erfahrungen beruflicher Gratifikationskrisen". Dabei ist von zentraler Bedeutung, drei Ebenen leistungsbezogener Belohnungen und damit drei unterschiedliche Quellen beruflicher Gratifikationskrisen zu unterscheiden:

a) Ökonomische Ebene:

Lohn- bzw. Gehaltszahlungen, die im Verhältnis zu erbrachter Leistung und in einem darüber hinausreichenden sozialen Vergleichsprozeß als unangemessen niedrig erfahren werden, bilden eine wichtige Quelle beruflicher Gratifikationskrisen. Dies gilt um so mehr, je geringer die Verhandlungsmacht über die Entlohnung und je begrenzter die Beschäftigungsalternativen sind. Niedriger Lohn muß häufig durch besondere zusätzliche Verausgabung in Form von Schwerarbeit (z.B. Schicht- oder Akkordarbeit), Überstunden, Nebenerwerb etc. kompensiert werden und führt unter diesen Bedingungen zu verstärkten Aktivierungsprozessen.

b) Sozio-emotionale Ebene:

Berufliche Leistung wird in einer Gruppe bzw. in einem Umfeld erbracht, von der oder von dem der einzelne positive Rückmeldung, Lernchancen und Anreize für die eigene Entwicklung erwartet. Restriktive Tätigkeiten mit geringen individuellen Gestaltungsmöglichkeiten und geringen Chancen positiver Rückmeldung erzeugen bei hohem Leistungsdruck mehr Gratifikationskrisen als Tätigkeiten, die durch ein bestimmtes Maß an Autonomie am Arbeitsplatz gekennzeichnet sind. Allerdings spielt bei der subjektiven Bewertung dieser Dimension das eigene Anspruchsniveau und das Bewußtsein einer relativen Benachteiligung sowie die Chance der Beeinflussung vorgegebener Arbeitsorganisation und Aufgabenteilung eine wichtige Rolle.

c) Ebene der Status-Kontrolle:

Besondere Verausgabung wird häufig als Mittel beruflichen Aufstiegs gefordert oder aus eigenen Motiven erbracht, zumindest jedoch, um den erreichten Status gegen Konkurrenz abzusichern. Unter diesem Aspekt werden Anstrengungen in einer biographischen Langzeitperspektive erbracht, deren entscheidende Belohnung erst Jahre später erwartet wird. Berufsbiographische Erfahrungen blockierten sozialen Aufstiegs, unfreiwilligen Wechsels, Erfahrungen von Abwärtsmobilität, von qualifikationsfremdem beruflichem Einsatz sowie Erfahrungen bedrohter Arbeitsplatzsicherheit und temporärer Arbeitslosigkeit stellen besonders belastende Formen beruflicher Gratifikationskrisen dar, weil hier das Ungleichgewicht zwischen Investition und Ertrag sichtbarer als sonst, die unmittelbaren psychischen, sozialen und ökonomischen Folgen einer bedrohten sozialen Verortung spürbarer als sonst sind.

Unsere Hauptthese besagt, daß in unteren sozioökonomischen Schichten berufliche Gratifikationskrisen auf den drei genannten Ebenen häufiger zu erwarten sind und daß weniger kompensierende Strategien im außerberuflichen Bereich vorhanden sind, um ihre negativen emotionalen Auswirkungen auszugleichen, als in mittleren und höheren Schichten.

Wie äußern sich durch Gratifikationskrisen angestoßene negative Emotionen im Körper, genauer: wie beeinflussen sie über das Zentralnervensystem physiologische Funktionen des Organismus?

Diese Frage wirft zunächst ein grundlegendes erkenntnistheoretisches Problem auf, dasjenige der Vermittlung von Bewußtsein und gehirnphysiologischer Aktivität. Denn zweifellos lassen sich Emotionen einerseits als der Introspektion zugängliche, von kognitiven Bewertungen beeinflußbare Gefühlszustände beschreiben, während sie sich zugleich in Form von Erregungsprozessen in spezifischen neuronalen Netzwerken manifestieren.

Bekanntlich erhält man auf die Frage, wie Bewußtsein und neuronale Aktivität aufeinander bezogen sind, unterschiedliche Antworten, je nachdem, welcher wissenschaftstheoretischen Position die jeweiligen Autoren angehören. Im Gegensatz zum radikalen Dualismus des Gehirn-Bewußtseinproblems bei Eccle und Popper soll hier der Standpunkt einer emergentistischen Theorie des Bewußtseins vertreten werden, wie er bisher am konsequentesten von Roger Sperry ausgearbeitet worden ist (4). Nach Sperry sind geistige oder kognitive Phänomene nicht einfach auf ihre neuronalen Substrate zurückzuführen, sondern spielen vielmehr eine eigenständige kausale Rolle im neuronalen Geschehen. Dies bedeutet, daß "kognitive Phänomene als Kausaldeterminanten eine Kontrollfunktion auf höherer Ebene über ihre neuronalen Korrelate ausüben" (5), d.h. über codierte bioelektrische Signalkonfigurationen im Neokortex. In dieser Fähigkeit intentionaler Produktivität offenbart sich die Besonderheit menschlichen Bewußtseins. Dieses Bewußtsein bildet eine Einheit, die sich im Medium neuronaler Prozesse selbst zustandebringt. Allerdings, und hier unterscheidet sich Sperry deutlich von der Konzeption der Autopoiese, wie sie von Maturana und Varela und vielen Systemtheoretikern propagiert wird, allerdings ist der bewußtseingenerierende Organismus kein geschlossenes System, sondern Teil eines kommunikativen Informationssystems zwischen Individuum und Umwelt. Selbstorganisation kann daher stets nur heißen: systemeigener aktiver Umgang mit Information von außen, v.a. von einer sozial konstituierten Mitwelt. Selbstbewußtsein entsteht, worauf schon George Herbert Mead hingewiesen hat, insoweit, als ein Individuum die Fähigkeit erlernt hat, sich selbst vom anderen her zu sehen (6). Personale Identität ist nur erfahrbar auf dem Hintergrund sozialer Identität. So bildet die mikrosoziale Mitwelt die umfassendere kausale Struktur kognitiver und emotionaler psychischer Prozesse, die sich ihrerseits als Kontrollinstanzen zentralnervösen Erregungsverlaufes manifestieren.

Es ist in diesem Zusammenhang nicht möglich, auf das neuroanatomische Substrat bewußtseinspflichtiger zentralnervöser Informationsverarbeitung einzugehen. Daher muß hier der Hinweis genügen, daß diese Codierungen in ausgedehnten Regionen des Stirn- und Schläfenlappens stattfinden, in jenen Zentren also, die einerseits sensorischen, v.a. visuellen Input komparativ bearbeiten, die andererseits mit den für das Gefühlsleben entscheidenden limbischen Strukturen vernetzt sind. Neuere neurophysiologische Studien haben gezeigt, daß in diesen neokortikalen Rindenfeldern, die vorrangig mit dem limbischen System kommunizieren, Zellverbände existieren, welche auf das Vorhandensein bzw. Nichtvorhandensein von Belohnungen ansprechen. Dies bedeutet, daß im limbischen System gratifikationssensitive Strukturen bestehen, denen bei der Aktivierung und Deaktivierung von Emotionen und nachgeordneten physiologischen Erregungen eine zentrale Rolle zukommt (7).

Emotion und Erkrankung

Auf diesem Hintergrund können wir nun der Frage nachgehen, wie Emotionen in Form neuronaler Erregungen körperliche Funktionen beeinflussen, mit andern Worten, wie das Zentralnervensystem, ausgehend von Aktivierungen der limbischen Strukturen, periphere Funktionen und Organsysteme, und ganz besonders das Herz-Kreislaufsystem, reguliert.

Nach den heute bereits als klassisch zu bezeichnenden physiologischen Forschungen von W. Cannon, H. Selye, W. Raab und W. Hess - um nur die wichtigsten Vertreter zu nennen - steht außer Frage, daß Schädigungen des Herz-

Kreislaufsystems in erster Linie durch eine Überaktivierung des sog. sympathoadrenergen Systems verursacht werden (8). Dieses System aktiviert den Organismus in Leistungssituationen, in Situationen der Herausforderung und der erwarteten Verausgabung. Seine wichtigsten körpereigenen Botenstoffe sind die Katecholamine. Führt die Verausgabung zu einem erfolgreichen Ergebnis, so folgen dieser Anspannung gegenregulierende Entspannungstendenzen. Ein Gleichgewicht zwischen Anspannung und Entspannung ist für den Körper bedeutsam, und offenbar sorgen uralte körpereigene Rhythmen wie der Tag-Nacht-Rhythmus für dessen Einhaltung. Kritisch wird es nun in Leistungssituationen, die nicht zu erwarteten Ergebnissen führen und die damit keine Entspannung gewähren. Kritisch nicht nur, weil durch sie häufig unangenehme Gefühle wie Enttäuschung oder Verärgerung ausgelöst werden, sondern vor allem, weil dann das sympathoadrenerge System weiter aktiviert bleibt. Es scheint in solchen Situationen darüber hinaus sogar andere hormonelle Systeme in Mitleidenschaft zu ziehen, so u.a. die Nebennierenrindenhormone und die Sexualhormone. Aus dem Zusammenwirken dieser Hormone ergeben sich bei häufiger Wiederkehr feine, aber langfristig ausschlaggebende strukturelle Veränderungen an Herz und Gefäßen (8).

Wir erwarten somit langfristig krankmachende, insbesondere das Herz-Kreislauf-System schädigende Einflüsse durch jene zentralnervösen Aktivierungszustände, die infolge erlebter Ungleichgewichte zwischen hoher Verausgabung im beruflichen Leistungskontext und vergleichsweise niedrigen Gratifikationen angestoßen und aufrechterhalten werden. So öffnen, bildlich gesprochen, berufliche Gratifikationskrisen wieder und wieder die Schleusen, durch welche die nicht durch Erfolgs- und Belohnungserfahrungen oder durch Affektausdruck entspannten, negativ getönten Emotionen den Organismus überschwemmen.

Eine medizinsoziologische Studie zum Herz-Kreislauf-Risiko

Koronare Herzkrankheiten sind eine Epidemie entwickelter Industriegesellschaften, aber innerhalb der reichen Gesellschaften treffen sie die sozioökonomisch benachteiligten Gruppen besonders stark (9). Koronare Herzkrankheiten stellen ferner ein multifaktorielles Krankheitsbild dar, zu dessen Entwicklung neben den erwähnten zentralnervösen Einflüssen genetische Risiken sowie vor allem gesundheitsschädigende Verhaltensweisen beitragen (falsche Ernährung, Bewegungsarmut, Rauchen, Alkohol etc.) (10). Ist es möglich, bei Mitgliedern unterer sozioökonomischer Schichten einen direkten Einfluß sozioemotionaler Belastungserfahrungen infolge beruflicher Gratifikationskrisen auf ein erhöhtes Herz-Kreislaufrisiko nachzuweisen? Bleibt ein solcher Einfluß auch noch nachweisbar, nachdem wichtige verhaltensgebundene und genetische Einflußfaktoren in die Analyse einbezogen worden sind?

Zur Beantwortung dieser Fragen hat unsere Arbeitsgruppe 1982 eine prospektive Studie an initial 416 männlichen Arbeitern dreier Zweigwerke eines metallverarbeitenden Unternehmens begonnen. Es wurden nur Beschäftigte in die Studie aufgenommen, die noch keinen Herzinfarkt erlebt hatten (EKG-Befund) und die einer der folgenden innerbetrieblichen Positionsgruppen zuzuordnen waren: 1. un- oder angelernte Arbeiter; 2. Facharbeiter; 3. Vorgesetzte oder Meister. Das Kollektiv wurde über einen 6 1/2-jährigen Beobachtungszeitraum insgesamt 4mal untersucht, wobei soziologische und psychologische Informationen anhand eines strukturierten Interviewleitfadens, und, in geringem Umfang, anhand schriftlicher Fragebögen erhoben wurden. Medizinische Meßdaten umfaßten Körpergewicht, Größe, Blutdruck (Messung nach Richtlinien der WHO), Blutfettwerte (zu zwei Meßzeitpunkten) und EKG (zu drei Meßzeitpunkten) (Einzelheiten siehe 11.). Informationen, die zur Bestimmung beruflicher Gratifikationskrisen herangezogen wurden, entstammten drei unterschiedlichen Ebenen:

a) der Kontextebene:
Hier wurden objektive betriebliche und berufsbiographische Rahmenbedingungen wie Arbeitsplatzsicherheit, Lohnniveau, innerbetriebliche Mobilität, Rationalisierungsmaßnahmen etc. erfaßt;

b) der Ebene subjektiver Belastungswahrnehmung:
Inhalte von Belastungserfahrungen im Eigenurteil der Befragten richteten sich entweder auf Gegebenheiten des Arbeitslebens (Leistungsverdichtung, Kooperationsprobleme, ungünstige Vergleichsprozesse (z.B. schlechtere Bezahlung, schwerere Arbeit), begrenzte berufliche Statuskontrolle (z.B. Befürchtung von Arbeitslosigkeit) oder auf psychophysische Erschöpfungszustände (z.B. Schlafstörungen));

c) der Ebene kompensierender bzw. verstärkender Bedingungen der Belastungsbewältigung:
Hier wurde zum einen sozioemotionaler Rückhalt am Arbeitsplatz sowie im persönlichen und familiären Bereich (als kompensierende Ressource) erfaßt. Zum andern wurden belastungsverstärkende äußere Verausgabungzwänge (außerberufliche Verpflichtungen, subakute Lebensereignisse) sowie Merkmale der individuellen (intrapsychischen) Anforderungsbewältigung ("berufliche Kontrollbestrebungen") in die Untersuchung einbezogen. Übersteigerte berufliche Kontrollbestrebungen stellen, in Interaktion mit restriktiven Anforderungssituationen, eine psychische Risikodisposition koronarer Herzkrankheiten dar, indem sie zentralnervöse Aktivierungsprozesse auf kritische Weise intensivieren (vgl. 12).

Die beiden zentralen Hypothesen der Studie lauten:

1. Subgruppen von Industriearbeitern, die anhand oben genannter Indikatoren als durch berufliche Gratifikationskrisen emotional stark belastet erscheinen, weisen gegenüber den weniger belasteten Gruppen erhöhte Blutdruck- und erhöhte Blutfettwerte auf. Diese Beziehungen bleiben nach statistischer Kontrolle wichtiger intervenierender Variablen bestehen.

2. Bei den an koronaren Herzkrankheiten (Herzinfarkt, plötzlicher Herztod) im Untersuchungszeitraum neu erkrankten bzw. verstorbenen Arbeitern sind Indikatoren beruflicher Gratifikationskrisen im Vergleich zu den gesund gebliebenen Arbeitern häufiger vorhanden bzw. stärker ausgeprägt. Diese Beziehungen bleiben nach statistischer Kontrolle wichtiger intervenierender Variablen bestehen.

Im folgenden werden wesentliche, bisher vorliegende Ergebnisse zu den beiden Hypothesen in äußerster Verkürzung dargestellt. Die Datenbasis der Resultate zur ersten Hypothese bezieht sich auf Querschnittsdaten (Blutdruckwerte zu T1) bzw. Längsschnittdaten (Veränderung der Blutdruckwerte von T1 nach T2 bzw. der Blutfettwerte von T2 nach T3). Die Bestimmungen des Cholesterins sowie der Lipoproteinfraktionen (LDL=Low Density Lipoprotein- und HDL=High Density Lipoprotein-Cholesterin) zu T2 und T3 erfolgten freundlicherweise durch die Abteilung Klinische Chemie der Universität Göttingen (Einzelheiten siehe 13). Ergebnisse zur zweiten Hypothese beziehen sich auf der Prädiktorseite auf die zum frühesten Zeitpunkt (meistens T1) verfügbare Information aus Interviews und Fragebögen, auf der Kriteriumsseite auf sichere oder sehr wahrscheinliche Neumanifestationen tödlicher oder nichttödlicher Herzinfarkte im Zeitraum zwischen T1 und T4. Letztere wurden anhand von EKG-Befunden, die zwei Ärzte unabhängig voneinander beurteilten, anhand anamnestischer Angaben sowie gegebenenfalls anhand amtlicher Todesursachenbescheinigungen ermittelt.

Ergebnisse zur ersten Hypothese:

Zunächst muß festgestellt werden, daß die Prävalenz von Bluthochdruck und Hypercholesterinämie im untersuchten Kollektiv wesentlich höher lag, als bei altersgleichen Männern aus allen sozialen Schichten. Besonders auffällig war dies bei der manifesten Hypertonie, von der 31% der Metallarbeiter, gegenüber 18% der Referenzgruppe, betroffen waren. Auch waren Übergewicht und körperliche Inaktivität vergleichsweise stärker ausgeprägt, während im untersuchten Metallarbeiterkollektiv das Zigarettenrauchen nicht häufiger erfolgte als in anderen Berufsgruppen. Fragen wir nun, wieweit erhöhte Blutdruck- und erhöhte Blutfettwerte anhand der genannten soziologischen und psychologischen Indikatoren erklärt werden können.

Zentrale Indikatoren der drei genannten Ebenen zur Erfassung beruflicher Gratifikationskrisen wurden in ein lineares Strukturgleichungsmodell zur Erklärung der Verteilung von Blutdruckwerten einbezogen: "Zeitdruckerleben am Arbeitsplatz" (Ebene 2), "sozialer Rückhalt am Arbeitsplatz" sowie die Risikodisposition "berufliche Kontrollbestrebungen" (Ebene 3). Ein theoretisch spezifiziertes Pfadmodell anhand dieser Variablen, ergänzt durch intervenierende Variablen wie Alter, Körpergewicht, Rauchen, wurde sodann für jeweils zwei durch einen beruflichen Belastungskontext (hohe Verausgabung bei geringen Kontroll- und Belohnungschancen (Ebene 1)) deutlich unterschiedene Gruppen getestet. Die Hypothese besagte, daß signifikante Effekte psychologischer und soziologischer Variablen auf die Blutdruckhöhe nur in der durch Vorherrschen eines Belastungskontextes definierten Subgruppe zu beobachten seien. Wichtige Belastungskontexte bildeten "innerbetriebliche Position" (Un- und Angelernte versus Facharbeiter) sowie "Zwang zu Akkordarbeit" (Arbeiter, die aus finanziellen Zwängen Akkordarbeit leisteten, obwohl sie dringend eine leichtere Arbeit suchten, versus Arbeiter ohne Akkordzwang).

Die Ergebnisse zeigen, daß Blutdruckwerte zum ersten Meßzeitpunkt anhand des Modells in der Gruppe der (hochbelasteten) An- und Ungelernten zu 54%, in derjenigen der (geringer belasteten) Facharbeiter nur zu 26% erklärt werden konnten. Ähnliches gilt für den Belastungskontext "Zwang zu Akkord": hier erklärt das Modell 43% der Blutdruckwerte in der hochbelasteten, aber nur 13% in der gering belasteten Gruppe (11, 12). Auch Veränderungen des Blutdrucks vom ersten zum zweiten Meßzeitpunkt konnten anhand des skizzierten Modells in gewissem Umfang erklärt werden (11).

Aus diesen Ergebnissen können wir folgern, daß ausgeprägte berufliche Kontrollbestrebungen im Verein mit Zeitdruckerleben am Arbeitsplatz und mangelndem sozialen Rückhalt dann und nur dann eindeutige Effekte auf die Höhe des Blutdrucks ausüben, wenn die entsprechenden Personen in einem Arbeitskontext stehen, der durch hohen Verausgabungszwang und begrenzte berufliche Gratifikationen gekennzeichnet ist.

Analoges läßt sich für die Erklärung erhöhter, d.h. die Atherosklerose der Herzkranzgefäße beschleunigender Blutfettwerte sagen. Auch wenn in diesem Fall wegen nicht normal verteilter Werte der Kriteriumsvariable nicht eine komplexe Modelltestung erfolgen konnte, zeigten doch varianzanalytische Auswertungen deutliche Interaktionseffekte zwischen Kontextvariablen beruflicher Statusbedrohung bzw. hohen Verausgabungszwangs und Variablen subjektiver Belastungswahrnehmung am Arbeitsplatz auf die Höhe der Blutfettwerte: bei denjenigen Arbeitern, die objektiv in ihrem beruflichen Status bedroht waren (hohe Entlassungsquote in einem Zweigwerk im Untersuchungszeitraum) und die subjektiv unter dieser Befürchtung litten, lagen die angepaßten Blutfettwerte (sog. LDL/HDL-Quotient) im Mittel im klinisch bereits behandlungsbedürftigen Bereich, während sie in den übrigen Gruppen geringer belasteter Arbeiter deutlich niedriger ausgeprägt waren (signifikanter Interaktionseffekt $F = 9.38$; $p = .002$). Dieser Interaktionseffekt blieb nach statistischer Kontrolle des Einflusses von Körpergewicht, Lebensalter, Zigarettenkonsum und nach Ausschluß alkoholbedingter Blutfettveränderungen bestehen.

Signifikante Interaktionseffekte zwischen beruflichen Kontextvariablen und Variablen, welche subjektives Leiden messen, wurden ferner für die Konstellation "langjährige Schichtarbeit" und "Leiden unter wachsender Leistungsverdichtung" ($F = 6.56$; $p = .01$) sowie die Konstellation "langjährige Schichtarbeit" und "Leiden unter der Befürchtung, arbeitslos zu werden" (F=4,93; p=.03) ermittelt (11, 12, 13).

Es zeigte sich, daß diese Zusammenhänge nicht nur für den Indikator des atherogenen Risikos (LDL/HDL-Quotient), sondern in einigen Fällen auch für die Proteinkomponenten der Cholesterinfraktionen (sog. Apo A1 und Apo B) gelten. Dies ist deshalb von Bedeutung, weil Apo A1 z.Z. als der beste genetische Marker der koronaren Herzkrankheit betrachtet wird.

Diese Befunde verdeutlichen vermutlich zum ersten Mal, daß soziologisch spezifizierte berufliche Belastungskonstellationen nach statistischer Kontrolle wichtiger somatischer und verhaltensgebundener Einflußgrößen einen direkten, klinisch relevanten Effekt auf atherogene Blutfettwerte ausüben.

Ergebnisse zur zweiten Hypothese:

Über 85% der zu T1 untersuchten Männer lagen am Ende der Studie Informationen über koronare Neuerkrankungen bzw. Todesfälle vor. Im 6 1/2-Jahreszeitraum traten 21 koronare Ersterkrankungen auf; dies bedeutet, daß etwa jeder 17. Arbeiter in diesem Zeitraum neu erkrankte oder verstarb. Diese hohe Inzidenz muß auf dem Hintergrund stark ausgeprägter somatischer Risikofaktoren, v.a. eines hohen Anteiles von Hypertonikern und von Probanden mit erhöhten Blutfettwerten bewertet werden, die, wie gezeigt wurde, teilweise durch chronische berufliche Belastungserfahrungen beeinflußt wurden. Daneben spielten Übergewicht, körperliche Bewegungsarmut, aber auch mangelnde Behandlung der koronaren Risikofaktoren (z.B. geringe Befolgung der medikamentösen Therapie gegen hohen Blutdruck) eine wichtige Rolle.

Mit der zweiten Hypothese wird nunmehr behauptet, daß von beruflichen Belastungskonstellationen neben diesen indirekten auch direkte Effekte auf koronare Neuerkrankungen ausgehen. Zur Prüfung dieser Hypothese wurde die Gruppe der 21 Neuerkrankten bzw. Verstorbenen der nicht-koronarkranken überlebenden Restgruppe gegenübergestellt. Zunächst interessierte die Frage, anhand welcher bekannten somatischen Risikofaktoren die beiden Gruppen sich unterscheiden ließen. Es zeigte sich, daß die atherogenen Blutfettwerte, die Blutdruckwerte und das Lebensalter diejenigen drei Variablen waren, welche die Kranken von den Koronargesunden am deutlichsten unterschieden.

Die kritische Frage lautete daher: sind die theoretisch postulierten soziologischen und psychologischen Einflußgrößen in der Gruppe der Neuerkrankten auch dann stärker ausgeprägt, wenn diese mit der Gruppe jener Industriearbeiter verglichen werden, die zwar vergleichbar hohe Blutdruckwerte und Blutfettwerte sowie vergleichbares Lebensalter aufweisen, jedoch zum Zeitpunkt der Abschlußuntersuchung nicht erkrankt sind?

Hier zeigt sich nun folgendes: jedes fünfte prospektive Infarktopfer, aber nur jeder vierzehnte "gesunde" Industriearbeiter gibt zu Beginn der Studie an, um die Sicherheit des Arbeitsplatzes zu fürchten. Jeder dritte Neuerkrankte gegenüber jedem achten Gesunden zeichnet sich zu Beginn durch hohe Belastungen infolge von Zeitdruck am Arbeitsplatz aus. Langfristig ungünstige soziale Vergleichsprozesse (von der Mehrheit abweichendes Qualifikationsniveau, fehlende Aussicht auf berufliche Veränderung) sind bei den Erkrankten vermehrt vorhanden; ebenso sind un- und angelernte Arbeiter unter den Kranken überrepräsentiert. Interessanterweise ist auch die durchschnittliche Schlafdauer der prospektiv Neuerkrankten kürzer. Dies könnte auf nachhaltige, im normalen Biorhythmus von Aktivität und Entspannung nicht mehr kompensierbare zentralnervöse Belastungserfahrungen hinweisen.

Auf der Ebene kompensierender bzw. verstärkender Belastungsbewältigungsmerkmale zeigt sich, daß berufliche Kontrollbestrebungen stärker ausgeprägt sind. Die kritische Dimension dieser intrapsychischen Risikodisposition, "berufliche Distanzierungsunfähigkeit" (11, 12, 14), ist bei den Neuerkrankten signifikant stärker ausgeprägt (24% gegenüber 10% mit Extremwerten im obersten Quartil).

Nimmt man die genannten soziologischen und psychologischen Variablen gemeinsam in eine Diskriminanzanalyse auf, so können die beiden Gruppen der Neuerkrankten und der trotz erhöhter somatischer Risikofaktoren Gesundgebliebenen durch eine signifikante Diskriminanzfunktion voneinander getrennt werden.

Diese ersten Auswertungsbefunde zur zweiten Hypothese deuten darauf hin, daß ein kritisches Ungleichgewicht zwischen hoher Verausgabung und niedriger sozialer Gratifikation, und insbesondere ein geringes Maß an beruflicher Statuskontrolle, nicht nur indirekt, d.h. über eine Erhöhung von Blutdruck- und Blutfettwerten, sondern auch direkt, d.h. vermutlich über die einleitend skizzierten neuronalen und hormonellen Einflüsse auf Herzmuskel, Blutbeschaffenheit und Gefäßwand, das Infarktrisiko erhöht.

Soziologie der Emotionalität und allgemeine soziologische Theorie

Fragen wir abschließend, die zu Beginn erwähnten Einschränkungen einer exemplarischen Argumentation bedenkend, nach dem Ertrag einer Analyse kritischer Vergesellschaftungsleistungen für soziologisches Denken.

Erstens wird meines Erachtens verdeutlicht, daß die körperliche Verletzungsmacht von Vergesellschaftungsleistungen nicht auf die physische Gewaltausübung beschränkt bleibt. Die hier äußerst knapp vorgestellten Ergebnisse der Industriearbeiterstudie belegen, daß aus einem explosiven Gemisch aus sozialer Überforderung und Benachteiligung langanhaltende negative, in körperliche Erregung mündende Emotionen entstehen, die das Herz-Kreislauf-System schädigen und die zum vorzeitigen Ausbruch tödlicher und nicht-tödlicher Herzinfarkterkrankungen beitragen. Die Chancen, das Auftreten solcher soziogenen affektiven Spannungen kontrollierend zu steuern oder diese, falls unvermeidbar, in direkten Aktionen zu entladen, sind strukturell begrenzt. Und obwohl subjektiv als Leiden erfahrbar, sind diese chronifizierten negativen Emotionen keineswegs immer bewußter Thematisierung und kognitiver Interpretation zugänglich (7). Ihre Somatisierung mit den aufgezeigten irreversiblen, mitunter fatalen Folgen erscheint somit individuell schwer vermeidbar. Berufliche Gratifikationskrisen bilden offenbar, im Bezugssystem der Erwerbsarbeit, eine analytisch abgrenzbare, soziologisch relevante Kategorie von Vergesellschaftungserfahrungen, die den menschlichen Organismus direkt zu verletzen, zu schädigen vermögen.

Es gibt andere Kategorien von Vergesellschaftungserfahrungen, die Ähnliches bewirken. Der knappe Raum verbietet es, diese Argumentation hier fortzuführen. So soll der Hinweis genügen, daß im Bezugssystem sozialer Bindungen in Primärgruppen Erfahrungen von sozialem Ausschluß, von gewaltsamer Trennung den Organismus über eine kritische Verringerung körpereigener Abwehrkräfte zu schädigen, zu schwächen vermögen (3, 15). In dieser Optik erscheint der bereits von Walter Cannon in stresstheoretischer Sicht analysierte Voodoo-Tod lediglich als esoterische Spitze eines Eisbergs krankmachender Vergesellschaftungserfahrungen, die über limbische Strukturen im Gehirn die Aktivität des Autonomen Nervensystems, des Immunsystems und des Systems endokriner Regulation modulieren.

Erkenntnisse, die aus dieser Perspektive gewonnen werden, tragen zur wissenschaftlichen Begründung eines gegenwärtig von der Medizin immer lauter geforderten neuen, "bio-psycho-sozialen" Modells von Gesundheit und Krankheit bei (16). Wieweit sie darüber hinaus auch bei der Analyse grundlegender substanzwissenschaftlicher und erkenntnistheoretischer Probleme wie der Vermittlung von Bewußtsein, Emotion und neuronaler Aktivierung (4, 5, 7) oder der Erhellung der Interaktion zwischen personellem und mikrosozialem System (6) hilfreich sind, muß gegenwärtig offen bleiben.

Eine medizinsoziologische Untersuchung von Entstehung und Folgen kritischer Vergesellschaftungserfahrungen vermag darüber hinaus - und darin ist ein zweiter potentieller Ertrag der hier exemplarisch vorgestellten Analyse zu sehen - Korrekturen an einer einseitigen Auffassung des Menschen vorzunehmen, wie sie in der struktur-funktionalen Handlungstheorie, aber auch in den als kognitivistisch zu bezeichnenden Theorietraditionen der phänomenologischen Soziologie und des symbolischen Interaktionismus' in Erscheinung tritt. Besonders offensichtlich wird diese Einseitigkeit im Falle struktur-funktionaler Handlungstheorie. Ihr liegt, wie Alwin Gouldner gezeigt hat, ein Bild vom Menschen als "eifrigem Werkzeug zugrunde, das willig alle jene Ziele verfolgt, für die es sozialisiert worden ist" (17, S. 242). Diese Bestimmung leitet sich konsequent aus dem primären Erkenntnisinteresse der strukturfunktionalen Handlungstheorie her: der Einsicht in jene Mechanismen, welche eine Übereinstimmung gesellschaftlicher Erwartungen, Zumutungen und individueller Handlungsintentionen herbeiführen. Wenn demnach "Vergesellschaftetsein" soviel bedeutet wie Träger von Positionen, Spieler von Rollen, Befolger von Normen, Garant von Sanktionen zu sein, dann ist es nur konsequent, zu behaupten: "Auch wenn die Soziologie nach dem Menschen fragt, geht es ihr der Sache nach nicht um den Menschen, sondern um Mittel und Wege der rationalen Bewältigung seines Tuns" (18, S. 105). Hier zeigt sich nicht nur die selbstreferentielle Blindheit der strukturfunktionalen Theorie, sondern auch eine konsequente Ausblendung all jener offenbar fundamentalen zwischenmenschlichen Erfahrungsmodi, welche Leiden an der Gesellschaft erzeugen (vgl. auch 19).

Mit andern Worten: soziologische Theorieentwicklung bedarf der Reflexion ihrer anthropologischen Prämissen, und sie benötigt den Dialog mit biologischen (speziell Neuro-)Wissenschaften, welche einerseits das organische Substrat, andererseits die sozio-psycho-somatischen Folgen kritischer ebenso wie hilfreicher Vergesellschaftungserfahrungen untersuchen. So könnten Einseitigkeiten soziologischer Theorieentwicklung besser erkannt und verhindert werden. Und auf diese Weise ließe sich, falls an dieser Absicht heute noch festzuhalten ist, der Universalitätsanspruch soziologischer Theorie auch sozialanthropologisch begründen (20). Das soziologische Studium menschlicher Emotionalität kann, wie hier zu zeigen versucht wurde, ein hilfreicher Einstieg in die Arbeit an beiden Aufgaben sein.

Literatur:

1 Popitz, H.: Phänomene der Macht. Tübingen: Mohr 1986.

2 Elias, N.: Über den Prozeß der Zivilisation. 2 Bde. Frankfurt: Suhrkamp 1982.

3 Siegrist, J.: Medizinische Soziologie. München, Wien und Baltimore: Urban & Schwarzenberg 1988 (Kap. 5).

4 Sperry, R.: Naturwissenschaft und Wertentscheidung. München und Zürich: Piper 1985.

5 Oeser, E. und Seitelberger, F.: Gehirn, Bewußtsein und Erkenntnis. Darmstadt: Wissenschaftliche Buchgesellschaft 1988.

6 Mead, G.H.: Mind, self and society. Chicago und London: The University of Chicago Press 1934.

7 LeDoux, J.E.: Emotion. In: Plum, F. (Hrsg.): Handbook of Physiology. Nervous System 5, Higher Function. Washington DC: American Physiological Society 1987. S. 419-459.

8 Beamish, R.E.; Singal, P.K. und Dhalla, N.S. (Hrsg.): Stress and heart disease. Boston, The Hague usw.: M.Nijhoff 1985.

9 Marmot, M.G.; Kogevinas, M. und Elston, M.A.: Social-economic status and disease. Annual Review of Public Health 1987, 8. S. 111-135.

10 Schettler, G.: Der Mensch ist so jung wie seine Gefäße. München und Zürich: Piper 1982.

11 Siegrist, J.; Matschinger, H.; Klein, D. und Peter, R.: Der Einfluß sozialer Belastungen und ihre Verarbeitung auf die Entwicklung kardiovaskulärer Risiken - eine Längsschnittstudie an Arbeitern der Metallindustrie. Unveröffentl. Abschlußbericht an die Deutsche Forschungsgemeinschaft. Marburg 1987.

12 Siegrist, J. und Matschinger, H.: Restricted status control and cardiovascular risk. In: Steptoe, A. und Appels, A. (Hrsg.): Stress, personal control and health. Chichester: J. Wiley 1989. S. 65-83.

13 Siegrist, J.; Matschinger, H; Cremer, P. und Seidel, D.: Atherogenic risk in men suffering from occupational stress. Atherosclerosis 1988, 69. S. 211-218.

14 Siegrist, J. und Matschinger, H.: Distress-Karriere und koronares Risiko. Jahrbuch der Medizinischen Psychologie 1988, 1. S. 87-102.

15 Henry, J. und Stephens, P.: Stress, health, and the social environment. Berlin, Heidelberg und New York: Springer 1977.

16 Engel, G.W.: The need of a new medical model. Science 1977, 196. S. 129-136.

17 Gouldner, A.W.: Die westliche Soziologie in der Krise. Reinbek b. Hamburg: Rowohlt 1974, 2 Bde.

18 Dahrendorf, R.: Homo sociologicus. Köln und Opladen: Westdeutscher Verlag 1974.

19 Dreitzel, H.P.: Die gesellschaftlichen Leiden und das Leiden an der Gesellschaft. Stuttgart: Enke 1982.

20 Popitz, H.: Der Begriff der sozialen Rolle als Element der soziologischen Theorie. Tübingen: Mohr 1967.

Partygänger, Premierenbesucher und andere kulturelle Wallfahrer bei der Arbeit - Zur Rekonstruktion von Wirklichkeit in und durch Klatschkolumnen

Hubert Treiber

"Das Schwierige in der Soziologie ist gerade, dahin zu gelangen, das auf überraschende und irritierende Weise zu denken, was man schon immer verstanden zu haben glaubt." (Pierre Bourdieu)

1. Zum Informationswert des Belanglosen oder Klatschkolumnenleser wissen mehr

Jede Zeit erfindet die ihr spezifischen Wissensformen. Wie die höfisch-aristokratische Gesellschaft in erster Linie solche Wissensformen hervorbrachte, die den Erfordernissen des höfisch-geselligen Lebens, dem Konkurrenzkampf um Prestigechancen und dem Bedürfnis nach sozialer Distanz entsprachen: Memoiren, Briefsammlungen und Aphorismen (Maximen), welche allesamt in die Kunst der Menschenbeobachtung, Menschenbehandlung und Selbstbeobachtung einwiesen (Elias 1969, 161, Fn. 35), in der alleinigen Absicht, die Menschen zu durchschauen (v. Stackelberg 1974, 38 f.), so hat auch unsere Gesellschaft die ihr entsprechenden Wissensformen auf den Markt gebracht: Ratgeber-Magazine, Zeitschriften über Eß-, Trink-, Wohn- und Körperkultur, aber auch diverse Nachschlagewerke über Prominente, vom "Who is who" bis hin zu Michael Graeters "Wer ist was in München". Nicht vergessen werden darf die Wissensform der diskreten Indiskretion: Die Klatschkolumne in der Tageszeitung, die offensichtlich gern gelesen, aber als eine der Selbstverständlichkeiten des Alltags (Bergmann 1987, 1 ff.) von den professionell Neugierigen, den Soziologen, geflissentlich übersehen wird. Gelingt es dem Ethnologen, das "Exotische heimisch (zu) machen" (Bourdieu), indem er, wie z.B. Malinowski bekannte, Anteil am Klatsch der Leute nimmt, so daß ihm der mit Klatsch verbundene Informationsgewinn wie von selbst zufällt, so scheint sich der Soziologe mit seiner eigenen, allzu vertrauten Welt bei dem Versuch schwerzutun, das "Heimische (zu) 'exotisieren'". Hier soll dennoch der Versuch unternommen werden, die allzu vertrauten Dinge aus der gewöhnlichen Welt der Klatschkolumnen in eine Distanz zu rücken, so daß sie "in einem anderen Licht" erscheinen, also der Analyse zugänglich werden.

Wir interessieren uns also für Klatschkolumnen, allerdings nur für solche, welche eine eindeutige Zuordnung erlauben: auf mehr oder weniger prominente Personen, die miteinander zunächst nur das eine gemeinsam haben, daß sie alle an *einem* Ort wohnen. Dies zwingt uns, Deutschland zu verlassen. In der Fremde können wir jedoch das deutlicher sehen, was es auch zu Hause gibt: Partygänger, Premierenbesucher und andere kulturelle Wallfahrer, die nicht ausschließlich die Freude am Vergnügen zusammenbringt. Doch sind Reisen in die Fremde nicht immer auch Reisen in die Ferne: Zürich liegt recht nah, jene Schweizer Metropole, wo das Geld mit dem Zweck seiner stillen Vermehrung residiert, also Leute wohnen, die ein bestimmtes Vermögen an ökonomischem, sozialem und kulturellem Kapital, an Geldvermögen, Beziehungen und Bildungswissen, aufzuweisen haben. Ihnen schenkt(e) Hildegard Schwaninger regelmäßig Aufmerksamkeit in den von ihr verfaßten Klatsch- oder Gesellschaftskolumnen, welche wöchentlich in der Züri-Woche nicht ganz eine Seite ausfüllen. 1985 hatte Frau Schwaninger 48 (dreispaltige) Gesellschaftskolumnen verfaßt, die mit Hilfe des Textanalyse-Systems Textpack V aufbereitet wurden.[1]

1 Der Rohtext setzt sich zusammen aus diesen 48 Kolumnen, die Norbert Lauer dankenswerterweise in den PC eingegeben hat. Mit Hilfe des Textanalyse-Systems TEXTPACK V (vgl. Klingemann et al. 1984; Lanfranchi 1986; Mohler 1984; Mohler/Züll 1984) wurden Wörter (Wortketten) im Kontext abgerufen, d.h. es wurden alle in den 48 Kolumnen aufgeführten Personennamen in ihrem Kontext herausgelesen und alphabetisch geordnet. Auch die Häufigkeit, mit der eine bestimmte Person in welcher Kolumne genannt wurde, wurde ausgezählt. Da die Personennamen im Kontext ausgelesen wurden, wurden in der Regel die zu ihnen gehörenden Berufe resp. beruflichen Tätigkeiten miterfaßt, die mit Hilfe des Verzeichnisses der persönlichen Berufe (Bundesamt für Statistik, Bern 1981) klassifiziert wurden. Aus der Gesamtmenge der identifizierten Personen wurden die Nicht-Züricher aussortiert. Die verbliebenen 1130 Züricher wurden mit Hilfe des Schweizer "Who is who" (Genf 1984/85) und der beiden Telephonbücher von Zürich Stadt und Zürich Land (Stand: 1986/87), die in der Regel Berufsbezeichnungen aufführen, überprüft; soweit erforderlich, wurden die verfügbaren Daten vervollständigt. Diese mühsamen Arbeiten besorgte dankenswerterweise Peter Maaß. Von den 1130 Personen konnten bei 72 keine beruflichen Angaben nachgewiesen werden, weitere 69 Fälle streuten hinsichtlich der Berufskategorien zu sehr. Die ausgewählten Zeitungstexte erfüllen die an eine computer-unterstützte Inhaltsanalyse zu stellenden Anforderungen. Gegenüber der verbreiteten Anwendungsmöglichkeit von Textpack liegt hier ein unüblicher Anwendungsfall vor. Ohne die Hilfe und den Einsatz von Pierre Lanfranchi (Florenz) und die Hilfestellung von Monica Seccombe (Florenz) hätten die skizzierten Operationen nicht durchgeführt werden können. Zu danken ist auch Brigitte Schwab, die geholfen hat, diese Computer-cosca zusammenzustellen. Dank gilt ferner Elisabeth Michel-Alder (Zürich), die den Jahrgang 1985 der Züriwoche besorgte und zusammen mit Wolf Linder (Bern) sich mei-

Textpack V erstellte eine Liste mit 1130 alphabetisch geordneten Namen von Personen, die 1985 in Zürich wohnten und dort einer beruflichen Tätigkeit nachgingen.[2]

Doch diese imposante Namensparade bleibt stumm; sie verrät (noch) nicht, nach welchen "Regeln" unser Untersuchungsgegenstand funktioniert - welches seine "Funktionen" sind. Erforderlich ist eine strukturalistische Tätigkeit, die das "Gegebene (nimmt), (es) zerlegt, (und es) wieder zusammen(setzt)" (Barthes 1966, 191). Durch diese beiden Operationen des "Zerlegens" und des "Neu-Ordnens" (Arrangierens) bildet sich etwas Neues, "und dieses Neue ist nichts Geringeres als das allgemein Intelligible: das Simulacrum, das ist der dem Objekt hinzugefügte Intellekt" (ebd., 192), der Bedeutung herstellt, indem er die funktionale Seite des Objekts sichtbar macht. Auf diese Weise wird etwas zum Vorschein gebracht, das im Ausgangstext unsichtbar resp. unverständlich bleiben mußte.

Die von Textpack V erstellte Liste von Namens- und Berufsinhabern wird *zerlegt*, indem zunächst solche *Berufsgruppen* herausgenommen werden, die sich bestimmten Konsumstrukturen (Konsumpräferenzen) mehr oder weniger eindeutig zuordnen lassen. Diese Konsumpräferenzen verteilen sich, folgt man hierin Bourdieu (1984, 299), auf drei Hauptposten: Ausgaben für "Selbstdarstellung und Repräsentation" (wie Schönheits- resp. Körperpflege, Kleidung, Schmuck, Inneneinrichtung, Antiquitäten), für "Nahrung" (Essen und Trinken) und für "Kultur" (wie Theater, Konzerte, Kunstgegenstände etc.). Diese Konsummuster verweisen auf der Nachfrageseite auf vorherrschende typische Lebensstile (Müller 1989, 60 ff.), sie verhelfen auf der Angebotsseite, typische Produzenten dieser Konsumgüter (Dienstleistungen) zu identifizieren, wodurch sich die Möglichkeit eröffnet, die restlichen Namens- und Berufsinhaber der Ausgangsliste beinahe vollständig unterzubringen.

Die aus der Ausgangsliste hervorgegangene Neu-Ordnung besteht also aus zwei "Säulen" von Namens- und Berufsinhabern, die über typische Konsumstrukturen (Selbstdarstellung, Nahrung, Kultur) miteinander verbunden sind. Was die einen nachfragen, bieten die anderen an. Doch diese Tauschstruktur,

---

nen vielen Fragen stets aufgeschlossen zeigte. Wolf Linder stellte auch den Kontakt her zum "Kulturprojekt der Universität Zürich", von wo ich die Daten zur Berufsstruktur der in der Stadt Zürich wohnenden Erwerbstätigen (auf der Basis der Volkszählung von 1980) erhielt. Leonie Breunung (Hannover) sei gedankt für die kritische Durchsicht des Manuskripts.

2 Aus Platzgründen wird auf eine Wiedergabe der Berufe resp. Berufsgruppen verzichtet.

die durchaus Sozialität konstituieren hilft - auf diese Weise ist "das Soziale nicht mehr dem Bereich der reinen Qualität unterstellt: Anekdote, Kuriosität, Stoff für moralisierende Beschreibung oder gelehrten Vergleich, sondern wird ein *System*, zwischen dessen Teilen man nun Verbindungen, Äquivalenzen und Zusammengehörigkeiten entdecken kann" (Lévi-Strauss 1978, 26; eig. Herv.) -, erfaßt nur die eine, wenn auch vertrautere Seite von Prozessen der Vergesellschaftung innerhalb vorgezeichneter Netzwerkstrukturen. Die Akteure, über die die Klatschkolumnen in erster Linie berichten, sind darüber hinaus noch auf eine spezifische Weise miteinander verbunden, die Anlaß gibt, die Kontakt-Anlässe (Empfänge, Premieren, Jubiläen etc.), Kontaktorte (Clubs, vornehme Hotels etc.) und Kontakt-Praktiken (vornehme Sportarten, kulturelle Veranstaltungen etc.) in einem elementaren Sinn als "Arbeit" zu begreifen: Als Möglichkeiten, verfügbare gesellschaftliche Ressourcen (ökonomisches, soziales, kulturelles Kapital) zu akkumulieren und zu transformieren (vgl. Müller 1988, 165 ff., insb. 168/169). Da die Klatschkolumnen mit einer Liebe zum Detail sich gerade diesen Themen widmen, fallen uns notwendige Analyse-Daten "wie von selbst" zu, Analyse-Daten, deren Beschaffung normalerweise recht aufwendig ist, wie der von Weber aufgestellte und von Bourdieu in "Die feinen Unterschiede" eingelöste Themenkatalog erahnen läßt: "Familienleben, Kindererziehung, Erholungs- und Vergnügungsformen, Formen und Gewohnheiten der Geselligkeit, Ernährungs- und Trinkgewohnheiten, geistige und ästhetische Interessenrichtung und -Betätigung nach Maß und Art (Lektüre), Beziehung zur Schule, zu den offiziellen Formen des Kirchenlebens und zu religiösen und anderen 'Weltanschauungs'-Fragen usw. (...)" (Weber 1924, 55).

2. Von typischen Konsum- zu spezifischen Berufsstrukturen: Freiberuflich Tätige und Selbständige in der Überzahl

Machen wir uns zunächst ein erstes Bild von den über typische Konsumstrukturen miteinander verknüpften Berufen[3], die im Jahre 1985 in den Klatschkolum-

3 In Klammern sind die absoluten und Prozentzahlen aufgeführt, allerdings nur bei einem relativ "hohen" Anteil, ansonsten wird entw. nur die abs. Zahl genannt oder auf eine quantitative Angabe gänzlich verzichtet. Daß es sich bei den in den Kolumnen aufgeführten Namens- wie Berufsinhabern jeweils um Minderheiten handelt, demonstriert überdeutlich der Vergleich mit ausgewählten Daten zur Berufsstruktur (in Klammern jeweils die Kolumnenwerte). Von insges. 195 653 Erwerbstätigen entfallen z.B. auf: Unternehmer/Manager/Bankiers: 4022 (131); Hoteliers: 1 546 (10); Rechtsanwälte: 426 (27); Ärzte: 1 476 (42); Opernsänger: 84 (23);

nen der Züri-Woche Erwähnung fanden. Auf der *Anbieter-Seite*, die zuerst skizziert werden soll, finden sich zunächst die *Experten für Selbstdarstellung und Repräsentation*:

- Unter ihnen die Spezialisten zur Pflege des Körperbildes: wie Mediziner (Schönheitschirurgen)[4], Starfriseure (3), Kosmetik-Experten (5) mit Top-Produkten (z.B. von Estee Lauder, Rubinstein, Sander), Photographen (18).
- Zu nennen sind außerdem die Experten für Bekleidung, repräsentiert durch die relativ starke Gruppe der Besitzer/Inhaber von Modeboutiquen (53; 4.7%), welche Modelle von Top-Designern anbieten (Armani, Bogner, Fendi, Gucci, Montana, Sander, Shields-Brooke, Valentino), in ihrem Gefolge der entsprechende Hof an Designern (23), Modellen und Werbefachleuten (15). Kleider- und Schuhboutiquen dominieren, wie einzelne Namen von Boutiquen (z.B. Grieder). Das Pelzdesigner-Ehepaar Bisang wäre hier ebenfalls zu nennen.
- Aufzuführen sind ferner die Spezialisten für exklusiven Schmuck und exklusive Uhren (8), die unmittelbar Auskunft geben über den Status ihrer Träger.
- Zur Selbstdarstellung und Repräsentation tragen ferner bei Immobilienhändler[5] und Architekten (Innenarchitekten) (40; 3.5%), die vielen Anbietern von Gütern und Dienstleistungen zu einer repräsentativen Inneneinrichtung wie zu einer "guten Adresse" verhelfen, damit deren rechter Wert leichter eingeschätzt werden kann, eine Hilfestellung, die vor allem bei symbolischen Dienstleistungen nicht unwichtig ist. Wenn Prominenten-Coiffeur Bruno Mattes (Kol. v. 26.9.85) seinem neuen Salon die dem Geschmack seiner Kunden zusagende resp. entsprechende teuere Inneneinrichtung "maßschneidern" läßt, so werden auf diese Weise nicht nur Zweifel über mögliche Unterschiede zwischen exklusiven und gewöhnlichen Haarkünstlern ausgeräumt, sondern es zeigt sich, daß auch die Dienstleister untereinander an der Konvertierungslogik der Kapitalsorten im Sinne Bourdieus partizipieren: die Anwesenheit des Innenarchitekten bei der Eröffnungs-Party bedeutet Beziehungsarbeit, läuft auf die Beschaffung resp. Verwertung von Sozialkapital hinaus.

Die zweite Gruppe auf der Anbieter-Seite repräsentieren die Experten für Eß- und Trinkkultur:

- Es finden sich hier in erster Linie solche Adressen in und um Zürich (47; 4.1%), die "Kochkunst als genußorientierte Speisengestaltung" (Barlösius/Manz 1988, insb. 742 ff.) offerieren, aber auch vornehmlich solche Bars und Clubs, welche sich auf die unter ihrer Klientel verbreitete Grundeinstellung zum Konsum eingestellt haben - auf die Betonung von Form und Manier.

Die dritte Gruppe schließlich betrifft die Produzenten und Verbreiter von "Kultur" (im weitesten Sinn), welche, jedenfalls in bestimmten Sparten, auch das verkörpern, was gemeinhin Kulturprominenz genannt wird. Zu dieser Gruppe zählen:

Schauspieler: 153 (69); Kunsthändler:2 102 (25). Allerdings wurde nur *ein* Kolumnenjahrgang ausgewertet!

4 Mediziner finden sich auf der Anbieter-Seite wie unter der Trägerschicht der Konsumkultur.

5 wie Fußnote 4.

- Die Spezialisten des Kunsthandels (Antiquitäten) (25; 2.2%), die wie die meisten der auf der Anbieterseite aufgeführten Berufe dem sozialen Mechanismus unterworfen sind, daß sich ihr Prestige nach dem Prestige ihrer Kundschaft richtet.
- Der engere Kreis von Kunstproduzenten: also bildende Künstler, die gerade nachgefragt sind (Maler,Bildhauer; 43; 3.8%).
- Musikschaffende, hier in erster Linie Musiker (38; 3.4%), Opernsänger (23; 2.0%), aber auch Vertreter eher populärer Unterhaltungsmusik (Schlagersänger) (9).
- Theater- und Filmschaffende (32; 2.8%), Schauspieler (69; 6.1%) und Regisseure (23; 2.0%), welche mit ihren Produkten Themen liefern für die gehobene Kommunikation.
- Publizisten und Schriftsteller (37; 3.3%), darunter auch Vertreter der Trivialliteratur.
- Angehörige solcher Berufe, welche Produkte der "Massenkultur" herstellen oder verbreiten helfen:
  - also Spezialisten für Print-Medien: Zeitungen, Journale, Magazine (Modemagazine, Kunstzeitschriften, Magazine für Jungmanager etc.) (59; 5.2%),
  - die Kommunikationsexperten von Radio und Fernsehen (14),
  - sowie die Spezialisten der Werbebranche (15).

  Das relative Gewicht dieses kulturellen Produktionssystems spiegelt auch Zürichs Bedeutung als Medienplatz (Sitz von Zeitungs-und Zeitschriftenverlagen, Sitz der schweizerischen Radio-und Fernsehgesellschaft) wider.

Auch die Trägerschicht dieser Konsumkultur soll kurz vorgestellt werden:

- Relativ stark vertreten ist die Gruppe der *Unternehmer* (73; 6.5%), resp. *Finanz-Unternehmer* (13) sowie die Gruppe der *Manager* (43; 3.8%). Auch der heutigen Unternehmen eigentümliche Beratungssektor ist mit dem Beruf des *Unternehmensberaters* (13) repräsentiert.
- Geld und Diskretion gehören zusammen und wo eine intakte Fassade mehr bedeutet als eine Empfehlung, wo sie ein Produktionsmittel ist, kann sie gerade deshalb zur Zurückhaltung verpflichten: insofern sind die *Bankiers* (15) in den Klatschkolumnen nicht unbedingt häufig vertreten.
- Die Gruppe der Selbständigen wird weiter vervollständigt durch mehr oder weniger prominente Namen, die entweder den Beruf des *Hoteliers* (10), *Kaufmanns* (37; 3.3%) oder *Immobilienmaklers* (14) angeben.
- Die Freien Berufe sind mit ihren typischen Repräsentanten vertreten; im Vergleich zu den neuen Professionen, die nur der Vollständigkeit halber Erwähnung finden (gerade 3 Ingenieure finden sich in der Ausgangsliste von 1 130 Namen), sind die klassischen Professionen recht gut repräsentiert: die stärkste Gruppe bilden die *Mediziner* (42; 3.7%), gefolgt von den *Architekten* (40; 3.5%) und den *Anwälten* (27; 2.4%).[6]
- Eine gewisse Sonderstellung nimmt die Gruppe der Politiker[7] ein (Bundes- wie Lokalpolitiker (12)): nicht nur, weil sie Öffentlichkeit suchen, geraten sie in die Klatschkolumnen, auch der Umstand, daß sie sich als bürgerliche Honoratioren weitgehend aus dem Kreis der Selbständigen und Freiberuflichen rekrutieren, trägt hierzu u.a. bei. Da Politik auch von organisierten Interessen "gemacht" wird, sind auch deren Repräsentanten vertreten, allerdings recht schwach (5 Verbandsfunktionäre).
- *Beamte* (14) und (kaufm.) *Angestellte* (26; 2.3%) kommen in den Klatschkolumnen ebenfalls vor; in den dort präsentierten "Kurzgeschichten" spielen sie jedoch eine

---

6 Es kommen noch 7 Juristen (z.B. Richter) hinzu.

7 Zusätzlich werden 5 Diplomaten genannt.

Nebenrolle, gleich dem halben Dutzend "Schüler und Studenten" (7), die nur deshalb Erwähnung finden, weil es sich um Töchter oder Söhne aus "gutem Hause" handelt.[8]
- Die eigentümlichste Spezies der Leistungsgesellschaft: der (Spitzen-)Sportler (11) darf indessen nicht fehlen. Wie kein anderer verkörpert er die klassischen Tugenden der Leistungsgesellschaft: Selbstdisziplin und methodische Lebensführung und wird als Erfolgsmensch, der sich durch Wille und Anstrengung zu etwas gebracht hat, zum Vorzeigeobjekt. Mehr noch: er ist der "letzte Asket" in einer entzauberten Welt, der sich durch Übungen den Körper unterwirft.
- Infolge seiner gesellschaftlichen Placierung hat der Arbeiter in den Gesellschaftskolumnen keinen Platz.

Die Klatschkolumnen der ZüriWoche sind ein Forum der Selbständigen und freiberuflich Tätigen. Sie dominieren innerhalb der Trägerschicht der städtischen Konsumkultur, sind aber auch stark vertreten auf der Anbieter-Seite, d.h. unter denjenigen Berufen, die sich auf Produktion resp. Vertrieb kultureller Güter und Dienstleistungen spezialisiert haben. Diese Subkultur der Selbständigen und freiberuflich Tätigen zeichnet sich durch eine spezifische Geschmackskultur aus (die einen geben vor, die anderen ahmen nach), noch auffallender sind die Umrisse horizontaler und vertikaler Vernetzungen, die die Neu-Gruppierung der Berufe sichtbar gemacht hat. Ein entscheidendes Produktionsmittel dieser beiden Berufsgruppen scheinen Reputation und soziale Beziehungen zu sein. Beide fallen nicht vom Himmel, sondern müssen, falls diesbezüglich kein Erbe angetreten werden kann, in der Regel erworben und gepflegt werden. Es wird gleich zu zeigen sein, daß vornehmlich Klatschkolumnen dazu taugen, über Techniken der Imagepflege und Beziehungsarbeit zu informieren. Zuvor scheint es allerdings angebracht, einige Grundbegriffe und Grundannahmen der Analyse, welche sich der Kultursoziologie Bourdieus verpflichtet weiß, kurz vorzustellen.

3. Anleihen bei Bourdieus "Kapitalfonds": Einige Grundbegriffe und Grundannahmen seiner Kultursoziologie

Es sind vornehmlich die Selbständigen und freiberuflich Tätigen der gehobenen Einkommensklassen, die an der aufwendigen Konsumkultur partizipieren, deren Exklusivität (man denke nur an die gehandelten Modemarken) ihren Preis hat. Um an dem prestigereichen materiellen und kulturellen Konsum teilhaben zu können, benötigt man "ökonomisches Kapital". Dieses wird eingesetzt zur

8 Außerdem werden 3 Sekretärinnen aufgeführt

Pflege des richtigen Körperbildes und Körpergebrauchs, d.h. zur Schönheitspflege (Kosmetik, Friseur etc.), zur Repräsentation (Kleidung, Schmuck etc.), zur Ernährung (Essen, Trinken), aber auch für diverse Praktiken des Körpertrainings. Neben einer asketischen Tradition, wie sie heute vom Bodybuilding (Honer 1985) vertreten wird, gibt es schon immer eine "stärker hedonistisch orientierte Auffassung" von Körperkultur (Bourdieu 1985, 580). Entweder als "Fitness-Kult" (Aerobic, Jogging, Saunieren) oder als "Kult der figürlichen Erscheinung", der auf Körperharmonie Wert legt und nicht selten die anempfohlenen Praktiken des Körpertrainings (man denke an Bauchtanz) um diätetische Vorschriften erweitert (Kol. v. 31.1. u. 14.3.). Doch nicht allein der Körpergebrauch stellt eine unwiderlegbare "Objektivierung des Klassengeschmacks" (Bourdieu 1984, 307) dar, dies gilt auch für das Körperbild und insofern insbesondere für Kleidung und Schmuck, die auf den ersten Blick die jeweils geltenden Klassifikationsschemata reproduzieren. "Produziert werden zunächst Klassen der Zeit und des Orts, die Situationen oder Tätigkeiten anzeigen, und als zweites Klassen des Status" (Sahlins 1981, 256), aber auch Alters- wie Geschlechtsklassen. Auf diese Weise können Zugehörigkeit wie Abgrenzung in einem deutlich sichtbar gemacht werden.

Auf ähnliche Weise können Eß- und Trinkgewohnheiten zu Distinktionszwecken eingesetzt werden. Möglichkeiten hierzu sind gegeben über die Entnaturalisierung der entsprechenden Vorgänge resp. Verrichtungen: Formen und Manieren werden ausschlaggebend, die zu weitergehenden "Stilisierungen der Lebensführung" einladen. Die intendierte distributionelle Funktion ist dann besonders augenfällig, wenn bestimmte Eßlokale zu Prominententreffs geworden sind, d.h. der offensichtliche Clubcharakter die vollzogene "Schließung nach außen" dokumentiert. Allein über entsprechende Preise läßt sich dieser Effekt bis zu einem gewissen Grad erzielen.

Distinktionsprofit läßt sich vor allem erzielen über die Aneignung angemessener kultureller Produkte. Angemessen, weil akzeptiert, sind die etablierten Künste, also Theater, Malerei, Bildhauerei, Literatur und (klassische) Musik, die in den Klatschkolumnen auch ständig als Themen auftauchen. Die Pflege dieser kulturellen Produkte setzt jedoch zeremonielle und rituelle Verhaltensweisen voraus, da sie alle von einem Hof von Experten umgeben sind, die innerhalb eines institutionalisierten Rahmens die zur Pflege und zum Verständnis dieser Künste erforderlichen Fertigkeiten und Wissensbestände kanonisiert haben (Bourdieu 1974, 103 ff.; Bourdieu et al. 1983, 105 ff.). D.h. der "gehobene" Kunstgenuß im Bereich der etablierten Künste setzt Bildung voraus, die über Familie und/oder Schule erworben werden muß.

Grenzfälle, wie das in den Klatschkolumnen berichtete Beispiel einer Photoausstellung (Kol. v. 25.7.), unterrichten am ehesten darüber, warum soziales Prestige an etablierte Künste gekoppelt wird. Zwar wird mittlerweile der Photographie ein mit der Malerei vergleichbarer Rang eingeräumt, was u.a. dadurch zum Ausdruck kommt, daß auch bei ihr nunmehr von Kunst die Rede ist - im konkreten Fall der erwähnten Ausstellung wurden die damit verbundenen ästhetischen Erwartungen dergestalt eingelöst, daß Portrait-Aufnahmen prominenter Zeitgenossen präsentiert wurden und es Berufsphotographen waren, die diese ambitionierte Form der Photographie pflegten - doch wird dem Publikum bei der Abgabe von Urteilen im Vergleich zu etablierten kulturellen Darbietungen weniger Kompetenz abverlangt. Und weniger Kompetenz bedeutet: geringer definiertes Unterweisungs- und Bildungsniveau und damit auch geringeres Sozialprestige.

Am ehesten scheinen die Voraussetzungen zum "gehobenen" Kunstgenuß bei alteingesessenen Familien vorhanden zu sein, die, wenn auch in bescheidenem Umfang, unter den Unternehmern, Bankiers, Hoteliers, Anwälten und Juweliers (den Experten für Schmuck) unserer Ausgangsliste vertreten sind. Alteingesessen steht in erster Linie für Verfügbarkeit über "kulturelles Kapital", bezeichnet aber auch Verfügungschancen über "soziales Kapital". Meint "soziales Kapital" die Quantität und Qualität sozialer Beziehungen, eine höchst fundamentale Ressource für Selbständige und freiberuflich Tätige, u.a. daran ablesbar, daß die Freunde der Familie nicht selten auch "Geschäftsfreunde" sind, so bedeutet "kulturelles Kapital" nicht nur den Besitz von Bildungspatenten, sondern die in einem spezifischen Herkunftsmilieu (im Schoße der Familie) erworbene, ja einverleibte Kompetenz zur Ausbildung eines kulturellen Geschmacks resp. kultivierten Lebensstils, welcher "zu einem festen Bestandteil der 'Person', zum Habitus" werden kann (Bourdieu 1983, 187; vgl. Müller 1988, 165 ff.). Insofern zeigt dies auch einen Wandel in der Bedeutung von Bildung an: "Während Bildung früher vor allem für Lebenschancen stand, deutet sie heute eher auf einen Lebensstil" (Meulemann 1987, 273).

Das Herkunftsmilieu alteingesessener Familien vermittelt nicht nur Gewohnheiten, Fähigkeiten und Einstellungen, die für die beruflichen Tätigkeiten von Selbständigen und Freiberuflichen unmittelbar nützlich sind: es "vererbt" auch solche Techniken und Verhaltensweisen, die gerade diesen Berufen indirekt zugute kommen. Angesprochen ist vor allem die Fähigkeit zur Handhabung eines standardisierten Ausdrucksrepertoires, welches eine perfekte Selbstdarstellung gelingen läßt. Da sich perfekte Selbstdarstellung nur in direkter Interaktion verwirklichen läßt, läßt sie sich in Berufen mit kommunikativer Kompetenz, die face-to-face-Beziehungen (Beratungssituationen) institutionalisiert haben, voll zur Geltung bringen: über die Tendenz der Darsteller, den Eindruck zu erwecken, als habe man die gegenwärtige Sicherheit und Fähigkeiten schon immer besessen (Goffman 1969, 45), wodurch nicht nur eine Aura der Kompetenz verbreitet wird, sondern auch der Eindruck herbeigeführt werden soll, die Berufswahl sei ausschließlich auf persönliche Befähigung und Begabung zurückzuführen, stelle also eine der konkreten Person zurechenbare Leistung dar. Außerdem lassen sich ganz nebenbei auf subtile Weise die "kleinen Erkennungszeichen" (Bourdieu) des Herkunftsmilieus signalisieren.

Körperbild: Erscheinungsweise, Kleidung, Geschmack wie *Körpergebrauch*: Sicheres Auftreten, Manieren, Sprache bringen augenfällig die soziale Stellung eines Individuums zum Ausdruck und suggerieren zugleich das Vorliegen höchst individueller Eigenschaften. Dieser Umstand, daß von "sichtbaren" "Charaktereigenschaften" auf die Zugehörigkeit zu einer sozialen Gruppe geschlossen werden kann, lädt dazu ein, über ein perfekt dargebotenes Körperbild und einen gut einstudierten Körpergebrauch die von allen vermutete soziale Stellung vorzutäuschen:

> "Der rätselhafte 'Dr. Adam', der vergangenen Sommer in Zürich die Schauspielerin K. aus dem Schulden-Schlamassel holen wollte und dann (unter Zurücklassung beträchtlicher ungedeckter Spesen) spurlos verschwand, ist entlarvt. Es ist ein berüchtigter deutscher Hochstapler, der damals gerade auf Bewährung aus dem Gefängnis entlassen worden war. Inzwischen hat er bereits wieder einen hablichen Bürger von Augsburg um 120 000 Mark erleichtert. Merkwürdig, daß diese (...) Geschichte in der 'Bild-Zeitung' nicht erscheinen durfte. Weniger merkwürdig freilich, wenn man weiß, wer der Kunstmann-Anwalt gewesen ist, der (...) mit 'Dr.Adam'verhandelt und (...) Verträge abgeschlossen hat: Dr. Bernhard Servatius, frisch erkorener Vorstandvorsitzender beim Axel-Springer-Verlag (...)." (Kol. v. 10.1.)

Felix Krull ist gewiß keine bloß literarische Erscheinung. Er verkörpert die Chancen, die gegeben sind, wenn Glaubwürdigkeit und Kompetenz über eine gekonnt gehandhabte "persönliche Fassade" (wie Kleidung, Haltung, Gestik, Sprechweise) vermittelt werden. Da er diese Chancen auf Kosten derjenigen erzielt, die seiner glaubhaft vorgetragenen Darstellung aufsitzen, verkörpert er ein spezifisches Berufsrisiko der Selbständigen und freiberuflich Tätigen - im Hochstapler "nur" den gentleman zu sehen, wie dieser unterwegs zum bürgerlich reputierlichen Erfolg.

4. Sichtbarer Aufwand für die Reputation: Demonstrativer Konsum als diskreter sozialer Mechanismus zur Schließung nach außen

Statussucher bevorzugen Unterscheidungsmerkmale mit hohem Symbolwert. Wegen ihres hohen Symbolwerts "erfüllen neben Sprache und Bildung vor allem Kleidung und Schmuck (...) die Funktion von Trennung und Verbindung am perfektesten" (Bourdieu 1974, 63). Wenn, wie bei der Geburtstagsparty, zu der Sandra Paretti "mittags um zwölf in ihre Villa eingeladen hatte" (Kol. v. 7.2.), die Gäste dem Urteil der Gesellschaftsreporterin zufolge "totally overdressed" waren, so will diese einfache und wenig aufwendige Technik der zeremoniellen Überbetonung (Sahlins): der Smoking und das Abendkleid werden schon zur Mittagsstunde getragen, Extravaganz resp. Exklusivität und damit Distinktion anzeigen. Daß gerade im Bereich der Mode immer "neuere" Distinktionstechniken nachgefragt sind, ist vor allem auf modespezifische, eigendynamische Wechselwirkungsprozesse zurückzuführen, deren ungewöhnliche Struktur Simmel mit der Metapher des Kreises, die ja die prinzipielle Unendlichkeit solcher Wechselwirkungsprozesse anzeigt, zu erfassen sucht (Nedelmann 1986). Wo immer Mode im Spiel ist, geht es um individuelle Differenzierung und Nachahmung zugleich, innerhalb von Schichten wie zwischen einzelnen Schichten. Doch gerade der für Modeerscheinungen typische Nachahmungseffekt, der sich auch teurer Imitationen bedienen kann, vermag nicht immer die gewollte Auslesefunktion zu übernehmen. D.h., der Zugang zu bestimmten Kreisen ist insofern käuflich, als Kleidungssymbole bestimmter Lebensstile erwerbbar sind; doch verrät die zu aufwendige Nachahmung offenbar immer wieder den Neureichen:

> "Es war ein richtiges Kraut- und Rübenfest. Nobodys ohne Rang und Namen, die aber aufgemacht sind, als wären sie weiß Gott wer, waren ebenso vertreten wie brotlose Künstler (= unbekannte Künstler,H.T.). (...). Andererseits sah man auch das Establishment. Modestars....waren da. (...). Künstler (....) mischten sich bunt mit Society-Damen (...), die sich in ihren Designer-Kleidern von der Masse abhoben, Millionären (...) und der Crème der Mode-Kaufleute." (Kol. v. 9.5.)

Es ist eine alte Einsicht, daß "Pannen" resp. Abweichungen über die Funktionsweise "normaler" Abläufe oder sozialer Mechanismen am ehesten informieren. So auch bei diesem Beispiel, dem entnommen werden kann, daß Partys und andere vergleichbare gesellschaftliche Arrangements die Funktion haben, auf diskrete Art Individuen nach solchen Gesichtspunkten auszuwählen, welche Homogenität schaffen und erhalten. Sie sind also darauf angelegt, die Grenzen zu anderen sozialen Gruppierungen immer wieder aufs neue zu vermessen, d.h. über Abgrenzung Zugehörigkeit zu vermitteln. Doch wie der im Zitat mitschwingende Unterton an Entrüstung verrät, der nur jenen modische Eleganz zugestehen will, die das auch verdienen, sich verdient haben, erfüllen Partys und andere gesellschaftliche Ereignisse darüber hinaus die Funktion, daß die durch sie Ausgelesenen sich soziale Anerkennung wechselseitig immer wieder aufs neue bestätigen.

Doch wie der Vergleich von zwei herausgegriffenen Geburtstagspartys prominenter Persönlichkeiten zeigt, gibt es trotz schichtspezifischer Vorgaben, welche Gemeinsamkeiten begründen helfen, durchaus bezeichnende "feine Unterschiede" (Kol. v. 6.6. und v. 12.9.). Diese feinen Unterschiede beziehen sich auf das feststellbare Gefälle im "Raffinement" der dargebotenen kulturellen Praktiken. Die erste Geburtstagsfeier zu Ehren des Bauunternehmers W.H. Spross, "Sohn eines kleinen Gärtners", hält sich hinsichtlich der zeremoniellen Praktiken eher im konventionellen Rahmen. Es gibt eine Festansprache (die allerdings von einem Bundesrat gehalten wird), eine laudatio (vom Generaldirektionspräsidenten der Schweizerischen Bankgesellschaft) und eine Geburtstagsillustrierte, "eine Spross-Biographie in Magazinform". Der Jubilar spendet für wohltätige Zwecke und er bittet um Spenden. Für die Dauer der Feier wird der eher öffentliche Ort: Grandhotel Dolder zu einem privaten Ort, an dem sich - und dies ist die exklusive Seite an der Veranstaltung - eine geschlossene Gesellschaft auserlesener und damit erlesener Namens- und Funktionsträger der Schweizer Gesellschaft versammelt: "Die Gästeliste, gespickt mit den wichtigsten Köpfen aus Politik, Armee, Wirtschaft, Finanz und Sport, brach Rekorde, und Spross selbst stellte nicht ohne Genugtuung fest, daß sein Geburtstagsfest 'von der Besetzung her der Anlaß des Jahrzehnts ist'".

Zeichnet sich diese Geburtstagsparty durch eine eher nüchtern-funktionsbetonte Einstellung gegenüber Vergnügungen aus und stellt Exklusivität beinahe ausschließlich über die Auswahl der Gäste und die Wahl der Lokalität her, so bevorzugt die andere Geburtstagsfeier, zu der der Rohbaumwoll-Händler Oliver Stahel 300 Gäste zu sich nach Hause eingeladen hatte, Stilelemente, die einen zweckfreien Luxus signalisieren und den Akzent von der Substanz auf die Form verschieben (Bourdieu 1984, 315 ff.). Bereits die Wahl der Privat-Villa als Ort der Veranstaltung ("mehr Bauernhaus mit buntgemischten Haustieren und einer beachtlichen Kunstsammlung als Protz-Villa") eröffnet die Chance, einen exklusiven Lebensstil vorzuführen, so daß Exklusivität nicht mehr über eine erlesene Gästeliste vermittelt werden muß (bezeichnenderweise fällt daher die übliche Namensparade in der Klatschkolumne recht kurz aus). An die Stelle einer laudatio tritt die von der Mutter des Jubilars in zweijähriger Arbeit verfaßte Familienchronik und die Geburtstagsillustrierte als "Biographie in Magazinform" wird abgelöst von einer künstlerisch-ästhetisch anspruchsvollen Präsentation von "Lebensbildern":

> "Im Laufe des Abends traten 107 Artisten und Musiker aus zehn verschiedenen Ländern auf, Künstler-Agent Joe Bürli (...) hatte eine Revue zusammengestellt, die sich auf das Leben Oliver Stahels bezog. Ein bunter Bilderbogen, vom Pantomimen, der aus dem Ei schlüpfte, bis zu einer Akrobatengruppe aus Kenia, die in den farbigen Kleidern der Baumwollpflücker turnte."

Es überrascht demnach auch nicht, daß die mit dem Essensvorgang gegebenen Chancen zur Ästhetisierung (Qualität gegen Quantität, Form gegen Substanz) voll genutzt werden: "Bestaunt wurde vor allem die Suppe (drei verschiedene Sorten), die man aus Eierschalen löffelte, welche dort, wo man das Ei geköpft hatte, mit Blätterteig überbacken waren. Das Raffinement kannte keine Grenzen!".

Generell verblassen jedoch in den präsentierten Klatschkolumnen diese "feinen Unterschiede". Vielmehr hat man den Eindruck, daß "demonstrativer Konsum" (Veblen) vorherrscht, der kulturelle Interessen nach ihrem Prestigewert wahrnimmt. Ostentatives Dabeisein ist alles, das vorhandene ökonomische Kapital macht's möglich. Doch darf aus dem Vorhandensein von Geld nicht unbedingt auch auf das Vorhandensein von Bildung geschlossen werden, obwohl Geld in der Regel Bildung erst ermöglicht. Dies zeigen Beobachtungen, welche die Gesellschaftsreporterin bei solchen kulturellen Darbietungen gemacht hat, welche "kulturelle Legitimität" (Bourdieu et al. 1983, 106) beanspruchen, also etabliert sind und deshalb wenigstens ein Minimum an zeremoniellem Wissen voraussetzen. Hieran scheint es generell zu fehlen. Zunächst zwei

Beispiele, die das bei anspruchsvollen Modevorführungen anwesende Publikum betreffen, dem exklusive Spitzenmodelle gezeigt wurden:

> "Im Publikum verbreitete sich während der Ballettaufführung ('ein choreographisches Meisterwerk') allerdings eher Langeweile und Ratlosigkeit (...), denn viele Anwesende, die nirgends als in der hohlen Modewelt leben, waren bei dieser Konfrontation mit der Kunst ehrlich verunsichert (...). Auch wenn manche mit der Ballettaufführung ihre liebe Mühe hatten: Die Kunst stahl an diesem Abend der Mode die Schau." (Kol.v.21.3.)
>
> "Der Besitzer der Boutique <au Grenier> ließ die Mode zu klassischer Musik vorführen (...). In der Tonhalle dirigierte die Waadtländerin Marie-Jeanne Dufour (...) leichte Kost der klassischen Musik (von Rossinis Ouvertüre zur 'Italienerin in Algier' bis zum Kaiserwalzer von Johann Strauß), während 30 Mannequins für einen Augenschmaus auf dem Laufsteg sorgten (...). Man merkte, daß das <au Grenier>-Publikum sonst selten in der Tonhalle sitzt: Daß ständig der Mode laut applaudiert wurde, während das Orchester fröhlich fiedelte, war eine penetrante Unerzogenheit gegen die Musiker." (Kol. v. 12.9.)

Ähnliche Beobachtungen gelten den Angehörigen der Zünfte Zürichs; wer ihnen zugehört - es sind nur Männer zugelassen - verfügt über beträchtliches Sozialkapital und repräsentiert etabliertes Bürgertum:

> "Auch die Zünfter hatten kein Glück, als sie unlängst im Opernhaus in einer geschlossenen Vorstellung den Sechseläuten-Aufzug in den 'Meistersingern von Nürnberg' erlebten (...). Als Hausherr Claus H. Drese vor den Vorhang trat (...), erwähnte er allerdings mit keinem Wort das Wichtigste: Nämlich, daß Peter Hofmann, im Programmheft als Stolzing angekündigt, auch an diesem Abend nicht sang. Entsprechend war die Enttäuschung, als plötzlich Spas Wenkoff auf der Bühne stand (...), der aber der Rolle des Stolzing ganz und gar nicht gewachsen war. Manche verunsicherten Zünfter, die sich in der Oper nicht so genau auskennen, murmelten dann, ob das jetzt wohl der Hofmann sei, aber der, den sie im Fernsehen gesehen hatten (sie meinten Ersatzmann René Kollo) sei es ja wohl auch nicht." (Kol. v. 3.1.)

Auch die eher homogene Gruppe der Züricher Hochfinanz, unter der alteingesessene Familien durchaus vertreten sind, scheint mit solchen kulturellen Geschmacksrichtungen, deren Pflege Kennerschaft und damit kulturelles Kapital voraussetzt, nicht unbedingt vertraut zu sein. Unter der Überschrift "Schwierige Musik für die Hochfinanz und ein Tisch für 38 000 Franken" kann man in der Kolumne vom 20.6. lesen:

> "Als die New Yorker Philharmoniker letzten Sonntag unter der Stabsführung ihres Hausdirigenten Zubin Mehta in der Tonhalle spielten (Ravel, Dvorak, Prokofieff, Druckman), saß die ganze Zürcher Hochfinanz im Parkett und brachte, obwohl von Druckman und Prokofieff zum Teil musikalisch überfordert, den Musikern einen triumphalen Empfang."

Auf diese Weise reduziert sich für die in den Klatschkolumnen aufgeführten "besseren Kreise" der anspruchsvolle zeremonielle Kunstgenuß weitgehend auf ein pures Konsumverhalten, dessen Funktion in erster Linie darin zu bestehen scheint, einem ausgewählten Publikum immer wieder aufs neue eine Gelegenheit zu bieten, sichtbar und ohne großen Unterweisungsaufwand seine Zugehörigkeit zu eben diesen "besseren Kreisen" zu demonstrieren. Wie man teure Kleidung kauft, so konsumiert man auch kostspielige Kulturveranstaltungen oder kauft wertvolle Kunstgegenstände, die alle das eine gemeinsam haben, daß ihnen ihr Wert anzusehen ist. Diese geradlinige Zurschaustellung von sozialem Prestige und beruflichem Erfolg scheint jedenfalls für Zürich, der Stadt Zwinglis, gerade jenen utilitaristischen Rahmen als soziale Gegebenheit vorauszusetzen, dessen Preisgabe A. Honneth (1984, 160 ff.) Bourdieus Theorie moralisch-kultureller Auseinandersetzungen abverlangt. In Zürich scheinen die den Gesellschaftskolumnen entstiegenen "feinen Leute" auf "feine Unterschiede" keinen allzu großen Wert zu legen, eher auf "grobe Unterschiede", die sich sichtbar und auf direkte Weise in Geld ausdrücken lassen.

5. Unsichtbare Arbeit für den Beruf: Zur existenziellen Bedeutung von Sozialkapital

Wer Geld hat, hat auch Beziehungen und mit diesen Sozialkapital. Das Sozialkapital "ist die Gesamtheit der aktuellen und potentiellen Ressourcen, die mit dem Besitz eines dauerhaften Netzes von mehr oder weniger institutionalisierten Beziehungen gegenseitigen Kennens und Anerkennens verbunden sind; oder, anders ausgedrückt, es handelt sich dabei um Ressourcen, die auf der Zugehörigkeit zu einer Gruppe beruhen" (Bourdieu 1983, 190 f.). Die Gruppe - in unserem Fall der Selbständigen und freiberuflich Tätigen - reguliert über diverse soziale Mechanismen mehr oder weniger diskret diese Frage der Zugehörigkeit, weil an sie die existenzentscheidende Frage der "Kreditwürdigkeit" gekoppelt ist. Der eher lockere Zusammenschluß der Selbständigen und freiberuflich Tätigen, wie er sich stets aufs neue bei den zahlreichen gesellschaftlichen Anlässen, über die die Klatschkolumnen regelmäßig berichten, reproduziert, ist in funktionaler Hinsicht vergleichbar mit dem (ebenfalls vom Prinzip her freiwilligen) Zusammenschluß "ausgelesener" Persönlichkeiten mit ähnlichem inneren Habitus, wie er von der puritanischen Sekte repräsentiert wird. "Die Zugehörigkeit zu einer nach amerikanischen Vorstellungen 'reputierlichen' Kirchengemeinschaft", befindet Max Weber (1964, 384; vgl. auch Loader/Alexander 1985, 3), "garantiert die Reputierlichkeit des Individuums, die gesellschaftliche nicht nur, sondern auch und vor allem die geschäftliche." Im Gegensatz zur Sekte, die infolge des erreichten Institutionalisierungsniveaus dem exklusiven Club das Vorbild abgab, ist das soziale Gefüge, welches Selbständige und freiberuflich Tätige bilden, das "Produkt einer fortlaufenden Institutionalisierungsarbeit" (Bourdieu 1983, 192), welche das Netz einigermaßen dauerhafter Beziehungen, die den Zugang zu materiellen wie symbolischen Profiten gewährleisten, am Leben erhält. Da der Umfang an Sozialkapital vom Umfang des mobilisierbaren Netzes von Beziehungen[9] abhängig ist, ist Institutionalisierungsarbeit gleichbedeutend mit fortwährender "Beziehungsarbeit" in der Form "ständiger Austauschakte", "durch die sich die gegenseitige Anerkennung immer wieder neu bestätigt" (Bourdieu 1983, 193) - als erneute Zusicherung der Kreditwürdigkeit, deren allzu "großzügige" Vergabe auf die Gruppe als Ganzes zurückfällt. So gesehen finden die Selbständigen und freiberuflich Tätigen der Züricher Szene "in den schicken Sportarten und Spielen, auf Empfängen, Cocktailpartys und anderen gesellschaftlichen Treffpunkten mehr als nur die damit verbundenen Vergnügungs- und Bildungswerte: nämlich den idealen Umgang, der es ihnen ermöglicht, Beziehungen zu schaffen und zu unterhalten und damit das Kapital an Ansehen zu mehren, das für die Ausübung ihres Berufes unerläßlich ist" (Bourdieu 1984, 448).

Da die Klatschkolumnen beinahe ausschließlich mit Berichten über gesellschaftliche Treffs (wie Empfänge, Premieren, Jubiläen, Versteigerungen, Partys etc.) ihre Spalten füllen, verraten sie eine ganze Menge über die normalerweise unsichtbare kontinuierliche "Beziehungsarbeit"; zugleich informieren sie ganz nebenbei darüber, wer derzeit ein Konto eröffnet oder über ein solches (noch) verfügt, von dem er Sozialkapital abbuchen kann. Mit Hilfe von Beispielen, die sich von der ad hoc betriebenen Institutionalisierungsarbeit dadurch zunehmend entfernen, daß eindeutig definierte Zugehörigkeitsregeln in Anspruch genommen werden (i.S. der Stabilisierung dauerhafter Beziehungen durch Clubmitgliedschaft und/oder Heirat), lassen sich typische soziale Gelegenheiten zur Pflege von Sozialkapital beschreiben und analysieren.

"'Office Warming Cocktail' bei Hargitay & Partners in Zollikon. Von den Penthouse-Büros auf dem Sonnenberg ist der Unternehmensberater Peter Hargitay mit seiner Firma in

9 Nicht nur die Ausdehnung des Beziehungsnetzes ist von Bedeutung, eine Rolle spielt auch die Höhe des Kapitals derjenigen, die einem solchen Netz jeweils angehören. Vgl. Bourdieu 1983, 191. Netzwerke sind allerdings nicht identifiziert worden. Dies lohnte wohl auch erst bei mehreren Jahrgängen. Über die Häufigkeit der Nennung einer Person in einer und/oder mehreren Kolumnen ließe sich auch deren Bedeutung operationalisieren.

eine 16-Zimmer-Villa an die Zollikerstraße umgezogen. (...). 'Kronenhalle'-Barchef Peter Roth überwachte das 'Nouvelle'-Party-Team, welches Sushi und andere japanische Köstlichkeiten vom japanischen Restaurant 'Sala of Tokyo' (gilt als bestes fernöstliches Spezialitätenrestaurant in Zürich) zu kistenweise Taittinger's 76-er Comtes de Champagne servierte. Die Stimmung in dem mit viel moderner Kunst - neuester Erwerb sind ein zwei auf drei Meter großes Gemälde des italienischen Malers und Bildhauers Raffael Doria sowie Bilder des New Yorker Senkrechtstarters James Rizzi - und antiken englischen Möbeln eingerichteten Gebäude war gelöst und fröhlich. SKA-Direktor Walter Bächinger war ebenso erschienen wie der Schönheitschirurg und Hargitay-Freund Gérard Hubatka, Spencer-Stuart-Vice-President Roger Rytz, TASA-Headhunter Anthony van Hoboken und der Informationschef des Gottlieb-Duttweiler-Instituts, Max Gurtner. Man sah auch den Zürcher Staranwalt André Aloys Wicki (Henrici, Reber und Wicki), Hargitay-Anwalt Mark Bruppacher sowie Hargitay-Klient Marc Rich mit seiner Frau." (Kol. v. 26.9.; Originalzitat, d.h. Übernahme der gramm. Fehler)

Diese Party ist zunächst eine Werbeveranstaltung für diverse Party-Dienste. Konzipiert ist sie als eine Veranstaltung vom Typ: "Tag der offenen Tür." Die unerläßlichen Requisiten und Kulissen des gesellschaftlichen und beruflichen Ansehens: Möbel, Dekorationselemente, die ganze räumliche Anordnung werden dem anwesenden Publikum vorgeführt. Die Kombination von moderner Kunst und antiken englischen Möbeln stellt geschickt ab auf verbreitete Geschmacksrichtungen unter den potentiellen Klienten. Der ganze Repräsentationsaufwand an Innenarchitektur, Möbeln und Kunstgegenständen wie der demonstrative Aufwand an erlesenen (exotischen) Speisen und Getränken wollen direkt die Botschaft vermitteln: diese Räume hat der (berufliche) Erfolg gepachtet und insofern sind Geld und soziale Beziehungen hier zu Hause. Indem der Unternehmensberater seinen angesehenen Hausanwalt wie reputierliche Klienten zu seinen Gästen macht, verquickt er geschickt gesellschaftliche mit beruflicher Reputierlichkeit. Infolge ihres akzeptierten gesellschaftlichen und beruflichen Ansehens "bürgen" diese Gäste für die Seriosität des vom Gastgeber geleiteten Unternehmens und werben nicht nur unter den Anwesenden für neue Kunden. Die Party ist einer jener Konvertierungsmechanismen, welche eine zufällige Bekanntschaft in eine auserwählte Freundschaft verwandeln helfen, d.h. in eine dauerhaft angelegte nicht-kontraktuelle Sozialbeziehung, die dennoch verläßlich ist. Der Freund im "Geschäftsfreund" macht Geschäfte möglich.

Zwei weitere Beispiele

'Baur au Lac' Besitzer Charles Kracht "hatte die Club-Idee in England aufgeschnappt und versuchte, einen Club nach englischem Muster zu schaffen. In englischen Clubs ist es verboten, Geschäfte zu machen oder über Geschäfte zu reden; dort widmet man sich im Club dem Zeitungslesen, dem Essen und der Erholung. Das wäre in Zürich undurchführbar: Geschäftemachen und über Geschäfte reden ist höchster Sinn und Zweck der 'Baur au

Lac'-Club-Mitgliedschaft. Auch mit seinem kulturellen Sendungsbewußtsein sei (er), so erzählte (Charles Kracht), baden gegangen. Als er einmal im Club einen kulturellen Abend veranstaltete, seien höchstens zehn Leute gekommen. Und auch seine Vorstellung, daß Volkstümliches vielleicht zugkräftiger wäre, erwies sich als Irrtum (...).

Im Vorstand des von Charles Kracht präsidierten Komitees sind: Rechtsanwalt Peter Alther, Bankier Hans Vontobel, Unternehmensberater Egon Zehnder (alle seit 1970), Rechtsanwalt Franz Reichenbach, Medizinprofessor Franz Rhomberg, Rechtsanwalt Rudolf Heiz und Ex-'Baur au Lac'-Direktor Michel Rey." (Kol. v. 15.5.)

"Alles, was sich zum gehobenen Zürcher Jet-Set zählt, marschierte Samstagabend im 'Baur au Lac'-Club an. Es galt, einen runden Geburtstag von Mia Brunner-Schwer zu feiern, der zweimal glücklich geschiedenen Junggesellin, Finanzberaterin und Bezirksschulpflegerin (...).

Unter den Gästen: Schriftstellerin Sandra Paretti mit Lebensgefährte (!) Hannes Looser (Werbeberater, HT), Diogenes-Verleger Daniel Keel mit Anna, Bankier Nicolas J. Bär mit Ehefrau Vreni, Energie-Zar Michael Kohn, die Rechtsanwälte Jörg Rappold mit Minouche und Peter Hafter mit Rosmarie, Bauunternehmer Böbi Baur, Unternehmensberater Egon Zehnder, Immobilienmakler Ruedel Steigrad, Architekt Peter Haussmann mit Frau Barbara, Schönheitschirurgin Trudy Vogt, Psychiater Hannes Maurer mit Ruth, GC-Arzt Tommy Preiss mit Silvia. Die Laudatio sprach ETH-Professor Kaspar Winterhalter (...)." (Kol. v. 13.6.)

Der Club ist der diskreteste und zugleich sicherste soziale Mechanismus zur Herstellung und Aufrechterhaltung gruppenspezifischer Homogenität. Wenn schon ein auf den ersten Blick "rein" gesellschaftlicher Anlaß, wie eine Geburtstagsfeier, infolge ihres Charakters als geschlossene Gesellschaft, eine "Geselligkeitstechnik zur sozialen Abgrenzung" (Bourdieu) darstellt, gilt dies umso mehr für jene clubartigen Zusammenschlüsse, welche diskret um spezifische, extravagante Aktivitäten (Golf, Reiten etc.) organisiert sind und die Aufnahme von Mitgliedern formal geregelt haben. Homogenität schafft Solidarität und diese erleichtert die Konzentration von Sozialkapital in den mehr oder weniger exklusiven Clubs (Bourdieu 1983, 192). Diese Funktion wird von allen, auch von englischen Clubs wahrgenommen, und auch der 'Baur au Lac'-Club ist ganz auf diese Funktion zugeschnitten, was u.a. ablesbar ist an der Liste der präsentierten Vorstandsmitglieder: sie ist eine Art Gotha reputierlicher Zürcher Freiberufler und Selbständiger. Daß dieser Club das dort angehäufte soziale Kapital direkt in Geschäftsbeziehungen umsetzt, also materielle Profite auf der Basis von Mitgliedschaft erzielt werden, spricht erneut für ein in Zürich verbreitetes utilitaristisches Milieu, welches zwischen Geschäftemachen und kulturellen Praktiken trennt und ihnen auch verschiedene soziale Orte zu ihrer Ausübung zuweist. Doch auch in diesem Milieu ist kulturelles Kapital präsent, in der Form von Bildungskapital, operationalisiert über die zeitweilige Zugehörigkeit zu allgemein anerkannten Eliteuniversitäten bzw. über dort erworbene Bildungspatente. Hierzu ein weiteres Beispiel:

"Kurt Waldheim, ehem. Generalsekretär der Vereinten Nationen, sprach am Freitagnachmittag im Haus zum Rüden vor den Mitgliedern des Harvard-Club of Switzerland, der Vereinigung ehemaliger Studenten der Harvard-Universität in der Schweiz. Im Auditorium: Harvard-Club-VR-Präsident Egon P.S. Zehnder, Bankier Nicolas J. Bär, Regierungspräsident Hans Künzi, Botschafter Franz Muheim, Staatssekretär Cornelio Sommaruga, Staatsrechtler Prof. Dietrich Schindler, Nationalrat Sigi Widmer, Rechtsanwalt Thomas Bär, US-Konsul Alfred P. Brainard, Rentenanstalt-Präsident Walter Diener, Brown-Boveri-Direktor Thomas Gasser (...).
(...). Harvard-Club-Präsident Mario A.Corti, stellvertr. Generaldirektor der Nationalbank, leitete das Gespräch (...)." (Kol. v. 27.6.)

Auch diese Form des Clubs dient der Konzentration von Sozialkapital, welches über zu Amt und Ansehen gekommene ehemalige Kommilitonen angehäuft wird, die über Mehrfach- oder Doppelmitgliedschaften oder Verwaltungsratsposten an andere Netzwerke angeschlossen sind. Auf diese Weise läßt sich auch kulturelles Kapital in Sozialkapital umwandeln, zahlen sich also Bildungsinvestitionen aus. Der Bildungstitel, vor allem wenn er an ausländischen Eliteuniversitäten erworben wurde, garantiert über schichtspezifische Selektionskriterien nicht nur ein bestimmtes Ausmaß an homogenen Einstellungen und Verhaltensweisen (Windolf 1986, 241 f.; 252 ff.), er sichert seinen Trägern eine Kompetenzvermutung zu (Müller 1988, 177; 186, Fn. 36), die einen Ewigkeitswert besitzt, daran u.a. ablesbar, daß die Gesellschaftsreporterin die Mitglieder des Harvard-Clubs auch als "IQ-Elite" bezeichnet.

Gleich kulturellem Kapital läßt sich auch soziales Kapital vererben. Trägern eines berühmten Familiennamens sind nicht nur Tür und Tor geöffnet, sie selbst sind ebenfalls stark nachgefragt, weil sie über hohes Sozialkapital verfügen: ohne besonderen Aufwand verwandeln sich ihnen "Gelegenheitsbekanntschaften in dauernde Beziehungen" (Bourdieu 1983, 193), so daß sich von Sozialkapital ganz gut leben läßt:

"Martin Richard Escher[10], einer jener jungen Männer, die von Berufung zu Berufung springen, und bei denen man nie weiß, wo das Genie aufhört und die verkrachte Existenz beginnt, stellt jetzt Kunst aus. Der wohlerzogene Sohn einer Zürcher Patrizierfamilie, dessen Mutter die Schauspielerin Mary Martlew-Escher ist, ist freier Journalist (repräsentiert das Wiener Society-Magazin <Von> in der Schweiz) mit gelegentlichen Seitensprüngen zu Film (Assistent bei "Richard Wagner") und Theater (Assistent bei "Warten auf Godot"

10 Der Name Escher verweist auf den Unternehmer und Politiker Alfred Escher (1819-1882), dessen Denkmal sich auf dem Zürcher Bahnhofsplatz befindet.

im Wiener Moulin Rouge) - und jetzt auch zur Kunst. Escher lud in sein neues Domizil (...).
Da Escher eine eingestandene Schwäche für Blaublütige und beste Beziehungen zum Adel hat, wimmelte es an seinem Cocktail von <vons> (...)." (Kol. v. 2.5.)

Es handelt sich um ein Lehrstück, wie das von der traditionsreichen Familie direkt weitergegebene kulturelle und soziale Kapital in hierfür geeigneten beruflichen Tätigkeiten maximal verwertet wird, wobei kulturelles Kapital hier nicht unbedingt für erworbene Bildungspatente steht, sondern für gutes Benehmen, sicheres Auftreten und Geschmack, im Schoße der Familie anerzogene Fähigkeiten im Sinne von Individualitätsmustern, die schichtspezifisch standardisierte Verhaltensweisen darstellen, welche "auf etwas ganz Individuelles hinzudeuten scheinen" (Popitz 1967, 15), so daß, wenn auch ein kritischer Unterton herauszuhören ist, dennoch von "Berufung" die Rede ist. Daß die Beherrschung der Regeln und Techniken des gesellschaftlich-geselligen Umgangs heute den Reichtum des Adels ausmacht, prädestiniert ihn für die Übernahme der ihm vom Gastgeber zugewiesenen Rolle wie für Repräsentationsberufe.

Eine nicht unübliche Strategie unter Freiberuflern und Selbständigen, soziale Beziehungen zu stabilisieren, stellt die *Heirat* dar. Zwei Beispiele mögen genügen:

"Cesar Schürch, 43, Finanzfachmann, Zünfter und auch sonst mit glänzenden Beziehungen zur guten Gesellschaft gesegnet, führt Vicky Ionesco, 26, Tochter des Industriellen Bobby Ionesco und Mitarbeiterin von Innendekorateur Jan Willem van Lynden, vor den Traualtar. Geheiratet wird in der Kirche von Kilchberg, dann gibt es einen großen Empfang (Abeggs, Bodmers, Fürstenbergs und anderer Adel werden da sein) im 'Baur-au-Lac'-Club (...). Das Hochzeitskleid für eine fünfstellige Frankensumme wird zurzeit im Haute-Couture-Haus 'Maison Bouchette' genäht (...)." (Kol. v. 4.7.)

"Martin Stehli, 38, Rechtsanwalt und seit Anfang des Jahres selbständig (Kauf und Verkauf von Unternehmungen), lernte letzten November auf einem Fest (...) eine hinreißend aussehende Berner Notarin kennen. Letzte Woche wurde Helen Vogt, 32, Tochter des bekannten Nierenspezialisten Dr. Hans Vogt, seine Frau. (...). Da der Bräutigam großer Opernliebhaber ist, war Erich Wild, Chorleiter des Opernhauses, engagiert und spielte auf der Orgel Variationen von Opernmelodien. (...). Es war wunderschön, und der Eindruck perfekter Ästhetik wurde noch abgerundet, als man sich (anschließend) auf dem Familiensitz des Bräutigams in Obfelden (M. Stehli stammt aus der berühmten Seidendynastie) zum Hochzeitsmahl und Fest versammelte.
Bei strahlendem Wetter, in dem großen Park mit über hundert Jahren alten Bäumen empfingen die Stehlis, der Bräutigam im Cut, die Braut ganz in langem Weiß (...) den illustren Kreis ihrer 90 Gäste (...). (Darunter:) Psychiater Gion Condrau mit Irmgard; Energiezar und Partyfex Michael Kohn, die 'Gotthard'-Gastronomen Caspar und Ljuba Manz, Prinz Fritzi Schwarzenberg mit Regula, Peter Sulzer (Generaldirektor Sulzer Winterthur), Verleger-Witwe Charlotte von Schumacher, Golfclub-Zumikon-Präsident Max Froelicher,

Bauunternehmer Böbi Baur, Christophe und Corinne Gautier (Siber Hegner), Architekt Johann Carl Wehrli mit Marika (...), Alfred Schwarzenbach (Seide) (...)." (Kol. v. 4.7.)

Die entscheidende Heiratsregel lautet: Gleich und gleich gesellt sich gern. Selbst da, wo Heirat sich dem Zugriff der Familie weitgehend entzieht, setzen sich dennoch schichtspezifische Auswahlkriterien durch, welche durch die Freiwilligkeit der Entscheidung und die weit verbreitete Auffassung von Liebe verdeckt werden. Feste wie andere gesellschaftliche Ereignisse "ermöglichen (auf scheinbar zufällige Weise) das Zusammentreffen von Individuen, die im Hinblick" auf innerhalb einer sozialen Gruppierung geltenden Merkmale "so homogen wie möglich sind" (Bourdieu 1983, 193). Allerdings ist ein gewisses Einstandskapital erforderlich; auch hier gilt der Matthäus-Effekt: nur wer hat, dem wird gegeben. Gerade bei der Vermehrung von Sozialkapital zeigt sich dieser Effekt überdeutlich: der zugeschriebene (da sozial vererbte) Status eines Zunftmitglieds wie bestehende Zugangsmöglichkeiten zu Clubs (Baur-au-Lac, Golfclub Zumikon), die der Akkumulation von Sozialkapital dienen, erhöhen beträchtlich die Chance, Zufallsbekanntschaften in dauerhafte Beziehungen und diese in Geschäftsbeziehungen zu verwandeln. Überhaupt führen die wenigen Angaben der Gesellschaftsreporterin anschaulich vor, wie durch Heirat eine Bündelung der vorhandenen Ressourcen an ökonomischem, kulturellem und sozialem Kapital herbeigeführt wird, die neue materielle und symbolische Profitchancen eröffnet. Dies gilt in besonderem Maße für die Absicherung resp. Erweiterung bereits bestehender Netzwerke an sozialen Beziehungen, die sich gesellschaftlich wie beruflich auszahlen können.

Wie verzweigt - u.a. durch Doppel- und Mehrfachmitgliedschaften diese Netzwerke sind und wie unsichtbar sich die existenz-sichernde Beziehungsarbeit vollzieht, vermag das letzte Beispiel zu demonstrieren:

"Modekaufmann Gérard Meyer ('Saint-Phil'-Boutiquen) lud zur nächtlichen Bodensee-Rundfahrt mit dem Orient-Express und nannte als Grund nichts weiter als <die Freude am Leben>. Eine illustre Gruppe von 160 Leuten (<alles Freunde>) traf sich Samstagabend am Bahnhof Zollikon (...). Durch die verschneite Landschaft fuhr man, mit kurzem Zwischenhalt auf dem Zürcher Hauptbahnhof, bei Kerzenlicht Richtung (...) St. Gallen. Auffallend schöne Frauen waren da, herausgeputzt und in kostspieliger Toilette; ein Trickkünstler und ein Taschendieb unterhielten die Gesellschaft, während sie das sechsgängige Menü verzehrte (...). Unter den Gästen: Finanzunternehmer Wolf Forster mit seiner blonden Frau Uli (...), Makler Ruedel Steigrad mit seiner Frau Caroline (...), Jack und Sarah Dimmenstein von der Musikvertrieb AG, Unternehmensberater Paul Esterhazy mit Frau Christa (zählten auch bei Escher zu den Gästen, HT), Pelz-Designer André Bisang mit Lisa, Kleiderfabrikant Carlo Goetschel (Algo AG) mit Sylvie, die Unternehmer York Münster mit Marlys, Cesar Schürch mit Vicky (...), Fotogalerist Kaspar Fleischmann mit

Mary Lee, die Rechtsanwälte Dieter Neupert mit Katharina, Robert Buri, Versicherungskaufmann Fritz Lanz mit Ursula, Bankier Ronnie Kimche mit Pat, die Gynäkologen Jörg Brunner mit Lisbeth und Peter Reich mit Pamela, Zahnarzt Francesco Kunz mit Valeria, Innenarchitekt Max Reiser (hat alle 'Saint-Phil'-Läden eingerichtet) mit Ruth, Squash-Unternehmer Max Roder ('Airgate') mit Hanni, Textilagentin Angélique Brupbacher, Herrenkonfektionsfabrikant Didier Bollag mit Vera, Innenarchitekt Chris Portenier mit Janine (...)." (Kol. v. 28.11.)

Die Beziehungsarbeit versteckt sich hier in einem gepolsterten Arrangement von Geselligkeit und Unterhaltung, das durch den gezeigten Aufwand und die vollzogene Umwertung (Eisenbahn statt Auto) Exklusivität und damit zugleich auch Kreditwürdigkeit demonstriert. Und doch ist gerade dieses soziale Feld der Geselligkeit eine diskrete, aber wirkungsvolle Gelegenheit, die dort gezeigten Fertigkeiten und Fähigkeiten als Demonstrationen professioneller Kompetenz auszugeben. Die aufgeführte Namens- und Berufsparade (mit inzwischen vertrauten Namen) zeigt erneut die enge Symbiose zwischen Freunden und (potentiellen) Geschäftsfreunden. Allerdings weist diese Art der Anhäufung von Sozialkapital ein typisches Risiko auf - die "Freundschaftsfalle": "Wenn das Schwundrisiko tatsächlich in dem Maße der Verschleierung des Ökonomischen wächst, ist ein Punkt vorstellbar, jenseits dessen es keinen Weg zurück aus der 'Freundschaft' in die Welt ökonomischen Kalküls gibt, weil der kleine Gefallen als Unzumutbarkeit aufgefaßt wird. In diese 'Freundschaftsfalle' gerät, wer den Balanceakt zwischen praktischem Geschäftssinn und intrinsischer Freundschaft nicht zu bewerkstelligen mag" (Müller 1988, 166).

6. Ein kleines Nachwort, das man auch als Vorwort lesen kann

Auf den ersten Blick berichten die Klatschkolumnen über unbedeutende Einzelereignisse, die im Jahresablauf aufeinander folgen und untereinander kaum Berührungspunkte aufzuweisen scheinen. Gemeint ist die "ewige Wiederkehr" von Partys, Premieren und anderen kulturellen Veranstaltungen, die in der Lebens- und Berufswelt der Selbständigen und freiberuflich Tätigen einen festen Platz einnehmen. So fest, daß man durchaus von einem gesellschaftlichen Zwang sprechen kann: Einladungen müssen ausgesprochen und sie müssen auch angenommen werden; und ebenso zwingend scheint es zu sein, daß die Runde immer aufwendiger - demonstrativ aufwendiger - wird.

Diese Beobachtungen lenken das Interesse auf ein Phänomen, das in Anlehnung an Durkheim das "nichtkontraktuelle Moment" an formalen Geschäftsbeziehungen genannt werden kann. Über die zahlreichen gesellschaftlichen Gelegenheiten reproduziert sich eine soziale Struktur, ein lockerer, netzartig strukturierter Zusammenschluß von Personen, die das eine miteinander verbindet, daß sie als Selbständige und freiberuflich Tätige ihren Lebensunterhalt verdienen. Es gibt keine formal festgelegte Mitgliedsrolle, man ist entweder dabei oder nicht dabei (indem man selbst eine Einladung ausspricht, die angenommen wird, oder von anderen eingeladen wird). Zugehörigkeit wird diskret "gesteuert", indem die gesellschaftlichen Anlässe exklusive Maßstäbe setzen, die diejenigen, die man nicht dabei haben will, nicht erfüllen können. Der "demonstrative Konsum" hat hierin seine nützliche Seite. Man muß sich also anstrengen, vor allem Zeit und Geld investieren, um dazugehören zu können. Diese rastlose Beziehungsarbeit ist also ein "Muß", nicht nur für die Erlangung und Festigung der Zugehörigkeit, sondern auch zur Nutzung der dadurch gegebenen Profitchancen (materieller wie symbolischer Art). Die von vielen begehrte "Mitgliedschaft" in diesen "besseren Kreisen", die sich über die unzähligen gesellschaftlichen Ereignisse ständig reproduzieren, stellt über die gesellschaftliche Reputation auch die berufliche in Aussicht, woran jedem Selbständigen und freiberuflich Tätigen gelegen ist. Unter denen, die dazu gehören - verdientermaßen, wenn sie auf ihre Vor-Leistungen zurückblicken - wird vor allem gegenseitige Anerkennung getauscht, als wechselseitige Bestätigung unter denjenigen, die über die diskret wirkenden Auslesemechanismen "gleich" (homogen) gemacht worden sind. In der sozialen Horizontalen vollzieht sich aber auch die wechselseitige Anerkennung von gezeigten Geschmacksrichtungen und Kulturpraktiken, die auf diese Weise vorbildlich und damit verbindlich werden können. Da diese Manifestationen des demonstrativen Konsums so notwendig wie teuer sind, dürfte die Überzeugung auch nicht weit sein, daß dies alles recht und billig ist. Infolge dieser Legitimitätslegende gilt: Wer hat, dem wird nicht nur gegeben, sondern er darf (sich) auch nehmen - mit einem guten Gewissen.

Literaturverzeichnis:

Barlösius, E. und Manz, W.: Der Wandel der Kochkunst als Genuß-orientierte Speisengestaltung. Webers Theorie der Ausdifferenzierung und Rationalisierung als Grundlage einer Ernährungssoziologie. In: Kölner Zeitschrift für Soziologie und Sozialpsychologie 40 (1988). S. 728-746.

Barthes, R.: Die strukturalistische Tätigkeit. In: Kursbuch Nr. 5 (1966). S. 190-196.

Bergmann, J.R.: Klatsch. Zur Sozialform der diskreten Indiskretion. Berlin 1987.

Bourdieu, P.: Zur Soziologie der symbolischen Formen. Frankfurt 1974.

Bourdieu, P.: Ökonomisches Kapital, kulturelles Kapital, soziales Kapital. In: R. Kreckel (Hrsg.): Soziale Ungleichheiten. Sonderband 2 der Sozialen Welt. Göttingen 1983. S. 183-198.

Bourdieu, P.: Die feinen Unterschiede. Kritik der gesellschaftlichen Urteilskraft. Frankfurt, 3. Aufl. 1984.

Bourdieu, P.: Historische und soziale Voraussetzungen des modernen Sports. In: Merkur H.7 (1985). S. 575-590.

Bourdieu, P. et al.: Eine illegitime Kunst. Die sozialen Gebrauchsanweisungen der Fotographie. Frankfurt 1983.

Elias, N.: Die höfische Gesellschaft. Untersuchungen zur Soziologie des Königstums und der höfischen Aristokratie. Neuwied und Berlin 1969.

Goffman, E.: Wir alle spielen Theater. Die Selbstdarstellung im Alltag. München 1969.

Honer, A.: Beschreibung einer Lebens-Welt. Zur Empirie des Bodybuilding. In: Zeitschrift für Soziologie 14 (1985). S. 131-139.

Honneth, A.: Die zerrissene Welt der symbolischen Formen. Zum kultursoziologischen Werk Pierre Bourdieus. In: Kölner Zeitschrift für Soziologie und Sozialpsychologie 36 (1984). S. 147-164.

Honneth, A. und Schwibs, B.: Intellektuelle Praxis: Über Pierre Bourdieu. In: Ästhetik und Kommunikation 16 (1986). S. 141-207.

Klingemann, H.-D. et al.: Textpack - Ein Programmsystem für sozialwissenschaftliche Inhaltsanalyse. In: H.-D. Klingemann (Hrsg.): Computerunterstützte Inhaltsanalyse in der empirischen Sozialforschung. Frankfurt und New York 1984. S. 15-34.

Lanfranchi, P.: Introduction to computer-aided content analysis methods in history and social sciences. EUI Florenz 1986.

Lévi-Strauss, C.: Einleitung in das Werk von Marcel Mauss. In: M. Mauss: Soziologie und Anthropologie, Bd. I: Theorie der Magie. Soziale Morphologie, hrsg. v. W. Lepenies und H. Ritter, München 1978. S. 7-41.

Loader, C. und Alexander, J.C.: Max Weber on churches and sects in North America: An alternative path toward rationalization. In: Sociological Theory (1985). S. 1-13.

Meulemann, H.: Bildung, Generationen und die Konjunkturen des Werts Leistung. Über die Vielschichtigkeit eines Wertwandels. In: Zeitschrift für Soziologie 16 (1987). S. 272-287.

Mohler, P.Ph.: Wertewandel in Deutschland: 1917-1971 (Abitur 1917-1971). In: H-D. Klingemann (Hrsg.): Computerunterstützte Inhaltsanalyse in der empirischen Sozialforschung. Frankfurt und New York 1984. S. 279-301.

Mohler, P.Ph. und Züll, C.: Einige Anwendungsmöglichkeiten von Textpack. In: ZUMA-Nachrichten Nr. 14, Mannheim (Mai) 1984. S. 5-26.

Müller, H-P.: Kultur, Geschmack und Distinktion. Grundzüge der Kultursoziologie Pierre Bourdieus. In: Kölner Zeitschrift für Soziologie und Sozialpsychologie, Sonderheft 27/1988: Kultur und Gesellschaft, hrsg. v. F. Neidhardt, M.R. Lepsius, J. Weiss. S. 162-190.

Müller, H-P.: Lebensstile. Ein neues Paradigma der Differenzierungs- und Ungleichheitsforschung? In: Kölner Zeitschrift für Soziologie und Sozialpsychologie 41 (1989). S. 53-71.

Nedelmann, B.: Mode als Austauschprozeß reziproker Ambivalenzen. Beitrag zum "Colloque: Actualité de Georg Simmel". Paris und Florenz 1986.

Popitz, H.: Der Begriff der sozialen Rolle als Element der soziologischen Theorie. Tübingen 1967.

Sahlins, M.: Kultur und praktische Vernunft. Frankfurt 1981 (Kap. 4: La pensée bourgeoise. Die westliche Gesellschaft als Kultur).

v.Stackelberg, J.: Moralistik und Aufklärung in Frankreich. Wolfenbütteler Studien zur Aufklärung, hrsg. v. G. Schulz, 1974, Bd. I.

Weber, M.: Methodologische Einleitung für die Erhebungen des Vereins für Sozialpolitik über Auslese und Anpassung (Berufswahl und Berufsschicksal) der Arbeiterschaft der geschlossenen Großindustrie (1908). In: M. Weber: Gesammelte Aufsätze zur Soziologie und Sozialpolitik, hrsg. v. Marianne Weber. Tübingen 1924. S. 1-60.

Weber, M.: "Kirchen" und "Sekten" in Nordamerika. In: M. Weber: Soziologie. Weltgeschichtliche Analysen. Politik, hrsg. v. J. Winckelmann. Stuttgart 1964. S. 382-397.

Windolf, P.: Brauchen wir Eliteuniversitäten? Ein Beitrag zur institutionellen und sozialen Differenzierung des Hochschulwesens. In: Zeitschrift für Sozialisationsforschung und Erziehungssoziologie 6 (1986). S. 239-263.

Über die Offensivwirkung des Zuvielwissens: Politische Devianz

Birgitta Nedelmann

I. Das soziologische Problem der politischen Devianz

Politiker ziehen immer dann besondere Aufmerksamkeit auf sich, wenn sie gegen bestimmte Normen verstoßen. Oft genügt bereits der öffentlich geäußerte Verdacht, ein Politiker habe gegen bestimmte Normen verstoßen, um ihn ins Zentrum politischer Debatten zu rücken und womöglich zu Fall zu bringen. Selbst diejenigen, die am politischen Alltagsgeschehen nur wenig interessiert sind, können sich kaum der Mitwisserschaft über Fälle entziehen, die mit Namen wie Profumo, Papandreou, Tower, Barschel u.v.a.m. verbunden sind. Auch wenn diese Fälle hier nicht im einzelnen dargelegt und diskutiert werden können, so läßt sich doch feststellen, daß sie nicht nur ein Licht auf die faktischen oder mutmaßlichen Täter, die Politiker, werfen, sondern auch auf die Ankläger und den Prozeß der Enthüllung selbst. Worin immer der Normbruch bestehen mag, der einzelnen Politikern vorgeworfen wird, er scheint stets der populären Meinung Auftrieb zu geben, nach der Politik ein schmutziges Geschäft sei und diejenigen, die es betreiben, die Politiker, wenig ehrenwerte Männer seien.[1] Durch politische Devianz gerät der Beruf des Politikers in Verruf. Empörte Wähler drohen an, Politikern und Parteien ihr Vertrauen zu entziehen; Journalisten und Intellektuelle wittern in Fällen politischer Devianz die Gelegenheit, ihr professionelles Profil zu schärfen, indem sie nicht nur Kritik an den verdächtigten Politikern, sondern am politischen System überhaupt üben. Routinemäßig wird die Legitimitätsfrage gestellt und mit Legitimitäts-

1 Es fällt auf, daß hauptsächlich männliche Politiker der Devianz bezichtigt und zum Mittelpunkt sog. Skandale werden. Dieser Umstand ist ein deutliches Anzeichen dafür, daß Frauen noch nicht in den Stand der Berufspolitiker aufgenommen worden sind.

entzug gedroht.[2] Hätten Wähler, Journalisten und Intellektuelle mit ihrer Drohung des Vertrauens- und Legitimitätsentzuges Ernst gemacht, dann wäre das politische System vermutlich längst in sich zusammengebrochen oder doch zumindest nicht mehr auf Vertrauen gegründet.

Diese auffällige Koexistenz von politischer Devianz und Systembestand wirft eine Reihe von Fragen auf, die von zentralem soziologischen Interesse sind. Sollte die Soziologie in dem Phänomen der politischen Devianz und den darauf folgenden Reaktionen endlich ein Beispiel dafür gefunden haben, daß soziale Systeme sehr wohl ohne Vertrauen oder doch zumindest mit einem Mindestmaß an Vertrauen auskommen können? Oder verhält es sich so, daß es die Ankläger bei einer Drohgebärde belassen und nach wie vor ein System handlungsmäßig unterstützen, das sie verbal verpönen? Politischer Zynismus wäre in diesem Fall nicht den Gewählten, sondern den Wählern vorzuhalten.

Fälle politischer Devianz werfen aber auch noch andere Fragen auf, die nicht weniger soziologisch bedeutsam sind. Welche Konsequenzen haben politische Normverstöße für das politische Normensystem? Wenn die Massenmedien permanent darüber informieren, in welchem Ausmaß Politiker gegen die Normen politischer Konformität verstoßen, dann stellt sich die Frage, welche Konsequenzen dies für die Stabilität des politischen Normensystems hat? Mit dieser Frage wird eine zentrale Hypothese, die Heinrich Popitz der Soziologie zugeführt hat, angesprochen, nämlich seine Hypothese von der Präventivwirkung des Nichtwissens (Popitz 1968). In der von Popitz gebrauchten Terminologie läßt sich fragen: Hat das Wissen über den Normbruch von Politikern den Effekt, das politische Normengefüge zu blamieren und das politische Normensystem ungebührlich zu belasten? Wenn der soziale Mechanismus der Präventivwirkung des Nichtwissens im politischen System durch Informationsfülle über abweichendes Verhalten unwirksam wird, wie wird das politische System insgesamt dann damit fertig? Dieses Problem wirft schließlich auch noch eine professionssoziologische Frage auf: Wie wird Politik als Beruf mit der Tatsache fertig, daß seine Vertreter alltäglich der Devianz verdächtigt und überführt werden? Wenn Politik in Verruf gerät, wie wird Politik als Beruf damit fertig?

---

2 Ich stimme Rolf Ebbighausen nicht zu, wenn er in der Zunahme von Skandalen ein "Indiz für eine erhöhte 'Legitimationsempfindlichkeit' staatlicher Politik erkennen will". Wie die weiteren Ausführungen zeigen werden, behaupte ich, daß politische Systeme sehr wohl mit politischer Devianz fertig werden. Vgl. Ebbighausen 1989, 173.

Der mit diesen Fragen aufgeworfene Zusammenhang zwischen politischer Devianz, politischer Profession und politischem System läßt sich erst dann analysieren, wenn ein Vorverständnis darüber erzielt worden ist, was unter politischer Devianz zu verstehen ist. Die immer wieder aufgedeckten sog. Skandale bestätigen den vorwissenschaftlichen Eindruck, daß die meisten politischen Systeme derartige Phänomene politischen Normbruchs produzieren, wenn auch in je unterschiedlichem Ausmaß und unterschiedlicher Ausprägung. Eine Handlung, die etwa in den Vereinigten Staaten als deviant angesehen wird (wie der Ehebruch), braucht noch lange nicht in anderen Ländern als politisch deviant angesehen zu werden. Man kann daher nicht sagen, daß bestimmte Handlungen, wie etwa Liebesaffären (das sog. "womanizing"), Alkoholmißbrauch oder persönliche finanzielle Bereicherung in allen Ländern als politisch deviantes Verhalten betrachtet und entsprechend sanktioniert werden, auch wenn es gerade diese drei Delikte sind, die zu politischen Skandalen hochgespielt zu werden pflegen. Eine Handlungsweise kann erst dann als deviant bezeichnet werden, wenn es anderen politisch relevanten Akteuren gelungen ist, diese Handlungsweise als abweichend zu definieren. Die erfolgreiche Durchsetzung der Etikettierung einer Handlung als politisch deviant und ihre personelle Zuschreibung auf den Inhaber einer politischen Position gehören zu den Voraussetzungen dafür, von der Erscheinung der politischen Devianz sprechen zu können.

Die Erklärung kultureller Variationen in der Definition und Behandlung politisch abweichenden Verhaltens wäre eine höchst interessante Aufgabe für eine komparativ ausgerichtete politische Soziologie. Mir scheint es jedoch noch verfrüht, dieser Frage nach den kulturellen Variationen politischer Devianz nachzugehen. Zunächst bedarf es noch einer grundsätzlicheren Begründung dafür, worin eigentlich die soziologische Attraktivität des Phänomens der politischen Devianz liegt.

Was die Öffentlichkeit fasziniert, braucht noch lange nicht den Soziologen zu interessieren, und umgekehrt, was die Soziologen fasziniert, braucht noch lange nicht die Allgemeinheit zu interessieren. Es scheint besonders empfehlenswert, sich dieser Grundeinsicht soziologischer Betätigung zu vergewissern, wenn es um die Reflexion über Fälle geht, die in der Öffentlichkeit den sensationellen Reiz eines Skandals genießen. Wie so oft ist die professionelle Neugier des Soziologen an derartigen Fällen sehr viel biederer und nüchterner als die der interessierten Öffentlichkeit.[3] Sein Interesse an abweichendem Verhalten liegt paradoxerweise ja gerade darin begründet, daß er den Ablauf normkonformen Handelns analysieren möchte. Die sozialen Vorgänge, die durch Normbruch ausgelöst werden, kommen diesem analytischen Interesse auf quasi natürliche Weise entgegen. Daten, die der Soziologe in Fällen unauffälliger Konformität artifiziell erheben müßte, werden ihm in Fällen auffälliger sozialer Devianz von den daran beteiligten Akteuren selbst geliefert. Soziale Akteure werden sich oft erst dann darüber klar, welche Normen und Werte sie geschützt wissen wollen, wenn sie verletzt worden sind. Bevor der Ruf nach Sanktionierung laut werden kann, muß die Norm auf den sprachlichen Nenner gebracht worden sein, gegen die verstoßen worden ist. Vorkommnisse sozialer Devianz sind nicht zuletzt auch soziale Anlässe, um Normen und Werte zu definieren und ein Interesse an ihrer Aufrechterhaltung zu bekunden.

Insbesondere bei ihrer Forschung über abweichendes Verhalten im politischen Bereich können Soziologen von diesem sozialen Mechanismus profitieren. Bei den öffentlichen Debatten über die erwähnten Fälle Profumo, Tower, Papandreou, Barschel wurde ja u.a. ganz deutlich, wie wenig die Soziologie über den normalen Ablauf politischen Handelns weiß. Diese und ähnliche Fälle skandalisieren nicht zuletzt auch die Soziologie, weil sie die Lücken offenbaren, die sie auf dem Gebiet politischen Alltagshandelns aufweist. Presse, Oppositionsparteien, parlamentarische Untersuchungskommissionen und andere an der Enthüllung politischer Devianz beteiligte Akteure können der politischen Soziologie dabei helfen, so manche Wissenslücke zu schließen. Sie sollte daher diese Fälle politischer Devianz zum Anlaß nehmen, sich von den daran beteiligten Akteuren in die Geheimnisse politischer Konformität und Abweichung einweihen zu lassen.

Es gibt noch einen weiteren Grund, der es nachdrücklich nahelegt, derartigen Fällen politischer Devianz besondere soziologische Aufmerksamkeit zu schenken. In der öffentlichen Erregung über deviante Politiker wird oft erst deutlich, welche normativen Erwartungen eigentlich an Berufspolitiker gerichtet werden. Normative Erwartungen stellen bekanntlich ein wichtiges Element von Berufsrollen dar. Die Analyse politischer Devianz verspricht daher, der politischen Soziologie das ehrwürdige Thema von "Politik als Beruf" unter einer

3 Die Herausgeber Rolf Ebbighausen und Sighard Neckel lassen in ihrer Einleitung zum Band "Anatomie des politischen Skandals" eben diese Nüchternheit vermissen. Vgl. Ebbighausen und Neckel 1989.

neuen Perspektive zuzuführen. Die Behandlung des Politikberufes ist von der Soziologie stark vernachlässigt worden. Was einerseits die Professionssoziologie betrifft, so hat sie sich zwar mit vielen klassischen Berufen befaßt, wie dem Arzt, Richter, Ingenieur u.v.a.m; der Politiker wird jedoch in den herkömmlichen professionssoziologischen Werken notorisch ausgespart (vgl. Carr-Saunders und Wilson 1933; Luckmann und Sprondel 1972; Daheim 1977). Was andererseits die politische Soziologie betrifft, so hat sie sich zwar seit jeher der Analyse des Verhaltens von Politikern zugewandt, jedoch hat sie dies selten unter systematischen professionssoziologischen Gesichtspunkten getan.[4]

Als vorläufige Zwischenbilanz der bisherigen Überlegungen lassen sich drei analytische Ebenen unterscheiden, auf denen Fälle politischer Devianz untersucht werden könnten: *Erstens* auf der *rollenanalytischen*; *zweitens* auf der *professionssoziologischen*; und *drittens* auf der *systemtheoretischen Ebene*. Erst die Analyse von Fällen politischer Devianz auf allen diesen drei Ebenen würde es erlauben, der oben aufgeworfenen Frage nach dem Zusammenhang zwischen politischer Devianz, Politikberuf und politischem System systematisch nachzugehen. Im Rahmen dieses Beitrages muß ich mich auf die rollenanalytische Ebene beschränken; ich kann nur am Schluß andeuten, wie sie mit den beiden anderen Ebenen verbunden ist.

II. Das Dreiecksverhältnis politischer Devianz

In Orientierung an das von Heinrich Popitz entwickelte rollenanalytische Instrumentarium läßt sich politische Devianz als Dreiecksverhältnis zwischen *Normadressaten, Normsender* und *Sanktionsinstanzen* darstellen (Popitz 1967). Politiker sind dann als Normadressaten zu betrachten, wenn sie zum Bezugspunkt normativer Erwartungen gemacht werden. Als Normsender ließen sich Presse, Öffentlichkeit und (Oppositions-)Politiker dann bezeichnen, wenn sie die Rolle übernehmen, verbindliche Normen zu definieren und an Politiker zu richten. Solche politischen Akteure, die Normverstoß ahnden, wie Wähler, Gerichte, Kommissionen und andere Politiker, lassen sich als Sanktionsinstanzen apostrophieren. Dieses Dreiecksverhältnis entfaltet seine Interaktionsdynamik

4 Es ist das Verdienst von Hans-Jürgen Hohm, das Thema Politik als Beruf wieder der soziologischen Debatte zugeführt zu haben. Vgl. Hohm 1987; bereits vorher allerdings Alfio Mastropaolo 1986.

in einer ganz bestimmten *Situation,* wobei besondere Aufmerksamkeit auf die an die jeweilige Situation geknüpften *institutionalisierten Vorschriften und Verfahren* politischen Handelns zu richten ist. Im Gegensatz zu Rollenspielern in anderen sozialen Systemen *können* Politiker nicht nur sowohl als Normadressaten, - sender und Sanktionsinstanzen auftreten, sondern nach dem mit Politikern verbundenen Rollenverständnis *sollten* sie alle drei Funktionen wahrnehmen. Zu welchen spezifischen soziologischen Problemen diese Funktionsvielfalt führt, wird unten noch zu erörtern sein.

Die von Popitz vorgeschlagene Terminologie für die Analyse des Rollenverhaltens von Politikern anzuwenden hat nicht nur den Vorteil, weitgehend abgeklärt und gängig zu sein, sondern sie regt auch dazu an, die Hypothesenbildung über die Devianz von Berufspolitikern in eine ganz bestimmte Richtung zu lenken. Drei Hypothesen scheinen für die weitere Forschung auf diesem Gebiet besonders vielversprechend zu sein:

1. Die *Rollenambivalenz* des Politikers
2. Die *normative Normlosigkeit* der Rolle des Politikers
3. Die *Hyperaktivität* von Normsendern und Sanktionsinstanzen

Bevor diese drei Hypothesen erläutert werden, sei eine methodologische Vorbemerkung gemacht, die das Popitzsche Rollenverständnis betrifft. Popitz empfiehlt bekanntlich, Rollenanalysen auf die Ebene des *tatsächlich ablaufenden Verhaltens* zu beschränken (Popitz 1967, 22). Die berufssoziologischen Arbeiten Max Webers, insbesondere aber sein Aufsatz "Politik als Beruf" legen es jedoch nahe, die von Popitz explizit ausgeschlossene Ebene der als verbindlich gedachten *subjektiven* Deutungen, Erwartungen und Wunschvorstellungen politischen Handelns in die Rollenanalyse des Politikers einzuschließen (Weber 1958; Seyfahrth 1988). Für die Berücksichtigung dieser Doppelperspektive, also der Perspektive des tatsächlich ablaufenden Verhaltens und der (tatsächlich) gehegten subjektiven Erwartungen, sprechen mehrere Gründe; nur zwei davon seien erwähnt. Zunächst ist davon auszugehen, daß die normativen Erwartungen, die an Politiker herangetragen werden und die Politiker selbst subjektiv hegen, nicht nur das tatsächliche Verhalten des betreffenden Politikers, sondern auch dasjenige der Normsender und Sanktionsinstanzen nachhaltig mitbestimmen. Ein weiterer Grund legt es nahe, die Analyse tatsächlichen Verhaltens um die Analyse subjektiver Eigen- und Fremddeutungen zu erweitern. Durch die Einbeziehung der normativen Erwartungen und Deutungsmuster werden die zum Rollenset gehörenden Normsender und Sanktionsinstanzen nicht nur als Vollzugsorgane, sondern auch in ihrer Eigenschaft als Produzenten politischer Deutungen und Moralvorstellungen apostrophiert. Dies hat den heuristischen Vorteil, politische Devianz als Phänomen interpretieren zu können, das durch die Interaktionsdynamik zwischen Normadressat, Normsender und Sanktionsinstanzen *sozial produziert* wird.

1. Die Rollenambivalenz des Politikers

Wendet man sich dem klassischen Text Webers erneut zu und fragt unter dieser analytischen Doppelperspektive nach der für den Berufspolitiker typischen Rolle, so läßt sich eine erste immanente strukturelle Ursache für die Entstehung politischer Devianz feststellen, nämlich seine Rollenambivalenz. Die bekannten drei Merkmale des Berufspolitikers, die Weber analysiert hat, - Leidenschaftlichkeit, Verantwortungsgefühl und Augenmaß -, lassen sich als Antworten auf drei grundlegende Handlungsprobleme von Berufspolitikern interpretieren. Erstens, welches Ausmaß an Emotionen hat der Politiker in seinen Beruf zu investieren? Dieses Problem betrifft die Handlungsdimension der *Affektivität*. Zweitens, wie soll er mit den für die Politik spezifischen Mitteln der Macht umgehen? Dieses Handlungsproblem betrifft die Dimension der *Instrumentalität*. Drittens, welche Distanz soll er zu seiner eigenen Person, zu anderen Personen und zum politischen Geschäft als solchem einnehmen? Dieses Problem betrifft die Dimension der *Handlungsorientierung*. Die Art und Weise, wie ein Politiker diese drei Handlungsprobleme in seiner Alltagsarbeit bewältigt, machen seine Professionalität aus.

Bei seinen näheren Charakterisierungen dieser drei Berufsmerkmale bedient sich Weber des kontrastierenden Verfahrens. Er stellt den Berufspolitiker als einen Akrobaten dar, der alltäglich auf einem äußerst schmalen Grat politischer Konformität wandelt: Weicht er nach der einen Seite aus, droht er, zum Beamten zu werden; weicht er nach der anderen Seite aus, riskiert er, zum Künstler, Intellektuellen oder Dilettanten zu werden. Im Unterschied zu diesen devianten Berufstypen des Beamten, Intellektuellen und Künstlers hat der Berufspolitiker Eigenschaften aufzuweisen, die in der Mitte zwischen den extremen Ausprägungen der drei Handlungsdimensionen liegen. In bezug auf die Dimension Affektivität hat er "sachorientierte Leidenschaft" zu zeigen; in bezug auf die Dimension Instrumentalität hat er "eigenverantwortlich" zu handeln; und in bezug auf die Dimension der Handlungsorientierung hat er auf "mittlere Distanz" zu seiner eigenen Person und dem politischen Geschäft zu gehen. Erst wenn er im Berufsalltag unter Beweis stellen kann, daß er diesen Belanceakt beherrscht und auf dem schmalen Pfad zwischen den extremen Ausprägungen von Affektivität, Instrumentalität und Ego-bzw. Alterorientierung wandeln kann, verdient er die Bezeichnung *Berufs*politiker.

1.1 Sachorientierte Leidenschaft

"Mit der bloßen, als noch so echt empfundenen Leidenschaftlichkeit" ist es nach Weber in der Politik nicht getan. "Leidenschaftliche Hingabe" an die Politik ist zwar eine unerläßliche Voraussetzung jeglichen professionellen Handelns, aber diese Leidenschaftlichkeit ist durch Orientierung an eine Sache oder Idee zu domestizieren (Weber 1958, 51). Wer die politische Arena zum Tummelplatz ungezügelter Emotionen macht, führt sich wie ein intellektueller Schwärmer, Romantiker, kurz: Dilettant auf. Dieses "innere Gebaren", das Weber - seinen Freund Georg Simmel zitierend - auch als "sterile Aufgeregtheit" bezeichnet, "ist eine ins Leere verlaufende 'Romantik des intellektuell Interessanten' ohne alles sachliche Verantwortungsgefühl" (ibid.). Die Ambivalenz dieses Rollenmerkmals wird ganz deutlich, wenn Weber einerseits betont: "Politik wird mit dem Kopfe gemacht, nicht mit anderen Teilen des Körpers oder der Seele"; aber andererseits: "Politik wird zwar mit dem Kopf, aber ganz gewiß nicht nur mit dem Kopf gemacht" (Weber 1958, 65). Es ist eben diese Fähigkeit, Leidenschaft für die Politik aufzubringen und sie *gleichzeitig* zu zügeln, die politisches Handeln zu professionellem Handeln macht. Geht der Politiker in seinen emotionalen Domestizierungsübungen zu weit und betreibt er Politik "sine ira et studio", dann gleicht er dem Typus des Beamten oder Wissenschaftlers, dem es obliegt, sein Handeln affektiv neutral auszurichten. "Parteinahme, Kampf und Leidenschaft - ira et studium - sind das Element des Politikers", hebt Weber hervor (Weber 1958, 28). Stumpft der Politiker in der Routine des politischen Alltags ab und betreibt er Politik mit der Indifferenz oder gar Eiseskälte eines Beamten, dann ist er in der Politik ebenso fehl am Platze wie der "steril aufgeregte" Dilettant. An professionelle Politiker wird demnach die Norm gerichtet, die Spannung zwischen affektiver Neutralität und emotionalem Engagement auszuhalten und zu einer Eigenschaft zu versöhnen, die in sich widersprüchlich ist.

1.2 Eigenverantwortlichkeit

Auch in bezug auf die zweite Handlungsdimension, die Instrumentalität, sieht sich der Berufspolitiker mit der Norm konfrontiert, zwei widersprüchliche Merkmale zu einem Rollenverhalten zu versöhnen. Der Politiker steht vor dem Problem, an welchem Prinzip er sein Handeln ausrichten soll, wenn er mit dem für Politik spezifischen Mittel der Durchsetzung, nämlich der Macht, umgeht. Die Lösung dieses Problems bedarf gesonderter normativer Regelung, da der Umgang mit Macht den Politiker unter ethische Pressionen stellt. Wer sich dazu entschließt, aus der Politik seinen Beruf zu machen, kann nicht umhin, sich der Machtfrage zu stellen. Verzichtet der Berufspolitiker auf die Anwendung von Macht, dann handelt er nicht nur unprofessionell, sondern gänzlich unpolitisch. Bei seinem instrumentellen Handeln kann sich der Politiker jedoch nicht an dem Prinzip ausrichten, das Beamten als Handlungsorientierung gilt: Dessen Berufsehre ist die der *Fremdverantwortlichkeit*. Die Berufsehre des Politikers "ist dagegen gerade die ausschließliche *Eigen*verantwortung für das, was er tut, die er nicht ablehnen oder abwälzen kann und darf" (ibid.). *Eigen*verantwortlicher im Gegensatz zu *fremd*verantwortlichem Umgang mit Machtmitteln, mit Geld, Wählerstimmen, Informationen, Beziehungen usw., heißt aber nicht, diese Mittel um ihrer selbst willen und aus Eigennutz anstreben. "Die Sünde gegen den heiligen Geist seines Berufs aber beginnt da, wo dieses Machtstreben *unsachlich* und ein Gegenstand rein persönlicher Selbstberauschung wird, anstatt ausschließlich in den Dienst der 'Sache' zu treten" (Weber 1958, 52). Unsachliche Emotionalität wie unsachliche Instrumentalität stellen Typen abweichenden Verhaltens dar. Im letzten Fall wird der Politiker zum verantwortungs*losen* Machtpolitiker. Seine Verantwortungslosigkeit verleitet ihn dazu, "die Macht lediglich um ihrer selbst willen, ohne inhaltlichen Zweck, zu genießen ..." (Weber 1958, 53). Ebenso wie das Handeln des "steril Aufgeregten" ins Leere treibt, so treibt auch das des verantwortungslosen reinen Machtpolitikers "ins Leere und Sinnlose" (ibid.).

Die Norm der Eigenverantwortlichkeit ist insofern ambivalent, weil sie einerseits die Verantwortlichkeit der eigenen Person auferlegt, andererseits jedoch die Orientierung am Eigennutz verbietet. Die Norm der Eigenverantwortlichkeit läßt sich ferner als selbstreflexive Normierung bezeichnen, denn nur die eigene Person ist als Handlungsbezug zugelassen. Selbstreflexive Normen weisen im allgemeinen auf mangelnde soziale Regulierung von Handlungsproblemen hin. Damit wird eine Schwachstelle in der professionellen Ausrüstung des Politikers sichtbar. Ist der Politiker bei der Bewältigung des vitalen Problems des Umgangs mit Macht auf sich allein gestellt, ohne jedoch Eigennutz als Handlungsorientierung dominant werden lassen zu dürfen, dann ist in dieser normativen Konstruktion eine weitere immanente strukturelle Ursache für die Entstehung devianten politischen Handelns zu erkennen.

1.3 Mittlere Distanz

Das dritte von Weber herausgearbeitete Merkmal des Berufspolitikers, das Augenmaß, bezieht sich auf die normative Regulierung des Handlungsproblems, welche Beziehung der Berufspolitiker zu seiner eigenen Person, zu anderen Personen und zum politischen Geschäft einnehmen soll. Weber mutet dem professionellen Politiker die Fähigkeit zu, "die Realität mit innerer Sammlung und Ruhe auf sich wirken zu lassen; also, der *Distanz* zu den Dingen und Menschen" (Weber 1958, 51). Auch bei diesem Merkmal der Distanz ist der Berufspolitiker von zwei abweichenden Typen umringt. Er kann - in Webers Worten - zwei Todsünden begehen. Er kann einerseits zu geringe, andererseits zu große Distanz gegenüber seiner eigenen Person und dem politischen Geschäft einnehmen.

Um zunächst auf die erste Alternative abweichenden Handelns zu sprechen zu kommen, auf die "Distanzlosigkeit", so bezeichnet Weber sie eben als eine der Todsünden, die Politiker begehen können. Insbesondere die mangelnde Distanz der eigenen Person gegenüber, die "ganz gemeine Eitelkeit" ist ein ganz trivialer, allzu menschlicher Feind, den der Politiker täglich und stündlich zu überwinden habe (Weber 1958, 52). Die weitverbreitete Berufskrankheit der Eitelkeit wird im politischen Betrieb zum Störfall. Der eitle Politiker verwechselt seine Rolle mit der des Schauspielers, der allein nach dem Eindruck fragt, den er auf das Publikum macht (ibid.). Er richtet sein Handeln an dem Bedürfnis aus, "selbst möglichst sichtbar in den Vordergrund zu treten" (ibid.). Die hier auseinander gehaltenen Typen der Devianz, der Machtpolitiker und der schauspielernde Demagoge, können sich in der politischen Wirklichkeit zu einem Typus doppelter Devianz paaren. Dieser doppelt deviante Politiker spiegelt sein Ego in dem "glänzenden Schein der Macht" (ibid.), er protzt mit den ihm anvertrauten Machtmitteln, um seine eigene Person herauszustreichen. Die Todsünde der Eitelkeit zu begehen, ist für den Politiker deshalb so verführerisch, weil es zum Bestandteil rationalen politischen Handelns gehört, die Folgen seines Tuns zu kalkulieren. Rationalität kippt in deviante Irrationalität um, wenn es dem Politiker nicht gelingt, seine eigene Person aus diesem Kalkül herauszuhalten. Dies wird ihm umso schwerer fallen, je mehr er sich an der selbstreflexiven Norm der Eigenverantwortung orientiert.

Was die zweite Alternative abweichenden politischen Handelns betrifft, das Einnehmen zu großer Distanz gegenüber der eigenen Person, anderen Personen und dem politischen Geschäft, so tritt hier der deviante Typus des Zynikers und Blasierten auf, der das politische Geschäft bloß aus der Ferne auf sich wirken läßt. Diese Art abweichenden Handelns wird umso wahrscheinlicher eintreten, je länger ein Politiker seinen Beruf ausübt und je mehr der politische Betrieb für ihn zur Routine wird. Routinisierung und Distanzierung sind zwei soziale Prozesse, die in der Realität schwer zu entkoppeln sind. Die Fähigkeit, auf mittlere Distanz gegenüber der eigenen Person und dem politischen Geschäft zu bleiben, dürfte sowohl unter dem Aspekt der Professionalisierung (i.S. von Veralltäglichung) von Politik, als auch unter dem Aspekt der sich immer wieder neu stellenden Notsituationen (i.S. von Charismatisierung von Politik) zur hohen Kunst professionellen politischen Handelns gehören. Die Veralltäglichung von Politik wird den Berufspolitiker einerseits dazu veranlassen, auf größere Distanz zu seinem Beruf zu gehen; andererseits jedoch werden ihn die sich immer wieder ergebenden politischen Notsituationen dazu verleiten, die Distanz gegenüber seiner eigenen Person und der Politik zu verlieren. Erst die Einnahme einer mittleren Position macht den Berufspolitiker gegen die Distanz schaffenden Anfechtungen der Alltagspolitik und gegen die Distanz abbauenden Anfechtungen außeralltäglicher Politik gefeit.

Diese drei hier diskutierten Rollenvorschriften - sachorientierte Leidenschaft, Eigenverantwortlichkeit und mittlere Distanznahme - statten die Profession des Politikers strukturell mit einem hohen Devianzpotential aus. In seinem beruflichen Alltag ist er insgesamt von sechs alternativen Typen abweichenden Handelns umstellt, die seinen Handlungsspielraum für Konformität stark einengen. In der folgenden Übersicht sei diese an Weber orientierte Interpretation der Rollenambivalenz des Berufspolitikers zusammengefaßt:

Rollenambivalenz des Politikers

negative Abweichungen	Konformität	positive Abweichungen
1.1 Leidenschafts-losigkeit (Beamte, Wissen-schaftler)	1. Sachorientierte Leidenschaft	1.2 sterile Aufgeregtheit (Intellektuelle, Dilettanten)
2.1 Fremdver-wortlichkeit (Beamte)	2. Eigenverant-lichkeit	2.2 Verantwortungs-losigkeit (Machtpolitiker)
3.1 Zynismus, Frivolität (Beamte, Wissen-schaftler)	3. mittlere Distanz	3.2 Eitelkeit (Schauspieler, Demagoge)

2. Die normative Normlosigkeit des Politikers

Das Devianzpotential des Berufspolitikers wird nicht nur durch seine Rollenambivalenz geschaffen, sondern auch noch durch zwei weitere strukturelle Merkmale seiner Rollenausstattung, auf die allerdings nur kurz eingegangen werden kann. Zunächst sei auf ein weiteres Charakteristikum des Politikers als Normadressat hingewiesen.

Ein Teil der Rollenvorschriften des Berufspolitikers ist normativ ungeregelt. Ähnlich wie der Unternehmer so wird auch dem Politiker die Aufgabe zur Innovation normativ angesonnen, und dies insbesondere dann, wenn es um Situationen politischer Not (etwa die Situation, die man in der Bundesrepublik Deutschland mit dem Namen "Mogadischu" assoziiert) geht. Normative Erwartungen zur Innovation bzw. politischen Kreativität lassen sich typischerweise nicht sozial regulieren, sondern sie werden als Erwartung an die jeweilige Person des Amtsinhabers politischer Positionen geknüpft. Ein Teil der Berufsrolle des Politikers wird somit normativ offen gehalten, um der jeweiligen individuellen Persönlichkeit des Politikers die Chance zu geben, sie mit seinen persönlichen Vorstellungen von Politik zu füllen.

Folgt man den theoretischen Überlegungen Robert K. Mertons, so läßt sich Innovation als ein Typ von Anomie begreifen. Die an den Berufspolitiker gerichtete Norm zur Innovation kann entsprechend als Norm zu anomischem Handeln, als normierte Anomie aufgefaßt werden. Gibt es keine sozial vorgeschriebenen Wege, wie man in außeralltäglichen politischen Situationen handeln soll, und gibt es keine kulturell verbindliche Definition der politischen Ziele, die in derartigen Situationen realisiert werden sollen, dann befindet sich der Politiker typischerweise in einer Situation, in der er normativ dazu angehalten ist, unter der Bedingung von Anomie zu handeln. Als Innovateur weicht er daher notgedrungen entweder von den vorgeschriebenen Wegen und/oder von den kulturell definierten Zielen politischen Handelns ab. Ob seine Innovation jedoch auch als Devianz definiert und kontrolliert wird, hängt von der Aktivität der übrigen Akteure im Dreiecksverhältnis der Devianz ab, über die nun abschließend zu sprechen sein wird.

3. Die Hyperaktivität der Normsender und Sanktionsinstanzen

Die dritte Hypothese bezieht sich auf das Verhalten der beiden anderen Akteure im Dreiecksverhältnis der politischen Devianz, auf die Normsender und Sanktionsinstanzen. Damit wird an die oben gemachte Feststellung angeknüpft, nach der politische Devianz als Produkt der *Interaktion* zwischen den drei genannten Rollenspielern aufzufassen ist. Als politisch deviant wurde ja ein solches Verhalten definiert, das von anderen politisch relevanten Akteuren erfolgreich als deviant definiert und einem politischen Positionsinhaber individuell zugeschrieben worden ist. Mit dieser Definition wird der Prozeß der Etikettierung und der persönlichen Zuschreibung von Devianz in den Mittelpunkt des analytischen Interesses gerückt. Diesen Etikettierungs- und Zurechnungsprozessen kommt in politischen Systemen mit demokratischer Verfassung besondere Bedeutung zu, denn das Institut der demokratischen Kontrolle ermahnt die politischen Akteure zu erhöhter Wachsamkeit über Normbrecher. Während in anderen sozialen Systemen die Ausübung der Funktionen der Normsendung und Sanktionierung mit hohen Kosten verbunden ist, bieten politische Systeme, in denen das Prinzip der demokratischen Kontrolle institutionalisiert ist, besondere Anreize dafür, die Aufgaben der Normsendung und -kontrolle wahrzunehmen. Beobachtung, Aufdeckung und Sanktionierung politischer Devianz können als schlagkräftige Mittel eingesetzt werden, um politische Widersacher oder Nebenbuhler aus dem Felde zu schlagen. Die Aktivitäten, die Normsender und Sanktionsinstanzen im politischen System entfalten, sind integraler Bestandteil politischer Konkurrenz und erhalten hierdurch besonders hohe Intensität und Vitalität. Aus diesem Grund lassen sich die Aktivitäten von Normsendern und Sanktionsinstanzen im politischen System als *hyperaktiv* bezeichnen.

Ausdruck dieser erhöhten Aktivität ist zum einen das ausgeprägte Normsendungsbewußtsein politischer Akteure. In politischen Systemen gehen Normsender weit über die Aufgabe hinaus, die Popitz ihnen zugeschrieben hat, nämlich "durch Zustimmung oder Mißbilligung, demonstrative Handlungsbereitschaft oder ausdrückliches Eingreifen die Normgeltung (zu) schützen" (Popitz 1967, 24). Sie fungieren darüber hinaus als Norm*setzer*, indem sie für den politischen Bereich die Geltung von Normen beanspruchen, die in anderen sozialen Bereichen bloß als "faux pas" mißbilligend in Kauf genommen und nicht weiter sanktioniert werden würden. Wenn Normsender auch als Normsetzer fungieren, tragen sie zur Schaffung der dem politischen Bereich oft nachgesagten Doppel- oder Scheinmoral bei. Was in anderen sozialen Systemen mehr oder weniger hingenommen wird, soll im politischen System normativ unterbunden werden. Wie immer Liebesaffären, Drogengenuß und finanzieller Eigennutz in anderen sozialen Systemen eingeschätzt werden mögen, im politischen System werden sie, sofern die Normsetzer erfolgreich sind, typischerweise zu Delikten hochgespielt.

Was zum anderen die Hyperaktivität der Sanktionsinstanzen oder -subjekte betrifft, so drückt sie sich etwa dadurch aus, daß sie mit der Entscheidung über und dem Vollzug von Sanktionen oft schon dann abgeschlossen haben, noch bevor das Delikt des verdächtigten Politikers überhaupt genau feststeht. Während in anderen sozialen Systemen die Aktivität der Sanktionssubjekte durch das Prinzip "Im Zweifel für den Angeklagten" gedämpft wird, wird sie im politischen System durch das Prinzip "Im Zweifel gegen den Angeklagten" geschürt. Die Aussicht darauf, daß ein Posten vakant, ein Listenplatz frei oder ein Ministersessel geräumt wird, stimuliert die Sanktionsinstanzen im politischen System zur Hyperaktivität. Diese von Normsendern, Normsetzern und Sanktionsinstanzen entfalteten übermäßigen Aktivitäten werden oft zum Hauptmittel im politischen Kampf, deren geschickte Handhabe die Professionalität der involvierten Akteure bezeugen kann. Nicht nur die Fähigkeit der Normadressaten, im Amt zu bleiben, wenn Devianzverdacht auf sie fällt, sondern auch die Fähigkeit der Normsender Devianzverdacht zu schöpfen und zu verfolgen, qualifiziert sie zu Politikprofis. Im richtigen Moment gegen den richtigen Mann hart durchzugreifen, ist schließlich die professionelle Leistung, mit der sich Sanktionsinstanzen brüsten können.

Diese durch die Norm zur demokratischen Kontrolle ausgelöste Hyperaktivität von Normsendern und Sanktionssubjekten hat jedoch zur Folge, daß die - mit Popitz zu sprechen - "Würde" der politischen Normen und der (oft) statushohen Normbrecher häufiger an den Pranger gestellt wird als in anderen sozialen Systemen (Popitz 1968, 18). Damit stellt sich das eingangs formulierte Problem, wie es das politische Normensystem "aushält", wenn die Entdeckung von Normbruch und -brechern zum alltäglichen politischen Kampf gehört? Wenn das politische System zu viel Wissen über politische Devianz produziert, wie wird es dann mit der offensiven Wirkung des Zuvielwissens fertig?

Diese Frage ist umso brisanter, je mehr man bedenkt, daß die geschilderte Interaktionsdynamik zwischen Normadressaten, Normsendern und Sanktionsinstanzen auch noch sekundäre Effekte erzeugt, die beschleunigt dazu beitragen, daß immer mehr Wissen über Normbruch und -brecher erzeugt wird. Je mehr verdächtigte Politiker meinen, sich gegen Anschuldigungen verteidigen zu müssen, desto größer ist die Chance dafür, daß die hyperaktiven Normsender erneut fündig werden, womit sie wiederum den Sanktionsinstanzen weiteren Anlaß dafür bieten, bald erneut Vollzug zu melden. Ist zwischen Normadressaten, Normsendern und Sanktionsinstanzen erst eine derartige Kettenreaktion in Gang gesetzt worden, dann besteht regelmäßig die Gefahr, daß sich nicht nur die verdächtigten Normadressaten etwa durch Verplappern weiter blamieren, sondern auch, daß der Devianzverdacht sich auf diejenigen Politiker ausdehnt, die bislang die Rolle als Normsender und Sanktionsinstanz wahrgenommen haben. Es kommt zu Rollentausch und -verwechslungen, so daß es dem empirisch arbeitenden Beobachter schwer fällt, zu identifizieren, wer wann welche Rolle spielt. Diese Interaktionsdynamik im Dreiecksverhältnis der politischen Devianz birgt die Gefahr in sich, daß - um in der metaphorischen

Sprache von Popitz zu bleiben - "die Normen, die bewahrt werden sollen, zu Tode sanktioniert werden"; daß die Strafe "sich verbraucht" (Popitz 1968, 17). Schließlich werden immer höhere Dosen von Sanktionsmitteln erforderlich, um diese zirkuläre Stimulation von Normverletzung - Sanktion - Normverfall - Sanktionsverbrauch zu unterbinden. So spektakuläre Maßnahmen wie Behördensäuberungen, Ministerentlassungen oder Regierungsumbildungen sind ein unüberhörbares Signal dafür, daß die Eigendynamik der politischen Devianz bereits die Strukturen des politischen Systems angegriffen hat.

III. Politische Devianz, Semiprofessionalität und politisches System

Politische Systeme können aber nicht immer derartig drastische Maßnahmen ergreifen, um die Offensivwirkung des Zuvielwissens über politische Devianz abzuwehren. Es muß andere, alltäglichere politische Mechanismen geben, die erklären helfen, weshalb politische Systeme ganz offensichtlich trotz alltäglich vorkommender politischer Devianz und trotz des (Zuviel-)Wissens darüber über- und weiterleben. Die Antwort auf diese Frage kann im Rahmen dieses Beitrages nicht mehr voll entfaltet werden (siehe hierzu ausführlicher Nedelmann 1989). Ich muß mich hier auf wenige abschließende Bemerkungen beschränken, die sich darauf beziehen, welche Forschungsrichtung empfohlen wird einzuschlagen, um dieser Frage künftig nachzugehen.

Zunächst sei auf die zweite oben vorgeschlagene Analyseebene eingegangen, auf die professionssoziologische. Vergleicht man den Beruf des Politikers mit dem anderer klassischer Berufe, wie dem Arzt, dem Richter oder Ingenieur, so wird sofort deutlich, daß sich der Politiker nicht als Vollberufler oder Professioneller klassifizieren läßt. Es ist ja zunächst gar nicht eindeutig zu beantworten, worin eigentlich die spezifische Leistung bestehen soll, die der Politiker seinen Klienten (den Wählern, Parteimitgliedern, ja Bürgern ganz allgemein) anzubieten hat. Nach Max Weber soll ja Beruf "jene Spezifizierung, Spezialisierung und Kombination von Leistungen einer Person heißen, welche für sie Grundlage einer kontinuierlichen Versorgungs- und Erwerbsgrundlage ist" (Weber 1964, 104). Die spezifische Leistung des Politikers - so könnte man argumentieren -, besteht in seiner Aufgabe, mehrheitsfähige Entscheidungen zu produzieren.[5] Aber im Gegensatz zur Leistung des Arztes, Kranke zu heilen, oder des Richters, Recht zu sprechen, wird die Leistung des Politikers nicht nur nicht immer von seinen Klienten geschätzt, sondern von der Gesellschaft als ganzer wenig gewürdigt. Zu dieser negativen Bilanz tragen die Politiker selbst bei, wenn sie ihre Entscheidungen ständiger Kritik und Revision aussetzen (vgl. Parsons 1964).

Die Unklarheit darüber, worin die vom Politiker erstellte Leistung eigentlich besteht, verdichtet sich weiter, wenn man bedenkt, daß es (im Vergleich zum Arzt oder Richter) kein Bildungspatent gibt, das zum Eintritt in den Berufsstand des Politikers qualifizieren würde. Der Politikwissenschaft ist es bis heute jedenfalls nicht gelungen, ein derartiges Bildungspatent und -monopol durchzusetzen. Daß die Rekrutierung zum Politikberuf nicht standardisiert ist, wird immer wieder daran deutlich, daß auch sog. Seiteneinsteiger politische Karriere machen können und oft diejenigen, die die berüchtigte Ochsentour auf sich genommen haben, abhängen. Jeder vollprofessionalisierte Beruf würde sich davor zu hüten wissen, Seiteneinsteigern auch nur eine Chance zu geben, es sich in ihren Reihen bequem zu machen. Politikern fehlt noch ein weiteres Merkmal, das herkömmlicherweise Professionellen zugeschrieben wird. Auch wenn sich Parteien, Parlamente und Ausschüsse ersichtlich Mühe geben, so etwas wie "ständische Ehre" des Politikberufes zu züchten, so können es diese Anstalten funktional nicht mit den Standesorganen aufnehmen, die Ärzten oder Richtern zum Schutze ihrer Professionsehre zur Seite stehen. Fälle politischer Devianz zeigen ja immer wieder, wie diffus der Ehrbegriff des Politikers ist und wie groß der Aufwand u.U. sein kann, um funktionale Äquivalente für "ständische Ehrengerichte" zu finden.

Professionelle zeichnen sich herkömmlicherweise auch dadurch aus, daß ihre Arbeitssituation standardisiert ist. Worin besteht eigentlich die Arbeitssituation des Politikers? Am ehesten läßt sie sich mit der des Seemanns vergleichen. Wie dieser hat auch der Politiker seinen Arbeitsplatz weit von seiner Heimat entfernt, er muß das Problem der Einsamkeit bewältigen und sich täglich im Kampf gegen feindliche Mächte bewähren (siehe etwa Lattmann 1982). Aber im Gegensatz zum Seemann, der die Ferne zur Heimat, die Einsamkeit und das Meer kulturell zu einem Professionsmythos überhöht, verfügt der Politikberuf noch nicht einmal über derartige mythische Stilisierungen. Was

---

5 Diesen Hinweis habe ich Tilman Allert zu verdanken.

dem Seemann gestattet, ja sogar gegönnt wird, um die Härten seiner Arbeitssituation auszuhalten - Liebesaffären, Alkoholgenuß und Lügen ("Seemannsgarn") - wird dem Politiker als persönliche Schwäche, ja Versagen vorgehalten. Er hat die Härten seiner Arbeitssituation persönlich auszuhalten. Politische Clubs oder Stammtische mögen ihn in seinen diesbezüglichen Bemühungen emotional unterstützen; aber sie können ihm nicht annähernd die Nestwärme jener Berufskollektive geben, die anderen Risikoberufen zur Verfügung stehen (vgl. Aubert und Arner 1959).

Diese Bemerkungen mögen vorerst genügen, um zu verdeutlichen, daß die politische Profession im Vergleich zu anderen klassischen Professionen Schwachstellen aufweist, die es nahelegen, ihn eher als Halb- oder Semiprofessionellen zu bezeichnen. Berufe, die nur halb professionalisiert sind, lassen typischerweise einen breiten persönlichen Handlungs- und Interpretationsspielraum offen. Es ist gerade dieser nicht durchprofessionalisierte Teil des Politikberufes, dem eine vitale Pufferfunktion für das politische System zukommt. Ich vertrete die Hypothese, daß die Semiprofessionalität des Politikers als Schutzmechanismus fungiert, der es gestattet, daß politische Devianz entpolitisiert und privatisiert wird. Auf diese Weise braucht auftretende Devianz weder der Profession, noch dem politischen System zugerechnet zu werden. Wenn man die einzelnen Fälle politischer Devianz einer genaueren empirischen Überprüfung unterziehen würde, so würde man - dies ist meine Vermutung - herausfinden, daß sie sich im Verlauf der öffentlichen Debatte immer mehr auf die *Person* des Normbrechers zuspitzen. Enthüllungsprozesse haben die Aufgabe, den der Devianz verdächtigten Politiker von einer öffentlichen in eine private Person zu verwandeln. Personalisierung und Privatisierung gehen dabei typischerweise weiter, als es in anderen sozialen Systemen gestattet ist. Die Verletzung der Intimsphäre des Politikers hat ja gerade die Funktion, das politische System und den Politikberuf von jeder Mitverantwortlichkeit an dem Delikt freizusprechen. Wie Sabina Lietzmann beim Fall Tower festgestellt hat, wurde seine Privatperson in der Öffentlichkeit stärker diskutiert als seine beruflichen Qualitäten (Lietzmann 1989). Dieses Verfahren der Privatisierung fungiert als Schutzmechanismus, um die offensive Wirkung des (Zuviel-)Wissens um Normbruch vom politischen System abzuwenden und ausschließlich der Person des Politikers zuzurechnen. Der Austausch der Inhaber politischer Positionen eröffnet die Möglichkeit, vor der Öffentlichkeit zu demonstrieren, daß es einen

Unterschied zwischen politischer Position und individuellem Verhalten, zwischen politischem System und Person gibt. Wäre der Beruf des Politikers voll professionalisiert, dann würde er die negativen Effekte politischer Devianz ungefiltert in das politische System übertragen. Die Semiprofessionalität des Politikberufes aber gestattet es, das der Rolle des Politikers immanente Devianzpotential zu filtern und die offensiven Effekte vom politischen System fernzuhalten. Das politische System selbst dürfte insofern ein lebhaftes Interesse daran haben, den Beruf des Politikers im Zustand der Semiprofessionalität zu belassen.[6]

Daß Männer und nicht Institutionen und Verfahren Geschichte machen, ist der politische Mythos, den zu nähren, jedes politische System aus Selbsterhaltungsgründen ein Interesse hat. Diesem Mythos entgegenzuwirken und die Fälle politischer Devianz in dem hier vorgeschlagenen Sinne als Interaktionsdynamik umzuinterpretieren, die sich zwischen Normadressaten, Normsendern (bzw. -setzern) und Sanktionsinstanzen in einem jeweils anzugebenden institutionellen Kontext entfaltet, darin sehe ich eine vitale Aufgabe und Verantwortung der gegenwärtigen (komparativ verfahrenden) politischen Soziologie. Daß dieses Problem so gesehen und formuliert werden konnte, ist den zentralen soziologischen Beiträgen von Heinrich Popitz zu verdanken, die hier zugrundegelegen haben.

Literatur:

Aubert, Wilhelm und Arner, O.: On the social structure of the ship. In: Acta Sociologica, III, 1959. S. 200-219.

Carr-Saunders, A.M. und Wilson, P.A.: The professions. Oxford: At the Clarendon Press 1933.

Daheim, Hans-Jürgen: Berufssoziologie. In: König, René (Hrsg.): Handbuch der empirischen Sozialforschung. Bd. 8. Stuttgart 1977. S. 1-100.

Ebbighausen, Rolf: Skandal und Krise. Zur gewachsenen "Legitimations-Empfindlichkeit" staatlicher Politik. In: ders. und Neckel op. cit. S. 171-200.

Ebbighausen, Rolf und Neckel, Sighard (Hrsg.): Anatomie des politischen Skandals. Frankfurt a.M.: Suhrkamp 1989.

Herzog, Dietrich: Politische Karrieren. Opladen: Westdeutscher Verlag 1975.

Hohm, Hans-Jürgen: Politik als Beruf. Opladen: Westdeutscher Verlag 1987.

---

6 Immer wieder werden in der politischen Debatte Vorschläge gemacht, den Beruf des Politikers stärker zu professionalisieren. So machte etwa Eugen Kogon 1968 den Vorschlag, eine nationale Stiftung als "Ausbildungsstätte für den Nachwuchs der parlamentarischen Berufspolitik" ins Leben zu rufen. Dieser, wie auch andere ähnliche Vorschläge fanden bislang kein positives Echo. Siehe Herzog 1975, 184.

Lattmann, Dieter: Die Einsamkeit des Politikers. Frankfurt a.M.: Fischer Taschenbuch 1982 (1. Aufl. 1977).

Lietzmann, Sabina: Die Tyrannei des Intimen. Frankfurter Allgemeine Zeitung, 15. 3. 1989. S. 33.

Luckmann, Thomas und Sprondel, Walter Michael: Berufssoziologie. Köln: Kiepenheuer und Witsch 1972.

Mastropaolo, Alfio: Saggio sul professionismo politico. Milano: Franco Angeli Libri 1986.

Nedelmann, Birgitta: Il sentiero scivoloso della devianza politica. Vortrag gehalten an den Universitäten Rom und Salerno am 30. 3. und 4. 4. 1989, Manuskript.

Parsons, Talcott: The professions and social structure. In: ders.: Essays in sociological theory. New York: The Free Press 1964. S. 34-49.

Popitz, Heinrich: Der Begriff der sozialen Rolle als Element der soziologischen Theorie. Tübingen: JBC Mohr 1967.

Popitz, Heinrich: Über die Präventivwirkung des Nichtwissens. Tübingen: JCB Mohr 1968.

Seyfarth, Constans: Berufliches Handeln als Schlüsselphänomen der Soziologie Max Webers. In: Weiß, Johannes (Hrsg.): Max Weber heute. Frankfurt a.M.: Suhrkamp 1988.

Weber, Max: Politik als Beruf. Berlin: Duncker und Humblot 1958.

Weber, Max: Wirtschaft und Gesellschaft. Berlin: Duncker und Humblot 1964.

Korruption und Skandal - Zwei Seiten derselben Medaille*

Erhard Blankenburg

1. Korruption oder Skandal - was hat sich geändert in der politischen Kultur der Bundesrepublik Deutschland?

'Korruption' gehörte im Selbstverständnis der politischen Kultur im Nachkriegsdeutschland in den Anekdotenschatz über ferne Länder. Verglichen mit den Skandalen, über die die Zeitungen aus Rom oder Washington berichteten, verglichen mit dem systembedingten Schwarzmarkt der sozialistischen Länder oder mit den Bestechungen, die beim Exportgeschäft mit Entwicklungsländern üblich waren, erschienen Politik und Verwaltung in der Bundesrepublik als Vorbilder für Korrektheit und Regeltreue. Selten war ein Politiker durch einen Skandal zum Abtreten gezwungen - seine Ablösung kam durch Veränderungen des Wahlverhaltens, durch die Verschiebung innerparteilicher Machtverhältnisse, durch politischen Mißerfolg - mit anderen Worten durch die legitimen Risiken der politischen Tätigkeit, aber nicht durch illegale Geschäfte mit der politischen Macht. Gelegentliche - meist lokale - Skandale über die Vergabe von öffentlichen Aufträgen oder die Beförderung von Parteifreunden wurden eher als Bestätigung gewertet denn als Widerlegung der Überzeugung, daß in der Bundesrepublik die Tradition preußischer Korrektheit Geltung besaß. Die Entrüstung, mit der etwa Theodor Eschenburg[1] die Ämterpatronage der fünfziger Jahre geißelte, spricht für die hohen Standards dieses Moralisten, zu einem Skandal um die Ämterbesetzung hat sie nicht gereicht.

---

* Ursprünglich zusammen mit Rainer Staudhammer und Heinz Steinert geschrieben als Beitrag in: Arnold Heidenheimer, Michael Johnston und Victor LeVine (Hrsg.), Political Corruption, New Brunswick and Oxford (Transaction Publ.) 1989, nun mit etwas zeitlichem Abstand nochmals auf den Punkt gebracht. Hubert Treiber danke ich für seine - wie immer kritischen und anregenden - Hinweise.

1 vgl. Theodor Eschenburg 1956; 1961.

Allerdings gibt es einige historische Evidenz, daß auch in der Zeit, in der der preußischen Verwaltung die Tugenden des klassischen Beamten angedient wurden, Steuerhinterziehung durch Großgrundbesitzer weit verbreitet war. Korrupt wurde die Praxis durch die Kollaboration der Landräte, die die Steuer einzutreiben hatten. Sie billigten die Praxis der Grundbesitzer und förderten sie zum Teil auch aktiv, ganz im Sinne der materiellen Absicherung des politischen und gesellschaftlichen Führungsanspruchs dieser Schicht, der ja auch sie selbst angehörten.

Die "Steuerhinterziehungen der Großgrundbesitzer und die Amtspflichtverletzungen der Landräte waren so allgemein üblich, daß sie von denjenigen, die sie betrieben (...) subjektiv gar nicht mehr als solche empfunden wurden, sondern, daß man in ihnen im Gegenteil die richtige vom Gesetzgeber gewollte Auslegung des Gesetzes sah, die sich freiwillig auf eine bestimmte soziale Schicht zu beschränken hatte".[2]

Die "Tradition preußischer Korrektheit" ist ein durch die wissenschaftliche Literatur jener Zeit mit aufgebautes Selbstbild. (Auch Max Weber hat mit seiner Idealtypisierung der Bürokratie beim Typ der legal legitimierten Herrschaft [unwillentlich?] seinen Teil hierzu beigetragen. Wie es hinter der Fassade aussah, ist für Historiker heute nur mit einem Puzzle von Daten zu rekonstruieren.)

Auch in der Bundesrepublik konnte ein Selbstbild der Korrektheit lange mit Erfolg aufrecht erhalten werden.[3] In der Mitte der achtziger Jahre hat sich dies gründlich geändert. Eine lang geübte Praxis der Parteifinanzierung wurde durch eine Serie von Skandalen entlarvt als Betrug an der Steuerpflicht, systematische Verschleierung vor der Öffentlichkeit, mit einem bleibenden Verdacht der Bestechlichkeit auf der höchsten Ebene. Den spektakulärsten Fall bildete der Flick-Skandal, der offenbarte, daß sich eines der größten deutschen Industriekonglomerate durch verdeckte Parteispenden ein ungerechtfertigtes Steuerprivileg erschwindeln konnte. Der Vorwurf richtete sich nicht gegen persönliche Bereicherungen einzelner Politiker und Beamter, sondern gegen die

---

2 vgl. Witt 1973, S. 205-219. Zur Korruptionsanfälligkeit der Verwaltung in Preußen (der kleinen Beamten und in Kriegszeiten) vgl. auch Süle 1988, S. 123-228.

3 Die Titel der schnell aufblühenden Skandalliteratur geben den Wandel des Selbstverständnisses deutlich wieder; so z.B. Siegfried Bluth: Die korrupte Politik - Ein politisches und wirtschaftliches Sittengemälde,1983; Hans Werner Kilz/Joachim Preuss: Flick: Die gekaufte Republik, 1983; Hans Peter Waldrich: Von wegen weißer Weste: Das Ende der Moral in der Kommerzgesellschaft, 1985.

Verquickung von parteienmäßig organisiertem Erwerb mit amtsmäßig gebundener Ausübung politischer Macht. Das *System* stand unter dem Vorwurf der Korruption, einzelne Politiker waren als deren Personifizierung angeklagt.[4]

Für ein dichotomes Weltbild, in dem "wir hier unten" doch nichts daran ändern können, daß "die da oben stets in die eigene Tasche wirtschaften", kommen Skandale als Bestätigung dessen, was man schon immer wußte. Nicht die Korruption ist das Erstaunliche, sondern daß es darüber zum Skandal kommen kann. Historiker oder Sozialwissenschaftler können sich dem anschließen. Als Gedankenexperiment können sie (zunächst) annehmen, das Maß der Korruption sei zu allen Zeiten und an allen Orten gleich. Dann dient der Skandal (zunächst) als Indikator dafür, wie sensibel politische Verhaltensnormen definiert werden. Skandale definieren die Standards, wann das Verhalten von Politikern als 'korrupt' eingestuft wird. Dabci genügt zur Konstituierung von 'Korruption' nicht das allgemeine Lamentieren über die Bestechlichkeit der Politiker, sondern diese müssen spektakulär zur Schau gestellt und sanktioniert werden.

Das Gedankenexperiment verspricht Erkenntnisgewinn. Wie auch bei gewöhnlicher Kriminalität, so gehört zur 'Korruption' sowohl ein Verhalten, das von Regeln abweicht, als auch ein Ankläger, der *erfolgreich* den Regelverstoß als solchen skandalisieren kann. "*Korruption*" konstitutiert sich durch *Skandale*.

Leider allerdings lassen sich primäres, regelwidriges Verhalten und sekundäres Sanktionsverhalten nicht leicht unabhängig voneinander beobachten. Selbst wenn wir gerne darüber sprechen, wie 'korrupt' ein politisches System ist (etwa im Vergleich zu anderen rund um die Welt oder in der Geschichte) - wir wissen immer nur, wie viele Skandale es um 'Korruption' gegeben hat. Diese Beobachtung müssen wir mehrfach relativieren: nicht nur die Maßstäbe, was für korrupt gehalten wird, können unterschiedlich sein; auch die Toleranzschwelle variiert und letztlich die Gelegenheitsmuster, um mit Erfolg einen Skandal zu inszenieren.

Den Zeitgenossen werden diese faktischen wie normativen Ebenen im Zusammenhang angeboten. Fasziniert von der Dramatisierung, pflegen sie von der Häufigkeit der Skandale auf die Korruptheit der Politik zu schließen. Jedoch ist ein solcher Schluß leichtfertig, wie man an dem Versuch sieht, ihn umzukehren:

---

4 Zur sozialwissenschaftlichen Auseinandersetzung mit Korruption vgl. Noack 1985; Fleck/Kuzmics 1985; Brünner 1981.

gibt es keine Skandale, kann dies ein Zeichen sein für politische Sauberkeit, ebenso wie für ein dermaßen geschlossenes System der Korruption, daß nicht einmal ein Skandal durchsetzbar ist. Gibt es aber Skandale, wie in der Bundesrepublik in den achtziger Jahren, kann man dies als ein Zeichen werten für die gestiegene Korruptheit der Politik; man kann aber auch den Schluß ziehen, daß allein die Chancen der Skandalisierung verbessert, mithin das Erwartungsniveau an die Sauberkeit in der Politik gestiegen sei.

Manches spricht für die letzte Annahme. Das System der Parteienfinanzierung in der Bundesrepublik geht zurück bis in die fünfziger Jahre; zwar mag die Praxis der Steuerumgehung dank fehlender Skandalisierungen mit den Jahren stets verwegener geworden sein; neuartig jedoch waren die Parteispenden, die während des Flick-Skandals aufgedeckt wurden, nicht. Auch die Skandale um die Neue Heimat deckten eine lang gepflegte Praxis auf; Gerüchte wegen Korruption bei den Großbauprojekten des Konzerns waren oft geäußert worden; sie galten als Kennzeichen einer Branche, die von öffentlichen Aufträgen lebt. Nicht also die Korruption, sondern der erfolgreiche Skandal (auf höchster Ebene) ist das Novum in der Politik der Bundesrepublik Deutschland.

2. Parteifinanzierung: Institution der Selbstbedienung

Die Skandalwelle in der Mitte der achtziger Jahre in der Bundesrepublik Deutschland ist ein Lehrstück für die Wechselwirkung von Korruption und Skandalisierung. Die Parteienlandschaft der siebziger Jahre schien stabilisiert, der Föderalismus garantierte jeder der etablierten Parteien einen Anteil an der Herrschaftsausübung ebenso wie die Möglichkeit, gelegentlich Regierungs- und Oppositonsrollen zu tauschen. Unter solcher Bedingung ist unterhalb der Ebene dramatischer Politikdarstellung das Interesse gemeinsam, die Kontinuität der Institutionen sicher zu stellen.

Die Finanzierung der Parteien aus öffentlichen Mitteln ist die logische Konsequenz aus dieser Gemeinsamkeit. Die Ironie dieser Logik will, daß zu ihrer Institutionalisierung gerade die Institutionen beitragen, die zur Kontrolle der Parteifinanzierung aufgerufen sind: der Gesetzgeber, das Bundesverfassungsgericht und die Steuerbehörden .

- Beim *Gesetzgeber* ist die Interessenkollision konstitutiv: Parlamente rekrutieren sich aus den Parteien, deren Konkurrenz wird entschieden durch

Wahlen, Wahlkampf kostet (unter anderem) viel Geld. Verständlich, daß die Gesetze zur Finanzierung der Parteien und ihrer Wahlkämpfe einen Kompromiß darstellen zwischen den unterschiedlichen Wettbewerbsvorteilen der Beteiligten. Mitgliederstarke Parteien (wie die Sozialdemokraten) können die 'Demokratie der Basis' ihrer Mitgliedschaft - und deren Beiträge - rühmen, bürgerliche Parteien (wie die Christdemokraten und die Liberalen) betonen die 'Demokratie als Pluralismus der Interessen' - und finanzieren sich in stärkerem Maße aus Parteispenden. Das Parteienfinanzierungsgesetz der Adenauer-Koalition erlaubt den Steuerabzug bis zu 10% des persönlichen Einkommens und bis zu 2‰ von Unternehmensgewinnen; 1958 entscheidet das Bundesverfassungsgericht auf eine Klage der Sozialdemokraten, daß diese Regelung eine verfassungswidrige Begünstigung großer Steuerzahler darstelle.

- Das *Bundesverfassungsgericht* hat damit seine Wächterrolle betont, es weist zugleich neue Wege, wie die Parteien ihre Finanzierung organisieren können. 'Politische Bildungsarbeit' darf von staatlichen Haushalten gefördert werden, Parteiorganisationen dürfen es nicht. Zwar gehen nach dem Urteil die Parteispenden zurück, jedoch setzt zugleich die Finanzierung von parteinahen Stiftungen aus öffentlichen Haushalten ein.

38 Millionen DM werden in den 1960er Jahren jährlich für 'politische Bildungsarbeit' aus den Länderhaushalten bewilligt. Auch hier schiebt das Bundesverfassungsgericht 1966 einen Riegel vor, suggeriert allerdings auch zugleich eine neue Lösung: Parteien können staatliche Zuschüsse erhalten, soweit sie öffentlich-rechtliche Funktionen ausüben. Dies ist das Signal für die Erfindung der 'Wahlkampfkostenpauschale' von 2,50 DM je Wähler, die im Parteiengesetz 1967 festgelegt wird.

Auch die Finanzierung der 'politischen Bildungsarbeit' aus den öffentlichen Haushalten wird fortgesetzt. Anstatt sie durch die eigenen Kassen laufen zu lassen, setzen die Parteien nunmehr ihnen nahestehende 'Stiftungen' ein, die sehr erfindungsreich sind, sich mit Aufgaben der politischen Bildung, der Forschung und der Entwicklungshilfe für das öffentliche Wohl nützlich *und* subsidiabel zu machen.[5]

- Kontrolle scheint bei der Parteifinanzierung stets neue Umgehungen zu generieren. Immer wieder geht es darum, private Zuwendungen mit Hilfe des Steuerzahlers zu finanzieren. Möglichkeiten und Grenzen werden durch die

---

5 vgl. Vieregge 1977.

Steuerbehörden in vielen Einzelentscheidungen definiert. Direkte Parteispenden sind an die strengen Bande von Verfassungsgericht und Parteiengesetz gelegt. Jedoch reizen diese auch zur Erfindung neuer Umwege steuerlicher Privilegierung: vielfältige Konstruktionen von staatsbürgerlichen Vereinigungen, Bildungsinstitutionen und Stiftungen werden errichtet als Sammelbecken für steuerbefreite Spenden, von wo sie dann anonymisiert in die Kassen der Parteien überwiesen werden können. Ohne Zweifel stellt die Praxis eine Umgehung des Parteiengesetzes von 1967 dar, nach dem Spenden über 20.000.- DM und ihre Herkunft offenzulegen sind: zwar sind sie in den Berichten der Parteien aufgeführt, jedoch erscheinen als Spender durchwegs Spuk-Organisationen; weniger als 1% lassen auf die Identität des Spenders zurückschließen.[6]

Deutlich ist, daß die Steuerbehörden mitwirken an der organisierten Hinterziehung: die Umwegfinanzierung über 'staatsbürgerliche Vereinigungen' und Stiftungen ist ein offenes Geheimnis, Nachforschungen einzelner Inspektoren in den Finanzämtern wird hierarchisch Halt geboten. Die Praxis der einen großen Partei überbietet die der anderen, aber keine kann es riskieren, das gesamte System einem Legitimitätstest zu unterwerfen.[7]

So hat sich bis zum Ende der 1970er Jahre in der Bundesrepublik Deutschland eine Architektur der Parteienfinanzen entwickelt, die stabile Organisation ermöglicht und Krisenfestigkeit verspricht. Parteien sind zwar keine öffentlich budgetierten Organisationen, doch zahlen bei der Erstattung von Wahlkampfkosten und bei den Zuwendungen für politische Stiftungen die öffentlichen Haushalte direkt; bei den Abgaben von Amtsträgern an ihre Parteien und Fraktionen zahlen sie indirekt und bei Parteispenden und Mitgliederbeiträgen zahlen sie über Steuerprivilegien mit. Im Wechselspiel von Kontrolle und ihrer Umgehung hat sich eine offene und eine verdeckte Praxis der Parteienfinanzierung herausgebildet. Zusammen können die vier etablierten Parteien (CDU, CSU, FDP und SPD) ihre Einkünfte vom Wahljahr 1969 bis zum Wahljahr 1980 von 102 Millionen DM auf 465 Millionen DM erhöhen.[8]

Allerdings sind sie auch verletzbar geworden. Die Kollaboration der Regelverletzungen beruht auf dem Gleichgewicht der Vorteile; wird dieses gestört,

6 vgl. Kaack 1978; Troitzsch 1979.

7 vgl. Wagner 1986.

8 Siehe Kaack 1978, S. 286.

kann das Bauwerk stürzen. Zumindest teilweise geschieht dies in der Mitte der 1980er Jahre.

3. Erfolgsbedingungen der Skandalisierung

Der Einsturz wird ausgelöst durch eine Abfolge von Skandalen. Drei Protagonisten finden sich, die den Skandal zu inszenieren wissen:

- zuerst die *Staatsanwaltschaft*, vor allem in der Bundeshauptstadt Bonn; wiederholt unter Druck gesetzt, aber letztlich standhaft in der Verteidigung von Autonomie und Ermittlungspflicht;
- dann ein - allerdings starker - Außenseiter unter den Massenmedien: *Der Spiegel*;
- und schließlich ein Neuling in der Parteienlandschaft, der (noch) keinen Anteil hat an der Kollaboration: die Fraktion der "*Grünen*" im Bundestag.

Die Inszenierung gelingt dank ihres Zusammenspiels. Einige *Staatsanwälte* in der Bundeshauptstadt gehen einem Verdacht auf Steuerhinterziehung und Bestechlichkeit im Amt nach; sie lassen sich nicht beeindrucken von der politischen Stellung einiger der Verdächtigten; die weisungsberechtigten Vorgesetzten schützen ihre Ermittlungen unter Hinweis auf das Legalitätsprinzip, wobei von der Gegenseite nicht unerwähnt bleibt, daß die politische Führung im Land Nordrhein-Westfalen eine der letzten Bastionen der Oppositionspartei im Bundestag ist. Andere Staatsanwaltschaften greifen den Faden auf; ab 1982 werden mehr als 1.800 Ermittlungsverfahren eingeleitet; viele werden eingestellt, viele führen zum Strafbefehl, einige zu öffentlichen Verhandlungen. Es gibt Verurteilungen, es gibt auch Freisprüche. Angesichts der Prominenz der Angeklagten kann man durchweg sagen, daß nicht die (Geld-)Strafe, sondern die Öffentlichkeit des Verfahrens die empfindlichste Sanktion darstellt.

Öffentlichkeit ist nicht herzustellen ohne *Medien*. *Der Spiegel*, erprobt in der Inszenierung von Skandalen, weiß über Monate immer wieder mit Enthüllungen an die Öffentlichkeit zu kommen. In der Redaktion weiß man oft mehr als man schreibt: die Inszenierung verlangt, daß mit Neuigkeiten nachgekartet werden kann. Informanten spielen bevorzugt diesem Magazin zu; auch aus den Akten der ermittelnden Staatsanwaltschaft gelangt so Belastendes nach außen.

Andere Massenmedien ziehen nach; der Erfolg des Nachrichtenmagazins facht den Ehrgeiz vieler Journalisten an. Es zeigt sich allerdings, daß zur erfolgreichen Skandalisierung eine langfristige Investition nötig ist, die unter der englischen Bezeichung 'investigative journalism' bekannt geworden ist.

Damit wird eine journalistische Arbeitsweise bezeichnet, die vieles umkehrt, was (in Reinform fälschlich) als kennzeichnend für den aktuellen Tagesjournalismus angeführt wird: 'investigative journalists' arbeiten oft im Team; sie sammeln 'auf Verdacht', umfassend, oft vergebens; sie halten Informationen zurück, um sie zu einem späteren Zeitpunkt im Zusammenhang zu interpretieren. Ihre Arbeitsweise ist zugeschnitten auf systematisch regelverletzende Verhaltensmuster: da diese sich verstecken, Legitimationslegenden entwickeln und den Beobachter auf falsche Interpretationsfährten locken, bedarf es zur Durchleuchtung der Nebelwerferei der systematischen, längerfristigen Hintergrund-Recherche. Erfolg ist nicht nur Geschick, sondern auch Glück: wie bei jedem Kriminalisten bleibt manches Projekt von 'investigative journalists' ohne Ergebnis - die Redaktion muß die Investition trotz des Mißerfolgs decken. Hat die Recherche einigen Erfolg, gilt es, die Skandalisierung geschickt in Szene zu setzen: die erste Enthüllung enthält fast immer Risikos. Oft muß sie mehr Information herauslocken, und dies obwohl sich sofort Informationszugänge verschließen. Gegenwehr ist zu erwarten, als Antwort hierauf muß weitere Enthüllung in Vorrat gehalten werden.

'Investigative journalism' erfordert Investitionen, die sich nur größere Organisationen leisten können. Eine Affaire wie der 'Watergate Skandal', der zum Sturz des Präsidenten Nixon führte, ruft viele Gegenkräfte auf den Plan; erfolgreiche Skandalisierung mit solch weitreichenden Folgen ist nur mit langem Atem durchzuhalten, so wie ihn die 'Washington Post' Redakteure hatten.

Für die Glaubwürdigkeit der Skandalisierung ist es entscheidend, das Forum zu erweitern. Wenn auch das Parlament selten den Vorreiter spielt bei der Etablierung von politisch brisanten Themen, bleibt es doch wichtig für deren Legitimation.

Ein parlamentarischer Untersuchungsausschuß, wie er zur Praxis der Parteispenden eingesetzt wird, bietet hervorragende Chancen zur Bloßstellung und zur Darstellung. Die neu im Bundestag vertretene Partei der "*Grünen*" weiß ihre Chance zu nutzen; sie ist (noch) fern der Macht, damit auch unbelastet von deren Korruption. Die Sozialdemokraten in der Opposition müssen vorsichtiger operieren, da sie an der Struktur der Parteispenden beteiligt sind, jedoch gewinnen sie Zuversicht in dem Maß, zu dem sich herausstellt, daß ihre Spitzenpolitiker kaum in die Bestechungsversuche des Flick-Konzerns verwickelt sind.

Im Theater des Skandals tun sich Symbolfiguren hervor: im Parlament brilliert der Rechtsanwalt Schily, bei den Medien der Verleger Augstein; vor Gericht profilieren sich als Angeklagte von Brauchitsch und Graf Lambsdorff. Das Bühnenbild wechselt: Medien, parlamentarisches Tribunal, Medien, Gerichtssaal - die Karriere des Skandals ergibt sich aus dem Zusammenspiel von Institutionen mit jeweils eigenen Legitimationsleistungen und Chancen zur De-Legitimierung der Gegenseite. Ob sie sich zum Zusammenspiel finden, ist bei den jeweiligen Interessenkonstellationen abzufragen: zum erfolgreichen Skandal gehört eine bestimmte Konstellation von Kollaboration und Konkurrenz der Parteien, Profil und Imitation unter den Medien, Kompetenz und Kontrolle der Staatsgewalten. Zweifellos vergrößern sich die Chancen solcher Konstellation mit häufigem Wechsel von Regierung und Opposition, mit den Chancen für Neulinge unter den Parteien und mit dem Pluralismus unter den Massenmedien. Solche Bedingungen können sich in der Infrastruktur der Institutionen verfestigen, sie können strukturell befördert oder gehemmt werden.

In die Historie gehen nur solche Skandale ein, die Erfolge aufweisen. Spektakuläre Skandalerfolge verleiten, die vielen Versuche zu übersehen, die erfolglos bleiben. In Kulturen mit ausgeprägter Doppelmoral (streng puritanische neigen dazu ebenso wie dominant katholische) entwickelt sich eine eigene Skandalpresse, die sich im Übertreiben und Erfinden von Schlüssellochgeschichten übt. Teils unterlassen es die Skandalisierten, sich zu wehren, teils entwickeln sie Gegenstrategien mit Hilfe der Justiz. Beides: das Totschweigen ebenso wie das gerichtliche Untersagen sind darauf gerichtet, den Skandalisierungsversuch im Keim zu ersticken.[9] Wichtig ist daher, die Glaubwürdigkeit des Skandals zu etablieren: die ersten Informationen müssen sich als stichhaltig erweisen; Prozesse müssen durchgestanden, möglichst zur Publizität des Skandals umgemünzt werden; andere Foren müssen gewonnen werden, möglichst solche im Lager des Skandalisierten selbst, die den Skandal aufnehmen.

Es empfiehlt sich also, unter allen möglichen Skandalen sorgfältig zu wählen.[10] Nur wenn die Erfolgsquote groß bleibt, läßt sich eine *Infrastruktur der*

---

9 vgl. Labunski 1989.

10 Karl-Otto Hondrich schildert, wie sorgfältig bei den großen deutschen Medien nicht nur die Seriosität, sondern auch die Folgen von Skandalen abgewogen werden, bevor sie zur Skandali-

Skandalisierung errichten. Sie braucht einen Vorschuß an Glaubwürdigkeit, der die Chance erhöht, Mißerfolge zu überleben, Imitatoren auf den Plan zu rufen und die Öffentlichkeit bereit zu machen, Enthüllungen einigen Kredit zu geben.

Das Drehbuch des Skandals um die Parteispenden dokumentiert einen solchen Erfolg.

Die Parteispendenaffaire wird eröffnet am 7. Dezember 1981 im *Spiegel* 50/1981 mit einer Enthüllung aus den Ermittlungsakten der Staatsanwaltschaft. Anlaß geben die Pläne einer All-Parteien-Koalition, die Praxis der Parteispenden gesetzlich zu beenden und zugleich einer drohenden Kriminalisierung durch Amnestie zuvorzukommen. Eine Woche darauf (*Spiegel* 51/1981) folgt ein zweiter Bericht - die Amnestiepläne werden fallen gelassen.

Anfang des folgenden Jahres beschäftigt den *Spiegel* (2/1982) die 'Steyler Mission', eine Einrichtung zur Weißwäsche von Parteispenden der Flick-Unternehmen an die CDU. Im selben Jahr widmet das Magazin auch eine Titelgeschichte dem Thema der Korruption des Gewerkschaftskonzerns NEUE HEIMAT.

Der Flick-Skandal bietet Stoff für eine weitere Titelgeschichte (9/1982) mit dem Verdacht gegen Minister der sozial-liberalen Koalition, gegen Parteispenden eine großzügige Steuerbefreiung beim Verkauf von Teilen des Konzerns gewährt zu haben.

Weitere Enthüllungen folgen gegen Ende des Jahres (47/1982 und Titelgeschichte 48/1982). Die Informationen stammen wörtlich aus den Ermittlungsakten der Staatsanwaltschaft und geben Anlaß zu einem Gegenangriff gegen den vermuteten Geheimnisbruch der Staatsanwaltschaft und die journalistischen Methoden des Magazins *Der Spiegel*. Dieses antwortet mit weiteren Enthüllungen über den Flick-Manager von Brauchitsch und dessen Philosophie des 'Kultivierens der politischen Szene' (4/1983).

Inzwischen hat ein Koalitionswechsel in der Bundesregierung stattgefunden. Obwohl die inkriminierten Vorgänge in die Zeit der sozial-liberalen Koalition fallen, sind vor allem Politiker der neuen Koalition von FDP und CDU belastet. Der Skandal beschäftigt den *Spiegel*, andere Medien, das Parlament und zeitweise die gesamte politische Szene bis ins Jahr 1984, beendet die politische Karriere von Ministern, führt zum Abtreten des Parlamentspräsidenten, schwächt die Regierung und beschädigt die Legitimation der politischen Institutionen.

Aus der anfänglichen 'Affaire' ist ein 'Skandal' geworden mit institutionellen Folgen. Für die politische Kultur der Bundesrepublik Deutschland ist 'Korruption' nicht mehr nur ein Fremdwort. Das Skandalierungsvermögen der Medien ist ermutigt, ihre Infrastruktur wird ausgebaut.

Die nächste Affaire (um den CDU-Ministerpräsidenten Barschel) läßt denn auch nicht lange auf sich warten. Sie führt zum Regierungswechsel im Bundesland Schleswig-Holstein.

Andere Veränderungen kommen hinzu, möglicherweise befördert durch die De-Legitimierung der Parteien im Laufe der Skandalgeschichten: die Vermehrung der Wechselwähler, das Erstarken von Parteien außerhalb des etablierten Spektrums.

---

sierung übergehen. Vgl. seinen Vortrag "Skandalmärkte und Skandalkultur" auf dem Soziologentag in Zürich 1988.

Unter die institutionellen Veränderungen in der Bundesrepulbik der 1980er Jahre zählt, daß der Skandal institutionalisiert ist als ein Mittel der Politik.

4. Das Maß der Skandale bestimmt das Ausmaß der Korruption

Zur Etablierung einer politischen 'Skandalkultur' gehören allerdings neben den genannten institutionellen Faktoren noch weitere, die man 'ideologisch' nennen mag. Die Bezeichnung 'Ideologie' wird dabei wertfrei, wenn auch relativierend gebraucht.

Ein Skandal lebt vom Moralismus, von der Berufung auf Verhaltensstandards, deren Nichtbeachtung zur Empörung berechtigt. Moralischer Standard und Empörung sind nirgends festgelegt, sie müssen sich (immer erneut) erweisen. Der Versuch zu skandalisieren ist der Test, ob sich ein Standard durchsetzen kann. Ist er erfolgreich, markiert der Skandal den Standard der politischen Moral.

Selbstverständlich ist dieser Standard kulturbedingt.

In den 1950er Jahren durfte ein amerikanischer Präsident nicht geschieden sein, in den 1980er Jahren darf er nicht mit einer Freundin bei einem Wochenendausflug photographiert werden. Familienglück gilt im puritanischen Amerika als Norm, Alkoholismus als Makel, auch wenn der Vorwurf nur der Ehefrau eines Kandidaten gilt. Steuervergehen haben sich in den letzten Jahren zu den vorwerfbaren Verfehlungen gesellt. Der personalisierte Moralismus der Wahlkampagnen in den Vereinigten Staaten hat zu langfristiger Prävention geführt: Kandidaten werden von der eigenen Partei vorab sorgfältig 'durchleuchtet', ehe sie dem öffentlichen 'screening' ausgesetzt werden. Wer höheren Ämtern nachstrebt, tut gut daran, frühzeitig alle skandalisierbaren Vorwürfe zu vermeiden, die eigene Biographie und die der nächsten Umgebung kosmetisch zu schönen, Untaten auf (entferntere) Freunde zu verteilen. Die Abhängigkeit der Politiker von der Finanzierung ihrer Wahlkämpfe dagegen gilt in den Vereinigten Staaten als legitim. Schon das Amt des Richters, das des Bürgermeisters einer mittleren Stadt, erst recht die Ämter in größeren Kommunen, Staaten oder in Washington erfordern finanziellen Einsatz, der über das persönliche Vermögen der Kandidaten hinausgeht. Finanzierung und Verpflichtung zukünftiger Vorteile gehen daher Hand-in-Hand.

In der politischen Kultur der Bundesrepublik dagegen gilt die Skandalisierung persönlicher Lebensumstände nicht als legitim. Die Sensibilität für das Ziehen der Grenze von politischem Amt und dem Gewähren persönlicher oder klientelistischer Vorteile ist dagegen hoch. Beim Flick-Skandal ging es (zunächst) nicht um die persönliche Bereicherung von Politikern, sondern um eine institutionalisierte Praxis illegaler Parteifinanzierung. FDP und CDU als Parteien saßen auf der Anklagebank, vor allem nachdem sie einen Regierungswechsel herbeigeführt hatten.

Versuche, auch die SPD in den Flick-Skandal hineinzuziehen, blieben weitgehend erfolglos. Sie ereilte jedoch der Skandal um die NEUE HEIMAT. Er hätte zahlreiche lokale Korruptionsaffären auslösen können - nichts dergleichen jedoch geschah. Auch hier wurde nur das Verhaltensmuster institutionalisierter Korruption skandalisiert, das Abstrafen

Einzelner unterblieb. Mit dem herbeigeführten Konkurs allerdings wurde die ansehnliche gewerkschaftliche Wirtschaftsmacht zerstört, die zu den tragenden Institutionen der Nachkriegsgeschichte gehört hatte.

Allein die CSU blieb von Skandalen, die das System de-legitimieren könnten, verschont-nicht deshalb, weil Politik in Bayern eine selbstlose Beschäftigung von ausschließlich moralisch hochstehenden Persönlichkeiten wäre, sondern weil der Skandal in diesem Lande sehr schnell personalisiert wird, und damit nicht gegen das klientelistische Politiksystem als Ganzes gerichtet werden kann.

Skandale richten sich nicht ausschließlich gegen Korruption. Sie können Normen an den Stil der Lebensführung von Prominenten anlegen, sie können sich beschränken auf Normen der Führung öffentlicher Ämter. Am Anlaß von Skandalen läßt sich erkennen, wie das normative Gefüge eines politischen Systems sich zusammensetzt. Bei den 'Korruptions'vorwürfen in der Bundesrepublik Deutschland fällt auf, wie sehr sie sich auf das Ziehen einer Trennlinie zwischen 'Amt' und Macht konzentrieren: nicht die persönliche Lebensführung, nicht die Bereicherung, nicht die Patronage bestimmter 'Seilschaften' oder die Diskriminierung sozialer Gruppen werden an den Pranger gestellt, sondern die pflichtwidrige Ausübung eines öffentlichen Amtes. Dies mag man 'preußisch' nennen.

Auch ist deutlich: die Geschichte der Korruptionsaffären ist ein schlechter Indikator dafür, *wie korrupt* ein politisches System ist; sie gibt lediglich an, *wie sensibel* es ist, Korruption zum Skandal werden zu lassen. Sensibilitäten jedoch bleiben nicht ein für allemal. Sie können durch schleichende Gewöhnung abstumpfen (wie offensichtlich bei der eskalierenden Praxis der Parteifinanzierung geschehen), und sie können durch Skandale und Moralkampagnen geschärft werden.

Skandalisierer und Moralunternehmer rekrutieren sich typisch vom Rande der Mächtigen, unter Abgeschobenen oder aus Oppositonsgruppen. Wer einmal an der Macht teilgenommen hat und eines Tages von ihr ausgeschlossen wird, eignet sich durch Kenntnis und Ressentiment als Informant. Das Methodenrezept für Journalisten ebenso wie für Korruptionsforscher liegt auf der Hand: sie brauchen sich nur bei der Opposition umzuhören, um eine Skala von Vorwerfbarem zu erfahren. Die Frage, die interessiert, ist: welcher der vielen möglichen Vorwürfe eignet sich zum Skandal?

Eine kleine Interviewstudie im Geburtsland Macchiavellis[11] mag illustrieren, daß, während Skandalisierungsversuche alltäglich sein mögen, ihr Erfolg von außerordentlichen Umständen abhängt: hierzu gehören das richtige Thema, der richtige Zeitpunkt und eine durchsetzungsfähige Koalition. Norditalienische Städte, bei denen die Macht von der Democrazia Cristiana in die Hände der Kommunisten übergingen, bieten glänzende Vorbilder für die Kunst der Moralunternehmerschaft. Kaum hat ein Machtwechsel stattgefunden, wechseln die Akteure vom Pathos der Machterhaltung zur Fistelstimme des Korruptionsvorwurfs. Stabile Machtverhältnisse dagegen (wie sie das traditionell kommunistisch-sozialistisch regierte Bologna kennzeichnen) erfreuen sich eines unangefochtenen Klientelsystems (bei der Vergabe öffentlicher Aufträge etwa offiziell in der "lottizzazione" institutionalisiert). Das Quotensystem, daß die Wirtschaftsmacht der Kooperativen in der Emilia erhält, half sogar den sozialistisch-internationalen Ruf Bolognas[12] als vorbildlicher Stadtverwaltung zu bekräftigen. In der Lombardei jedoch gilt das rosa-rote Klientelsystem als "Korruption". Es bedurfte denn auch der Niederlassung und des langen Atems einer Mailänder Zeitungsredaktion (Il Giornale), um in der Emilia einen Skandal loszutreten.

Es ist an der Zeit, die Ausgangsbedingung unseres Gedankenexperiments fallen zu lassen. Die Definition von 'Korruption' ist nicht an einem kultur-neutralen Indikator zu messen, und damit auch nicht ihr Ausmaß. Dennoch kann man im Kulturvergleich Maßstäbe etwa dafür anlegen, wie viel klientelistische Abhängigkeiten ein politisches System erlaubt oder wie weit es zuläßt, aus öffentlichen Ämtern private Vorteile zu beziehen. Angebbar ist auch die Nahtstelle, an der die Sensiblität für politische Verhaltensnormen ansetzt.

Wieder können wir annehmen, daß die *Versuche*, persönliche Vorteile zu maximieren und klientelistische Abhängigkeiten zu schaffen, universell sind. Unterschiedlich jedoch ist die Normierung, mit der solch universelle Tendenzen eingeschränkt werden: privater Reichtum kann in noch-kapitalistischen Ländern ungestraft akkumuliert werden; man braucht zu diesem Zweck nicht Politiker zu werden; eher empfiehlt sich der normative Windschatten von Wirtschaftsunternehmen. Prekär dagegen sind politische Abhängigkeiten vom Geld: die Nahtstelle der Normsetzung in Systemen mit geregeltem Personalwechsel in politischen Ämtern ist der Prozeß der Rekrutierung. Wo Normsetzung am prekärsten ist: bei den Karrierestrategien von Politikern und beim Wahlkampf von Parteien setzt der Skandal an. In der Konkurrenz um politische Ämter ist Geld mehr verpönt als Mittel denn als Ziel. Fortwährend entzündet sich in der Bundesrepublik der Skandal an Normsetzung und Normbeugung des Erwerbs von Macht, selten an den Normen ihrer Ausübung.

---

11 Dankbar seien an dieser Stelle die gemeinsamen Interviewabenteuer mit Gianpietro Mazzoleni in Pavia und Bologna vermeldet, die wir aus naheliegenden Gründen nur essayistisch verwenden.

12 vgl. etwa den Sammelband von Jaeggi, Müller und Schmid 1976.

Der Skandal zeigt mit dem Verhaltensmuster der Verletzung zugleich die Norm auf. Ist er institutionalisiert, kann man ihn zu den 'checks' und 'balances' des demokratischen Spiels rechnen. Insofern ist es denn auch richtig zu sagen, daß die Korruptionsskandale der 1980er Jahre anzeigen, daß die Bundesrepublik Deutschland in den Club der demokratisch regierten Länder aufgenommen ist.

Literatur:

Bluth, S.: Die korrupte Politik - Ein politisches und wirtschaftliches Sittengemälde. Esslingen 1983.

Brünner, Ch. (Hrsg.): Korruption und Kontrolle. Wien 1981.

Eschenburg, Th.: Staat und Gesellschaft in Deutschland. Stuttgart 1956.

Ders.: Ämterpatronage. Stuttgart 1961.

Fleck, Ch.; Kuzmics, H. (Hrsg.): Korruption: Zur Soziologie nicht immer abweichenden Verhaltens. Königstein 1985.

Jaeggi, M.; Müller, R. und Schmid, Ph. (Hrsg.): Das rote Bologna. Zürich 1976.

Kaack, H.: Die Finanzen der Bundestagsparteien von 1968 - 1975. In: H. Kaack, U. Kaack (Hrsg.): Parteien-Jahrbuch 1975. Meisenheim/Glan 1978, S. 285-312.

Kilz, H.W. und Preuss, J.: Flick: Die gekaufte Republik. Hamburg 1983.

Labunski, R.: Libel and the first amendment. New Brunswick und Oxford 1989.

Noack, P.: Korruption: Die andere Seite der Macht. München 1985.

Süle, T.: Preußische Bürokratietradition. Zur Entwicklung von Verwaltung und Beamtenschaft in Deutschland 1871 - 1918. Göttingen 1988.

Troitzsch, K.: Parteienfinanzierung im Wahlkampfjahr 1976. In: H. Kaack, R. Roth (Hrsg.): Parteien-Jahrbuch 1976. Meisenheim/Glan 1979. S. 483-496.

Vieregge, H.: Globalzuschüsse für die parteiennahen Stiftungen: Parteienfinanzierung auf Umwegen? In: Zeitschrift für Parlamentsfragen 1, 1977. S. 51-58.

Wagner, J.: Tatort Finanzministerium. Die staatlichen Helfer beim Spendenbetrug. Reinbek 1986.

Waldrich, H.-P.: Von wegen weißer Weste: Das Ende der Moral in der Kommerzgesellschaft. Freiburg 1985.

Witt, P.C.: Der preußische Landrat als Steuerbeamter 1891 - 1918. Bemerkungen zur politischen Funktion des deutschen Beamtentums. In: J. Geiss und B.J. Wendt (Hrsg.): Deutschland in der Weltpolitik des 19. Jahrhunderts. Fritz Fischer zum 65. Geburtstag. Düsseldorf 1973. S. 205-219.

Anmerkungen zum Verhältnis von Ideologie und Terror im Nationalsozialismus

Friedrich Pohlmann

1. Allgemeine Überlegungen

Jedes politische Machtsystem beruht auf der Androhung und Anwendung von Gewalt (zum Gewaltbegriff: H. Popitz 1986, 68 ff.), und in den Formen, Motiven und der Massivität der "Gewalt von oben" liegen die wichtigsten Kriterien zur Unterscheidung von Typen politischer Macht. Selbst die grausamsten Gewaltandrohungen aber haben so lange nicht den Charakter des "Terrors", solange sie als Strafen für verbotene Handlungen, als Instrumente zur Durchsetzung und Aufrechterhaltung eines Normensystems erkennbar sind. Es ist auch nicht der Totalitätsanspruch des Normensystems, der Versuch einer "lückenlosen" zentralistischen Regelung aller Sozialbereiche, der - in Verbindung mit "umfassenden" Überwachungsmethoden und unmenschlichen Sanktionsregeln - "Terror" zu definieren vermag: Das Terrorsystem ist kein System "totaler" Ordnung, sondern kalkulierter Unordnung; und die von ihm erwirkte Depersonalisierung der Beherrschten ist von ganz anderer Natur als diejenige, die der Angleichungsversuch einer Gesellschaft an die durchrationalisierte Ordnung des Kasernenhofs erzeugen würde.

Das Grundmerkmal des Terrors ist die Ablösung der Gewaltandrohung von normativen Definitionen des Verbotenen, die Durchtrennung des Bandes zwischen "schuldhaftem" Handeln und "Strafe", die Emanzipation der Gewaltanwendung der Machthaber von der "bösen" und "guten" Gesinnung und dem "richtigen" und "falschen" Verhalten der Unterdrückten: Der Terror läßt denjenigen, gegen die er sich wenden will, keine Chance.

Es gibt nun aber zumindest zwei deutlich unterscheidbare Versionen des Terrors, die von sehr verschiedenen Motiven der Machthaber gespeist werden. Die erste Version ist uralt: Der Terror zielt nur auf Abschreckung; die kalkulierte, aber unvorhersehbare Gewalt gegen wahllos herausgegriffene einzelne will Schreckeffekte und diffuse Angstgefühle erzeugen, die jeden potentiellen Widerstandswillen ersticken sollen.

Die zweite Version ist sehr modern, sie bezeichnet das Hauptcharakteristikum der totalitären Diktaturen des 20. Jahrhunderts: Der Terror ist der Hebel zur Verwirklichung einer "totalitären" Ideologie, einer säkularen Heilslehre, die ihrerseits an zentraler Stelle immer auch eine Lehre vom "objektiven Feind" ist.

Die wesentlichen Merkmale von "totalitärer Ideologie" (vgl. z.B. Lieber 1985, 111 ff.) lassen sich knapp zusammenfassen: Darunter sollen Lehren verstanden werden, die auf radikaler Ablehnung der gegenwärtigen Wirklichkeit beruhen und zugleich ein Heilsprogramm formulieren. Beides begründet einen Dogmatismus, der sich im Anspruch auf alleinige Wahrheit, der andere Deutungsmuster rigoros ausschließt, äußert. Der Dogmatismus ist auch eine Konsequenz ihrer Formstruktur: Totalitäre Ideologien sind in sich geschlossene Systeme, die die Gesamtheit der vergangenen, gegenwärtigen und zukünftigen Wirklichkeit aus fiktiven Prämissen pseudowissenschaftlicher Art deduzieren. Das in der Ideologie entworfene Heilsziel entspricht - so eine der Basisfiktionen - dem "eigentlichen Willen" des Kollektivs, an das sie sich wendet. Seinen Auftrag zu erkennen, sei dem Kollektiv bisher aber aufgrund bestimmter Umstände - z.B. durch die Verblendungstrategien seiner Feinde - verwehrt gewesen. Es ist "der Führer" (die Partei), der das bisher verdeckte "wirkliche" Wollen der Gruppe ans Licht bringt; "im Führer" ist das Kollektiv als Willens- und Aktionseinheit verkörpert. Konstitutiv für totalitäre Ideologien ist ein unüberbrückbarer Freund-Feind Gegensatz, eine radikale Zweiteilung der Welt in Gut und Böse, die typischerweise in der manichäischen Metaphorik von Licht und Finsternis ausgemalt wird. Da der "objektive Feind" ein Konstrukt totalitärer Ideologien ist, braucht sich gegen einzelne Menschen, die dieser Kategorie subsumiert werden, nicht unbedingt Haß zu richten. Die Ideologie postuliert die gewalttätige Ausschaltung "des Feindes" eher als einen Akt der "objektiven Notwendigkeit", als eine Grundvoraussetzung zur Verwirklichung des Heilsziels; und sie unterstellt den "einzelnen" Feinden auch keineswegs bewußt feindliche Intentionen oder offen feindselige Handlungen: Die zum Feind erklärte Menschengruppe ist der Träger eines "objektiv feindlichen" Eigenschaftsbündels, das aus dem sozialen oder biologischen "Sein" der Gruppe resultiert.

Wie die nur der Abschreckung dienende Version des Terrors, so entzieht sich auch der ideologisch bestimmte totalitäre Terror völlig traditionellen rechtlichen und moralischen Kategorien von "Schuld" und "Strafe", aber *ein* Merkmal scheint diese Variante doch von der ersteren grundlegend zu unterscheiden: Daß hier der Terror nur gegen bestimmte, von vornherein eindeutig designierte Menschengruppen ausgeübt wird. Tatsächlich aber enthält der ideologisch motivierte Terror stärkste Antriebe zum Überschreiten ursprünglich markierter Grenzen, birgt das Potential zu einem kumulativen Radikalisierungs- und Ausweitungsprozeß, der an seinem logischen Endpunkt einem Strudel gleichen würde, der *jeden* - bis auf den totalitären Diktator - zu verschlingen droht. Auf seiner nie vollständig verwirklichbaren höchsten Eskalationsstufe hätte der Terror die Gesamtgesellschaft tendenziell zur riesenhaften Abbildung jener *Lager* gemacht, die bereits das Produkt seiner frühesten - nur gegen begrenzte Gruppen von "Feinden" gerichteten - Äußerungsform sind: Wie in den Lagern, den Stätten des komprimierten *totalen Terrors* würden nun auch im Gesamtsystem alle auf Abruf leben, wären alle "sozusagen von vornherein zum Tode verurteilt, (wäre) nur das Exekutionsdatum .... noch nicht angesetzt" (Hacker 1975, 170).

Ausweitungs- und Radikalisierungsprozesse des ideologisch bestimmten Terrors in totalitären Diktaturen haben vielfältige Ursachen, unter denen etwa die Besonderheiten der "Organisation" der Machtapparate eine wichtige Rolle spielen. Auf ganz abstrakter Ebene lassen sich folgende Aspekte nennen:

1. Manche der von totalitären Ideologien entworfenen Feindbilder (z.B. Träger "minderwertigen Erbmaterials") sind zunächst unscharf. Daher beginnt der Terror erst gleichsam tastend gegen kleinere Gruppen, die im Zuge terroristischer Praxis genauer definiert werden. In vom Terror initiierten und von der Ideologie geleiteten Definitionsprozessen konkretisiert sich das Feindbild sukzessive in einer Vielzahl von "Kategorien".
2. Das Ziel der Vernichtung von Menschengruppen wird normalerweise nur in Situationen gewalttätigen Kampfes *offen* postuliert. In totalitären Ideologien ist die Vernichtungsintention eher eine mehr oder weniger versteckte logische Konsequenz ihrer inneren Struktur, ihrer Konstruktion eines unüberbrückbaren Gegensatzes von Freund und *bedrohlichem* Feind. Selbst wenn das Bild eines übermächtigen Feindes pure Fiktion ist - seine behauptete Übermächtigkeit in

keinem Verhältnis zu einem erfahrbaren Machtpotential steht -, dann kann doch die Initiierung von Terrorpraktiken gegen die Opfergruppe den Mord sehr bald zu einer von wenigen Möglichkeiten machen. Denn der einmal begonnene Terror bereitet seine Eskalation nicht nur durch das Absinken von "Hemmungen" bei den Machthabern vor, sondern auch dadurch, daß er sich durch propagandistische Radikalisierungen des Feindbildes zu legitimieren versucht. Die ohnmächtige Opfergruppe wird zum übermächtigen Angreifer stilisiert, wodurch eine weitere Radikalisierung des Terrors angetrieben wird. Am Ende steht das gänzlich wehrlos gemachte Opfer als vernichtungswütiger Menschenfeind dar, dessen Ermordung zur Frage von Leben und Tod für die Eigengruppe geworden ist. So hat erst der Verwirklichungsprozeß der Ideologie ihr zunächst noch verstecktes Radikalitätspotential voll entfaltet, hat sie in ihre letzte gedankliche Konsequenz hineingetrieben, die eine "Endlösung" herbeiführt.

3. Je umfassender und schneller eine totalitäre Ideologie die Gesellschaft gewaltsam zu verändern fordert, desto größere Krisen und Widerstände wird ihr Verwirklichungsversuch provozieren. Wird darauf nur mit Gewalt geantwortet und keine Anpassung der substantiellen Bestandteile der Ideologie an die Wirklichkeit vorgenommen, so werden die unausbleiblich folgenden Krisen einen Ausweitungs- und Eskalationsprozeß des Terrors entbinden, der sich - um jeden möglichen Widerstandswillen zu brechen - präventiv gegen immer größere Gruppen "objektiver", potentieller und fiktiver Feinde richtet.

In einer durch tendenziell *totalen* Terror bestimmten totalitären Diktatur (die Phase der "großen Säuberung" im Stalinismus) breiten sich überall gespenstisch anmutende Beziehungsmuster aus, die das Ergebnis der kalkulierten Destruktion von zwei Grundvoraussetzungen menschlicher Vergesellschaftung sind: Des Wissens, was weshalb "Gewalt von oben" auslöst und des Vertrauens in Personen der unmittelbaren Umgebung. Daß die Zerstörung von Vertrauen "natürliche" Grenzen hat, ist zwar richtig, aber wir wissen auch, wie weit diese zurückgedrängt werden können: Jede totalitäre Diktatur setzt auf die Jugend, und es ist keineswegs unmöglich, aus der "natürlichen" Begeisterungsfähigkeit und den im Reifungsprozeß zwangsläufig entstehenden Oppositionsregungen der - in Massenorganisationen indoktrinierten - Jugendlichen Instrumente familialer Kontrolle zu formen (vgl. z.B. Friedrich 1957, 112 ff.).

Ergebnis einer derartigen Zerschlagung gesellschaftlicher Ordnung ist die Entstehung einer durch Schreckeffekte immer neu genährten diffusen Angst: Der permanenten Angst vor einem Angriff der Terrororgane und der permanenten Angst vor "Verrat". Da diese Angst wohlbegründet ist, werden auch diejenigen, die die realistischste Phantasie besitzen, massiv von der Angst ergriffen: "Ich-Stärke" schützt nicht vor den persönlichkeitszerstörenden Folgen der Angst, die der Terror bewirkt. Die permanente diffuse Angst - das "Apriori" (zum Begriff: Simmel 1958, 21 ff.) der Beziehungen der atomisierten einzelnen zueinander - erzeugt folgende Verhaltensstrategien:

1. Man versucht, sich unsichtbar zu machen, "Nicht-Auffallen" wird wichtigste Maxime.

2. Man demonstriert in den im riesenhaften Gleichschritt marschierenden Massenorganisationen frenetische Zustimmung zu den gerade propagierten Parolen des Regimes; in die unumgänglichen sozialen Kontakte muß die Kundgebung der Treue zum Diktator und der völligen Überzeugtheit vom "politischen Kurs" als unaufdringlich präsentierte Selbstverständlichkeit einfließen. Um Kurswechsel frühzeitig erahnen zu können, ist jeder bestrebt, einen möglichst gut funktionierenden "sechsten Sinn" zu entwickeln. Das Denken und Fühlen und Sprechen und Handeln der Terrorisierten ist also durch völlig unverbundene Ebenen bestimmt: Die Angst und ein mehr oder weniger bewußtes, festverschlossenes "Enklavengeheimnis" - die Ahnung der großen Lüge - müssen im sozialen Kontakt verleugnet werden; die Beziehung zu anderen erzwingt immer neue Verstellungen. Die das Selbst negierenden und angstbestimmten Kommunikationsmuster haben naturgemäß an der Spitze des Terrorsystems - in der Beziehung zum "Führer" - ihre krasseste Ausprägung; und gerade dies - die Ausblendung von Tatsachen, die dem imaginären Wirklichkeitsbild des Diktators widersprechen - ist eine der wichtigsten Ursachen für den Prozeß der Selbstdestruktion der ökonomisch-technischen Basen der totalitären Diktatur. Die "Doppelzüngigkeit", die die stalinistischen Henker ihren prominenten Opfern vorwarfen, ist eine vom Terrorsystem erzwungene psychologische Notwendigkeit (vgl. hierzu Sperber 1978, 39 ff.).

3. Offener verzweifelter Widerstand von massiv Terrorisierten ist sehr selten, da er mit größter Wahrscheinlichkeit qualvolle Tötung nach sich zieht. Viel charakteristischer ist die Bereitschaft, den Terrororganen Handlangerdienste

auch über das Maß des von ihnen sowieso Geforderten hinaus - nur der Verrat beweist Treue (Sperber ebd., 37) - zu leisten: Zulieferertätigkeiten nähren eine gewisse Hoffnung, dem Zugriff der Terrorinstrumente entzogen zu bleiben - eine verständliche, oftmals aber illusionäre Hoffnung, denn in der Situation totalen Terrors werden die Terrororgane ihrerseits durch Terror kontrolliert.

2. Ideologie

Die Phase der "Wohlfahrtsdiktatur" in der Französischen Revolution bezeichnet in der modernen Geschichte das erste Aufflammen eines von totalitären Denkfiguren - der Berufung der Machthaber auf ein "wahres" Volksinteresse - geleiteten Terrors; als die eigentliche Epoche der totalitären Ideologien und des Terrors aber muß die erste Hälfte dieses Jahrhunderts gelten.

Das Zeitalter der ideologisch begründeten Totalkonfrontation beginnt mit der Oktoberrevolution: Für die sich in der Kommunistischen Internationale im Nachkriegseuropa organisierenden kommunistischen Parteien markierte der Sieg der Bolschewiki den Eintritt in ein völlig neues weltgeschichtliches Stadium - die Epoche der Weltrevolution in der Verfallszeit der kapitalistischen Gesellschaftsordnung (vgl. z.B. Pirker 1966); und dieser Glaube an eine feststehende historische Entwicklung, als deren Vollstrecker die Kommunisten sich begriffen, erzeugte mehr und mehr das Bild einer innen- und außenpolitisch in zwei feindliche Lager gespaltenen Welt: In Anhänger und Gegner der Revolution (vgl. Pirker ebd., 63 ff.). Auch die faschistischen Bewegungen, die als eindeutig abgrenzbares politisches Phänomen zum ersten Mal in der unmittelbaren Nachkriegszeit erkenntlich wurden, die Kommunisten als ihren Hauptgegner bekämpften und in Italien und dann in Deutschland Herrschaftssysteme eines neuen Typs begründeten, vermochten bis 1934 diesen weltrevolutionären Optimismus nicht zu erschüttern.[1] Tatsächlich aber war der totalitären "Linken" in den faschistischen Bewegungen ein totalitärer "Weltanschauungsfeind" von "rechts" erwachsen, der eine ähnliche ideologische Unerbittlichkeit entwickelte und ein Machtpotential anhäufte, das die Existenz des "Zentrums der Revolution" bedrohte. Ausdruck der Erkenntnis dieser Bedrohung war die 1935 begründete Strategie der "antifaschistischen Volksfrontpolitik", die in völligem

1 1934 schreibt Karl Radek: "Der Platz des Faschismus in der Geschichte ist der letzte verzweifelte Kampf, der sich der Weltrevolution nähert ..." (K. Radek, in Pirker 1966, 182).

Gegensatz zu allen vorherigen kommunistischen Einschätzungen des Faschismus stand.

Bereits eine erste, zwangsläufig vage bleibende Charakterisierung der faschistischen Bewegungen deutet ihr eigenartiges Verhältnis zum "linken" Gegner an. Zwar unterscheiden sich diese "Rechten" in ihrem sozialen Substrat, ihrem "Nationalismus", ihrem "positiven" Verhältnis zum Krieg und in ihrer Organisationsstruktur (Führerprinzip) grundlegend vom kommunistischen Gegner, gegen den ihre halbmilitärischen Parteigarden gewalttätig vorgehen; aber in den Formen ihrer Propaganda, in ihrem Appell an die "Masse", im "revolutionären" Anspruch der mit antikapitalistischen Affekten durchsetzten Ideologie und in manchen Organisationsmustern und Kampfesmethoden gibt es zugleich auch eine erstaunliche Nähe der faschistischen Bewegungen zum Kommunismus, eine Nähe, die es rechtfertigt, beide als Ausgeburten des Totalitarismus zu begreifen. Und es ist diese Assimilation ursprünglich "linker" Merkmale, durch die sich die faschistischen Bewegungen grundlegend vom "alten Konservatismus" (vgl. Parsons 1942, 125) unterscheiden.

Es wurde oftmals bezweifelt, daß für die deutsche Sonderform des Faschismus, den Nationalsozialismus, ideologische Faktoren eine entscheidende Rolle gespielt hätten. Und es gibt vieles, was diese Zweifel stützt. Der Nationalsozialismus war bereits frühzeitig eine auf einen charismatischen Führer ausgerichtete Bewegung, Nationalsozialist war derjenige, der "dem Führer" glaubte. Es kann ausgeschlossen werden, daß es die intellektuelle Überzeugungskraft einer Ideologie war, die die Ursache der sich auf *diesen* "Führer" konzentrierenden Glaubensbereitschaft war. Im "Führer" waren vielfältige, weitverbreitete und zum Teil keineswegs auf bestimmte Sozialschichten beschränkte *Emotionen* gebündelt und radikalisiert, die das "Charisma der Rede" zurückstrahlte. Entscheidend aber ist, daß Hitler - ganz ähnlich wie Rosenberg - diese Emotionen in einem in sich geschlossenen, auf Fiktionen beruhenden System rationalisiert hat, einem System, dessen Radikalitätspotential seinerzeit kaum jemandem ganz bewußt geworden ist. Dieses ideologische System enthält alle Merkmale einer totalitären Ideologie, aber ihr Grundcharakteristikum erschließt sich nicht einer nur auf sie selbst begrenzten Betrachtung. Wesentlich ist der Bezug dieser Ideologie auf diejenige des politischen Hauptgegners: Die radikalfaschistische Ideologie muß als Versuch begriffen werden, dem totalitären Gegner eine "Gegen-Ideologie" entgegenzusetzen, ein Welterklärungsschema und "Heilsziel", das den extremsten Gegenpol zu demjenigen des Gegners darstellt. In dieser "Lehre" ist die emotionale Feindschaft gegen den "Marxismus" in eine ideologische Totalkonfrontation gesteigert, die - wie wir meinen - zu einem kriegerischen "Weltanschauungskampf" mit bis dahin für unvorstellbar gehaltenen Vernichtungsexzessen führen mußte: Hitlers und Rosenbergs "Weltanschauung" - so unsere These - ist der Schlüssel zur Bestimmung des ideologischen Wesens des Radikalfaschismus, und diese Ideologie war - allerdings nicht im Sinne einfacher "intentionalistischer" Thesen - Basis nazistischer Praxis.

Als erstes Charakteristikum dieser Ideologie fallen ihre vielen - aber nicht willkürlichen - radikalen *Negationen* ins Auge. Hervorhebenswert ist dabei zunächst die keineswegs abwegige Konstruktion eines *Zusammenhangs* zwischen den wichtigsten *politischen* Feinden: Die unversöhnliche Gegnerschaft gegen "den Liberalismus" - die "Ideen von 1789" - steht nicht isoliert, sondern bezeichnet den untergeordneten Pol im zentralen Feindschaftsverhältnis gegen den - mit "dem Marxismus" oftmals unmittelbar gleichgesetzten - Bolschewismus, als dessen *Wegbereiter* das "liberale System" verstanden wird. Die Feindschaft gegen "den Marxismus" ist das politische Primärphänomen, auf das nicht nur die Negation der "Ideen von 1789", sondern auch die weltanschauliche Gegnerschaft gegen das Christentum bezogen ist. Eine der von Hitler im kleinen Kreis immer neu variierten Thesen - daß das Christentum ein "Vor-Bolschewismus" (in Picker 1965, 154) sei, die "theoretisch-metaphysische Grundlage" (ebd., 168) des Bolschewismus enthalte - steht in Rosenbergs "Mythus" (1930) an zentraler Stelle. Konsequenz ist diesem Gedanken nicht abzusprechen: Die sich am bolschewistischen "Mythos der Weltrevolution" (vgl. Pirker 1964) entzündende Totalfeindschaft gegen den marxistischen Universalismus und sein Postulat substantieller Gleichheit wird auf alle "Lehren" verlängert, die das Gleichheits-, Universalitäts- und Individualitätsprinzip - in welcher Form auch immer - fordern oder fördern. Die Radikalität dieser Konstruktionen liegt auf der Hand: Wenn die unerbittliche Gegnerschaft gegen den "Marxismus" auf jede seiner möglichen Wurzeln ausgedehnt wird, dann wird tatsächlich allen charakteristischen abendländischen Mustern "materialer Rationalität" (Max Weber) der Kampf angesagt. Dies wird noch deutlicher, wenn man die den Zentralnegationen angefügte nazistische "Zeitkritik" einbezieht. Anknüpfend an weitverbreitete, aggressiv geladene, antiliberale kulturpessimistische Untergangsstimmungen und Nietzsches Dekadenzkritik wird schlechthin alles, was die europäische Gesellschaftsentwicklung in der Moderne auszeichnet, als "Verfall" und "Zersetzung" gewertet: Internationalisierung ökonomischer Beziehungen, Großstadtentwicklung, moderne Kunst, Intellektualisierung, Individualisierung, Frauenemanzipation ... Radikal verworfen wird also ein Prozeß, der den Menschen in der Moderne mehr und mehr aus starren Gruppenbindungen herausgelöst hat und der als "Emanzipationsprozeß" bezeichnet werden kann. Die Vielgestaltigkeit der modernen Welt "atomisiert" den einzelnen und bedeutet "Zerrissenheit", "Verfall" einer "Einheit".

Das wirkliche Radikalitätspotential aller dieser Negationen aber enthüllt sich erst in einer weiteren Dimension: Christentum, die Prinzipien des liberaldemokratischen Verfassungsstaates und "Marxismus" werden als auseinander hervorgehende Phasen einer "widernatürlichen" Entwicklung begriffen, die - genauso wie aller gesellschaftliche und kulturelle "Verfall" in der Moderne - auf eine Menschengruppe als ihren Urheber zurückgeführt wird. "Reduktionen" hochkomplexer Prozesse durch "Personalisierungen" sind weit verbreitet. Das Besondere in unserem Zusammenhang ist, daß dem unabänderlichen *biologischen* Wesen einer Gruppe die Urheberschaft angelastet wird. Steuerndes Prinzip eines kaum überschaubaren historischen Prozesses sei die "rassische Natur" "des Juden", die sich in unterschiedlichsten *Erscheinungsformen* entfalte und zugleich verhülle, bis sie in der katastrophalen Gegenwart im sowjetischen Bolschewismus die "wenigen Hüllen, die (sie) noch trägt, von sich (wirft)" (Hitler 1936, 358).

Es ist das zentrale Merkmal des Nationalsozialismus, daß er die vielfältigen Emotionen, die ihn speisten, mit den Fiktionen biologistischer Rassentheorien zu einer *Ideologie* zusammenschließt; und zwar zu einer *totalitären* Ideologie, denn das biologistische Rassenprinzip fungiert als Universalschlüssel zur Bestimmung der Gesamtheit der vergangenen und gegenwärtigen Wirklichkeit und zum Entwurf eines "Heilsziels"; es ist der Stoff, aus dem eine dualistische Geschichtsmythologie geformt ist, die aus der vermeintlichen Erkenntnis aller historischen *Erscheinungsformen* des Prinzips der "Widernatur" ihren positiven Mythos von der (Re-)Etablierung eines von "rassischen Naturgesetzen" bewußt bestimmten Gesellschaftszustandes ableitet. Diese totalitäre Konstruktion der Ideologie aber ist nur als Produkt der Fixierung auf den politischen Hauptgegner verständlich; sie ist das Ergebnis der untergründigen Intention, den im Sowjetkommunismus und in der Komintern zum totalitären Welterklärungs- und

Revolutionsschema verkümmerten Marxismus eine "Gegen-Ideologie" entgegenzusetzen, die mittels der Prinzipien der "Rasse" und des "Rassenkampfes" die "Widernatürlichkeit" des gegnerischen Universalprinzips - die "Gesetze des Klassenkampfs" - zu entlarven glaubt. Jede kommunistische Faschismustheorie hat den Faschismus als "Reaktion" definiert - als "Konterrevolution" - und damit zweifellos einen wichtigen Aspekt der Faschismen erkannt; nur selten aber wurde bisher wahrgenommen, daß sich auch die Ideologie des nazistischen Radikalfaschismus nur durch diesen Bezug erfassen läßt: Sie ist die totalitäre Antwort auf eine totalitäre Ideologie völlig konträrer Natur, sie setzt dem militanten Universalismus der "Gleichheit" den militanten Partikularismus der "Natur" der *einen* "Rasse" als "Heilsziel" entgegen.

Das Verständnis der archaischen Utopie der nazistischen Ideologie setzt eine kurze Skizze ihres rassenbiologischen Fundaments voraus. Es wurden einerseits weitverbreitete Lehren der "Rassenhygiene" (vgl. Bock 1986) aufgegriffen, die die Annahme einer "Kontraselektion" - in der sich ein mit Untergangsängsten versetztes zivilisationskritisches Grundmuster verbarg - zum Zentrum hatten: Durch die moderne zivilisatorische Entwicklung würden die Träger "minderwertigen Erbguts" dem Gesetz "natürlicher Auslese" entzogen, was zum Verfall der erbbiologischen Substanz des Volkes geführt habe. Ziel müsse ein "gesunder Volkskörper" sein, der Staat habe eine "Gegen-Gegenauslese" durchzuführen; er müsse durch Zwangssterilisation der "Träger minderwertigen Erbguts" eine "qualitative" Bevölkerungsentwicklung einleiten, müsse als bewußtes Vollstreckungsinstrument der Gesetze natürlicher Auslese fungieren. In diesen Lehren, die den nazistischen "Rassismus nach innen" vorformulierten, wird nicht nur das Gleichheitspostulat negiert; ebenso wird die auf Christentum und Aufklärung zurückgehende Individualethik durch eine "Ethik" des Kollektivs ersetzt, aus der dessen selbsternannte Repräsentanten im Namen der "Gesundheit" des zukünftigen "Ganzen" das "Recht" zum Zwangseingriff in den Körper - und schließlich zur Tötung - ableiteten.

Der "Rassismus nach innen" aber war unauflöslich mit einem "Rassismus nach außen" verbunden, der an eine lange Kette "anthropologischer" Rassentheorien anknüpfte, die mit sozialdarwinistischen Grundannahmen über das Ausscheiden schwächerer Rassen im "naturgesetzlich" bedingten "Kampf um Lebensraum" zusammengeschlossen wurden. Ergebnis war, daß der "Rassenvermischung" katastrophale Auswirkungen zugeschrieben wurden und zugleich die Forderung nach einem Erziehungssystem entstand, das die Jugend auf den unausbleiblichen "Rassenkampf" zur Gewinnung von Lebensraum vorzubereiten habe.

Im nazistischen Antisemitismus sind alle seine rassistischen, politischen und "zeitkritischen" Motive gebündelt. Er fixiert den negativen Gegenpol zur archaischen Utopie der "arischen Rassengesellschaft", das böse Prinzip innerhalb einer die ganze abendländische Entwicklung umfassenden, wahnhaften manichäischen Geschichtsmythologie, die die Jetztzeit als katastrophalen Kulminationspunkt eines durch das biologische "Wesen" eines übermächtigen "Fremden" "bedingten Zersetzungsprozesses eigener Art" deutet. Als "Heilsziel" wird die Restituierung der - in einen archaischen Urzustand projizierten - "Natur" des eigenen Kollektivs verstanden - der Nationalsozialismus muß auch als eine extreme Variante des "Nativismus" (vgl. Mühlmann 1964) begriffen werden.

Die polar entgegengesetzten Merkmalsbündel, die die "eigentliche rassische Natur" des eigenen Kollektivs und diejenige der "Gegenrasse" definieren sollen, enthalten die wichtigsten Dimensionen des Radikalfaschismus:

1. Als rassisch bedingte Zersetzungsstrategien des Feindes gelten alle Universalitäts-, Gleichheits- und Individualitätspostulate, denen ein "Naturzustand der Rasse" entgegengehalten wird, der als "stahlharter Volkskörper" ausgemalt wird; als ein aus "stahlharten" und opferbereiten Einzelnen zusammengeschweißtes, durch unüberbrückbare *Distanz* von den "minderwertigen" Beherrschten geschiedenes Kollektiv. Der Radikalfaschismus zielt auf die Verwirklichung eines "geschichtslosen" Gesellschaftszustandes, der die archaischsten Formen von Kollektivismus, Herrschaft, Krieg und Souveränität als "natürliche" Gegenprinzipien jeder Lehre, die "den Keim des Bolschewismus" in sich trägt, entgegengestellt. Das radikalfaschistische Ziel ist eine "Weltheilungsdespotie", die aber "nicht im gewöhnlichen universalistischen Sinne (verstanden werden darf), sondern als Heilung der Welt von der sozialistisch-jüdischen Erlösungsidee und zur naturgewollten ... Herrschaft der ... arischen Rasse" (Nolte 1963, 402). Der Radikalfaschismus läßt sich als eine - schon bei Nietzsche vorgebildete - ins Archaische zurückgewendete Reaktion auf den im revolutionären Marxismus in eine Heilslehre "überschießenden" Rationalismus (vgl. Parsons 1964, 132 ff.) begreifen, als extremster Gegenpol zu seinem marxistischen Widerpart.

2. Der nazistische Antisemitismus enthält einen ethnozentrischen Dualismus von gut und böse, wie er häufig als Ergebnis spannungsgeladener Zustände innerhalb einer Gruppe entsteht: Die Eigengruppe wird zum Abbild des Lichten und Guten, das Bild der "anderen" aber zum Sinnbild des Dunklen und Bösen. Bei Hitler beruht diese Dichotomie auf Fiktionen ethnischer Einheit, und die "fremde Rasse" wird in einer - für totalitäre Ideologien charakterischen - "Verschwörungstheorie der Geschichte" als allgegenwärtige, mächtige, zerstörerisch agierende Einheit zur Zerstörung der eigenen Einheit konstruiert. Die Merkmalsgruppen, die der "rassischen Natur" des eigenen Kollektivs und derjenigen der "Gegenrasse" zugeordnet werden, reflektieren einige Zentralmotive des

"antisemitischen Komplexes" und Grundelemente des "arischen Heilsziels"; sie sind ohne Rekurs auf psychologische Erkenntnisse nicht deutbar.

Die satanisierte Menschengruppe gilt nicht nur als Urheber aller bekämpften politischen Inhalte, sondern zugleich als "rassische" Personifikation einer Reihe "zersetzender" psychosozialer Eigenschaften, die in der nazistischen Kritik der "dekadenten" Moderne eine wichtige Rolle spielen: Des Egoismus und Materialismus, der Gier, Aggressivität und triebhafter Sexualität, die alle als Ausdrucksformen von "Schmutz" begriffen werden. Hingegen steht die "eigentliche" Natur "des Ariers" für Kampfeswillen, Opferbereitschaft für das Kollektiv und die Fähigkeit zur absoluten Distanz gegenüber "minderwertigen" Beherrschten - "Tugenden", die durch den verderblichen Einfluß des Feindes weitgehend verdrängt worden seien und die allesamt mit Licht- und Reinheitssymbolen in Verbindung gebracht werden.

Die praktische Konsequenz dieser dualistischen Fiktionen liegt auf der Hand: Durch ein Erziehungssystem muß die gegenwärtig verdeckte und verdrängte "Natur" des eigenen Kollektivs restituiert werden. Das Erlernen von Kampfeswillen und Opfermut für das Ganze - die "asketischen Ideale" des "Ariers" - soll einen "stahlharten" Herrenkörper schaffen, der vor jeder Versuchung, die von den Gegeneigenschaften ausgeht, schützt. Und zweitens muß die Trägergruppe der "zersetzenden" Eigenschaften ausgeschlossen werden, wobei Hitler die "Natur" dieser Gruppe so definiert, daß darunter der universale Ausschluß zu verstehen ist.

Das Verhältnis zwischen dem idealisierten Selbstbild und dem satanisierten Bild "des Juden" bedarf einiger psychologischer Anmerkungen, die ein Licht auf charakterstrukturelle Komponenten des nazistischen Antisemitismus werfen. Es ist überdeutlich, daß die psychosozialen Eigenschaften, die Hitler in seiner Dekadenzkritik "dem Juden" zuschreibt, als Projektion der "kulturfeindlichen" Es-Triebe (Freud) auf eine Menschengruppe verstanden werden müssen: Hitlers "Jude" ist personifizierte Triebrepräsentanz (vgl. Cramer 1979, 110 ff.), in ihm spiegelt sich die "innere" Angst vor nur unzureichend abgewehrten eigenen Triebwünschen; er ist das nach außen verlagerte Bedrohungsgefühl vor dem eigenen "Schmutz". Was dieses Angstgefühl auslöst, darauf verweist das idealisierte Selbstbild des "Ariers", das als Ausdruck eines starren "Über-Ichs" begriffen werden muß, als Inbegriff eines Reinheits- und Sauberkeitswahns, der alle "arischen Natureigenschaften" in den Symbolen des Hellen und Leuchtenden zusammenschließt. Hitlers "Arier" ist ein Mensch, dessen "Ich" sozusagen von den Triebwünschen des "Es", die das "Über-Ich" durch massive Angst abzuwehren versucht, überschwemmt wird, der trachtet, dieser inneren Bedrohung durch einen Projektionsakt zu entkommen. Der "Schmutz", in "den Juden" verlegt, führt zu *Angstgefühlen* vor dem "äußeren Feind", deren Affektstärke den *Haß* nach sich zieht. Diese Gefühle aber sind mit *Verachtung* gemischt, weil sich "im Juden" die eigene Schwäche in Reinform veräußert hat, der eigene vom "Über-Ich" kaum kontrollierte "Schmutz und Unrat".

Nur wenn dem Antisemiten die Chance geboten würde, sich "im Juden" zu erkennen, könnte er von seinem Wahn befreit werden.

3. Der antisemitische Komplex aber umfaßt noch weitere Motive und Gefühlsschichten. Hitler begreift die Juden - im Gegensatz zu "den Deutschen" - als kompakte rassische Einheit, und er unterstellt ihnen ein jahrtausendealtes Weltherrschaftsstreben, das im Bolschewismus "alle Hüllen abwirft". Bei Rosenberg (vgl. 1930, 460 ff.) erzeugt besonders die jüdische Gottesvorstellung - der Mythos vom auserwählten Volk -, die eine "Gesinnungsgemeinschaft von unendlicher Festigkeit geschaffen habe" (Rosenberg 1930, 463), Haß. Aber dieser Haß ist mit Neidgefühlen vermischt. Denn alle diese zu "Wesensmerkmalen des Juden" stilisierten Eigenschaften - "rassische Einheit", Glauben an die Auserwähltheit, maximale Machtexpansion - sind eigene Ziele: Das "Wesen des Juden" verkörpert, was nur "eigentliche", nicht aber aktuelle Wirklichkeit der Eigengruppe ist - die "Gegenrasse" rückt damit zugleich in die Rolle eines Vorbildes. Daß der Feind bereits verwirklicht hat, was die Eigengruppe erst noch verwirklichen muß, macht ihn zum Objekt eines Neides, aus dem sich ein besonders abgründiger Haß speist.

In der nationalsozialistischen Ideologie verkörpert der "Führerwille" das Kollektiv als Willens- und Aktionseinheit, er ist es, der das verdrängte und "zersetzte" "wirkliche Wollen" der Gruppe ans Licht bringt, in ihm ist die "eigentliche Natur des Ariers" wiedererstanden. Der Glaube an den "Lichtbringer", die völlige Unterwerfung unter ihn, sind für die Restituierung der "rassischen Natur" des eigenen Kollektivs unabdingbar - im "unerschütterlichen Glauben" an den charismatischen Führer wird die "Rasse" wieder zu dem, was sie eigentlich ist.

In dieser Ideologie ist, so kann man festhalten, das erbcharismatische Prinzip des Adels - die "Legende vom besseren Blut" (Max Weber) - in ein einfaches charismatisches Glaubensbekenntnis überführt worden, das einen "plebejischen Aristokratismus" ermöglicht: Im Glauben an "den Führer" kann jeder Deutsche das "aristokratische Prestigegefühl der Reinen und Erlesenen" (Weber 1972, 318) erlangen, jedem wird die Möglichkeit der Zugehörigkeit zur von der "Gegenrasse" unüberbrückbar geschiedenen "Rasse des Lichts" geboten.

Die wesentlichen Merkmale der radikalfaschistischen Ideologie lassen sich auf einer abstrakten Ebene folgendermaßen zusammenfassen: Der Nationalsozialismus knüpft an verbreitete ideologische Muster und Mentalitäten des 19. Jahrhunderts (Rassismus, Antisemitismus, Kulturpessimismus, Sozialdarwinismus), die sich gegen die "Ideen von 1789" richteten, an. Er bezieht diese dann aber auf den bolschewistischen Hauptfeind und wertet alle für die abendländische Entwicklung charakteristischen Lehren und Gesellschaftsepochen als Etappen einer "widernatürlichen", von einem Urheber auf ein katastrophales Endziel hin gesteuerten Entwicklung. Sein Ziel ist die Etablierung einer durch das Rassenprinzip konstituierten geschichtslosen "archaischen" Gesellschaftsordnung, die jeden "Keim des Bolschewismus" - d.h. jede Form des Gleichheits, Universalitäts- und Individualitätsprinzips - aus sich ausgeschlossen hat.

3. Terror

Reflektionen über die im nachhinein wie geplant erscheinende Ausweitung und Radikalisierung des Terrors im Nationalsozialismus bedürfen der vorgängigen Einsicht in einige Grundmerkmale der "Struktur" des Machtsystems.

1. Das nazistische Machtsystem war nicht als eine Art riesenhafter monolithischer *Staats*block organisiert. Charakteristisch war vielmehr die Entstehung eines mehr und mehr "chaotischen" Mit- und Gegeneinander von Staats- und Parteiinstanzen, das der manchmal verwendete Begriff des "Dualismus" zwischen der - immer bestimmender werdenden - dynamischen Bewegung und einem zunehmend ohnmächtigen "Staat" nur unzureichend zu charakterisieren vermag. Nicht nur das Verhältnis zwischen Staat und "Bewegung", auch die Organisationsprinzipien der Formationen der Partei sind mit den Kriterien bürokratischer Rationalität allein nicht zu erfassen. Häufige Umformulierungen der Funktionen einzelner Organisationen, Schaffung zusätzlicher Apparate, Neuformierungen des der "Bewegung" inhärenten Radikalitätsgefälles, "Kompetenzchaos", Konkurrenz und Feindschaften zwischen den "Unterchefs" sind die bezeichnenden Merkmale einer destruktiven Dynamik, die die Fesseln formaler Regeln zunehmend aufsprengte und alles aus dem Weg räumte, was der Radikalisierung Einhalt gebieten konnte (vgl. hierzu Arendt 1962). Wie im Stalinismus, so war auch im Nationalsozialismus diese Zerstörung von "Ordnung" die wichtigste Voraussetzung für die immer unumschränktere Stellung des "Führers"; sie war aber hier - anders als beim "Weltanschauungsfeind" - von

vornherein im charismatischen Gepräge der "Bewegung" angelegt. Der destruktive Bewegungscharakter der "Bewegung" und ihre "Strukturlosigkeit" haben ihre Ursache im charismatisch legitimierten "Führerwillen". Er war der Motor zur Erzeugung von "Außeralltäglichkeit"; und diese Außeralltäglichkeit war zugleich die entscheidende Bedingung dafür, daß der "Wille" des Führers mehr und mehr zentrale Achse des ganzen Machtsystems werden konnte. Insbesondere die Eliteformationen der SS, die die entscheidenden - und den Nationalsozialismus erst vollgültig charakterisierenden - Machtinstrumente wurden, waren *nur* Werkzeuge zur Vollstreckung des "Führerwillens", den sie noch nicht einmal "in Gedanken" (vgl. Himmler 1974, 43) kritisieren sollten. Das Willensmonopol "des Führers", das zugleich ein Wissens- und Verantwortlichkeitsmonopol einschloß, hatte in diesen Formationen das Prinzip absoluter, bedingungsloser Treue zu seinem Korrelat, einer völligen - weder nach Gründen noch Rechtfertigungen fragenden - inneren Eingestelltheit auf die Verwirklichung des teilweise nur in Andeutungen geäußerten "Führerwillens".

In den Einzelverbänden der SS waren die wichtigsten Prinzipien und Fiktionen der radikalfaschistischen Ideologie vergegenständlicht. Die innere Struktur der SS war am "positiven Ideal" ("Blutselite", sozialdarwinistisch geprägter Auslesemodus, "stahlharter" Körper, dem "nichts unmöglich ist") orientiert, während ihre primären Handlungsziele vor allem der Verwirklichung der "negativen" Intentionen - der Zerschlagung und Vernichtung der "Feinde" - dienten.[2]

2. Die Ausdehnung und kumulative Radikalisierung des nazistischen Terrors darf nicht als schrittweise Verwirklichung eines im voraus feststehenden "Plans" mißverstanden werden, sie war aber gleichwohl im Sinne des in der Ideologie steckenden und im "Führerwillen" zusammengefaßten Radikalitätspotentials konsequent. Das zunehmende "Chaos" im System politischer Macht - das Hitlers Vorstellung keineswegs widersprach - war eine der Grundvoraussetzungen für die Entbindung dieses Potentials: Die Auflösung des Rechtssystems und die "Kompetenzanarchie" zwischen den Machtapparaten begünstigten ungeregelte

2 Die Bedeutung der Ideologie für das Handeln der SS wurde oftmals deswegen nicht richtig erkannt, weil man in typischen Denkmustern einzelner Mitglieder viel stärker eine bestimmte Mentalität ("Härte", Effizienz, "Führertreue") als ideologische Fiktionen ausgeprägt fand. Aber die ideologischen Fiktionen bestimmten die Organisation in ihrer Gesamtheit, und dies ermöglichte, daß auch Menschen, die individuell keineswegs "Gläubige" waren, als Organisationsmitglieder im Sinne der wahnhaftesten Ausprägungen ideologischer Fiktionen handelten: Die Organisation war der große Ideologe, nicht ihr einzelnes menschliches Teil.

Konkurrenzkämpfe um Machtchancen, deren einziger integrativer Fixpunkt mehr und mehr der "Führerwille" wurde. Sein Vollzug war oberste Maxime aller Instanzen, und in den radikalsten Formationen war das Handeln im Sinne seiner Intentionen in den Rang eines neuen "kategorischen Imperativs" (vgl. Arendt o.J.) erhoben worden. Damit aber war verbürgt, daß das in den Entscheidungen des "Führers" immer deutlicher werdende Radikalitätspotential seines "Willens" in den Konkurrenzkämpfen der Apparate sukzessive gleichsam "von unten" ausgeschöpft wurde. Das strukturauflösende Gegeneinander der Instanzen erzeugte Radikalisierungsschübe ganz im Sinne der der radikalfaschistischen Ideologie von Anfang an inhärenten Konsequenzen.

3. Die Deutung der radikalfaschistischen Ideologie enthüllte als eine ihrer charakteristischen Intentionen Maßnahmen zur Schaffung eines zukünftigen "rassisch hochwertigen Volkskörpers" durch "Ausmerzung minderwertigen Erbmaterials", und bereits an dieser Dimension terroristischer Praxis - der Entwicklung von der Zwangssterilisation zur Euthanasie - lassen sich exemplarisch einige Grundmerkmale des Radikalisierungsprozesses von Terror im Nationalsozialismus aufzeigen.

Die von der Ideologie - in Anknüpfung an "rassenhygienische" Lehren - vorgegebene und von der Propaganda stets offen geforderte Zwangssterilisation war zunächst das wichtigste Instrument zur Verwirklichung eines "gesunden" Kollektivs. Freilich wurden schon bald Tendenzen zur Ausweitung dieser unmenschlichen Praxis auf sozial Mißliebige erkennbar. Denn die Kriterien, die der Selektion der Opfer zugrunde lagen, waren zwar ihrem Selbstverständnis nach medizinischer Art, erfaßten von Anfang an aber auch sozial unerwünschte Verhaltensweisen, deren "Elimination" mehr und mehr zum zentralen Gegenstand von Zwangssterilisationsplänen wurde.[3] Mit der Zwangssterilisation war das Prinzip des Vorrangs des zukünftigen Lebens vor den jetzt Lebenden begründet. Das Ur-Grundrecht auf die Unanstastbarkeit des Leibes war aufgehoben und der Körper "gesetzlich" der Zuständigkeit des Staates zum verstümmelnden Zwangseingriff übertragen worden. Die der Zwangssterilisierung zugrunde liegende Ideologie und "Ethik" des Kollektivs - vorbereitet von einer "rassenhygienischen Erbbiologie", die die Menschenrechte qua "gesicherter Erkenntnis" delegitimiert hatte - barg von vornherein auch die Tötung als radikal-

3 So entstanden ab 1936 Vorhaben zur Sterilisierung "Arbeitsscheuer", Pläne, die sich 1940 in Gesetzesentwürfen auf die - auf etwa zwei Millionen geschätzten - "Gemeinschaftsunfähigen" (vgl. hierzu Bock 1986) ausweiteten.

sten Zugriff auf den Körper in sich. Aber die Transformation dieses ideologischen Potentials zu einem eindeutigen Handlungsplan hatte die Schwellenüberschreitungen der Zwangssterilisationspraxis und eine mit ihr einhergehende und sich radikalisierende Propagandakampagne, die die Opfer zu immer gefährlicheren Schädlingen stilisierte (vgl. hierzu Klee 1985), zu ihrer Voraussetzung. Und zugleich - und ideologisch konsequent - konkretisierte sich der Tötungsplan im Zusammenhang mit der unmittelbaren Vorbereitung des Krieges: Daß Hitler seine Ermächtigung zur Euthanasie auf den Tag des Kriegsbeginns zurückdatierte, zeigt, daß die "Säuberung des Volkskörpers von seinen minderwertigen Teilen" und die Niederschlagung der äußeren Feinde zur Gewinnung "neuen Lebensraums" als miteinander verknüpfte Voraussetzungen zur Verwirklichung der "rassischen Endziele" angesehen wurden.

Im Radikalisierungsprozeß des "sozialbiologischen" Terrors spiegelt sich auch die zunehmende Dominanz des "Führerwillens" im Machtsystem und die damit einhergehende Zerstörung von "Ordnung". Im Gegensatz zur gesetzlich legalisierten Zwangssterilisierung war die Tötung als Geheimvorgang außerhalb des fixierten Rechts organisiert; ihre einzige Basis war der außerstaatliche, charismatisch legitimierte "Führerwille", der bereits jetzt zur zentralen Achse des gesamten Machtsystems geworden war. Freilich macht der Geheimhaltungsversuch der Mordpraxis zugleich auch deutlich, daß der Nationalsozialismus gerade hinsichtlich seiner letzten, ihn erst wahrhaft charakterisierenden Intentionen eine Legitimierungsbereitschaft der Bevölkerung ausschloß: Die "Heilung des Volkskörpers" von aller Schwäche durch Tötung der Schwachen und die "Heilung der Welt" von aller "Widernatur" durch Ermordung der ihrer Urheberschaft bezichtigten Menschengruppe beruhten auf einer komplexen arbeitsteiligen "Organisation", die sich aller Mittel der Tarnung - bis hin zur Erfindung einer Tarnsprache - bediente.

4. Der Judenmord war - wie die Euthanasie - ein der radikalfaschistischen Ideologie von Anfang innewohnendes Postulat, eine aus allen ihren Fiktionen "logisch" entspringende, wenngleich längere Zeit nur untergründig wirkende Intention. "Auschwitz" ist in dieser Ideologie angelegt, aber es konnte die Umrisse eines "Planes" erst nach einem kumulativen Radikalisierungsprozeß ideologisch geleiteten Terrors bekommen, der in seinen Hauptphasen eindeutig abgrenzbar ist, der aber auf sehr disparaten, sich wechselseitig ergänzenden und anheizenden Triebkräften beruhte. Der wichtigste Motor der Radikalisierung

aber war eindeutig der "Führerwille", das einzige kontinuitätsstiftende Element im Nationalsozialismus, der zentrale Pol in einem zunehmend formloser werdenden Machtgefüge, in dem spätestens nach den Novemberpogromen die SS als Hauptinstanz der Verfolgung hervortrat. Im "Führerwillen" aber hatte die Vernichtungsintention sich bereits im Zusammenhang mit den Kriegsvorbereitungen konkretisiert (vgl. Adam 1972), und spätestens, als der Verfolgungsprozeß nach Kriegsbeginn in seine zweite Phase - diejenige der Deportation und der Konzentration der Opfer in überfüllte, von Seuchen bedrohte Ghettos - getreten war, konnte die ideologische Intention der "Endlösung" den Machthabern zugleich als "Lösung" eines - von ihnen selbst geschaffenen - "praktischen Problems" erscheinen. Der Radikalisierungsprozeß des Terrors in dieser Phase war das Produkt eines sich wechselseitig hochtreibenden Zusammenwirkens von "Führerentscheidungen" und Konkurrenzkämpfen verschiedener Machtorgane, deren "Objekt" die Opfergruppe war. Bezeichnend ist die mit dieser Eskalation des Terrors einhergehende propagandistische Radikalisierung des Feindbildes: Das immer stärker geknebelte Opfer wurde als untermenschlicher vernichtungswütiger Angreifer ausgemalt und die Gnadenlosigkeit der Verfolgung als einzige "Reaktion", die das Überleben der Eigengruppe zu sichern vermag. Aber dieses Bild vom Feind war von Anfang an ein Grundbestandteil des radikalfaschistischen Denkens und daß die ursprünglich noch keineswegs offenliegende Vernichtungsintention nunmehr im Aufbau einer komplexen Vernichtungsmaschinerie Gestalt annahm, ist eine - über viele Zwischenstufen vermittelte - notwendige Konsequenz einer totalitären Ideologie, die "Praxis" als integrales Element ihrer selbst begriff. Der Beginn des systematischen Genozids ist eindeutig terminierbar, und er war zugleich verknüpft mit einer weiteren Massenvernichtung: Es war der "Weltanschauungskrieg" gegen die Sowjetunion, in dem sich erst alle Dimensionen des Radikalfaschismus ganz entfalteten; ein Vernichtungskrieg zur vollständigen "Ausrottung" des Bolschewismus, in dem alle Konventionen europäischer "Normalkriege" einer "raumeroberungsdespotischen" Intention weichen mußten, die ihrerseits mit dem letzten Ziel des Radikalfaschismus, der "Weltheilungsdespotie" (zu den Begriffen vgl. Nolte 1979, 49 ff.) verknüpft war. Die gänzliche Vernichtung des zentralen "Weltanschauungsfeindes" mußte - den ideologischen Fiktionen gemäß - zugleich die gänzliche Vernichtung der seiner Urheberschaft angeklagten Menschengruppe in sich einschließen; eine doppelte Vernichtung, die als Grundvoraussetzung zur Verwirklichung des radikalfaschistischen "Heilsziels" begriffen werden muß: Zur Restituierung der "rassischen Natur" des eigenen Kollektivs, zur Etablierung eines "archaischen" Gesellschaftszustandes, dessen "stahlharter Volkskörper" jeden "Keim des Bolschewismus" aus sich ausgeschlossen hat.

Bereits 1942 hatte Parsons einige Anhaltspunkte für den Entwurf einer Theorie der Entwicklung politischer Bewegungen in der "westlichen" Gesellschaft entwickelt: Der Faschismus, meinte er, sei eine extreme Reaktion auf das in der kommunistischen Bewegung "überschießende" "westliche" Rationalitätsprinzip; und beide - Marxismus und Faschismus - müßten als "überdeterminierte" Ausgeburten einer durch die Rationalisierung erzeugten "chronischen" Anomie aufgefaßt werden. Man kann diesen Hinweis zuspitzen: Der Faschismus, insbesondere der Radikalfaschismus, war im Selbstverständnis seiner Führungsclique eine totalitäre Reaktion auf die totalitäre marxistisch-kommunistische Bewegung nach dem Ersten Weltkrieg, deren Ideologie und deren organisatorische Ausbildung lange Wurzeln haben, aber ohne den Rahmen des "liberalen Systems" in Europa undenkbar sind. Der Faschismus assimilierte sich Grundmerkmale seines Gegners, aber seine deutsche Sonderform, der Nationalsozialismus, entwickelte eine Ideologie, die den extremsten Gegenpol zum kommunistischen "Heilsziel" formuliert: Dem universell - durch die "weltrevolutionäre" Praxis der Avantgardepartei - zu verwirklichenden Gleichheitsprinzip, wurde eine extrem partikularistische und archaische "Utopie" der "Natur" der einen "Rasse" entgegengestellt, ein ideologisches Ziel, dessen Verwirklichung einen "geschichtslosen" Gesellschaftszustand, die Destruktion aller Formen abendländischer "materialer Rationalität" (Max Weber) zur Folge gehabt hätte. Die kriegerische Vernichtung der Faschismen war die Voraussetzung für die Expansion seines totalitären Gegners, der nach und nach - im ideologischen Anspruch und im Bau des Herrschaftssystems - seine spezifisch totalitären Züge verlor. Gegenwärtig befindet sich der auf den "Prinzipien von 1917" errichtete Kommunismus in seiner tiefsten Krise, und es scheint, daß sein Überleben nur durch eine schrittweise Annäherung an das "liberale System", das seinen Wurzelboden darstellte und das er gänzlich zu "überwinden" trachtete, möglich ist. Damit ginge das Zeitalter der ideologischen Konfrontation in

Europa zu Ende, das sich im "Weltanschauungskampf" der beiden totalitären Systeme in bis dahin für unvorstellbar gehaltenen Vernichtungsexzessen entlud.

Literatur:

Adam, U.D.: Judenpolitik im Dritten Reich. Düsseldorf 1972.

Arendt, H.: Elemente und Ursprünge totaler Herrschaft. Frankfurt a.M. 1962.

Arendt, H.: Eichmann in Jerusalem. München o.J.

Bock, G.: Zwangssterilisation im Nationalsozialismus. Opladen 1986.

Cramer, E.: Hitlers Antisemitismus und die Frankfurter Schule. Düsseldorf 1979.

Friedrich, C.J.: Totalitäre Diktatur. Stuttgart 1957.

Hacker, F.: Terror. Reinbek 1975.

Himmler, H.: Geheimreden 1933-1945 und andere Ansprachen. Hrsg.: B.F. Smith und A.F. Peterson. Frankfurt, Berlin und Wien 1974.

Hitler, A.: Mein Kampf. München 1936.

Klee, E.: "Euthanasie" im NS-Staat. Frankfurt 1985.

Lieber, H.-J.: Ideologie. Uni-Taschenbücher 1358.

Mühlmann, W.E.: Chiliasmus und Nativismus. Berlin 1964.

Nolte, E.: Zur Phänomenologie des Faschismus. In: Vierteljahresschrift für Zeitgeschichte 1963.

Nolte, E.: Der Faschismus in seiner Epoche. München 1979.

Parsons, T.: Some sociological aspects of the fascist movements (1942). In: Parsons: Essays in sociological theory. Glencoe 1964.

Picker, H.: Hitlers Tischgespräche im Führerhauptquartier 1941-1942. Stuttgart 1965.

Pirker, Th. (Hrsg.): Komintern und Faschismus 1920-1940. Stuttgart 1966.

Pohlmann, F.: Politische Herrschaftssysteme der Neuzeit. Opladen 1988.

Popitz, H.: Phänomene der Macht. Tübingen 1986.

Radek, K.: Der Platz des Faschismus in der Geschichte (1934). In: Pirker 1966, a.a.O., S. 182.

Rosenberg, A.: Der Mythus des 20. Jahrhundert. München 1930.

Simmel, G.: Soziologie. Tübingen 1958.

Sperber, M.: Taten der Gewalt. In: Ders.: Sieben Fragen zur Gewalt. München 1978.

Weber, M.: Wirtschaft und Gesellschaft. Studienausgabe. Tübingen 1972.

Führer und Karawane in der Wüste

Gerd Spittler

Eine Reise durch die Wüste

Bevor Khada zur Durchquerung der Tenere-Wüste aufbricht, hat er sich schon wochenlang vorbereitet. Er hat aus den Blättern der Dumpalme Seile für die Kamellasten hergestellt und mehrere neue Ziegenfelle gegerbt, um daraus Wasserschläuche zu nähen, denn das Überleben in der Wüste wird vom Wasser abhängen. Aber auch alle Nahrungsmittel für die einmonatige Reise müssen mitgenommen werden. Fatima, die Frau von Khada, ist tagelang damit beschäftigt, Nahrungsmittel für ihn, seine beiden Brüder Makhmuda und Aghali und für mich vorzubereiten: *kuskusu* (Kuskus) und *talya* (eine Art Spätzle), aus denen rasch ein Gericht gekocht werden kann, vor allem aber *eghale* (ein Gemisch aus Hirse, Käse und Datteln), das als besonders nahrhafte Mahlzeit gilt. Sowenig wie die Menschen Nahrungsmittel in der Wüste finden, sowenig gibt es dort Futter für die Kamele. Vier Tage lang sind Khada und seine Brüder damit beschäftigt, mit der Sichel Grasbüschel abzuschneiden, die dann zu großen Ballen gebündelt werden und den 18 Kamelen als Futter in der Wüste dienen. Khada hält das Grasschneiden für die mühsamste Arbeit bei der Karawane.

Am 21. September 1980 ist es soweit. Um fünf Uhr morgens stehen wir auf, frühstücken, die Kamele werden gefüttert und beladen. Um sechs Uhr brechen wir auf. Es wird kein einziges Mal gerastet oder angehalten, bis Khada nachts um 23 Uhr, d.h. nach siebzehn Stunden Marsch, das Leitkamel sich niederlegen läßt und damit das Zeichen zum Anhalten gibt. Siebzehn Stunden Marsch bedeutet nicht ausschließlich, aber doch überwiegend zu Fuß gehen, weil die Kamele geschont werden müssen. Khada reitet nur vier Stunden lang auf dem Kamel, wir anderen etwas länger.

Tagsüber muß natürlich auch gegessen und getrunken werden: im Gehen. Einer hält die Schüssel mit dem *eghale,* der andere greift mit dem Schöpflöffel hinein und trinkt das mit Wasser verflüssigte Gericht. Bei Temperaturen bis zu 40° im Schatten, wobei allerdings ein Schatten nirgendwo zu sehen ist, peinigt uns der Durst noch mehr als der Hunger. Einmal, um 17 Uhr, gibt es sogar einen heißen Tee. Auch hier erfolgen die Zubereitung und das Trinken des Tees im Gehen.

Ein richtiges Essen gibt es erst nach dem Anhalten in der Nacht. Zuerst müssen die Kamele abgeladen und gefüttert werden, dann wird gekocht, um Mitternacht wird gegessen, und kurz danach sinken wir in den Schlaf. Der Schlaf dauert aber nicht lange, denn der nächste Tag sieht nicht anders aus. Um 5.30 Uhr stehen wir auf, um 7 Uhr brechen wir nach unserem Frühstück und dem Füttern und Beladen der Kamele auf, dann geht es wieder ohne Pause durch die Wüste; um 23 Uhr, nach sechzehn Stunden Marsch, wird angehalten. So geht es sieben Tage lang, bis wir in Dirkou ankommen. Nur einmal, am fünften Tag, machen wir in Achegour, dem einzigen Brunnen auf der ca. 450 km langen Strecke, schon tagsüber halt.

Warum wird die Karawane zu einer solchen Eile gezwungen, warum kann sie sich nicht mit kleineren Tagesleistungen zufrieden geben? Es gibt auf der Strecke nur einen Brunnen; selbst die genügsamen Kamele müssen in dieser heißen Jahreszeit nach fünf Tagen Wüstenmarsch Wasser trinken. Wichtiger noch ist ein anderer Grund. Die Reise durch die Tenere, der Aufenthalt in den Kawar-Oasen und die Rückreise dauern je eine Woche, insgesamt also drei Wochen. Da die Kamele das Futter für die ganze Zeit mitnehmen, muß die Dauer so kurz wie möglich gehalten werden. Die Futterknappheit ist ein zentrales Problem der Karawane.

Welchem Ziel dient das ganze Unternehmen? Es handelt sich hier nicht um ein sportliches Abenteuer, sondern um eine Reise, die die Kel Ewey Tuareg jedes Jahr einmal unternehmen und die bei ihnen eine jahrhundertelange Tradition hat. In den Kawar-Oasen und in Bilma besorgen sich die Kel Ewey Salz und Datteln. Diese werden im Hausaland (im Süden Nigers und in Nordnigeria) mit hohem Gewinn verkauft, aus dem Erlös kaufen die Kel Ewey ihr Grundnahrungsmittel Hirse, aber auch Kleidung und andere Güter. Die Bilmakarawane (*taferde*) ist also eine strapazenreiche Arbeit, die den Lebensunterhalt der Kel Ewey sichert. "Es gibt keine Arbeit in der Welt, die soviel Plackerei kennt wie die *taferde*" - so formuliert Khada bündig sein Urteil über die Anstrengungen der Bilmakarawane.

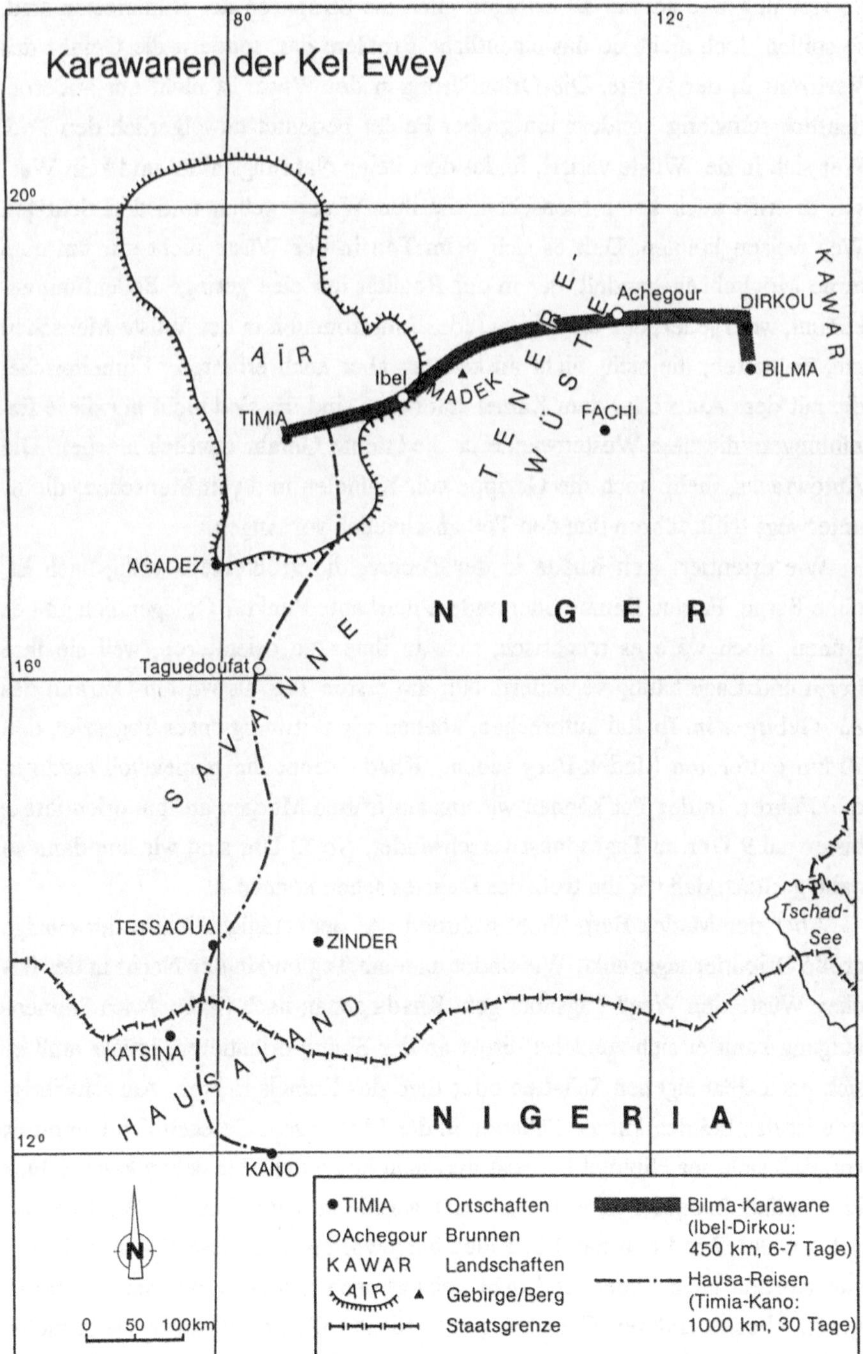

Entwurf: G.SPITTLER / Kartographie: S.KUPIES

So vielfältig und schwer zu ertragen auch die Strapazen der Bilmareisen sind, so stellen doch nicht sie das eigentliche Problem dar, sondern die Gefahr des Verirrens in der Wüste. Die Orientierung in der Wüste ist nicht nur außerordentlich schwierig, sondern ein grober Fehler bedeutet unweigerlich den Tod. Wer sich in der Wüste verirrt, findet dort keine Nahrungsmittel und kein Wasser, er trifft auch keine Menschen, die ihm Wasser geben und den richtigen Weg weisen können. Daß es sich beim Tod in der Wüste nicht nur um eine ferne Möglichkeit handelt, der in der Realität nur eine geringe Bedeutung zukommt, weiß jeder, der dort reist. Jedes Jahr kommen in der Wüste Menschen um, Touristen, die sich nicht auskennen, aber auch erfahrene Einheimische, die mit dem Auto oder dem Kamel unterwegs sind. Es sind nicht nur diese Erzählungen, die dem Wüstenwanderer die latente Gefahr deutlich machen. Die Autowracks, mehr noch die Gerippe von Kamelen und von Menschen, die er unterwegs trifft, führen ihm den Tod anschaulich vor Augen.

Wie orientiert sich Khada in der Tenere, die größtenteils völlig flach ist, ohne Berge, Felsen, Bäume oder andere markante Punkte? Gelegentlich gibt es Dünen, doch wäre es trügerisch, sich an ihnen zu orientieren, weil sie ihre Form und Lage häufig verändern. Nur am ersten Tag, als wir am Ostrand des Aïr-Gebirges im Ibeltal aufbrechen, können wir zeitweilig unser Tagesziel, den 70 km entfernten Madek-Berg sehen. Khada nennt ihn respektvoll *madugu*, d.h. Führer. In der Tat können wir uns am frühen Morgen an ihm orientieren, bis er um 9 Uhr im Tagesdunst verschwindet. Ab 13 Uhr sind wir ihm dann so nahe gerückt, daß wir ihn trotz des Dunstes sehen können.

Aber der Madek-Berg bleibt während der siebentägigen Reise der einzige große Orientierungspunkt. Wie findet man am Tag und in der Nacht in der flachen Wüste den Weg? Tagsüber geht Khada genau nach Osten. Nach Sonnenaufgang kann er sich zunächst direkt an der Sonne orientieren, später muß er sich nach dem eigenen Schatten oder dem des Kamels richten. Am schwierigsten ist das bei den kurzen Schatten in der Mittagszeit. Gelegentlich kommt es vor, daß sich der Himmel bedeckt und man keine Schatten sehen kann. Glück im Unglück bedeutet es, wenn man sich gerade in einem Teil der Wüste befindet, wo der Wind den Sand in Rillen aufgeworfen hat. Diese Rillen verlaufen von Norden nach Süden und man gelangt nach Osten, wenn man sie genau quert. Aber in anderen Gebieten gibt es diese Rillen nicht. Dann bleibt nichts anderes übrig als anzuhalten und zu warten, bis die Wolken wieder verschwinden. Das kommt sehr selten vor, Khada z.B. hat es in 25 Jahren erst dreimal erlebt. Aber genau für diese Situation erkennt Khada die Überlegenheit meines Kompasses an, während er ihn sonst für ebenso überflüssig hält wie meine Uhr.

Gelegentlich stößt man auf die Spuren anderer Karawanen. Khada macht sich einen Sport daraus, sie zu identifizieren. So weist er mich am ersten Tag an einer Stelle darauf hin, daß hier am Vortag zur Mittagszeit eine Karawane vorbeigezogen sei. Daß es erst am Vortag war, erkennt er an der Konsistenz des Kamelkotes. Aber woher weiß Khada, daß es um die Mittagszeit war? Er weist mich auf die Spuren von verschüttetem Wasser und *eghale* hin. Außerdem liegen die Fußspuren der Menschen nebeneinander, weil diese beim Essen nebeneinandergehen, um sich die Kalebasse gegenseitig zu reichen. Khada kann auch die Fußabdrücke einzelner Personen identifizieren. Obwohl aus allen Anzeichen klar ist, daß diese Karawane ebenfalls den Weg nach Bilma nimmt, folgt Khada den Spuren nicht. Er will augenscheinlich demonstrieren, daß er selbst in der Lage ist - vielleicht besser als sein Vorgänger - den kürzesten Weg nach Bilma zu finden.

Nach Sonnenuntergang (18 Uhr) orientiert sich Khada an den Sternen. Zuerst (ab 18.30 Uhr) sieht man das Sternbild *meyki* (Adler). Das sind zwei Sterne, jeder Stern stellt dabei einen Adler dar. Die Orientierung ist hier nicht einfach, weil der Abstand zwischen den beiden Sternen relativ groß ist und man sich an die Mitte halten muß. Sobald der Pegasus am Himmel auftaucht (ca. 19 Uhr), folgt Khada ihm. Der Pegasus heißt in Tamajeq *tejira* (Schuppen). Man orientiert sich dabei an den unteren beiden Sternen. Etwa um 22 Uhr sind die Plejaden am Himmel erkennbar, die in Hausa *kaza* (Hühner), in Tamajeq *satsi* (Fußabdruck einer Gazelle) heißen. Alle diese Sterne liegen im Osten, mit einem kleinen Winkel nach Norden. Khada orientiert sich auch beim Anhalten an den Sternbildern. Wenn der Orion (*amanar*) am Horizont auftaucht (ca. 23 Uhr), weiß er, daß die Tagesleistung erfüllt ist.

Wer mehrfach an einer Bilmakarawane teilgenommen hat, kennt die Regeln der Orientierung, weiß, wie man sich bei Tag und bei Nacht in der Wüste zurechtfindet. Dennoch gibt es unter den Tuareg nur ganz wenige, die den Weg durch die Wüste allein wagen. Das Wissen allein genügt hier nicht, da die Realisierung dieses Wissens alles andere als selbstverständlich ist. Ein Hinderungsgrund sind die oben erwähnten Strapazen der Reise. Wer sich in der Wüste orientieren will, darf nicht von Müdigkeit übermannt werden, sondern muß sich ständig auf den Weg konzentrieren. Selbst dem erfahrenen Khada passiert es, daß er einmal auf dem Kamel einschläft und für kurze Zeit vom Weg abkommt. Dies ist im übrigen der Grund, warum er noch weniger als die anderen auf dem Kamel reitet: Wer zu Fuß geht, kann dabei nicht einschlafen.

Auch wer die Orientierungsregeln kennt und in der Lage ist, seiner Müdigkeit zu trotzen, ist deshalb noch nicht befähigt, den Weg durch die Wüste zu finden. Das schlimmste ist die Angst, darauf weisen die Tuareg immer wieder hin. *tenere* bezeichnet bei den Kel Ewey jede vegetations- und wasserlose Ebene, d.h. jede Wüste. Daß das Gebiet zwischen dem Aïr und Bilma einfach als die Tenere bezeichnet wird, hat mit dem besonders extremen Charakter dieses Wüstenteils zu tun. Es gibt keinen Baum, kein Gras, kein Stück Holz, keine Tiere. *tamattan*, Tod, ist das erste, was den Kel Ewey zur Tenere einfällt, weil dort mangels Wasser kein Leben gedeiht (Spittler 1989b). Die Wüste ist aber nicht nur tot, sondern sie bringt auch dem Menschen, der sie durchquert, den Tod, zumindest besteht immer diese Gefahr. Die Wüste ist die Einöde schlechthin, ohne Menschen und ohne Leben. Nur Dämonen gibt es dort, die den Menschen in die Irre führen. Es ist diese absolute Einöde, die die meisten Tuareg in Panik versetzt, auch wenn sie die Regeln der Orientierung kennen: "Wenn du nach allen Himmelsrichtungen schaust, ohne einen Berg, ohne einen Baum, ohne einen Menschen oder ein anderes Lebewesen zu sehen, dann verlierst du den Kopf".

Auch Khada fühlt sich in der Wüste keineswegs zu Hause, obwohl er ein erfahrener Führer ist. Als ich ihm einmal erzähle, daß man in Europa die Tuareg "Söhne der Wüste" nennt, lacht er über eine so absurde Vorstellung. Er selbst und die meisten anderen empfinden die Wüste als Feind des Menschen und überhaupt des Lebendigen: "Der Marsch durch die Tenere ist wie ein Krieg. Nie kann man sich daran gewöhnen und sich wohlfühlen".

Wird der Wüstenreisende schon unter normalen Bedingungen leicht von Angst befallen, wenn er nichts außer der flachen toten Wüste um sich sieht, so droht eine Panik umsomehr, wenn außergewöhnliche Umstände eintreten. Das kann ein bewölkter Himmel sein, aber auch - und das geschieht sehr viel häufiger - ein Dünental, in das man gerät und das man nicht einfach durchqueren kann, wie es die Richtung eigentlich erfordert. Das ereignet sich auf unserem Rückweg. Im Laufe des vierten Tages soll der Madek-Berg am Horizont auftauchen und dann als Führer für die Karawane dienen. Unsere Karawane, die abweichend vom üblichen Weg etwas weiter nördlich läuft, gerät am Nachmittag in ein von Dünen durchzogenes Gebiet, wobei die Dünen die Sicht versperren. Khada steigt gelegentlich auf eine Düne, kann aber den Madek-Berg nicht sehen. Um 4 Uhr nachmittags wechselt er die Richtung, und wir laufen genau nach Süden. Er erinnert sich, daß er früher schon einmal in dieses Dünengebiet gezogen ist und dabei in Orientierungsschwierigkeiten geriet. Denn die Dünen zwingen eine bestimmte Marschrichtung entlang der Dünentäler auf, ohne daß man einen klaren Orientierungspunkt besitzt. Wir sehen zwar am Horizont gelegentlich Punkte auftauchen, aber niemand ist sich sicher, ob es sich dabei um den Madek-Berg handelt. Khada stellt beruhigend fest, daß ab und zu noch Kamelkot zu sehen ist, d.h. daß auch andere Karawanen diesen Weg gegangen sind. Wir machen um 11 Uhr nachts halt, ohne daß wir den Madek mit Sicherheit gesehen haben. Bei allen ist Erleichterung zu spüren, als wir am nächsten Morgen bei Tagesanbruch den Madek zwar nur klein und in weiter Entfernung, aber doch deutlich vor uns sehen.

Khada bewahrt in dieser Situation die Ruhe und kann sie auch auf die anderen übertragen. Aber hinterher berichten sie mir, daß die Angst immer wieder in ihnen hochstieg, daß sie immer wieder zu Khada schauten, ob er die Ruhe bewahrte. Bei dieser Gelegenheit erzählen sie auch, daß es öfters solche Situationen gibt, in denen die Angst auch den erfahrenen Wüstenreisenden packt, in denen er den Kopf verliert und die Richtung nicht mehr bestimmen kann.

madugu und Karawane

Khada geht nicht allein durch die Wüste. Ich habe oben schon erwähnt, daß er von mir und von seinen jüngeren Brüdern Makhmuda und Aghali begleitet wird. Als ältester Bruder leitet Khada diese Gruppe, er gibt den Brüdern Anweisungen über die Arbeit, er führt die Geschäfte nach der Ankunft in Bilma. Khada reist aber nicht mit dieser Gruppe allein, sondern er ist gleichzeitig *madugu*, Führer einer großen Karawane. Die gesamte Karawane besteht aus 10 Gruppen mit 151 Kamelen und 22 Personen. Jede Gruppe (*alaway*) besteht in der Regel aus einem Leiter (*amghar*, wörtl. der Alte) und einer Begleitperson. Die Kamele jeder Gruppe sind aneinandergebunden und gehen hintereinander.

Die Formation der ganzen Karawane mit dem *madugu* an der Spitze sieht folgendermaßen aus, wobei ich hier jede Gruppe mit einer Zahl bezeichne.

		(madugu) 1		
2	3		4	5
6	7		8	9	10

Was tut Khada als *madugu*, als Karawanenführer? Wir können uns dieser Sache am besten annähern, wenn wir beschreiben, was Khada *nicht* tut. Khada gibt den Mitgliedern der Karawane - außer seiner eigenen Gruppe - nie eine Anweisung. Er gibt weder einen Befehl zum Aufstehen, noch zum Beladen, noch zum Aufbruch, noch zum Anhalten. Er macht diesbezüglich auch keine Ankündigungen und Mitteilungen. Er erklärt nicht den Weg. Er informiert sich auch nicht, ob die Ausrüstung der anderen in Ordnung ist und ob sie startbereit sind. Er zieht keine Erkundigungen bei den anderen ein, und diese machen ihm auch von sich aus keine Mitteilungen. Es gibt also keine Beratung zwischen ihm und den anderen über das Ziel, den Weg, den Zeitpunkt von Aufbruch und Halt, das Marschtempo.

Was bleibt bei dieser negativen Charakterisierung noch als Tätigkeit des *madugu*? Im wesentlichen besteht sie in nichts anderem als in dem, was ich schon oben als Aktivität von Khada beschrieben habe. Führen bedeutet hier etwas sehr Elementares: Khada geht voran, und die anderen folgen ihm. Die Betonung liegt hier auf folgen, nicht auf führen. Der *madugu* tut nichts anderes, als wenn er allein durch die Wüste zöge. Es sieht so aus, als nehme er die anderen nicht einmal zur Kenntnis. Sie hören, wenn er im Morgengrauen aufsteht, um die Kamele zu beladen, und tun es ihm nach. Sie sehen, welche Richtung er tagsüber einschlägt und folgen ihm. Sie halten an, wenn sie sehen, daß sein Leitkamel niederkniet.

Aber dieser erste Eindruck, daß hier alle das gleiche machen, der eine vorne, die anderen hinten, täuscht. Bei genauerem Hinsehen zeigt sich, wie verschieden sich *madugu* und der Rest der Karawane verhalten. Wenn der *madugu* immer vorne läuft und die anderen hinterher, dann drückt sich darin mehr als eine räumliche Anordnung aus. Es bedeutet, daß der *madugu* immer alleine, von den anderen getrennt ist. Nie nähert sich eine Person bis auf seine Höhe. Geschieht das doch aus Versehen, dann setzt sie erschrocken zurück. Der *madugu* blickt nie nach hinten, sondern nur nach vorn. Dort sieht er nichts als die Wüste. Er beobachtet tagsüber die Geländeformationen und seinen eigenen Schatten bzw. den seines Kamels, nachts den Stand der Sterne. Er darf sich nicht längere Zeit davon ablenken lassen, weil er sonst die Richtung verliert. Er redet nicht mit den andern, sondern hat als Gegenüber nur die Wüste. Er zeichnet sich durch eine große Ernsthaftigkeit aus. "Die Tenere versteht keinen Spaß, sondern hier gilt nur die Wahrheit. Man muß immer aufpassen", antwortet mir Khada, als ich ihn einmal frage, warum er sich nie an den Unterhaltungen der anderen beteilige.

Dem Augenschein nach handelt Khada so, als sei er allein mit seiner Gruppe in der Wüste und als gäbe es überhaupt keine Karawane. Und es erscheint dabei eher zufällig, daß sich noch eine Reihe von anderen Personen gerade zu diesem Zeitpunkt getroffen hat und jetzt eine Karawane bildet. In Wirklichkeit ist das natürlich nicht zufällig. Es gibt unter den Kel Ewey nur wenige anerkannte *madugu*, jeder kennt sie und jeder *madugu* weiß, daß er einer ist. Zwar kündigt er seinen Aufbruch in der Öffentlichkeit nicht an, doch können die Interessenten über seine Freunde und Verwandten erfahren, wann er aufbricht und ihn dann fragen, ob sie teilnehmen können. Auch während der Karawane wirft Khada manchmal einen verstohlenen Blick nach hinten, wenn dort ein Kamel ausbricht oder sonst etwas passiert, und er verlangsamt dann sein Tempo. Gerade Khada steht im Ruf, auf die anderen Teilnehmer Rücksicht zu nehmen, und er ist daher als Karawanenführer besonders beliebt. Aber dieser Fürsorge - wenn man sie so nennen will - sind doch enge Grenzen gesetzt, und nach außen wird sie gar nicht gezeigt. Stilisiert wird immer der *madugu*, der unabhängig seinen Weg geht.

Die Unabhängigkeit des *madugu* zeigt sich auch darin, daß er nicht der Spur einer anderen Karawane folgt, obwohl das die Orientierung sehr erleichtern würde. Völlig undenkbar wäre es, daß zwei *madugu* eine Karawane führen. Kurz vor dem Aufbruch in die Tenere, als wir noch im Aïr-Gebirge waren, stoßen wir durch Zufall mit einer anderen Karawane aus Timia zusammen. Jeder empfindet die Situation als peinlich, die beiden *madugu* wechseln kein

Wort miteinander. Um den Zusammenschluß zu verhindern, setzt die andere Karawane in der Nacht ihren Marsch fort.

Die Stilisierung der Unabhängigkeit des *madugu* wird auch in den Erzählungen über den inzwischen verstorbenen *madugu* Worokel deutlich, bei dem alle heutigen *madugu* von Timia "in die Lehre" gingen. Von ihm lernten sie, daß man als *madugu* keine Befehle, aber auch keine Informationen gibt. Worokel teilte nie mit, wann die Karawane startete. Die anderen mußten heimlich seinen Haushalt beobachten, um zu sehen, wann der Proviant für die Bilmakarawane vorbereitet wurde. Unterwegs, in der Wüste, lud er nachts seine Kamele so leise auf, daß die anderen oft nichts bemerkten. Als sie aufwachten, war er schon weitergezogen, und sie mußten schauen, wie sie seiner Spur folgen konnten. Khada schlief aus diesem Grunde nie richtig, sondern legte sich hin und stützte dabei seinen Kopf auf einen Hirsesack. Sobald er richtig einschlief, fiel sein Kopf herunter, und er wachte wieder auf. Auf diese Weise konnte er den Aufbruch von Worokel nicht verpassen. Worokel ging immer allein an der Spitze der Karawane und sprach mit niemandem. Er hielt auch nie an, wenn ein Kamel seine Ladung verlor. Selbst, wenn ihm das mit seinem Führungskamel passierte, nahm er das nächste Kamel und ging weiter, während die anderen die Ladung wieder herrichteten.

Wie wird man *madugu*? Bei der Struktur der Beziehung zwischen *madugu* und den übrigen Mitgliedern der Karawane gibt es kein Lehrverhältnis. Natürlich kann man durch Beobachtung eines *madugu* die Orientierungsregeln lernen. Aber entscheidend ist es, die Angst vor der Wüste zu verlieren. Nur wenige trauen sich das selbst zu. Von manchen *madugu* - vor allem von Worokel und Arshi - sagt man, sie seien in der Wüste zu Hause wie ein Wüstenfuchs. Khada weist das für sich selbst zurück. Er sieht die Wüste immer als Feind. Auf die Frage, wie er *madugu* geworden sei, erzählt er folgende Geschichte. Als er einmal mit dem Grasschneiden nicht rechtzeitig fertig wurde, brach die Karawane ohne ihn auf - ein gutes Beispiel für die fehlende Rücksichtnahme eines *madugu*. Khada blieb allein mit seinen beiden Schwägern zurück. Er fragte sie, ob sie bereit seien, unter seiner Führung durch die Tenere zu ziehen. Sie akzeptierten es, und alle kamen lebend zurück - seither ist Khada als *madugu* anerkannt!

Wir haben jetzt das Verhalten des *madugu* kennengelernt, seine Konzentration auf die Wüste und seine Distanz zu den anderen Mitgliedern der Karawane. Worin besteht deren Tätigkeit im Unterschied zu der des *madugu*? Außer dem Gehen gibt es während des 16stündigen Marsches wenig zu tun. Einer läuft an der Spitze der jeweiligen Gruppe und führt des Leitkamel an einem Seil. Die Jungen befinden sich weiter hinten und verrichten die regelmäßigen Dienstleistungen: Wasser reichen, *eghale* und Tee zubereiten. Sie müssen auch darauf achten, daß die Kamele in der Reihe laufen und daß sich keine Last verschiebt. Gegebenenfalls müssen sie die Last wieder richten oder ein ausgebrochenes Kamel einfangen.

Alle diese Arbeiten nehmen jedoch nicht viel Zeit ein, insgesamt nicht mehr als zwei Stunden pro Tag. Die restlichen 14 Stunden sind die Männer frei. Einen Teil dieser Zeit sitzen sie auf dem Kamel und dösen vor sich hin. Die meiste Zeit aber unterhalten sie sich. "Plaudern ist die beste Medizin gegen die Müdigkeit", so lautet eine häufig zitierte Karawanenregel. Die Jungen erzählen sich Geschichten, häufig scherzen sie auch miteinander, veranstalten kleine Kämpfe oder spielen den anderen einen Streich. Man darf sich eine solche Karawane keineswegs wie einen Zug müder und geschlagener Krieger vorstellen, sondern es geht dabei eher lustig zu. Bei den "Großen", die die Kamele führen, geht es gemessener zu. Aber auch sie halten einen so engen Abstand, daß sie miteinander sprechen können. Sie erzählen sich meist den Dorfklatsch über Timia. Nur in der größten Mittagshitze hängen die meisten schweigend auf dem Kamel.

Die Orientierungsleistung für die Karawane hat der *madugu* allein zu erbringen. Die Strapazen muß jeder bewältigen, doch trägt auch hier der *madugu* zur Entlastung bei, weil die Karawane sich durch Unterhaltung von den Mühen ablenken kann. Neben dieser Ablenkung gibt es noch weitere Mittel, Müdigkeit und Erschöpfung zu bekämpfen. Eines davon sind aufmunternde Zurufe. Wenn die Karawane in Müdigkeit zu versinken droht, werden von einzelnen Mitgliedern mit gellender Stimme standardisierte Aufrufe geschrien:

- Das Gehen in der Wüste ist kein Spaß, sondern Arbeit!
- Die Wüste hat keine Grenze, man kann sie nicht einzäunen!
- Die Karawane geht langsam, aber sie schläft weit entfernt!
- Unser *madugu* geht gerade wie eine Naht, nicht wie eine Schlange!
- Unser *madugu* kennt jede Stelle in der Wüste wie der Wüstenfuchs!

- Unser *madugu* denkt immer an Bilma, auch wenn er in Timia zu Hause sitzt!

Alles, was von der unmittelbaren Anstrengung ablenkt, wird begierig aufgegriffen. Typisch für die Wüste ist nun aber gerade die Ereignislosigkeit. Die meiste Aufregung verursacht der Kontakt mit einer anderen Karawane. Das gilt auch dann, wenn man sie gar nicht zu Gesicht bekommt. Gelegentlich trifft man auf ihre Spuren und versucht diese im einzelnen zu identifizieren. Oder man veranstaltet ein Wettrennen mit einer anderen Karawane. So ist z.B. unser Rückweg von Bilma ins Aïr völlig vom Wettrennen mit einer anderen Karawane bestimmt. Als diese uns am Achegour-Brunnen erreicht, bricht unsere Karawane so rasch wie möglich auf, nicht ohne die andere Karawane mit dem höhnischen Ruf zu begrüßen: "Wer zurückbleibt, tut dies nicht aus freien Stücken". Nachts wählen wir als Lagerplatz eine Senke in der Wüste, damit die andere Karawane nicht unser Lagerfeuer aus der Ferne sehen kann. Noch im Aïr, als es keine sachliche Rechtfertigung mehr für Gewaltmärsche gibt, geht der Wettstreit weiter. Die andere Karawane erreicht uns am Rande des Aïr. Um sie abzuschütteln, bricht unsere Karawane schon um 1 Uhr nachts auf. Das gleiche tun aber auch die anderen, denn wir sehen, wie auch bei ihnen die Lagerfeuer angezündet werden. Doch können sie ihre zerstreuten Kamele nicht schnell genug finden. Der sonst eher zurückhaltende Khada konstatiert trocken: "Für den Aufbruch ist nicht das Feuer, sondern das Kamel entscheidend. Heute haben wir ihnen unsere Macht gezeigt".

Die Ursache dieses ganzen Wettrennens wirft nochmals ein Licht auf die subtile Beziehung zwischen *madugu* und Karawanenmitgliedern. Khada hat sich auf dem Hinweg zweimal über seinen Vetter Ghomer geärgert. Zuerst, weil er auf ihn einen Tag warten mußte, als Ghomer mit dem Grasschneiden nicht fertig wurde. Dann am Brunnen Achegour, als Ghomer dem Rat Khadas nicht folgte, mit dem Tränken der Kamele zu warten. Khada verlor kein Wort darüber. Aber bei der Rückkehr benachrichtigte er Ghomer nicht über den Zeitpunkt des Aufbruchs. Ghomer schloß sich dann der anderen Karawane an, und diese versuchte - vergeblich - uns einzuholen.

Führen und Folgen

Führen und Folgen in der Karawane weisen eine besondere Struktur auf, die ich in diesem Abschnitt nochmals zusammenfassend beschreiben und mit verwandten Phänomenen vergleichen möchte. Ich beginne zunächst mit der idealtypisch vereinfachten Darstellung der spezifischen Merkmale dieser Struktur.

1. Folgen.

Es erscheint mir sinnvoll, diese Beziehung zunächst nicht als Führen, sondern als Folgen zu charakterisieren. Der *madugu* wirbt nicht für die Karawane an, sondern ist an wenig Teilnehmern interessiert. Potentielle Interessenten müssen sich informieren und fragen, ob sie teilnehmen dürfen. Während der Karawane betreibt der *madugu* keine aktive Leitung, gibt keine Befehle, sondern geht für sich allein. Die anderen folgen seinem Aufbruch, seiner Richtung und seinem Halt.

2. Vorführen.

Wenn der *madugu* die Karawane nicht leitet, wie kann sie ihm dann folgen? Dadurch, daß er vorne geht, die Dinge vormacht, die ihm die anderen dann nachmachen. Dieses Vorführen zeichnet sich durch folgende Merkmale aus:

- Die ausführende Tätigkeit ist beim *madugu* nicht wie bei einem Herrschaftsverhältnis, wo einer befiehlt und die anderen ausführen, abgespalten. Der *madugu* muß alles zunächst physisch ausführen, bevor ihm die anderen folgen. Er muß dieselben Strapazen ertragen wie sie, er kann sie nicht für sich arbeiten lassen.
- Der *madugu* macht die Dinge vor, aber er kümmert sich nicht darum, ob die anderen ihm folgen. Er bildet sie weder aus, noch hilft er ihnen.
- Stumme Kommunikation: Der *madugu* gibt keine Befehle und keine Erläuterungen und stellt auch keine Fragen. Auch die anderen stellen weder Fragen, noch äußern sie Wünsche oder Forderungen. Eine Kommunikation besteht nur insofern, als die Nachfolgenden sehen und hören, was der *madugu* vorne tut.

3. Begrenzter Führungsbereich.

Die Beziehung *madugu* - Karawane ist räumlich, zeitlich und inhaltlich stark eingegrenzt. Räumlich beschränkt sie sich auf die Tenere, auf den Wüstenabschnitt. Während der Vorbereitung im Aïr und während des Aufenthaltes in Bilma übt der *madugu* keine Führungsfunktion aus. Auch auf dem Weg ins Hausaland, wo es keine Orientierungsprobleme gibt, sind alle gleich, gibt es keine *madugu*-Position. Der räumlichen Begrenzung entspricht die zeitliche: Die Rolle des *madugu* ist auf die je siebentägige Hin- und Rückreise beschränkt. In der übrigen Zeit trägt er nur den Ehrentitel *madugu*. Auch inhaltlich bleibt der Führungsbereich sehr eingeschränkt. Das Ziel, Bilma, steht von vornherein fest. Der *madugu* bestimmt nur den einzuschlagenden Weg und die erste Kawar-Oase. Tempo und Dauer der Tagesmärsche kann er nur in Grenzen bestimmen, da der Rahmen durch Futter- und Tränkebedarf der Kamele vorgegeben ist.

4. Begrenzter Machtbereich.

Der *madugu* besitzt keine offene Sanktionsmacht gegenüber den Mitgliedern der Karawane. Er kann keine Strafen verhängen, er kann noch nicht einmal einen Tadel aussprechen. Wie wir bei Khada gesehen haben, übt er aber versteckt durchaus Sanktionen aus, indem er seinen Vetter Ghomer faktisch von der Karawane ausschließt. Der *madugu* erhält für seine Leistung keine Bezahlung, weder in Geld noch in Natur. Einzig der Titel *madugu*, mit dem er das ganze Jahr über von allen Leuten in Timia angesprochen wird, verleiht ihm eine Ehre, die ihn über die anderen erhebt. Daß der *madugu* keine Bezahlung erhält, erklärt sich aus zwei Gründen, die in sich widersprüchlich sind, hier aber in dieselbe Richtung wirken. Zum einen tragen der begrenzte Führungsbereich und die Fiktion, daß es sich hier nicht um Führen, sondern nur um Folgen handle, dazu bei. Zum anderen ist es aber gerade das Bewußtsein von seinem lebensnotwendigen Dienst, der die Bezahlung verhindert. So wie man einem Hungrigen das Essen und einem Durstigen das Wasser nicht verkaufen, sondern schenken soll, so soll man auch aus der Wegweisung in der Wüste kein Kapital schlagen. Die fehlende Bezahlung ist ein Grund dafür, weshalb *der madugu* nicht an einer großen Karawane interessiert ist. Sie sichert ihm auch eine große Unabhängigkeit gegenüber den Karawanenmitgliedern. Er ist nicht ihr Diener und muß nicht aus finanziellen Gründen auf sie Rücksicht nehmen.

5. Kompetenz und Bedeutung des Führers.

Aus der bisherigen Beschreibung kann man leicht den Eindruck gewinnen, als würde der *madugu* eine recht unwichtige Rolle spielen. Die letzte Bemerkung im vorigen Abschnitt weist allerdings auf die wichtige Funktion des *madugu* hin. Zwar sind seine Einflußmöglichkeiten zeitlich, räumlich und inhaltlich beschränkt, aber seine Aufgabe ist dafür umso bedeutsamer: Von ihr hängt das Überleben der Karawane ab. Damit kommt auch seiner Kompetenz, den Weg durch die Wüste sicher zu finden, eine überragende Bedeutung zu.

6. Distanz des Führers.

Es ist nicht nur die lebenswichtige Funktion des *madugu*, die ihn aus den anderen herausragen läßt, sondern paradoxerweise gerade sein Verhalten, das jeden Befehl und jede Belehrung zu vermeiden sucht. Es entsteht dadurch ein distanzierter Habitus, der autoritärer und arroganter wirken kann als das Verhalten eines Führers, der herumkommandiert. Der *madugu* vermittelt sein Wissen nicht an die anderen. Es fehlt dadurch das Hierarchiegefälle, das sich in jeder Belehrung ausdrückt. Aber Belehrung bedeutet auch, daß man den eigenen Wissensvorsprung zu reduzieren bereit ist, daß man dem Schüler zutraut, daß er sich dem eigenen Wissensstand zunehmend annähert. Der *madugu* dagegen, der sein Wissen demonstriert, aber für sich behält, bewahrt damit auch die Distanz zwischen sich und den anderen.

Die Eigentümlichkeiten der Beziehung Führer - Karawane lassen sich noch auf andere Weise als durch die direkte Beschreibung verdeutlichen: durch einen Vergleich mit ähnlichen Situationen. Die Karawane ist eine Form der Reisegesellschaft. Im folgenden vergleichen wir sie mit anderen Typen von Reisegesellschaften: der Expedition, der Reisegruppe, der von einem Bergführer geleiteten Gruppe und dem Schiff.

Europäische Forscher, die im 19. Jahrhundert ins Innere Afrikas reisten, hatten die Wahl, sich entweder einer afrikanischen Karawane anzuschließen oder eine eigene *Expedition* durchzuführen (Spittler 1987). Obwohl solche Expeditionen vor der Zeit der Eisenbahn und des Autos in ihren Transportmitteln einer Karawane sehr ähnlich waren, war ihre Struktur grundverschieden. Stanley, der Prototyp eines Expeditionsleiters, mag hier den Kontrast verdeutlichen. Stanley tritt uns zuerst als Organisator einer Expedition entgegen: Er rekrutiert Träger und Soldaten, er beschafft die ganze Ausrüstung. Er legt nicht nur den Weg, sondern auch das Ziel der Expedition fest. Er ist eindeutig der Befehlshaber über die Expeditionsmitglieder, er stellt sie ein und entläßt sie, er bezahlt sie, er befiehlt ihnen nach Belieben, er bestraft und belohnt sie. Hier liegt eindeutig ein Herrschaftsverhältnis vor. Hinzu kommt der militärische Aspekt. Stanley ist nicht nur Expeditionsleiter, sondern auch militärischer Kommandant und koordiniert im Falle von Auseinandersetzungen seine Soldaten zum Angriff. Alle diese Organisationsleistungen ziviler und militärischer Art fehlen beim *madugu* völlig.

Das Gegenteil der Expedition ist eine *Reisegruppe*, die sich friedlich durch ein Land bewegt, bei der alle Mitglieder gleichberechtigt sind und alle Entscheidungen gemeinsam beraten werden. Eine solche Reisegruppe unterscheidet sich nicht nur von der Expedition, sondern auch von unserer Bilma-Karawane. Am deutlichsten wird das, wenn wir die Reisegruppe der Kel Ewey im Hausaland mit der Bilmakarawane vergleichen. Schon sprachlich wird hier klar unterschieden. Die Bilma-Karawane trägt einen eigenen Namen, der nur für sie reserviert ist: *taghlem*. Die kleine Gruppe, die ins Hausaland zieht, reist zwar ebenfalls mit Kamelen, aber sie ist völlig anders strukturiert und trägt auch einen eigenen Namen: *shikkel* (Gruppe von Reisenden). Hier sind alle gleich, alle Entscheidungen werden gemeinsam beraten. Auch Khada verhält sich wie die anderen und zeigt nichts mehr von seinem *madugu*-Verhalten (Spittler 1989a, S. 83-88). Es wird dort deutlich, daß Khada zwar als Ältester der Gruppe gelegentlich als Sprecher dient, daß aber auch andere diese Funktionen ausüben können und daß vor allem immer die gemeinsame Beratung und Entscheidung im Zentrum steht.

Der *Bergführer* und die von ihm geführte Gruppe haben eine ganze Reihe von Gemeinsamkeiten mit unserer Karawane, und es ist kein Zufall, daß wir in beiden Fällen das Wort "Führer" gebrauchen. Auch ein Bergführer geht voran, kennt den Weg und die Gefahren des Berges, muß alles vormachen und kann sich nicht darauf beschränken, Anweisungen zu geben. Die sprachliche Interaktion zwischen ihm und der Gruppe ist aber sehr viel enger. Er weist sie ständig auf Gefahren hin, er erläutert ihnen, wie sie zu klettern und wie sie mit der technischen Ausrüstung umzugehen haben, er erklärt ihnen die Berge. Umgekehrt stellen ihm die Begleiter auch häufig Fragen. Die Beziehung Meister - Schüler ist hier zumindest ansatzweise vorhanden. Andererseits - und das macht die Beziehung delikat - ist er von dem Klienten stärker abhängig als ein *madugu*. Er wird von ihnen bezahlt, und oft wird von ihnen das Ziel des Unternehmens bestimmt.

Das *Schiff* teilt mit der Wüstenkarawane die Ähnlichkeit der Umgebung, in der es sich bewegt: Das Meer wird häufig und zurecht mit der Wüste verglichen. Wie in der Wüste muß man die ganze Ausrüstung und den Proviant für die Reise mitnehmen, man findet dort keine Menschen, die einem weiterhelfen können, man kann nicht unterwegs umkehren, es gibt ähnliche Orientierungsschwierigkeiten wie in der Wüste, ein Fehler kann zum Untergang des Schiffes und zum Tode aller führen. Aber die Organisation eines Schiffes ist völlig anders als die einer Karawane. Wir haben eine strenge, abgestufte Hierarchie vor uns. Der Kapitän, der an der Spitze steht, besitzt eine große Befehls- und Sanktionsgewalt. Im Falle des Schiffes ist eine Organisation notwendig, weil wir es mit einem einzigen, komplizierten Transportmittel zu tun haben, dessen Funktionieren die Koordination vieler Tätigkeiten erfordert. Eine Karawane dagegen besteht aus vielen selbständigen Kamelen.

Das Verhältnis zwischen *madugu* und Karawane läßt sich nicht nur mit anderen Formen der Reisegesellschaft, sondern auch mit anderen Formen des *Vorstehens* vergleichen. Ein wichtiges Merkmal der Beziehung *madugu* und Karawane ist die räumliche Anordnung: Der *madugu* geht immer vorn, die Karawane immer hinter ihm. Vergleichen wir den *madugu* mit anderen Vorstehern wie *Lehrer*, *Skilehrer* oder *Dirigent*, dann haben diese bei aller Unterschiedlichkeit eines gemeinsam, was sie vom *madugu* unterscheidet: Sie haben die Gruppe nicht im Rücken, sondern gegenüber. Das Orchester sitzt dem Dirigenten gegenüber, die Klasse dem Lehrer, die Skischüler stehen dem Skilehrer gegenüber. Dies weist einmal mehr auf eine wesentliche Eigentümlichkeit des *madugu* hin: Er führt nicht im Sinne von Koordinieren, Belehren, Kontrollieren, sondern er tut etwas, und die anderen machen es nach.

Der Lehrer steht der Klasse gegenüber, nicht nur um sie zu belehren, sondern auch um sie zu kontrollieren. Der Dirigent ist dem Orchester zugewandt, um dessen Einsatz zu koordinieren. Im Gegensatz zum *madugu* bedeutet vorstehen bei ihm nicht vormachen, sondern dirigieren. Dagegen macht der Skilehrer ähnlich wie der *madugu* alles körperlich vor. Aber er beschränkt sich nicht aufs Vormachen, sondern erläutert die Bewegungen, beobachtet die Skischüler und korrigiert ihre Bewegungen. Er manipuliert sie, aber er vermittelt auch gleichzeitig das Gefühl, daß man sich mit der Zeit seine Fertigkeiten aneignen kann. Der Skilehrer, der das nicht tut, sondern der nur vorausfährt und die anderen hinterherfahren läßt, ähnelt am meisten dem *madugu*, doch gilt gerade das nicht als korrektes Verhalten. Wenn er nur seine Eleganz demonstriert, während die andern hinter ihm herpurzeln, hat er seine Aufgabe verfehlt.

Ich habe die spezifischen Merkmale von Führen und Folgen in der Karawane beschrieben und durch den Vergleich mit ähnlichen Situationen nochmals präzisiert. Der Vergleich zeigt, daß die Karawanen mit diesen Situationen Ähnlichkeiten aufweisen, aber daß auch die Unterschiede auffällig sind. Wie sind diese Unterschiede zu erklären? Es liegt nahe, zunächst nach einer funktionalen Erklärung zu suchen. Die Hauptschwierigkeit der Karawane ist die Orientierung in der Wüste. Seit in den 30er Jahren die traditionelle Kel Ewey-Route über Madek und Achegour wieder eröffnet wurde, hat sich keine Karawane aus Timia auf dieser Strecke verirrt, obwohl sie jährlich von Hunderten von Männern und Tausenden von Kamelen, die in mehreren Karawanen organisiert sind, begangen wird. Insofern ist dieses Führungssystem ohne Zweifel als sehr erfolgreich anzusehen. Dazu trägt die Rolle des *madugu* wesentlich bei, besonders seine distanzierte Herausgehobenheit. Er konzentriert sich ganz auf die Wüste, nimmt sich weder Zeit für belanglose Unterhaltungen noch für die Belehrung der anderen. Seine Isolierung von den anderen verleiht ihm eine Ernsthaftigkeit und Strenge, die der "Wahrheit" der Wüste angemessen sind. Für die anderen bedeutet das einerseits den Zwang zur Selbständigkeit - sie können nicht auf seine Befehle, Belehrungen, Kontrolle, Fürsorge rechnen. Andererseits werden sie durch seine Konzentration entlastet: Sie können die Wüste während des Marsches weitgehend vergessen und sich von den Strapazen und der Angst ablenken.

Prozesse der Machtbildung?

Daß die Beziehung zwischen Führer und Karawane nicht als Herrschaftsverhältnis ausgebildet sein muß, um zu funktionieren, erklärt noch nicht die Abwesenheit von Herrschaft. Wir wissen inzwischen, auf wie schwachen Füßen eine funktionale Erklärung der Herrschaft steht. Vielversprechender ist ein Ansatz, der "Prozesse der Machtbildung" (Popitz 1968) nicht funktional, sondern von den Chancen der Machtakkumulation ausgehend erklärt.

Man könnte sich auch in unserem Falle vorstellen, daß die Macht des *madugu* sich zunehmend institutionalisiert und er auch materiellen Gewinn daraus zieht. Die Basis dafür ist die starke Abhängigkeit der Karawanenleute vom *madugu*. Ohne ihn können sie nicht in die Wüste ziehen, ihr Leben hängt von seiner Orientierungskunst ab. Im Gegensatz zum Touristen, der auf die Tour verzichten kann, wenn ihm der Bergführer nicht paßt, müssen die Kel Ewey die Wüste durchqueren, weil ihre ökonomische Existenz davon abhängt. Die Abhängigkeitssituation in der Wüste ist zwar nur kurz, aber sie ist dort absolut - man kann nicht aussteigen oder umkehren -, und sie wiederholt sich jedes Jahr. Zwar können die Kel Ewey zwischen mehreren *madugu* wählen, aber diese könnten sich leicht zusammenschließen. Im übrigen war früher Worokel der einzige *madugu* in Timia, er besaß also ein Monopol.

Wenn sich unter diesen Bedingungen keine größere Macht und keine Privilegien für den *madugu* herausbilden, dann bedarf das einer Erklärung. Ein Grund dafür ist in der strukturellen Gleichheit und dem Gleichheitspostulat der Karawanenteilnehmer zu suchen. Alle zehn Gruppen innerhalb Khadas Karawane sind strukturell gleich. Die Gruppen repräsentieren Haushalte, die ihre je eigenen ökonomischen Interessen in Bilma verfolgen. Die Kamele und die Waren gehören den jeweiligen Haushalten, wobei manche Haushalte wesentlich reicher als der *madugu* sind. Weder der *madugu* noch die Karawanenmitglieder geben das Ziel für den anderen vor, sondern sie haben ein gemeinsames Ziel, Bilma, wo jede Gruppe selbständig ihre Geschäfte tätigt. Alle Gruppen nehmen freiwillig und selbständig an der Karawane teil. Sie sind weder zwangsrekrutiert noch gegen Geld angeheuert, das gleiche gilt auch umgekehrt für den *madugu*.

Die einzelnen Gruppen der Karawane sind nicht nur gleich, sondern zumindest ihr jeweiliger Leiter (*amghar*) besitzt für die meisten Fragen die gleiche Kompetenz wie der *madugu*. Er weiß, welche Menge an Essen, Wasser und Futter mitgenommen werden muß und wie die Kamele beladen werden. Er weiß, welche physischen Anforderungen an Menschen und Kamele gestellt werden und wählt sie daher vorher sorgfältig aus. Für die Bilmakarawane gibt es auch traditionelle Regeln über Formation, Eßrhythmus, Aufbruch und Tempo, die allen bekannt sind. Es gibt häufig "alte Hasen" in einer Karawane, die über eine längere Erfahrung verfügen als der *madugu*. Diese hohe Kompetenz macht es möglich, daß sich der *madugu* auf die Orientierung konzentrieren kann und im übrigen keine Befehle gibt, keine Belehrungen erteilt und keine Kontrollen durchführt.

Auch bei struktureller Gleichheit und bei großer Kompetenz könnte man sich vorstellen, daß die Führerrolle des *madugu* äußerlich stärker Ausdruck findet, daß sie ihm außerhalb der Bilmakarawane eine größere Autorität verleiht und daß er über den Ehrentitel hinaus auch materiell profitieren kann. Wenn das alles bei den Kel Ewey fehlt, dann steht dahinter ein ausgeprägtes Gleichheitsideal. Die Kel Ewey kennen und akzeptieren innerhäusliche Autoritätsverhältnisse, in die in vorkolonialer Zeit auch Sklaven einbezogen waren, aber sie akzeptieren nur schwer außerhäusliche Herrschaftsbeziehungen. Deshalb schränken sie die Autorität des *madugu* auf das zeitliche, räumliche und inhaltliche Minimum ein, und er vermeidet es, Anweisungen oder Belehrungen zu erteilen. Vor allem aber verhindert das Gleichheitsideal, daß man aus Lebens-Notwendigkeiten Profit zieht und Macht akkumuliert. Wenn sich jemand in einer Notlage befindet, dann ist man verpflichtet, ihm ohne Bedingungen zu helfen. Das gilt für die Wegweisung in der Wüste, aber auch in einer Hungerkrise. Während z.B. bei den Hausa eine Hungerkrise zu Spekulationsgewinnen führt, ist das bei den Kel Ewey nicht möglich (Spittler 1989a).

Ein solches Gleichheitsideal kann nur unter Menschen wirksam werden, die sich nicht fremd sind, sondern in einer dauerhaften Beziehung zueinander stehen. Das ist hier in der Tat der Fall. Der *madugu* und die übrigen Teilnehmer der Karawane gehören alle zu den Kel Ewey von Timia. Sie haben das ganze Jahr über miteinander zu tun und stehen in engen verwandtschaftlichen und nachbarschaftlichen Verbindungen. Muß man sich dagegen einem fremden *madugu* anvertrauen - wenn man z.B. eine Route geht, die die *madugu* von Timia nicht kennen, dann bezahlt man für dessen Dienstleistung viel Geld.

Nicht nur die Sozialstruktur und das Gleichheitsideal der Kel Ewey verhindern "Prozesse der Machtbildung", sondern auch die Art, wie *madugu* rekrutiert werden. *madugu* werden nicht Personen mit einer "Führernatur", sondern solche, die nicht gern geführt werden möchten und die im übrigen zum Einzelgängertum neigen: Personen, denen es nichts ausmacht, schweigend den Tag zu verbringen, und die die Einsamkeit der Wüste nicht in Panik versetzt. Außerdem müssen es Personen sein, die noch besser als die anderen die körperlichen

Strapazen der Wüstendurchquerung ertragen können und wollen. Solche Eigenschaften prädisponieren zu einem *madugu*, aber nicht zu einem "Führer", der den Willen und die kommunikativen Fähigkeiten besitzen muß, andere nach seiner Vorstellung zu lenken.

Literatur:

Popitz, H.: Prozesse der Machtbildung. Tübingen 1968.

Spittler, G.: European explorers as caravan travellers in the West Sudan. In: Paideuma, 33, 1987. S. 391-406.

Spittler, G.: Handeln in einer Hungerkrise. Tuaregnomaden und die große Dürre von 1984. Opladen 1989a.

Spittler, G.: Wüste, Wildnis und Zivilisation - die Sicht der Kel Ewey. In: Paideuma, 35, 1989b. S. 273-287.

Meine Forschungen bei den Kel Ewey werden seit 1980 von der Deutschen Forschungsgemeinschaft gefördert.

Stationen: Ein Beitrag zur Theorie der Staatsentstehung auf der Grundlage der deutschen Kolonialherrschaft über Togo in Westafrika, 1884-1914*

Trutz von Trotha

Der erste, der ein Stück Land verlangte und erhielt, ein festes Haus darauf baute, einen Soldaten oder Polizisten, eindrucksvoll bewaffnet, zur Bewachung des Hauses und zur Ausführung seiner Entscheidungen zurückließ, dreist den umstehenden Menschen befahl, die Anordnungen des Soldaten zu befolgen, denn sie seien Ausdruck des Willens des großmächtigen Herrschers in einer fernen Hauptstadt, einfältige, furchtsame oder gerissene Leute fand, die glaubten, diesem Befehl nachkommen zu sollen, und der, nachdem er das alles getan hatte, sich zur fernen Hauptstadt auf und davon machte, nicht ohne nachdrücklich zu betonen, daß er eines nicht fernen Tages zurückkommen werde, ist der wahre Begründer des Staates. Der Staat beginnt mit der Station.

***

Im Jahre 1884 begann das Deutsche Reich mit Marinesoldaten und dem Kanonenboot "Möwe" seinen kolonialen Besitzanspruch auf ein Gebiet zwischen "Gold"- und "Sklavenküste" geltend zu machen, das mit etwas mehr als 87.000 qkm rund ein Drittel größer als die heutige Republik Togo gewesen ist. Aber es hat noch einiger Jahre bedurft, bis dieses Gebiet unter dem Namen "Schutzgebiet Togo" als kleinste Kolonie zum festen Bestandteil des kurzlebigen deutschen Kolonialreichs geworden war. Die Kolonialhistoriker bezeichnen

---

* Der Beitrag ist Teil eines Forschungsprojektes des Verfassers über die deutsche Kolonialherrschaft in Togo. Das Forschungsprojekt wurde durch das Heisenberg-Programm der Deutschen Forschungsgemeinschaft unterstützt. Für diese großzügige Unterstützung möchte ich mich von Herzen bedanken.

Ich verzichte hier auf ausführliche Quellen- und Literaturangaben. Mit Ausnahme des Werks von Peter Sebald (1988) beschränke ich mich darauf, in den Literaturverweisen am Ende des Beitrags nur die veröffentlichten Arbeiten der Autoren zu nennen, aus denen ich wörtlich zitiere.

diese Jahre üblicherweise als "Eroberungs"- und "Befriedungsphasen" und lassen sie für Togo um das Jahr 1900 enden. Zu diesem Zeitpunkt waren die Grundzüge des kolonialen Stationsnetzes ausgebildet, das später die Bezirksleitungen und mit ihnen die lokalen Verwaltungszentren beherbergt hat. In der "militärischen" Sichtweise der Kolonialhistorie werden Stationen errichtet, wenn die Eroberung geglückt und die Befriedung weitgehend erreicht ist. So wenig gegen die Terminierung etwas einzuwenden ist, so ergänzungsbedürftig ist indes die hergebrachte Begründung. Im folgenden Beitrag will ich aus einer "Verwaltungsperspektive" zeigen, daß der Zusammenhang zwischen Befriedung und Stationserrichtung umgekehrt werden muß: Der erfolgreiche Abschluß der Befriedung ist eine Folge der Errichtung eines Netzes von Stationen. Und ich will die These über die allgemeinere Behauptung begründen, daß mit dem Stationsbau für die Eroberten und die Eroberer etwas Einschneidendes geschieht und die Herrschaft einen neuen Charakter erhält; wir können auch sagen, einen neuen Verfestigungsgrad erreicht.

***

Als die Deutschen begonnen hatten, sich des späteren Schutzgebietes Togo zu bemächtigen, waren Flaggen und Verträge die Zeichen gelungener Inbesitznahme und besitznehmender Ansprüche. Aber Verträge und Flaggen sind so unbeständig und flüchtig wie der Wind, der sie verweht und zerzaust. Verträge finden sich nicht mehr, Flaggen werden heruntergeholt und nicht mehr aufgezogen. Alles ist und bleibt in Bewegung wie die Eroberung, die eine unruhige Macht ist. Bewaffnete Trupps durchziehen das Land. Die europäischen Anführer bitten, verhandeln, drohen, schießen. Sie kommen heute und sind übermorgen wieder weg. Wenn sie wiederkommen, kann sich diejenige der afrikanischen Parteien zu ihrem wachen politischen Sinn beglückwünschen, die in der Zwischenzeit sich nicht mit einem anderen der europäischen Mitbewerber allzu bindend eingelassen hat. Am günstigsten verfährt man, wenn man sich mit allen gut stellt und für sich selbst das Beste herauszuholen sucht. Die Zukunft ist offen und ungewiß. Auf was der "Nationenskat" der kolonialen Eroberung, wie der spätere Bezirksamtmann Hans Gruner (zit. nach Sebald 1988, 166) sich ausdrückt, hinauslaufen wird, ist für die Eroberten so lange nicht abzusehen, solange die Eroberer nicht "Station machen".

Im Süden gab es allerdings schon Grenzpfähle. Wie Flaggen und Verträge dienten sie jedoch in erster Linie dazu, nach außen abzugrenzen. Mit dem Außen sind die europäischen Mitbewerber um kolonialen Boden gemeint. Notwendigerweise geht mit jeder Abgrenzung nach außen eine Zugehörigkeitsbestimmung von denen einher, die im "Innern" verbleiben. Das gehört zum Wesen der Grenze. Hinzukommt, daß diese Grenze der Grenzpfähle auf eine Idee von Territorialstaatlichkeit hinweist, die zweifach fremd und neuartig ist. Zum einen beinhaltet sie eine Idee von Territorialität, die von solcher Abstraktheit ist, daß sie nur in den Vermessungsarbeiten von Grenzregulierungskommissionen eingelöst werden kann. In Togo haben sie sich zwischen Briten, Franzosen und Deutschen bis fast ans Ende der deutschen Kolonialzeit hingezogen. Zum anderen verletzt die Idee einer Staatsgrenze in ihrer rücksichtslosen und beschränkten[1] Abstraktheit die lebendigen, gewachsenen Räumc der Menschen und Kulturen. Jedoch war beides bis zur Fertigstellung des Stationsnetzes nur Programm, auch wenn in der Küstenregion für die Händler, für andere Grenzgänger und für diejenigen, die für die Eroberer arbeiten mußten, die Idee eines staatlichen Territoriums schon konkrete Gestalt in der Form von Zöllen, Schmuggel und unterschiedlichen Zwangsarbeitsbedingungen diesseits und jenseits der Grenze gewonnen hatte.

Dort freilich, wo die deutschen Offiziere, Beamte und andere Beauftragte Militärposten errichteten, indem sie zwei oder drei afrikanische Soldaten zum Schutz der deutschen Interessen zurückließen, wurde die Idee der Station vorweggenommen, ihre Verwirklichung indes nur in einem ersten Ansatz gezeigt. Zuallererst waren diese Militärposten gleichfalls darauf beschränkt, lebendige, bewaffnete Zeichen nach außen zu sein, die den vordringenden Konkurrenten unmißverständlich vor Augen führen sollten, daß die Zuerstgekommenen nicht bereit waren zu weichen. Die Aufgabe der Militärposten nach innen, ihre Einmischung in die Verhältnisse der Afrikaner war bestimmt von der begrenzten Aufgabenstellung nach außen. Sie sollten eine Drohung gegen die Bewohner der Ansiedlung sein, sich mit den europäischen Konkurrenten nicht einzulassen. Selbst wenn ihre Mittel nicht ausreichten, um neue Allianzen zu verhindern, so wären sie doch Zeugen für die eilig weiterziehenden Deutschen. Zusammen mit den Flaggen, Verträgen und Grenzpfählen leiten die Militärposten

1 Beschränkt ist diese Abstraktheit in einem ganz einfachen Sinn: sie grenzt Zusammenhängendes zum unmittelbaren Nachteil der Eroberer aus.

also den Entmachtungsvorgang nach außen, den Verlust der selbstbestimmten Außenbeziehungen der eroberten Gesellschaften ein. Dieser Vorgang ist unabdingbarer Teil der Monopolisierung der Gewalt, die nach außen nichts anderes als das Recht des Staates ist, über Krieg und Frieden zu entscheiden. Aber ohne die Monopolisierung der Gewalt nach innen bleibt die Monopolisierung der Gewalt nach außen eine ungewisse und äußerst zerbrechliche Angelegenheit. Die Monopolisierung der Gewalt braucht die Station.

***

Der Kern des Neuen, das mit der Station entsteht, ist in vier Bereichen zu finden, von denen ich drei behandeln werde: in der Gegenwärtigkeit und Beständigkeit der Macht, in der ökonomischen und soziokulturellen Eingriffs- und Gestaltungsfähigkeit, die den Eroberern über die Station zuwächst, und in der Selbstbindung der Eroberer. Den Erwerb von Wissen über die Unterworfenen lasse ich hier beiseite.

***

Gewalt als Mittel, um zu herrschen, hat einen schwerwiegenden Nachteil: sie erfordert die Anwesenheit des Herrschers oder des Vollstreckers seines Willens. Gewalt ist eine Macht im Hier und Jetzt. Gewalt ist situationale Macht. Gewaltherrschaft ist eine Herrschaft mit der Gegenwärtigkeit der Gewaltausübenden. Unter den Bedingungen des Flächenstaates stehen jedoch dieser Gegenwärtigkeit erhebliche Hindernisse entgegen. Das gilt um so mehr, je geringer die Infrastruktur der Verkehrswege ausgebildet ist und je weniger die Verkehrsmittel entwickelt sind.

Die Station ist der Ausgleich für diesen Nachteil der Gewalt. Die Station ermöglicht auch im "Busch" die Gegenwärtigkeit der Herrschaftszentrale und ihrer Gewalt. Sie löst das logistische Problem der Gewalt auf zweierlei Weise: Sie wandelt die zentrale Herrschaft unmittelbar in lokale Herrschaft um und erleichtert erheblich die Verbindung zwischen der Herrschaftszentrale und dem "platten Land", da sie sowohl schnellere als auch kostengünstigere Verbindungen herstellt. Steht im zweiten Fall der zeitliche Gesichtspunkt von Gegenwärtigkeit im Vordergrund, treten mit der Lokalisierung der Zentralgewalt die

Wahrnehmungs- und sozialen Seiten der Gegenwärtigkeit hervor. Die Station ist die sicht- und fühlbar gemachte Gegenwärtigkeit der fernen Zentralgewalt, vor allem dann, wenn sie den Eroberten wie manche Stationen in Togo wie Festungen erscheinen. Besonders aber ist sie die Zentralgewalt, die "mitten unter uns" ist, was ein um so größerer Stachel ist, je weniger unter den Gewalt-Tätigen einer "von uns" ist. Die Station hebt die Konstruktion einer Wirklichkeit von unwirklich-ferner Zentrale und erfahrbar-konkreter Nähe des Lokalen nicht auf, aber macht sie brüchig. Fern und nah werden mit der Station in ein anderes Verhältnis gesetzt, und in der Station wird das Lokale ein Teil eines Ganzen, zu dem auch die ferne Zentrale gehört.

Die zeitliche, visuell-physische und soziale Gegenwärtigkeit der Station machen das Gewaltmonopol überhaupt erst möglich, wenn man insbesondere berücksichtigt, daß dieses Monopol auf einer doppelt ausgerichteten Beziehung beruht: Auf der einen Seite benötigt es den Zugang des Gewaltmonopolisten zu den streitenden Parteien und "Tätern", auf der anderen Seite ist es auf den Zugang des Bedrohten und Verletzten zur überlegenen Gewalt der Zentralmacht angelegt. Ein Opfer, das drei Wochen benötigt, um die Zentralmacht von seiner Unbill in Kenntnis zu setzen, wird sich mit der Unterrichtung der Zentralgewalt schwerer tun als ein Opfer, das noch am gleichen oder nächsten Tag das Eingreifen der lokalen Behörde erwarten kann.

Und nicht zum wenigsten ist die Station die Voraussetzung, daß aus der Fähigkeit zu überlegener Gewalt eine eindrucksvolle Gewaltdrohung, aus "Aktionsmacht" eine wirksam "bindende Aktionsmacht" (Popitz 1986, 71 f.) werden kann. Als Vergegenwärtigung der Gewalt steht die Station am Anfang der Idee der Vorbeugung durch die Gewaltdrohung. Ohne Station gibt es keine gewaltbestimmte "Kriminalprävention". Für den Staat in seinen Anfängen ist die Station das, was für den entwickelten Staat die Polizeiwache ist.

Die Station macht die staatliche Macht nicht nur gegenwärtig, sondern vor allem auch beständig. Das Kommen und Gehen der Macht hat ein Ende. Die Macht setzt sich fest. Sie verbindet sich mit dem Boden, den sie beansprucht, mit der Erde und den Steinen, aus denen das Mauerwerk gefertigt wird, mit den Bäumen und Pflanzen, deren Stämme, Zweige und Blätter als Bauholz, Flechtwerk und Matten dienen. Die Macht vergegenständlicht sich in festen Mauern, Wohnstätten, Höfen, Brunnen, Kasernen, Zeughäusern, Gefängnissen und wird sichtbar beständige Macht. Sie entschwindet nicht mehr wie die abziehende Truppe den Blicken der Menschen, sondern bleibt in ihrem Blickfeld. Die Macht wird ein beständiger Teil der Landschaft, an dem sich die Menschen wie an hervorstechenden natürlichen Zeichen orientieren können und sogar müssen. Das gilt um so mehr, je mehr die Stationen, wie bei den deutschen Eroberern, einen ungewöhnlichen und bestimmenden Platz besetzen und sich von den unterworfenen Menschen herrschaftlich entfernt halten. Bismarckburg zum Beispiel, die erste, im Juni 1888 errichtete Station, wurde auf dem über 700 m hohen Berg Adadia südlich von Mpoti (etwa 30 km südwestlich von Blitta) angelegt, von wo aus seine Bewohner einen weiten Blick nach Westen bis zur Bergkette von Dikpéléou und nach Südosten bis zum nicht ganz 800 m hohen Gibia hatten. Die Station Misahöhe wurde in terrassenförmiger Anordnung auf halber Gebirgshöhe von nicht ganz 500 m über dem Meeresspiegel erbaut und war für den Reisenden, der von der Küste kam, trotz des üppigen Regenwaldes schon weithin sichtbar. Die Nebenstation Kpandu lag auf einem Höhenzug, der im Westen der gleichnamigen Stadt sich hinzieht, und bot den Bewohnern "einen schönen Blick auf die etwa tausend Hütten zählende Stadt" (Büttner 1911, 78). Nicht anders verhielt es sich mit den Stationen Atakpamé und Sokodé, die wie alle europäischen Ansiedlungen die gesünderen Luft- und Wasserverhältnisse von Hügeln und Bergabhängen auszunützen suchten und, wie meist die Wohnviertel der Mächtigen und Reichen, oberhalb der Afrikaner und des "gemeinen Volks" angesiedelt waren.

Die Station verbindet sich nicht nur mit der Landschaft, sondern ebenso mit den Menschen der Region, und zwar gleich von Anfang an. Zum einen bedeutet die stationäre Vergegenständlichung der Zentralmacht immer eine mehr oder minder ausgeprägte Teilhabe an der lokalen Kultur. So drücken sich im Bau der Station ein Stück weit die Techniken und der ästhetische Sinn des lokalen Handwerks aus. Das ergibt sich schon aus der Notwendigkeit, die Baulichkeiten aus den an Ort und Stelle vorhandenen Baumaterialien zu errichten und bei dem Bau die einheimischen Handwerker und Arbeiter heranzuziehen. Zum anderen wird die Station noch jenseits ihrer herrschaftlichen Eingriffe zu einem Teil der sozialen und ökonomischen Ordnung der Region, indem sie kleineren Gruppen von Menschen Arbeit und Auskommen ermöglicht. Immerhin beschäftigte zum Beispiel die Station Bismarckburg in ihren Anfängen vierzig Arbeiter. Am Ende der deutschen Kolonialzeit beanspruchte allein Misahöhe zu den Geldern für 50 Polizeisoldaten etatisierte Zuweisungen für weitere 26 Stellen, in denen Afrikaner als Dolmetscher, Kanzlisten, Schmiede, Schreiner, Maurer, Schneider, Aufseher und mit anderen Tätigkeiten beschäftigt waren.

Erst mit der Station wird also die Zentral*macht* im engeren Sinne zu lokaler *Herrschaft*, zu einem Teil des gesellschaftlichen Positionsgefüges und der normativen und kulturellen Ordnung der Menschen, die außerhalb des hauptstädtischen Zentrums und seines Einflußbereichs wohnen und leben.

Beständigkeit der Macht schließt ein, daß der Zeithorizont der Macht sich verändert. Als Station und mithin als Herrschaft gewinnt die Macht Zukunft, verweist sie auf das Morgen, in dem die Station noch immer da sein wird, in dem die Anforderungen und Befehle sich wiederholen und andere, neue hinzukommen werden. Mit der Station wird es für die Unterworfenen schwieriger, abzuwarten. Am nächsten Morgen ist "der ganze Spuk" nicht vorbei, auch nicht am übernächsten Tag, an dem der Bauer nach seinen Feldern sehen und sein Versteck verlassen muß. Jetzt zeigt im Gegenteil der Eroberer, daß er sich Zeit nehmen wird, daß er es ist, der, wenn es notwendig sein sollte, warten kann. Und nach nicht allzu langer Zeit wird diese Zukunft zur Vergangenheit, zum Gestern, vor dessen Hintergrund sich zeigt, wie wenig oder wieviel sich die Herrschaft, die von ihr gestaltete Umwelt und die Beherrschten unter dem Einfluß der Herrschenden geändert haben. Der Wandel des äußeren Erscheinungsbildes der Station wird hierbei wieder wichtiger Gradmesser sein.

***

Gegenwärtigkeit und Beständigkeit der Macht, die die Station herstellt, sind die Voraussetzung, daß die Zentralmacht auf die lokalen Verhältnisse Einfluß nehmen kann. Neben der äußeren Sicherheit, die weitgehend mit dem Bemühen eins war, das gewonnene koloniale Terrain gegen englische und französische Ansprüche und Expeditionen zu sichern, neben der allgemeinen Verwaltung, wozu namentlich die Pflege der Beziehungen zu den Häuptlingen gehörte, neben der Rechtsprechung und der Erforschung des Landes und seiner Bewohner standen drei Aufgaben im Vordergrund, die nach den Vorstellungen der deutschen Eroberer die Stationen zu bewältigen hatten und die Wahl des Standortes einer Station beeinflußt haben: die Aufrechterhaltung von "Sicherheit und Ordnung", die Kontrolle und Veränderung der Verkehrs- und Handelswege, um die Wirtschaftskraft der Kolonie zu stärken, und "kulturelle Werke", wie der Berliner Rektor und Togo-Chronist Heinrich Seidel (1905, 239) festgehalten hat.

***

Mit der Aufgabe, Sicherheit, Ruhe und Ordnung zu gewährleisten, ist der Kernbereich des Gewaltmonopols bestimmt, das die Verkehrs- und Handelswege vor Kriegszügen, räuberischen Kriegern oder lokalen Machtansprüchen z.B. in der Form von *lokalen* Zöllen und Wegegebühren bewahren soll. Das Gewaltmonopol ist zuerst nicht mehr und nicht weniger als der Oktroi einer sehr grundlegenden Garantieleistung: den Handel und den Verkehr von Fremden und streitenden Nachbarn auf Wegen, Plätzen und in Ansiedlungen vor dem Hereinbrechen der Gewalt zu schützen und auf diese Weise "öffentliche" Verkehrswege herzustellen. Das Gewaltmonopol ist die sorgenfreie Mobilitätsgarantie für zwischendörfliche und Überlandverbindungen - und die Tatsache, daß in den Medien, öffentlichen Debatten und den Vorstellungen der Menschen das "Kriminalitätsproblem" weitgehend damit gleichgesetzt wird, daß wir uns auf Wegen nicht furchtlos bewegen können, die den Status "öffentlicher Wege" erreicht haben, erinnert an den Beginn des Gewaltmonopols und den grundsätzlichen Wandel, der mit seinem Auftreten eingeleitet worden ist.

Demgemäß wurde eine Station bevorzugt dort errichtet, wo wichtige Verkehrs- und Handelswege und ihre Knotenpunkte zu sichern und zu überwachen waren und über diese Kontrolle Handel und Verkehr auf dem Gebiet der deutschen Kolonie gehalten, auf ihr Gebiet umgelenkt und, wenn irgend möglich, in Richtung der südlichen Zentrale, Lomé, gesteuert werden konnten. Misahöhe zum Beispiel lag am Eingang eines Gebirgspasses zwischen Kpalimé bzw. Yoh und Tomegbé bzw. Kloto, den die Karawanen, die auf der westlichen Seite des südlichen Atakora-Gebirges nach Süden zogen, überschritten, wenn sie den Teil der Küste erreichen wollten, der östlich der Mündung des Voltas liegt. Hauptaufgabe der Station war, diesen Handel zu verstärken und nach der Hauptstadt Lomé zu lenken und dabei den englischen Einfluß auf die Häuptlingstümer dieses Gebiets und deren überkommenen Bindungen, die der deutschen Herrschaft entgegenstanden, zu brechen. Kratchi war Endpunkt einer der traditionellen Routen des Hausafernhandels, Umschlagplatz des Salzhandels, der das Salz von der Mündung des Voltas auf Kähnen billig flußabwärts schiffte, um es von Kratchi aus auf dem Landweg weiterzuleiten. Nach der Zerstörung (1893) und dem Niedergang von Salaga[2] gewannen Kratchi und Kete erheblich an handelspolitischer Bedeutung hinzu. Hinzukam, daß Kratchi politisch einflußreich war, weil es ein Orakel beherbergte, dessen Spruchweisheiten und Wahrsagungen seit der Zeit der Aschanti-Kriege großes Ansehen und Einfluß gewonnen hatten, und englische Bestrebungen im Gange waren, den Handel auf die rechte Seite des Voltas herüberzuziehen. Sokodé und seine wichtigste Nebenstation Bassar und Sansanné-Mango lagen ebenfalls an alten Routen des innerafrikanischen Fernhandels und waren Haupt- und wichtige Durchgangsplätze dieses Handels. Bismarckburg hingegen, das handels- und machtpolitisch ungünstig gelegen war und die ihm zugedachte Rolle deshalb nicht erfüllen konnte, wurde dementsprechend bald (1894) als Europäerstation zugunsten von Kratchi aufgegeben.

***

Die Station muß beispielgebend sein. Als Heimstatt des Eroberers und lokales Herrschaftszentrum ist die Station ein Entwurf der gegebenen und ein Stück weit ein Vorgriff auf die zukünftige Ordnung, die die Eroberer zu errichten trachten. In ihrer baulichen Anlage ist sie Herrschaftsarchitektur. In einer lokalen Herrschaft, die durch und durch von der Figur des Stationschefs geprägt ist, und unter der Bedingung, daß man sich nicht wie manche der nachkommenden französischen "Kreiskommandanten" ("Commandants de cercle") und mehr noch der nachkolonialen "Präfekten" in dem einrichten muß, was vom Vorgänger überkommen ist, drückt der Stationschef dementsprechend der baulichen Anlage den Stempel seiner Persönlichkeit auf. "In Misahöhe", schreibt der ehemalige Kolonialbeamte Rudolf Asmis (1942, 57), "hatte der Thüringer Dr. Gruner sein Bezirksamt nach Art eines thüringischen Gebirgsdorfes, in Atakpame der Ostpreuße Hans Georg von Doering das Bezirksamt nach Art eines ostpreußischen Herrenhofes und in Sokodé der Balte Dr. Kersting die Station in den Ausmaßen eines kurländischen Adelssitzes aufgebaut, auf dem er sich sein stets gesatteltes Reitpferd bringen ließ, wenn er von einem

2 Salaga war im Verlauf eines Krieges zwischen den Sultanen von Salaga und Yendi zerstört worden.

Ende des Stationshofes zum anderen gelangen wollte" - was allerdings mehr für einen Sinn für Herrschaftsgestik als für einfache Bequemlichkeit spricht, denn das Stationsareal war keineswegs von Ausmaßen, die ein Pferd erfordert hätten.

Der Lebensstil der kolonialen Eroberer in der Hauptstadt Lomé war schlicht. Wie die überlieferten Photos zeigen, waren die "Herrenhöfe" und "Adelssitze" der Stationsleiter noch um manches schlichter - selbst wenn eine Station wie Misahöhe deshalb mit viel Lob bedacht wurde, weil eine "primitive Wasserleitung (...) sowohl für den Haushalt als auch für die schöne Badeeinrichtung klares kaltes Wasser liefert" (Klose 1989, 180). Die Gebäude und Anlagen waren einfach und sparsam wie der Kolonialetat, dessen Knausrigkeit nicht zu überbieten war, und ländlich-anspruchslos wie die Bedürfnisse der Menschen des Herrschaftsbereichs der Station, die vorrangig von den Erträgen einer bäuerlichen Subsistenzwirtschaft lebten. Die Stationsanlagen waren noch so "bescheiden", wie die Herrschaft selbst ganz an ihrem Kern, den blank geputzten Gewehrläufen der Polizeisoldaten und dem Befehl des Kasernenhofdrills, ausgerichtet war. Die unerbittliche, schneidige und sprachlose Eindeutigkeit dieser Herrschaft liegt allerdings durchaus über den makellos-ordentlichen und kargen Flächen um die Stationsgebäude herum, die die Photos zeigen. Es sind nur die Phantasie der Grenze und das Bild wohlanständiger, hellgestrichener Überschaubarkeit, die diese Herrschaftsarchitektur karger militärischer Feldordnung auf der einen Seite zum Abenteuerlichen und auf der anderen Seite zum Artig-Schmucken erweitern.

Die Lage der Station und die Anordnung ihrer Gebäude inszenierte die Gräben und Schranken, die die Mitglieder der "kolonialen Gesellschaft" (Balandier 1982, 15 ff.) und der Herren-Dienstboten-Ordnung voneinander trennen. Vor allem in den ersten Jahren sah man darauf, daß die Stationen den Erfordernissen einer guten Verteidigung genügten. Deshalb sind alle Hinterlandstationen durch einen Bauplan gekennzeichnet, dessen Prinzip, das Viereck, dem "Wagenburg-Grundsatz" entspricht. Die erwähnten freien Flächen um die Gebäude herum waren nicht zuletzt das Ergebnis der Überlegung, ein Glacis, ein gut einsehbares und unbehindertes Schußfeld gegen mögliche Angreifer zu haben. Mauern wie in Kratchi und Kpandu, die zusätzlich dem "Palast"-Charakter der Gehöfte und Anwesen der afrikanischen Reichen und mächtigen Häuptlinge entgegenkamen, oder wie z.B. in Bismarckburg große

Palisadenzäune, um die "sich von außen her noch eine dicke, sehr dichte Kaktushecke anschließt" (Conradt 1896, 29), schlossen die Stationen gegen die afrikanische Umwelt ab. Sie definierten das Verhältnis zwischen den Eroberern und den Unterworfenen in unterschiedlichen Graden der Distanz, die je nach dem Ausmaß der baulichen Verteidigungsmaßnahmen bis zu offener Feindseligkeit reichte. Innerhalb der Station verdoppelte sich die Distanzierung nach den kolonialistischen und Herr-Dienstboten-Gesichtspunkten. Nach Maßgabe von Entfernung, Baustil, Größe und Ausstattung waren die Unterkünfte der Soldaten, Arbeiter, Hilfskräfte und Dienstboten "getrennt von den Europäerwohnungen zu halten" (Asmis 1942, 56). In ihrer auf Ordnung, Gesundheit und Verteidigungsfähigkeit bedachten Zweckmäßigkeit sind die Stationsanlagen ein Teil der "kulturellen Werke" der Eroberer.

***

Herrschaft beinhaltet, Menschen fesseln zu können und immer, wenn auch in unterschiedlichem Grade, zu fesseln. Das Zeughaus der Fesseln ist von atemberaubender Vielfalt. Sein Inventar enthält die Hanfstricke, mit denen Hände und Füße gebunden werden, ebenso wie eine vom Menschen geschaffene Objektwelt, an deren sichtbare und unsichtbare Ketten Menschen gelegt werden. Der gewaltsame Tod ist eine äußerste Steigerung der Fesselung und zugleich ihre Grenze. In das Zeughaus der Fesseln werden fortwährend neue Arten von Fesseln eingelagert. Waren es zur deutschen Kolonialzeit in Togo noch Ketten für Gefangene, die neu angelegten Wege und Brücken, die Landesgrenze oder die Eisenbahnen, sind es in den heutigen Industriestaaten unter vielen anderen Dingen schon Atomstrom und elektronische Datenverarbeitung. Kennzeichnend für die Entwicklungsgeschichte der Fesseln ist, daß einmal gefundene Fesseln selten und nur dann ausgemustert und archiviert werden, wenn es für sie funktionale Äquivalente gibt. Deshalb wächst das Inventar der Fesseln unaufhaltsam und ohne Unterlaß.

Die Station ist eine Form von Fessel. An dieser Fessel ist aber in erster Linie nicht hervorhebenswert, daß sie den Unterworfenen auf vielerlei Weise bindet, daß die Station z.B. ein Gefängnis hat oder Unterworfene gezwungen werden, auf der Station zu arbeiten und zu leben. Bemerkenswert dagegen ist, daß die Station den mächtigen Eroberer selbst fesselt. Die Station ist Ausdruck der Tatsache, daß die Fähigkeit der Mächtigen, andere Menschen im Oktroi der Staatlichkeit zu fesseln, von der Bereitschaft der Mächtigen abhängt, mit der Station sich selbst Fesseln anzulegen. Die Station macht offenkundig, daß der Gewinn des Gewaltmonopols und der Staatlichkeit die Selbstbindung der Begründer des Staates voraussetzt.

Es sind im wesentlichen drei Arten von Fesseln, mit denen die Station den Mächtigen an die Kette seiner eigenen Machtansprüche schmiedet: die Einschränkung der Bewegung, die Veralltäglichung des Herrschaftsbeweises und die Anpassungszwänge an die Lebenswirklichkeit der Station.

***

Geschwindigkeit ist eine Eigenschaft der Macht. Bis zum Beginn des technischen Zeitalters haben berittene Krieger und Reiterheere, Pfeil und Kanonenkugel diese Geschwindigkeit der Macht verkörpert. Das Opfer ist langsamer als der Täter. Weil die Macht "über-rasch" ist, ist das Opfer überrascht. Unvorbereitet kann es dem "plötzlichen Auftauchen" des Reitertrupps nichts entgegensetzen. Überraschung liegt mehr oder weniger allen kriegerischen Unternehmungen zugrunde. In Berichten über die ausgedehnten Eroberungs- und Kriegszüge von Reitervölkern wird immer hervorgehoben, wie rasch die Angreifer kamen. Sie erschienen so plötzlich wie sie wieder verschwanden - und von den Mongolen heißt es, daß sie noch plötzlicher wieder erschienen, weil sie selbst die Eile der Flucht zum Angriff zu verwenden wußten; kaum glaubte man sie geflohen, war man von ihnen umstellt.

Außerdem wird die physische Geschwindigkeit als ein Ausdruck für den Geist und den Charakter des Mächtigen genommen. Die Macht ist schnell, weil der Mächtige einen beweglichen Geist besitzt. Der Mächtige erfaßt und durchschaut schnell die Wirklichkeit, die er vor sich hat, und ist (deshalb) entschlußkräftig. Der Mächtige ist mutig; kein Erschrecken läßt ihn kostbare Zeit verlieren oder gar kopflos werden; unerschrocken schreitet er zur Tat. Weil der Mächtige weiß, was er will, kann er sein Ziel zielstrebig und auf dem kürzesten Weg erreichen. Seinem kühnen Plan folgen kühne Schritte. Der Mächtige hält sich nicht mit Nebensächlichkeiten auf, er verschwendet seine Zeit nicht mit den kleinen Gewinnen und macht sich keine Gedanken über die kleinen Verluste. Er stürmt unaufhaltsam vorwärts zum großen Ziel. Er ist voller Energie und ruhelos.

Der Machtlose ist stattdessen langsam, weil sein Geist schwerfällig ist. Er ist zögerlich, weil er kleinmütig und ängstlich ist und nicht weiß, was er will. Der Machtlose läßt sich überraschen. Er erschrickt; verwirrt und kopflos ist er eine leichte Beute. Der Machtlose hält sich mit Nebensächlichkeiten auf; er verschwendet seine kostbare Zeit für kleine Münze und klagt jämmerlich wegen der kleinen Mißgeschicke, die ihn ereilen. Der Machtlose hält lieber an dem fest, was er hat, und bleibt dort, wo er ist. Er hat keine Kraft und sehnt sich nach Ruhe, Stetigkeit und Beschaulichkeit.

Das Mittel einer großräumigen Herrschaft, die besonders der Geschwindigkeit der Macht verpflichtet ist, ist die periodische Razzia. Sie ist so alt wie die politische Geschichte der Reitervölker. Der Grundsatz der Station ist demgegenüber die stete Gegenwärtigkeit. Das ist keine Absage an die Geschwindigkeit der Macht. Im Gegenteil: Die Macht ist schneller zur Stelle, weil sie dem lokalen Geschehen näher ist. Gleichfalls hält die Station der Machtzentrale in der Hauptstadt eine verbesserte Logistik bereit. Aber doch ist es eine andere Art von Geschwindigkeit. Sie beruht auf der Verkürzung der Distanzen und der Beweglichkeit der Einzelteile innerhalb eines verstetigten Nachschubs, der als vergleichsweise schwerfälliges Ganzes mit beharrlichem Gleichmaß die fortdauernde Gegenwärtigkeit der Macht gewährleistet. Die Geschwindigkeit, mit der die stationäre Macht zur Stelle ist, ist nicht (im gleichen Maße wie die der Razzia) Ausdruck von Bewegung und Beweglichkeit, sondern von kurzen Wegen. Die stationäre Macht setzt nicht auf Überraschung. Sie rechnet mit der sicheren Erwartung der Unterworfenen, daß sie von dem wachsamen Auge der Macht beobachtet und mit Gewißheit die strafende Macht spüren werden, wenn den Mächtigen ein bestimmtes Betragen mißfällt. Die Herrschaft der Razzia lebt von dem Inhalt der Wiederholungsdrohung, von der schrecklichen Grausamkeit. Mit der Station fügt die Herrschaft dieser Wiederholungsdrohung einen neuen Baustein hinzu: die Gewißheit der Strafe. Die Station ist ein erster Schritt auf dem Weg zur Gewißheit der Strafe und zur Begründung der modernen Idee der Generalprävention.

Die Stationierung und Bindung der Machthaber an einen Ort sind kein geringer Preis für die größere Geschwindigkeit der Macht und die Gewißheit der Strafe. Die stationslose Herrschaft ist eine Herrschaft der Entbehrungen und der Völlerei. Auf die Heimkehr mit der reichen Beute folgen das Schwinden der räuberischen Schätze und das Ausbleiben der hohen und regelmäßigen Tributzahlungen. Der Beutezug selbst bewegt sich im gleichen Gegensatz. Die Bewegung, das Überwinden der Räume zwischen den Aufenthalten der Völlerei ist hart und entbehrungsreich. Die Routen sind voller Hindernisse, Schwierigkeiten und Anstrengungen bis zur Erschöpfung. Mitnehmen läßt sich nur so viel, wie man mit begrenzten Mitteln befördern kann. Die Prasserei ist eine Sache des Augenblicks. Sie gehört zum Ort, dessen Reichtum geplündert wird und den man morgen verläßt, weil man ihn verlassen will und - leergefegt - verlassen muß.

Die stationslose Herrschaft ist eine Herrschaft im Jetzt. Ebenso wie die Opfer vom Angriff überrascht werden, ebenso ungeduldig fällt den Angreifern die reiche Beute in die Hand. Für die Zukunft kann indessen der Angreifer nur so viel aufbewahren, wie er tragen kann. Der Rest ist jetzt zu kosten. Sein Genuß kann nicht auf das Morgen verschoben werden. Die Langsicht ist gegenüber der Vergangenheit ebenso wie gegenüber der Zukunft verkürzt. Was der räuberische Angriff hinterläßt, kümmert den entschwindenden Reiter gleichermaßen wenig wie die Zukunft seines Opfers, dem er alles genommen hat, was er heute bekommen und mitnehmen kann. Sicher läuft der Angreifer die Gefahr, daß er in seinem maßlosen Jetztbezug sich die Beutequelle für die Zukunft zerstört. Aber das kümmert den Angreifer wenig. Zum einen sucht er sich ein anderes Dorf, einen anderen Ort für den nächsten Überfall und die nächste beschränkte Zeit für die Prasserei. Zum anderen vermag der Räuber im Unterschied zum Opfer noch aus dem Überfall auf die darniederliegende Ansiedlung "Befriedigung" zu ziehen, solange noch Menschen da sind, denen man den Willen aufzwingen und von denen noch immer irgend etwas abzupressen ist. Es ist die Eigenart von Macht und Gewalt und eine der Quellen ihrer Anziehungskraft und Unersättlichkeit, daß man Menschen bis zum Tod und in der Leichenfledderei selbst über den Tod hinaus noch immer etwas antun kann. Die Grenze vom Einsatz überlegener Macht und Gewalt ist die Erschöpfung des Mächtigen und Gewalttätigen.[3]

3 Mit der Mechanisierung und arbeitsteiligen Organisation des Mordens und Kriegführens fallen die überkommenen Grenzen der physischen und psychischen Erschöpfung der überlegenen Gewalttätigkeit. Die Grenzen der Vernichtung verlagern sich jetzt von der Ebene des gewalttätigen Tuns und unmittelbaren Machthandelns des Mächtigen gegenüber dem Unterlegenen auf die Ebene der Organisation des Mordens und Kriegführens. Die Pausen des Mor-

Die stationslose Herrschaft ist also eine Lebensform unter dem Grundsatz des Gegensatzes. Es ist eine Lebensform der Wechselfälle und deshalb in einem Spannungsbogen, der den Gegensätzen der Kriegerrolle zwischen Sieg und Niederlage, Leben und eigenem und fremdem Tod, Freund und Feind, Frieden und Krieg, Held und Feigling ganz entgegenkommt. Es ist eine Lebensform, in der die Leidenschaften und die vereinfachten Wahrnehmungen vorherrschen. Vor allem ist es eine Lebensform der tausend Schwierigkeiten, aber ohne "Probleme". Sie - das verwickelte Zusammenspiel von Schwierigkeiten, das das Fragen notwendig macht - läßt man bei denen zurück, die man nicht gefragt, sondern gezwungen hat.

Wie anders ist die stationäre Herrschaft. Mit dem Ende der Bewegung kommt das Gleichmaß und - die Ruhe ohne Ende. Für die deutschen Beamten war sie als Eintönigkeit und Langeweile eine stete "Gefahr geistigen und körperlichen Verliegens" (Hutter 1901, 290). "*Marschbereitschaft dem Geist und dem Körper nach.* Also Thätigkeit, Beschäftigung in jeder Hinsicht um jeden Preis!" (ebd.; Herv. i. Orig.) waren deshalb verlangt und sollten durch selbstgestellte Aufgaben erreicht werden, die "planmäßig und zäh weiter zu verfolgen" waren (Asmis 1942, 70). Die vielfältigen Aufgabenstellungen des Stationspersonals sollten in der "problemreichen" Station das organisierte Gegenstück zu den tausend Schwierigkeiten und zum Spannungsbogen sein, die noch die Erfahrungen der Eroberer in der Zeit der "problemlosen" Expeditionen geprägt haben.

Eine solche Umwandlung der Elemente des Spannungsbogens setzt jedoch die Umkehrung des Zeithorizonts der stationslosen Herrschaft voraus. Es ist das Jetzt, das zugunsten der Zukunft, auf die hinzuarbeiten ist, und der Vergangenheit, auf die sich vergleichend zurückblicken läßt, überwunden werden muß. Eine Station, die im Jetzt verharrt, macht den Grundsatz der Machtsteigerung zunichte, dem sie ihre Errichtung verdankt, nämlich die Geschwindigkeit der Macht zu erhöhen. Eine Station, die den Mächtigen im Jetzt festhält, d.h. auf der der Machthaber in den Tag hineinlebt, was im Falle manch kolonialen Eroberers hieß, zum Alkoholiker zu werden, wird nicht nur zu einer Fesselung des Mächtigen, sondern darüber hinaus zu einer Fesselung der Macht. Die Herrschaft wird "traditional". Sie hört auf, eine des Vergleichs zu sein, in

dens sind nicht mehr eine Funktion des Ruhebedürfnisses des Mörders, sondern eine Funktion der Organisation des Nachschubs "frischer Kräfte".

dem das heute Erreichte sich vom Gestern erkennbar unterscheidet und gerade deshalb Anerkennung findet. Sondern es ist die Herrschaft des Gleichmaßes, in dem das Jetzt gerechtfertigt wird, weil es als die Fortsetzung der Vergangenheit erfahren wird. Die "traditionale" Station ist die Station der Geschichten, aber ohne Geschichte.

Wie immer die Station im Gleichmaß verharren mag, im Vergleich zur stationslosen Herrschaft lebt sie im Horizont des Morgen. Sie kann gar nicht anders. Im Unterschied zur ruhelosen Herrschaft der Razzien muß die Stationsherrschaft an das Morgen denken, an dem sie ebenso wie heute auf Unterhalt und Versorgung angewiesen ist. Im Gegensatz zu den Teilnehmern an der räuberischen Razzia kann das Stationspersonal nicht zusehen, wie die Quellen seines Daseins bedenkenlos dem Augenblick geopfert werden. Das Stationspersonal muß sich um die Umgebung der Station und ihre Menschen wenigstens so weit Gedanken machen, daß das Überleben der Station über das Heute hinaus gewährleistet ist. Diese Zukunftsbesorgnis wirkt durchaus in Richtung einer "traditionalen" Stationsherrschaft, weil jede Neuerung, die das Gleichmaß des Gewohnten durchbricht, die Gefahr des Scheiterns und mit ihr die Möglichkeit birgt, die zukünftige Versorgung der Station unsicher zu machen. Der konservative Grundsatz der kleinsten Schritte, der den jungen Beamten von den erfahrenen Stationsleitern, den "Alten Afrikanern", beigebracht worden ist, ist eine Antwort auf diesen Zukunftsbezug der Station.

So ist die Station kein Ort des Prassens und der unbedachten Völlerei. Aber trotz aller Kargheit, Sparsamkeit und (namentlich in den Aufbaujahren) selbst kurzfristiger Not führt die Station die gebundene Macht aus der Entbehrung heraus. Die Station ist der Ort, an dem in der beschwerlichen und nicht selten bedrohlichen Fremde die Annehmlichkeiten des gewohnten Lebens ein Stück weit wiedergefunden werden können. Die Station ist der Ort, in dem die Ruhe nicht nur Langeweile, sondern auch Entspannung, Ausruhen und Genesung bedeutet.

***

Der Konservatismus der "Alten Afrikaner" auf den Stationen antwortet auf eine neue Problemlage der Machtausübung, die mit der Errichtung der Station ansteht: die Umwandlung von situationaler Macht in Herrschaft. Diese Veralltäglichung der Machtausübung beinhaltet anfänglich für den Eroberer vor allem die Veralltäglichung des Herrschafts- bzw. Überlegenheitsbeweises.

Wie "leicht" hat es eine Herrschaft der Razzien: Der Mächtige aus der fernen Hauptstadt kommt, vergewaltigt diejenigen Unterworfenen, die sich ihm widersetzen oder an denen er seine überlegene Verletzungsfähigkeit zur Warnung unter Beweis stellt, nimmt sich, was nicht niet- und nagelfest ist, verpraßt am Ort des Überfalls alles das, was er nicht mit sich schleppen kann, und verschwindet von einem Tag zum anderen aus dem Blickfeld der getretenen Menschen, um andere Dörfer und Menschen zu überfallen oder sich auf den Weg in die ferne Hauptstadt zu machen. Und so unüberbrückbar der Graben zwischen den Räubern und den Beraubten am Tag des Überfalls und den Tagen der Besetzung ist, am Tag, an dem die letzten der gewalttätigen Reiter entschwunden sind, treffen sich Räuber und Beraubte: Beide sind befreit; die einen vom Schrecken der räuberischen Gewalt, die anderen von der Notwendigkeit, aus der situationalen, überlegenen Verletzungsmacht einen steten Überlegenheitsbeweis machen zu müssen. Die arrogante und einschüchternde Wiederholungsdrohung, die der Anführer des Reitertrupps den vergewaltigten Menschen beim Abmarsch hinterläßt, ist das rohe Eingeständnis für eine Flucht.

Mit der Errichtung der Station ist die Flucht zu Ende. Der Eroberer nimmt die Herausforderung des verstetigten Überlegenheitsbeweises an. Die bloße Tatsache, daß er eine Station errichtet, verbaut dem Eroberer die Fluchtmöglichkeit. Im Unterschied zur Razzienherrschaft sind jetzt Abzug und Aufnahme der Station allzu leicht sichtbare Eingeständnisse der Niederlage - und noch die Verlegung einer Station ist Ausdruck eines Scheiterns der Herrschenden. Die Wiederholungsdrohung, mit der der Anführer der Razzia die zurückgelassenen Menschen noch einmal in Angst und Schrecken versetzt, wird bei der Aufgabe der Station zur (mehr oder minder) leeren Phrase einer Herrschaft, der es nicht gelungen ist, sich festzusetzen.

Zwei grundsätzliche Verfahren stehen dem festsitzenden Eroberer zur Verstetigung des Überlegenheitsbeweises zur Verfügung, die der Eroberer in unterschiedlicher Gewichtung miteinander verbinden kann. Das eine Verfahren ist "einfach": Die Grundsätze der Razzia werden veralltäglicht. Gewalt und Plünderung werden auf einem Niveau gehandhabt, das sicherstellt, daß die überlegene Verletzungsfähigkeit des Stationspersonals von seiten der Beherrschten nicht in Zweifel gezogen werden kann. Gleichzeitig werden der Vergewaltigung der Menschen und der Plünderung des Landes, über das die Station gebietet, die weiten Grenzen gezogen, innerhalb derer das Plündern seinen überkommenen Gang geht und der Unterhalt für Morgen dennoch gesichert ist. Ich nenne diesen Typ von Überlegenheitsbeweis ein despotisch-unbewegliches Beweisverfahren. Es ist despotisch, weil es auf Gewalt und Willkür beruht. Es ist unbeweglich, weil es nichts in Bewegung zu setzen vermag. Das Stationspersonal bleibt weitgehend untätig und begnügt sich, den Beherrschten Steuern abzupressen, Männer für das Heer und für Arbeiten in der Provinzhauptstadt und der Hauptstadt des Reiches und an den wenigen Monumenten der Zentralherrschaft einzufangen und die Sicherheit der Überlandwege zu gewährleisten. In ihrer Abgeschiedenheit von der Lebenswirklichkeit der Unterworfenen ist es für sie schwierig, das Maß der Gewalt und Plünderung in jenen Grenzen zu halten, die den Fortbestand der Station sicherstellen. Unter dem Zeitbezug nähert sich das despotisch-unbewegliche Verfahren dem Gleichmaß des Beharrens und dem Verhaftetsein im Jetzt der "traditionalen" Herrschaft.

Das zweite Verfahren ersetzt das erste nicht. Es kommt hinzu und kann gleichzeitig mit dem ersten Verfahren in Anspruch genommen werden. Es erweitert die Möglichkeit, die Verstetigung des Überlegenheitsbeweises zu erreichen. Es ist das Verfahren, die vorgefundenen Verhältnisse nach den Grundsätzen umzugestalten, aus deren Befolgung der Aufbau der Station getätigt worden ist: die Erhöhung der Geschwindigkeit und Gestaltungsfähigkeit der Macht. Ich nenne diesen Typ von Überlegenheitsbeweis ein despostisch-interventionistisches Beweisverfahren. Es ist despotisch, weil es ebensowenig wie sein unbewegliches Gegenstück auf schreckenerregende Gewalt und Plünderung verzichtet. Aber anders als sein Gegenstück verwendet es einen Teil der gewalttätigen Willkür, um die Infrastruktur der stationären Herrschaft und mit ihr die Lebensverhältnisse der beherrschten Menschen umzugestalten. Der Stationsleiter läßt Wege, Brücken und wie in der Kolonialzeit Eisenbahnen bauen. Er sucht nach Mitteln und Wegen, Seuchen zu bannen und den Handel seines Bezirks anzukurbeln. Der Zeitbezug des Verfahrens ist eine Vergangenheit, in der "alles angefangen hat", eine Gegenwart, die der sichtbare Beweis für die Veränderung und "das Erreichte" ist, und eine Zukunft, in der sich bewahrheitet, daß die Stationsherrschaft nicht stillsteht und gegen alle Widerstände ihre Pläne durchzusetzen vermag. Das despotisch-interventionistische Verfahren ist ein Vergleichsverfahren. Es setzt auf den Unterschied des Heute vom Gestern, des Morgen vom Heute. Und wie der Bau der Station vereitelt, daß die Herrschenden sich nach Vergewaltigung und Plünderung auf und davon machen, so setzt das Vergleichsverfahren die Stationsherrschaft unter den Zwang ihres eigenen Gestaltungsanspruchs: die Zeichen des Interventionismus - die Zahl der instandgehaltenen Wege, der begehbaren Brücken, der gegrabenen Brunnen - sind die Meßlatten, an denen Fortgang, Stillstand und Rückschritt des Herrschaftsausbaus für jedermann sichtbar abgelesen werden können. Ebenso wie jeder neuangelegte Weg ein Beweisstück für die überlegene Gestaltungskraft der Herrschaft ist, ebenso zeugen die Gräser und der Sand, die diesen Weg wieder zudecken, vom Stillstand und schließlich von der nachlassenden Kraft der Eroberer.

Der Konservatismus der Stationsleiter ist eine Antwort auf diese Beweislastfalle des interventionistischen Verfahrens. Der Konservatismus unterstellt, daß schnell und einschneidende Veränderungen der Lebensverhältnisse die hohe Geschwindigkeit der großen Macht voraussetzen, welche am Beginn des Daseins der Station gerade nicht zur Verfügung stehen. Für den Wandel der kleinsten Schritte benötigt es dagegen nur einer kleinen Macht - für den Überlegenheitsbeweis dafür um so mehr jener gewalttätigen Willkür, die Inhalt des despotisch-unbeweglichen Beweisverfahrens ist.

***

Die "koloniale Gesellschaft" der Deutschen in Togo hat ihr Deutschtum gepflegt und versucht, ihrer Umgebung einen deutschen Stempel aufzudrücken. Edward Graham Norris (1986, 128) nennt am Beispiel der Missionare dieses Verhalten die "Selbstabschirmung" der europäischen Eindringlinge.

Aber bei aller "Selbstabschirmung" war das Stationspersonal vor allem eins: es war von Europa und sogar von der hauptstädtischen Zentrale in der Kolonie abgeschnitten - selbst wenn später Telegraph, Telephon, Fahrrad, Eisenbahn und zuletzt das Auto die Station der Zentrale nähergerückt haben. Anders als in Lomé gab es im Hinterland keine "Gesellschaft". Allein, zu zweit, manches Mal zu dritt waren die deutschen Beamten in eine fremde Umgebung hineingestellt, die im Vergleich zu ihrem Herkunftsland nicht fremder hätte sein können. Der Eroberer lebt auf der Station in einer von Grund auf fremden Welt. Vertraut ist gerade das, was er mit sich tragen oder nachstellen kann. Bei der Imitation der "Heimat" entgeht er indes nie der Falle des Vergleichs, die aus allem einen "Behelf" macht. Der Eroberer ist "herausgerissen aus den alten Gewohnheiten", ganz auf sich gestellt und, wie Rudolf Asmis (1942, 43) scharfsinnig fortfährt, "nur durch Eingeborene beobachtet". Das Verhältnis zwischen Eroberern und Unterworfenen ist also am Beginn der stationären Herrschaft umgekehrt: Es ist der Eroberer, der unter den Augen der Unterworfenen sich an eine ihm völlig fremde Umgebung anzupassen hat. Mit dem Entschluß, nicht wie gewohnt weiterzuziehen, tauscht der Eindringling die "Bequemlichkeit" des vertrauten beweglichen Gehäuses seiner mitgebrachten und geraubten Habe und seiner Ungebundenheit, die ihn auf seinem Weg zur wohnlichen Heimatstadt zurückbegleiten, gegen die unbequeme Herausforderung, an einem weitgehend, oft völlig unbekannten und fremden Ort ein Gehäuse erst zu errichten, das "ihm die Heimat ersetzen" muß und "Heim" zu sein hat (Rodenwaldt 1957, 62). Von den Ansässigen genau beobachtet, muß der Eroberer sich mit den Widrigkeiten seiner neuen natürlichen und menschlichen Umwelt auseinandersetzen, die ihm außer in seltenen Glücksfällen nichts schenken. Im Gegenteil: Die deutschen Eroberer lebten gesundheitlich immer am Abgrund, und der Antagonismus der "kolonialen Situation" (Balandier 1982) blieb während der gesamten deutschen Kolonialzeit in der "Musterkolonie" so zugespitzt, daß die Eroberer immer in dem Bewußtsein lebten, für bewaffneten Widerstand von seiten der Afrikaner jederzeit gerüstet sein zu müssen.

Anders als eine gängige Vorstellung glauben macht, die auch von den Eroberern selbst geschätzt wird, erschöpft sich deshalb das Dasein des Eroberers nicht in den verschiedensten Formen gebieterischen Auftretens. Sicher, der Eroberer befiehlt, und selbst einer Bitte wird er noch die Form des Befehls zu geben suchen. Aber ebenso sicher ist, daß der Eroberer lernen muß, wenn er auf der Station bestehen will. Der Eroberer muß sich anpassen, wenn er die Anpassung der Besiegten an seine Wünsche erfolgreich gebieten will. Der Eroberer benötigt Hilfe. Schwäche und Hilflosigkeit werden ihn fast unvermeidlich heimsuchen, und dann wird er all sein Überlegenheitskapital benötigen, das vor allem in der Furcht der Unterworfenen besteht, um bis zu den Tagen der wiedergefundenen Kraft ausharren zu können.

Keine der "alten Gewohnheiten" des Eindringlings bleibt von der machtvollen neuen Wirklichkeit des Stationslebens verschont. Der Beginn der Station ist der Beginn des Anpassungsvorgangs des Eroberers, der auszog und haltmachte, um die Anpassung der Besiegten an die neuen Ordnungsvorstellungen des Siegers sicherzustellen.

Mit der Gründung der Station übernimmt der Eroberer eine konfliktreiche Rolle zwischen Befehl und fiebrigem Schwächeanfall, zwischen (deutschen) Drillkommandos und dem Erlernen einer (afrikanischen) Sprache, zwischen Konservennahrung und den scharf gewürzten und pikanten Soßen der einheimischen Eßkultur. Und ebenso bewegt sich auch der Anpassungsvorgang des Eroberers im Gegensatz von arroganter "Selbstabschirmung" und aufgeschlossener Akkulturation, zwischen "Unfehlbarkeitsmanieren" (Asmis 1942, 44) und "Verniggern", wie man in den Kreisen der deutschen Kolonialisten das Verhalten bezeichnet hat, das die Briten "going native" genannt haben. Einerseits kommt es zum "Tropenkoller", wie man "früher diese Entgleisungen ungewohnten Herrentums" (Asmis, ebd.) in einer Wortwahl genannt hat, die über diese radikale Anpassungsverweigerung des Eroberers vergleichsweise beschönigend hinweggeht, insofern sie die todbringende Willkür des Eroberers zudeckt. Andererseits finden Annäherungen an die Unterworfenen statt, indem man eine ihrer Sprachen erlernt, sich nach afrikanischen Vorbildern kleidet, wie es zum Beispiel der Beamte Richard Küas (1939, 85) mit "Haussa-Schuhen" und "Haussagown" tat, oder ein lebendiges Interesse an der Geschichte und Kultur der Besiegten entwickelt, das sich in den ethnographischen und historischen Arbeiten manches Kolonialbeamten niedergeschlagen hat. Aber wie immer der Beamte zwischen den Polen verächtlichen "Herrentums" und aufgeschlossener, sympathischer Neugier schwanken oder eine Linie zu finden vermochte, keiner kam umhin, sich auf den radikalen Bruch mit dem Gewohnten einzulassen, der die Voraussetzung einer Herrschaft ist, die mit Stationen sich mitten in die Welt der Unterworfenen hineinwagt.

Die Station ist das Werkzeug, mit dem die zentrale Macht zu lokaler Herrschaft wird. Aber der Preis der Station ist hoch: Die Mitglieder der zentralen Macht sind dazu verurteilt, mit einem Leben in den Gewohnheiten ihrer Ordnung zu brechen und sich an eine fremde Welt zu fesseln, die von ihnen alles fordern mag - selbst den Tod des hilflosen Fieberkranken. Vielleicht ist es dieser Preis, den Kriegergesellschaften meist nicht zu zahlen bereit sind, weshalb sie der grobschlächtigen Herrschaft der Razzien vor der großmächtigen Herrschaft des Staates den Vorzug geben.

Literatur:

Asmis, R.: Kalamba Na M'Putu. Koloniale Erfahrungen und Betrachtungen. Berlin: D. Reimer 1942.

Balandier, G.: "La notion de 'situation' coloniale". In: idem, Sociologie actuelle de l'Afrique noire. Dynamique Sociale en Afrique noire. S. 3-38. Paris: Pr. Univ. de France, Ndr. d. 3. Aufl. 1982 (zuerst 1951).

Büttner, R.: "Togo". In: Das Überseeische Deutschland. Die deutschen Kolonien in Wort und Bild, Bd. 2. S. 1-97. Stuttgart usw.: Union Deutsche Verlagsgesellschaft 1911.

Conradt, L.: "Das Hinterland der deutschen Kolonie Togo". In: Petermanns Mitteilungen 42, 1896. S. 29-33.

Hutter, D.: "Westafrikanisches Stationsleben". In: Globus 80, 1901. S. 288-290.

Klose, H.: Togo unter deutscher Flagge. Reisebilder und Betrachtungen. Berlin: D. Reimer 1899.

Küas, R.: Togo-Erinnerungen. Berlin: Vorhut Verlag O. Schlegel 1939.

Norris, E.G.: Die Umerziehung des Afrikaners. Pädagogische Implikationen der Interventionsmaßnahmen unter deutscher und französischer Kolonialverwaltung in Togo 1895-1939. (Noch) Unveröffentlichte Habilitationsschrift. Münster i. Westf.: Universität Münster 1986.

Popitz, H.: Phänomene der Macht. Autorität - Herrschaft - Gewalt - Technik. Tübingen: Mohr 1986.

Rodenwandt, E.: Ein Tropenarzt erzählt sein Leben. Stuttgart: Enke 1957.

Sebald, P.: Togo 1884-1914. Eine Geschichte der deutschen 'Musterkolonie' auf der Grundlage amtlicher Quellen. Berlin (DDR): Akademie 1988.

Seidel, H.: "Togo im Jahre 1904". In: Globus 87, 1905. S. 238-241.

Ethnische Konflikte im postkolonialen Staat

Jakob Rösel

Einleitung

Der Begriff der ethnischen Gruppe und der des ethnischen Konflikts, so sei an dieser Stelle vorausgeschickt, sind Verlegenheitsbegriffe. Als ethnische Gruppen sollen - im Rahmen dieser politikwissenschaftlichen Betrachtung - Gruppen gelten, die sich über eine nachweisbare oder vorgestellte Gemeinsamkeit der Sprache, der Religion, der Abstammung, des Siedlungsgebiets oder sozialer und kultureller Traditionen als eigenständige Gemeinschaften definieren. Als ethnische Konflikte sollen jene kulturellen, sozialen, wirtschaftlichen und schließlich politischen Konflikte gelten, die zwischen diesen Gruppen oder gegenüber einem jeweiligen Herrschaftsgebilde ausbrechen, Konflikte, die nach Auffassung der betreffenden Gemeinschaften unmittelbar ihre Identität, ihren wirtschaftlichen Stellenwert und ihren Anspruch auf eine relative oder umfassende politische Eigenständigkeit berühren.

In dieser Allgemeinheit begriffen mag es ethnische Gruppen und ethnische Konflikte seit jeher gegeben haben. Wie aber ein Blick auf die Staaten der Dritten Welt zeigt, scheinen sich ethnische Gruppen in der Gegenwart in einer neuen Weise definieren und in einer neuen Form organisieren zu können. Zugleich nehmen die Konflikte zwischen diesen Gruppen und gegenüber einem neuen politischen Rahmengebilde, demjenigen des modernisierenden und zentralisierenden Territorialstaats, eine neue Intensität und Stoßrichtung an. Wie die Erfahrung einer wachsenden Zahl postkolonialer Staaten zeigt, können diese neuen ethnischen Konflikte die Legitimität, die Funktionsfähigkeit und eventuell die Einheit des betreffenden Staates gefährden, sie können seine demokratischen Grundlagen zerstören, zu Bürgerkriegen und manchmal zu zwischenstaatlichen Konflikten, militärischen Interventionen und regionalen Krisen führen. Diese neue Gestalt der ethnischen Gruppe und die neuen zerstörerischen Wirkungen ethnischer Konflikte leiten sich aber von politischen und kulturellen Rahmenbedingungen und umfassenden Wandlungsprozessen ab, die keineswegs nur der Dritten Welt eigentümlich sind.

1. Die ethnischen Konflikte entstehen im Binnenraum eines modernisierenden und zentralisierenden Territorialstaats, der einer - entsprechend den genannten Kriterien - ethnisch vielfältigen Bevölkerung entgegensteht, sie zu erfassen und oft zu vereinheitlichen sucht.
2. Die ethnischen Konflikte nehmen ihren Ausgang von einem wachsenden Selbstbewußtsein der ethnischen Gruppen. Diese reflektieren, erforschen, systematisieren und kultivieren ihre "ethnische Identität". Die jeweilige ethnische Identität wird idealisiert, oft verändert, manchmal rekonstruiert.
3. Die ethnischen Konflikte brechen während eines umfassenden Wandlungsprozesses aus, eines nicht nur politischen oder wirtschaftlichen Modernisierungsprozesses, zu dessen Träger sich der jeweilige postkoloniale Staat gemacht hat. Dieser umfassende Modernisierungsprozeß hat bislang, im Widerspruch zu den Erwartungen der Theoretiker einer Modernisierung, nicht zu einer Schwächung ethnischer Identitätsmuster und ethnischer Konflikte, sondern zu deren Verschärfung beigetragen.
4. Die ethnischen Konflikte brechen nicht nur, aber auch, im Rahmen einer neuen, einer demokratischen Herrschaftsform aus. Diese Form demokratischer Herrschaft setzt ethnische Gruppen neuen Ängsten und Ambitionen aus.

Der moderne Territorialstaat, Prozesse der Reflexion, der Entdeckung und Idealisierung ethnischer Identität, Modernisierung und Demokratisierung postkolonialer Staaten und ihrer multi-ethnischen Gesellschaften können deshalb als Ausgangspunkt und Auslöser, als Mechanismen der Verschärfung und schließlich der Politisierung ethnischer Konflikte gesehen werden. Die genannten Rahmenbedingungen und Wandlungsprozesse sind für die Staaten der Dritten Welt neue Rahmenbedingungen und neue Wandlungsprozesse: Das Gebilde des modernen Territorialstaates wird zumeist durch den Prozeß der späten Kolonialisierung im 19. Jahrhundert durchgesetzt. Die Kolonialherrschaft löst, freiwillig oder unfreiwillig, die ersten Prozesse der Neubewertung und Erforschung ethnischer Kultur und Geschichte aus. Massive Modernisierungsanstrengungen und Prozesse der Demokratisierung setzten erst mit der Unabhängigkeit der Staaten ein. In dem Maße, in dem die genannten Rahmenbedingungen und Prozesse aber seit der Kolonialzeit zu wirken, schließlich zusammenzutreten und sich wechselseitig zu verstärken beginnen, verleihen sie ethnischen Konflikten eine neue Gestalt, Stoßrichtung und Intensität. Die ethnischen Konflikte der postkolonialen Staaten erscheinen damit in einer neuen Gestalt, weil sie in der Schnittlinie neuer Rahmenbedingungen und Wandlungsprozesse auftreten. Sie sind damit diesen Staaten auch nur in einem eingegrenzten Sinne eigentümlich. Sie erscheinen diesen Staaten eigentümlich im Maßstabe der Verspätung, der Schnelligkeit und der Reihenfolge, mit der Strukturen, Konzeptionen und Prozesse der europäischen Herrschaftsentwicklung und westlichen Wirtschaftsentwicklung auf die Dritte Welt übertragen wurden oder in ihr wirksam werden.

Im folgenden sollen diese Rahmenbedingungen und Prozesse einer genaueren Betrachtung unterzogen werden.

1. Territorialstaat und ethnische Vielfalt

Die letzte große Welle der Kolonialisierung beginnt im 19. Jahrhundert das Gebilde des modernen bürokratischen Staates fast weltweit durchzusetzen. Der zentralisierte und zentralisierende, bürokratisch verwaltete Staat wird zur Staatsform "à la mode". Er gilt als legitim, als vernünftig, als praktisch und als unverzichtbar. In einer Mehrzahl ihrer Kolonialgebiete findet aber die Kolonialherrschaft ethnisch heterogene Wirtschafts- und Herrschaftsgebilde vor. In den Worten des Kolonialwissenschaftlers Furnival: "A medley (of people)... for they mix, but do not combine. Each group holds by its own religion, its own culture and language, its own ideas and ways. As individuals they meet, but only in the market place, in buying and selling" (1956, S. 304).

Diese Wirtschafts- und Herrschaftsgebilde beruhten auf der doppelten Annahme der kulturellen und sozialen Unvergleichbarkeit und der politischen und wirtschaftlichen Unverzichtbarkeit der jeweiligen ethnischen Gruppen. Eine prekäre Inkorporation der ethnischen Gruppen "into the market place and into the state" hatte die soziale, kulturelle und manchmal räumliche Distanz zwischen diesen Gruppen eher erhalten als gefährdet (Barth 1969, S. 16).

Die Kolonialherrschaft verändert und steigert diese Systeme ethnischer Arbeitsteilung, aber sie zerstört sie nicht: An die Stelle ethnisch heterogener Herrschaftsgebilde rückt sie eine auf qualifizierte, einheimische Fachbeamte angewiesene Verwaltung, in deren Binnenraum sie häufig die Entstehung einer neuen Spielart ethnischer Vielfalt toleriert. Eine begrenzte wirtschaftliche Modernisierung setzt zugleich Immigrationsbewegungen in Gang. Sklaven oder Kontraktarbeiter - "kuli labour" - finden Zugang zu den neu entstandenen, fernen Plantagengebieten. Händlergruppen und Geldverleiherfamilien wandern in fern gelegene Kolonialgebiete ein, in denen sich großräumige Handelsbeziehungen und eine Geldwirtschaft erst unter dem Einfluß der Kolonialmacht durchsetzen. Die Rekrutierung von Seeleuten, der Ausbau von Dockanlagen, Häfen, Straßen und Eisenbahnlinien führt zur Zuwanderung neuer und fremder Arbeitsgruppen. Die Durchsetzung der Kolonialmacht und der Kolonialverwaltung verstärkt diese Wanderungsbewegungen. Die Kolonialtruppen werden oft weit entfernt von ihren Rekrutierungsgebieten stationiert, qualifizierte einheimische Fachbeamte finden oft in neu eroberten und fernen Kolonien Anstellung. Der Entwicklung und Ausdehnung eines modernen Fachbeamtentums folgen die Entwicklung und Ausdehnung der es ergänzenden neuen Berufe, der "liberal professions": Der Advokat, der Notar, der Landvermesser, der Lehrer und Arzt folgen der Ausdehnung dieses neuen Fachbeamtentums und der neubegründeten, kleinen Verwaltungszentren. Diese Wanderungsbewegungen verbinden sich deshalb mit einer kolonialen Stadtentwicklung.

In den neuen Hafenstädten und Verwaltungszentren, in den Armeecantonements und Forts, in den neuen Plantagenenklaven sammelt sich eine neue und wachsende Vielfalt ethnischer Gruppen, deren Mitglieder direkt oder indirekt mit der Durchsetzung kolonialer Wirtschafts- und Herrschaftsformen verbunden bleiben. Die Kolonialwirtschaft übernimmt und erweitert Systeme ethnischer Arbeitsteilung, die Kolonialherrschaft ersetzt oft ethnisch heterogene Herrschaftsgebilde durch eine ethnisch heterogene Kolonialverwaltung. Vor allem aber erfaßt die jeweilige Kolonialverwaltung zumeist Gebiete, die weit über die regional vorfindlichen Wirtschafts- und Herrschaftsgebilde hinausreichen, und sie zieht eindeutige Grenzen, wo früher lediglich Einflußzonen bestanden. Die kolonialen Grenzen - die Konturen des künftigen postkolonialen Staates - zwingen deshalb oft eine Vielfalt traditonell unverbundener oder feindseliger ethnischer Gruppen zusammen, und sie trennen manchmal ethnische Gruppen oder Gebilde einer prekären, aber notwendigen, ethnischen Inkorporation.

Die Kolonialherrschaft verändert damit die vorgegebene ethnische Vielfalt in einer quantitativen und in einer qualitativen Weise. Durch ihre Grenzziehungen versammelt sie eine Vielzahl nahegelegener, aber bislang distanzierter ethnischer Gruppen. Durch ihre Wirtschafts- und Verwaltungsstrukturen führt sie neue ethnische Gruppen in ihren jeweiligen Verwaltungseinheiten zusammen. Die Beteiligung oder die Anstellung dieser Gruppen in den neuen Wirtschafts- und Verwaltungsbereichen, begleitet von einem neuen Prozeß der Urbanisierung, versetzt sie in ein neues, intimes, veränderbares und oft ungleiches Austausch- und Interaktionsverhältnis.

Diese neuen Austausch- und Interaktionsverhältnisse können dabei eine Bedeutung und Eindrücklichkeit annehmen, die einem Großteil der unterworfenen Bevölkerung die Einsicht in die Natur des Kolonialsystems versperren. Die koloniale Verwaltung zeigt sich den Einheimischen in der Gestalt fremder, aber selten weißer Kolonialbeamter. Die neuen Wirtschaftsformen und Chancen erscheinen ihnen als von Fremden, aber keineswegs nur den Weißen zu ihrem Nachteil genutzt oder monopolisiert.

Die Entstehung ethnischer Konflikte setzt aber mehr voraus als lediglich die Präsenz, den intimen Kontakt und das eventuelle politische oder wirtschaftliche Ressentiment ethnischer Gruppen. Die ethnischen Gruppen müssen sich selbst als solche erkennen, definieren und organisieren. Eine neue Bewertung und Idealisierung ethnischer Identität setzt aber oft bereits während der Kolonialzeit bei einer neuen, einheimischen Elite ein (Anderson 1988, S. 115-141).

2. Ethnische Gruppen und die Idealisierung ethnischer Identität

Die koloniale Durchsetzung eines bürokratischen Territorialstaates und der Beginn eines umfassenden sozialen Wandlungsprozesses relativieren eine Sichtweise, die die eigene Gesellschaft als selbstverständlich, ausschließlich und gleichsam auf natürlichem Wege im Modell der ethnischen Gruppenzugehörigkeit organisiert sieht. Zumindest in dem Bereich der kolonialen Städte, der Fabrikproduktion und der Plantagenenklaven, in dem Einflußbereich eines entstehenden Partei- und Gewerkschaftswesens wird nun eine Lebensform denkbar oder sichtbar, die außerhalb ethnischer Gruppenzugehörigkeit steht. Das Bild und die Chance einer sozialen Existenz außerhalb ethnischer Gruppenzugehörigkeit wird für eine Minderheit denkbar und sichtbar. Ethnische Gruppenzugehörigkeit kann zum ersten Mal als eine vergängliche und eventuell schutzbedürftige Lebensweise gelten, zugleich aber auch als eine unerträgliche, jedoch überwindbare Fessel. Eine neue Ordnung des sozialen Lebens wird konzeptualisierbar: Ein Leben außerhalb traditioneller Gemeinschaften, aber nie mehr außerhalb eines Staates.

Daß ethnische Gruppen im Rahmen dieser neuen Erfahrung ihre ethnische Identität idealisieren und verstärken, ist deshalb zunächst nicht wahrscheinlicher als die entgegengesetzte Neigung, sich von ethnischen Identitätsmustern zu lösen, die Neigung, askriptive Muster der Identität - der Sprache, der Religion, der Herkunft etc. - durch erworbene und "funktionale" - des Berufs- und Bildungsabschlusses, der Berufs-, Schichtungs-, Partei- und Organisationszugehörigkeit - ersetzen zu wollen. Allenfalls vor dem Hintergrund eines unvollständigen und fragmentarischen Modernisierungsprozesses, der diese neuen Identitätsmuster weder verfügbar noch sinnfällig werden läßt, ließe sich eine solche Rückwendung und Idealisierung plausibel machen. Rückwendung setzt aber zumeist Abwendung, Idealisierung, oft Erschütterung oder Verlust voraus. Wenn der Modernisierungsprozeß unvollständig geblieben ist, so kann er diese massenhafte Abwendung und massive Erschütterung ethnischer Identität kaum verursacht haben. Zu Rückkehr und Idealisierung können deshalb nur diejenigen neigen, die Prozessen der Modernisierung verstärkt ausgesetzt waren oder sich ihnen - erfolglos - ausgesetzt haben. Dies macht eine Betrachtung der neuen, einheimischen Kolonialeliten notwendig.

Die Durchsetzung der Kolonialherrschaft und der Beginn wirtschaftlicher und politischer Modernisierung wird von einer einheimischen Elite oft als Symbol und Konsequenz der überwältigenden Überlegenheit einer anderen ethnischen Gruppe, derjenigen der weißen Kolonialherren, empfunden. Ein Teil dieser alten Elite, aber auch Mitglieder anderer ethnischer Gruppen stellen sich in den Dienst der Kolonialherrschaft und Kolonialwirtschaft. Sie nützen nicht nur die neuen Investitions- und Aufstiegschancen, indem sie die Sprache, die Verhaltensweisen, Manierismen und Ideale der neuen Kolonialgesellschaft übernehmen, sie hoffen neben Anstellungs-, Investitions- und Aufstiegschancen auch die soziale Anerkennung seitens der weißen Kolonialherren zu finden. Ebenso wie ihnen aber eine Anstellung im Kolonialdienst nur bis zu einer bestimmten Ebene, eine Wirtschaftstätigkeit nur in bestimmten Bereichen und eine politische Beteiligung nur bis zu einer eng gezogenen Grenze erlaubt wird, wird ihnen eine soziale Anerkennung nur in einem genau proportionierten, begrenzten Maße zuteil. Es ist deshalb oft diese neue, einheimische Elite - die den Preis der kulturellen Selbstaufgabe geleistet hat und die sich nun um den Lohn dieser Anstrengung betrogen sieht -, die sich auf eine eher abgelegte als entschwundene ethnische Identität zurückbesinnt. Diese Elite hat sich tatsächlich nach dem Ideal des britischen Reformers Macauley zu Europäern im Geiste und im Verhalten verwandelt. Aber entgegen den Versprechungen der liberalen Ideologen des Kolonialsystems öffnen ihnen diese neuen Identitätsmuster - im Gegensatz zu den Aufstiegsbedingungen vormoderner Imperien - nicht den Zugang in die Zentren und in den ethnischen Binnenraum, die Clubs, Wohnviertel und Heiratskreise der Kolonialmacht.

Für eine Wiederentdeckung, Idealisierung und Rekonstruktion ethnischer Kultur und Geschichte sind diese Grenzgänger zwischen zwei Kulturen in mehrfacher Weise prädestiniert. Einer sozialen Anomie nahegerückt, stehen sie unter der Notwendigkeit einer Wiedergewinnnung ihrer ethnischen Identität. In dem Maße, in dem sie mit nichts beginnen müssen, können sie diese ethnische Identität radikal reinterpretieren und neu zusammensetzen. In dem Maße, in dem sie mit den neuen Orientwissenschaften, mit der Ethnologie und mit den neuen antiquarischen Interessen der Kolonialgesellschaft an ihrer Kultur vertraut gemacht worden sind, können sie diese Methoden und Interessen in den Dienst einer systematischen Erforschung und Rekonstruktion stellen.

Reflektierte, systematische und anspruchsvolle Bilder einer ethnischen Kultur und Geschichte entstehen, die nicht nur das verletzte Würdegefühl dieser neuen Elite festigen, sondern die die jeweiligen ethnischen Gruppen unter ein neues Geschichtsschema und unter ein neues politisches Programm rücken. Nach der Auffassung dieser Elite verfügt die jeweilige ethnische Gruppe nicht nur über eine goldene Vergangenheit und lebt sie nicht nur in einer verächtlichen Gegenwart, sondern sie hat nun eine glänzende Zukunft zu realisieren.

Manchmal bereits vor der politischen Unabhängigkeit, oft danach, kann sich diese Hoffnung auf eine glänzende, aber ethnisch exklusive Zukunft der gesamten Gruppe mitteilen und sich in ein gefährliches Mittel der Massenmobilisierung bei wirtschaftlichen und schließlich politischen Konflikten verwandeln (Kedourie 1970, S. 77-92).

3. Modernisierungsprozesse und ethnische Konflikte

Mit der Unabhängigkeit werden Prozesse der Modernisierung stärker und umfassend. Das Versprechen einer beschleunigten Modernisierung erweist sich für den postkolonialen Staat und seine Parteien als unausweichlich. Die Unabhängigkeitsbewegungen und die unabhängigen Regierungen übernehmen das Gebilde des kolonialen Staates, seine Grenzen, Verwaltungseinheiten und sein zumeist stark zentralisiertes Verwaltungsmuster. Unter ihrer Herrschaft und unter den Ambitionen einer umfassenden Modernisierung setzt sich der bürokratische und zentralisierende Territorialstaat endgültig durch.

Die beschleunigte, kulturelle, wirtschaftliche und soziale Modernisierung beginnt aber nun jene Merkmale - der Religion, der Sprache, der Abstammung, des Siedlungsgebiets, der sozialen und politischen Traditionen -, auf deren Grundlage ethnische Gruppen sich traditionell definiert haben, nachhaltig zu verändern:

Die Durchsetzung einer laizistischen Staats- und Gesellschaftsauffassung - in der Verfassung und in der Rechtspraxis der Staaten - verwandelt die religiöse Gruppenzugehörigkeit von einem askriptiven Merkmal, einem fraglosen Bestandteil der Gruppenidentität, zu einer Frage der individuellen Wahl.

Nach der Unabhängigkeit wird zugleich die Beibehaltung einer, lediglich von einer Minderheit gesprochenen, kolonialen Staats- und Verwaltungssprache zum Problem. Die Existenz mehrerer einheimischer Sprachen stellt den unabhängigen Staat vor die Frage, ob er alle diese Sprachen als neue Staats-, Verwaltungs- und Unterrichtssprachen anerkennen möchte, ob er lediglich eine dieser Sprachen - diejenige einer Mehrheit - bevorzugen möchte, ob er die koloniale Sprache beibehält oder ob er sich in das Wagnis der Schaffung einer synkretistischen Nationalsprache - vergleichbar der Bahasa Indonesia - begeben möchte. Jede Entscheidung kann das politische und soziale Gleichgewicht und die Mobilitätschancen der ethnischen Gruppen tiefgreifend beeinflussen, und jede Entscheidung kann von einer der betreffenden Gruppen als Benachteiligung empfunden werden.

Die Durchsetzung einer neuen nationalistischen Geschichtsschreibung kann die Abstammungstraditionen ethnischer Gruppen relativieren. Sie setzt sie historischer Kritik, wissenschaftlichem Zweifel, manchmal der Lächerlichkeit aus. Im günstigsten Fall werden diese Traditionen unter dem Schlagwort der "nationalen Einheit in ethnischer Vielfalt" dem neuen nationalen Geschichtsentwurf pauschal eingeordnet. Beschleunigte Prozesse der Migration und der Urbanisierung beginnen alte ethnische Siedlungsräume aufzulösen oder sie in das neue Milieu der Städte zu übertragen. Von den Städten wiederum gehen neue "metropolitane" Verhaltensweisen aus. An die Stelle regionaler Verhaltensunterschiede, an die Stelle der Verhaltensgleichförmigkeit eines Raumausschnitts, der "Bodenständigkeit", tritt die Verhaltensgleichförmigkeit eines Zeitabschnitts, die "Mode".

Die Durchsetzung einer zentralisierenden Verwaltung hebt Traditionen einer historischen Eigenständigkeit, geringe, aber symbolische Spielräume einer administrativen oder politischen Autonomie auf. Werden die Verfahrensweisen oder Institutionen einer traditionellen Selbstverwaltung nicht zerstört, so werden sie unter die Aufsicht der Zentralverwaltung gestellt, als verlängerter Arm ländlicher Entwicklungspolitik genutzt oder als Folklore toleriert.

Alle diese aufgeführten Entwicklungen und Entscheidungen müssen jene Merkmale, über die sich ethnische Gruppen traditionell definiert haben, tiefgreifend verändern. Der Modernisierungsprozeß verändert damit grundlegend jenen Spielraum, jene Dimensionen, auf deren Grundlage ethnische Gruppen ihre Eigenart und Sonderstellung bislang bestimmen und erkennen konnten. Der Modernisierungsprozeß bedroht, verändert oder erweitert damit auch ein traditionelles ethnisches Berufsideal.

In den bereits angesprochenen vormodernen Gesellschaftsformen einer polyethnischen Inkorporation "into the market place and into the state" konnten sich einzelne ethnische Gruppen die Kontrolle bestimmter lokaler und regionaler Märkte und die Herstellung bestimmter Produkte und den Handel mit ihnen oft weitgehend sichern. Das Aufkommen neuer, einheitlicher, nationaler Märkte, Produktions- und Wettbewerbsformen setzt diese Gruppen, ethnische Mehrheiten oder wirtschaftlich erfolgreiche ethnische Minderheiten neuen Ängsten und Ambitionen aus.

Unter dem neuen Postulat der wirtschaftlichen Chancengleichheit können spezialisierte ethnische Gruppen nun versuchen, in neue Herstellungs- und Handelsbereiche oder ferne Märkte zu expandieren, während sie zugleich den gegenläufigen Versuch anderer Gruppen als eine Bedrohung ihres traditionellen Berufsideals, ihrer ethnischen Identität und ihres regionalen Stellenwertes verurteilen. Um in neue Märkte zu expandieren und um eine Bedrohung der eigenen abzuwehren, müssen sie sich organisieren. Die Verbindung wirtschaftlicher Expansions- und Schutzinteressen mit einer neuerlich beschworenen und idealisierten ethnischen Solidarität kann wirtschaftliche und ethnische Konflikte mit einer bislang unbekannten Schärfe und Bitterkeit begründen.

Absatzschwierigkeiten oder neue Preiskriege, der Verlust oder die Unerreichbarkeit einer Anstellung lassen sich nun rasch auf die Machenschaften, den höheren Organisationsgrad und die enge Solidarität einer entgegengestellten ethnischen Gemeinschaft zurückführen und rufen einen Kreislauf ethnischer Organisation hervor. Die Beschleunigung der Urbanisierung verschafft diesem Organisationsinteresse, das sich anfänglich auf der Ebene einer Minderheit - bei Unternehmern, Händlern, Arbeitern und Gewerkschaften - Bahn bricht, eine breite Basis und umfassende Nützlichkeit. Die städtische Lebensform erweist sich als der große Katalysator einer neuen Idealisierung, Organisation und Zweckdienlichkeit eines ethnischen Lebensentwurf.

Eine beschleunigte Urbanisierung läßt in den Städten, den Vorstädten, den Slums und Squattergebieten, nicht immer, aber oft urbane ethnische Subkulturen entstehen. Diese ethnischen Subkulturen sind nicht das einfache Abbild der oft regional konsolidierten, ländlichen ethnischen Gemeinschaften. Diese ethnischen Enklaven beruhen auf einer partiellen und bewußten, einer symbolischen Übertragung und Erneuerung ethnischer Identität. Das Bild und das Photo, die Topfpflanze oder das Gärtchen, die Speisen, Feste und Besuche halten die Erinnerung und die Bindung an die ethnische Gruppe und die Heimatregion wach. Die städtische, ethnische Subkultur dient zugleich der Durchsetzung einer Vielzahl sozialer und wirtschaftlicher Interessen. Der Zuwanderer findet in diesen Subkulturen erste Aufnahme, diese bilden den Wartesaal einer verzögerten und erträglichen Akkulturation an die so entgegengesetzte Lebensweise der Stadt.

Diese zeigt dem ländlichen Zuwanderer den Grenzfall einer vollständigen Auflösung subsistärer Produktion und Reproduktion: Beim beständigen Wettbewerb um die knappen Güter des Wohnraumes, der städtischen Dienst- und Versorgungsleistungen, beim Wettbewerb um Markt-, Absatz- und Anstellungschancen stellt die organisierte städtische ethnische Gruppe ein notwendiges Instrument zur Überlebenssicherung dar, und sie stellt sich zugleich gegen alle anderen. Im Rahmen der Stadt erscheint deshalb die ethnische Identität nicht mehr als selbstverständlich. Sie zeigt sich als gefährdet und dennoch rekonstruierbar, als organisiert und nützlich.

Zur Entstehung einer wachsenden Gegnerschaft zwischen ethnischen Gruppen - ihren ökonomischen Eliten und ihren städtischen Subkulturen - trägt zugleich eine neue und kritische Vergleichsbereitschaft bei, die erst im Rahmen wachsender politischer und ökonomischer Vereinheitlichung plausibel wird. An die Stelle jener vormodernen Verbindung ethnischer Unvergleichbarkeit mit ökonomischer Unverzichtbarkeit tritt bei wachsender Zentralisierung und Urbanisierung die Chance und die Neigung eines Vergleichs des politischen, wirtschaftlichen und kulturellen Stellenwerts der verschiedenen ethnischen Gruppen. Die Repräsentation der ethnischen Gruppen in Regierung, Parlament und in den Parteiorganisationen, die ethnischen Verteilungsmuster in der Verwaltung, im Militär, an den Universitäten und in hohen Wirtschaftspositionen, der Rang, der der Sprache, der Kultur und den Symbolen einer ethnischen Gruppe im Unterrichtswesen, im staatlichen Rundfunk und Fernsehen, bei der Festlegung der Nationalhymne, der Fahne, der Feiertage und Mahnmale eingeräumt wird, alle diese Indikatoren des politischen, wirtschaftlichen und kulturellen Stellenwerts ethnischer Gruppen werden zusehends einem argwöhnischen Vergleich unterzogen.

Zu diesem Vergleich sehen sich die Gruppen zudem bereits durch eine Verfassung herausgefordert, die fast immer die Benachteiligung eines einzelnen auf der Grundlage jener Merkmale - der Sprache, der Religion, der Abstammung - verbietet, über die sich ethnische Gruppen traditionell definieren. Eine ethnisch ungleiche Verteilung von Macht, Einkommen und Prestige gilt benachteiligten Gruppen deshalb rasch als Nachweis illegitimer ethnischer Diskriminierung. Ein neuer Anspruch der vollständigen Gleichverteilung von Macht, Einkommen und Prestige entsprechend der Größe der ethnischen Gruppe bricht sich damit Bahn. Multi-ethnische Gesellschaften werden aber nur selten dem Modell einer vollkommen ethnischen Verteilungsgerechtigkeit oder Verteilungsungerechtigkeit entsprechen. Sie bilden selten gleich mächtige, wohlhabende und angesehene ethnische "Föderationen" und auch keine Kasten- oder Apartheidsgesellschaften. Die unterschiedliche Verfügung über diese knappen Güter wird deshalb stets - bei einem wachsenden Kreislauf ethnischer Interessenorganisation und ethnischer Wettbewerbskritik - den eindeutigen Nachweis oder den einseitigen Verdacht ethnischer Benachteiligung gestatten.

Hat sich aber eine ethnische Verteilungskritik auch außerhalb einer ethnischen Elite und einer organisierten städtischen Subkultur Bahn gebrochen, so steht nun allen ein Beurteilungsmuster zur Verfügung, das eine Vielzahl eigenständiger, gesonderter und oft individueller Konfliktlagen auf eine zentrale Ursache, diejenige der ethnischen Benachteiligung, zurückführen kann. Diese Ursachenforschung faßt damit in wachsendem Maße die Gesamtheit eines Staates, seine Wirtschaftsstruktur, seine nationale Kultur, seine Herrschaftsinstitutionen und Machtprozesse ins Auge. Damit rückt zugleich jener Schwellenpunkt näher, ab dem Forderungen nach wirtschaftlicher Gleichstellung und kultureller Toleranz sich in politische Forderungen nach Macht und Respekt verwandeln lassen. Konfliktlagen und Gruppenforderungen lassen sich nun leichter und umfassend politisieren.

4. Nation, Demokratie und die Politisierung ethnischer Konflikte

Die politische Souveränität, die den ehemaligen Kolonien mit dem Akt der Unabhängigkeit zugesprochen wird, verbindet sich mit deren alter Gestalt und drei neuen Ansprüchen. Der unabhängige Staat erhebt den Anspruch, den Modernisierungsprozeß voranzutreiben, eine Nation zu bilden und demokratisch verfaßt zu sein. Alle drei Ansprüche erleichtern künftig die Verwandlung eingegrenzter, lokaler, wirtschaftlicher oder kultureller ethnischer Konfliktlagen zu oft erbitterten politischen Konfrontationen.

Modernisierung

Indem der postkoloniale Staat sich unter den Imperativ umfassender sozialer und wirtschaftlicher Entwicklung rückt, kann er unter dem Anspruch nationaler Entwicklung in immer neue, entlegene und bislang staatlicher Regelung entzogene Bereiche des gesellschaftlichen Lebens eindringen. Dieser wachsende Zugriff des Staates - seiner Verwaltung, seiner Gerichtsbarkeit, der von ihm ausgelösten Siedlungsprogramme und Nationalisierungen, der von ihm beschleunigten Industrialisierung und Urbanisierung - begründet nicht nur, wie wir bereits sahen, tiefgreifende Ängste, sondern auch neue politische Erwartungen: Indem der Staat sich diese neue Macht zumißt und ihm wachsende Allmacht zugemessen wird, verwandelt er sich rasch zu jener Instanz, von der die verschiedenen ethnischen Gruppen die Lösung ihrer Konflikte einfordern: "Both dominant and subordinate groups come to view the state as the gatekeeper of the contradictions and the controller of the conflict" (Rothschild 1981, S. 4).

Im Kreislauf der Zuspitzung ethnischer Antagonismen beginnt aber diese Einschätzung, der expandierende Staat sei ethnisch interessenneutral, einer entgegengesetzten Einschätzung zu weichen. Der Staat gilt nun als den Interessen einer ethnischen Mehrheit oder einer dominierenden Minderheit verpflichtet. Der Staat - seine Verwaltung, sein Militär, die Staatsbetriebe und Pfründen - gilt als Werkzeug, dessen man sich zum Schutze und zur Erweiterung der eigenen Interessen zu bedienen hat, als Waffe, die sich gegen die eigene Gruppe richtet, solange man sie sich nicht selbst gesichert hat. Dieser Verdacht ethnischer Parteilichkeit zwingt alle ethnischen Gruppen in einen verschärften Wettbewerb um die Teilnahme an der staatlichen Macht. Er begründet einen weiteren Kreislauf wechselseitiger ethnischer Kritik und erleichtert es den jeweiligen ethnischen Eliten, ihre Gruppe als Partei zu organisieren. Aber nicht nur der wachsende Kontrollradius des Staates, verbunden mit dem Verdacht seiner ethnischen Interessengebundenheit, verstärken das Bedürfnis, die ethnische Gruppe als Stimmblock oder Partei zu organisieren:

Nation

Der unabhängige Staat gibt auch vor, eine Nation zu sein oder werden zu wollen. Als demokratisch verfaßter Staat gibt er nicht nur vor, auf dem Selbstbestimmungsrecht des Einzelnen zu ruhen, sondern er bleibt auf die Beantwortung der Frage zurückgeworfen, welches Kollektiv Einzelner in diesem Falle zu kollektiver Selbstbestimmung, zu souveräner staatlicher Existenz berufen ist. Die Antwort, dieses Kollektiv sei durch die Zufälligkeiten kolonialer Expansion, innerkolonialen Wettbewerbs und kolonialer Grenzziehung bestimmt worden, kann politisch nicht befriedigen. Eine befriedigendere Antwort hält das der europäischen Geschichte und europäischen Ideen entlehnte Konzept der Nation bereit. Dem Konzept der Nation zufolge sind diejenigen Gruppen zu kollektiver Selbstbestimmung, zu staatlicher Existenz befähigt, die seit jeher über eine historische Eigenständigkeit und Gemeinsamkeiten der Sprache, der Religion, des Siedlungsraumes oder der Abstammung verfügten. Angesichts vielfältiger ethnischer Gruppen und einer wachsenden Schärfe ethnischer Antagonismen kann diesem Konzept der "objektiv-deterministischen" Nation nur im nachhinein Bestätigung verschafft werden - durch den Prozeß des "nation building". Die Nation verwirklicht sich als ein subjektiver Akt, in einer voluntaristischen, politischen Anstrengung. Aber dieser "subjektiv voluntaristische" Nationalismus verzichtet nur in den seltensten Fällen auf die Fiktion und die wissenschaftliche Rekonstruktion einer ursprünglichen, vorkolonialen, nationalen Kultur und Geschichte. Im Falle multi-ethnischer Staaten bleibt aber diese Fiktion und Vorgabe oft fragwürdig und unzureichend (Kedourie 1961, S. 62-91).

Wenn die Gemeinsamkeit der vorkolonialen Geschichte und Kultur nicht plausibel gemacht werden kann, wenn der gemeinsame Kampf um die Unabhängigkeit nicht so lange und nicht so schwer war, daß er eine eigenständige, neue nationale Kultur - kollektiv anerkannte und verstandene Opfer, Erfahrungen, Symbole und Rituale - hervorgebracht hat und wenn die Bereitschaft oder Chance der Schaffung einer nachkolonialen, synkretistischen nationalen Kultur - einer "nationalen Einheit in ethnischer Vielfalt" - fehlt, dann wird rasch eine folgenreiche Entscheidung getroffen. Eine herrschende Mehrheit oder Minderheit neigt dann dazu, ihre Kultur und Geschichte, ihre ethnische Identität in den leeren Begriffsrahmen der Nation zu kippen. Der Prozeß des "nation building" dient dann der Durchsetzung einer partikularen ethnischen Identität, ebenso wie der Prozeß der nationalen Entwicklung der Förderung der Interessen einer dominanten ethnischen Gruppe zu dienen beginnt.

Dies muß der betreffenden Gruppe weder als unsinnig noch als zynisch erscheinen. Solange sie sich zu Recht oder Unrecht als jene Gruppe mit der bedeutendsten vorkolonialen Geschichte und der längsten Siedlungstradition sieht, als jene Gruppe, die den größten Widerstand gegenüber den Kolonialherren und den größten Beitrag im Unabhängigkeitskampf geleistet hat, solange erscheint dieser ethnischen Gruppe ihre Gleichsetzung mit der Gesamtheit der Nation nur recht und billig.

Der Prozeß des "nation building" weckt damit aber oft erst diejenigen Widerstände und Partikularismen, zu deren Prävention oder Schwächung er angeblich angetreten ist. Das Programm des "nation building" setzt deshalb den postkolonialen, multi-ethnischen Staat einem neuen Spannungszustand aus, der mit dem Bild eines Wettlaufs anschaulich gemacht wurde. Der Staat und seine neue politische Elite müssen sich in eine Nation verwandeln, bevor ethnische Gruppen und deren Eliten den Anspruch der Nation erheben, um auf dieser Grundlage wachsende Autonomie, im Grenzfall ihren eigenen Staat zu fordern.

Entscheidend aber für das politische Kräftegleichgewicht des unabhängigen Staates wird nun, daß beide Seiten, die neue nationale Elite und die jeweiligen ethnischen Eliten um die Bedrohlichkeit eines solchen Wettlaufs wissen. Dieses Wissen setzt neue Kalküle und Strategien frei.

Beide Seiten wissen, daß dem unabhängigen Staat aus der Forderung nach kultureller oder politischer Autonomie ethnischer Gruppen immense ideologische, politische und finanzielle Kosten erwachsen können. Die Bedrohung, die von solchen Forderungen ausgehen kann, wird den betreffenden Staat deshalb geneigt machen, begrenzten Ansprüchen ethnischer Gruppen und ihrer Führer nachzugeben, für eine politische Selbstbeschränkung der Gruppen und ihrer Führer zu bezahlen. Im Wissen um diese politische Kostenabwägung können stimmenschwache Minderheiten oder politisch einflußlose Mehrheiten versucht sein, dem betreffenden Staat gegenüber ethnische Forderungen auszuspielen. Die Drohung separatistischer Forderungen soll ihnen helfen, ihren politischen Stellenwert und die ihnen zugeteilten "Benefizien" zu erhöhen.

Eine neue Grundlage staatlicher Legitimation, der Anspruch des postkolonialen Staates, Nation zu sein oder zu werden, macht ihn damit auf eine historisch neuwertige Weise ideologisch und politisch verwundbar. Diese Verletzbarkeit kann wiederum die Führer stimmenschwacher oder politisch einflußloser Gruppen dazu verführen, dem Regime gegenüber auch dann die "ethnische Karte" auszuspielen, wenn sie lediglich begrenzte Ziele, die wirtschaftlichen Interessen oder politischen Ambitionen einer kleinen ethnischen Elite durchsetzen wollen. Diese Strategie kann sich aber leicht anderen Gruppen mitteilen, Autonomieforderungen können sich verselbständigen und der Kontrolle durch eine ethnische Elite entgleiten, und beides muß auf den Widerstand des entsprechenden Regimes treffen. Gegenüber diesen gefährlichen Strategien ethnischer Politik erweisen sich die demokratischen Grundlagen des postkolonialen Staates erst als Schranke und schließlich als Chance.

Demokratie

Die scheidende Kolonialherrschaft überträgt zumeist einer großen ethnisch-neutralen Unabhängigkeitsbewegung oder einem neuerlich entstandenen, an westlichen Modellen orientierten Parteienspektrum die Macht über den neuen Staat. Ethnische Parteien entstehen im Regelfalle erst nach, nicht vor oder mit der Unabhängigkeit. Die Existenz eindeutiger ethnischer Parteien ist deshalb weder vorgegeben noch selbstverständlich, ihre Entstehung bleibt deshalb untersuchungsbedürftig.

Die Begründung ethnischer Parteien, vor allem ethnischer Minderheitsparteien, trifft dabei auf zwei in dem Muster demokratischer Herrschaft angelegte Widerstände. Parteien wollen und müssen Stimmen maximieren, um eine Mehrheit an Stimmen in politische Macht umzusetzen. Um Stimmen zu maximieren, müssen die Parteien einen möglichst großen Ausschnitt der Wählerschaft, im Idealfalle alle, mit Hilfe von politischen Themen, Versprechungen und Lösungsvorschlägen eines gesamtgesellschaftlichen Interesses ansprechen und für sich gewinnen. Ein gesamtgesellschaftliches Interesse muß geweckt werden, damit sich das machtpolitische Interesse der jeweiligen Partei realisiert. Ethnische Parteien sprechen aber nur einen klar umgrenzten Ausschnitt, ein ethnisches Segment der Wählerschaft an, und ihre Versprechungen und Lösungsvorschläge dienen offen den Interessen dieser Gruppe. Ethnische Parteien können damit Stimmen nur bis zu einer eindeutig und, im Falle ethnischer Minderheiten, eng gezogenen Grenze maximieren und ihr Programm der offenen Förderung ethnischer, partikularer Gruppeninteressen kann sie der Kritik, der Verachtung und der Verfolgung seitens der - an nationalen, liberalen oder sozialistischen Programmen orientierten - etablierten Parteien aussetzen. Die Gründung ethnischer Splitterparteien ist deshalb oft das Werk einer neuen Generation, einer neuen ethnischen Intelligentia, die weder zu dem engen Kreis der Honoratioren ihrer Gruppe noch zu einer, während der Kolonialzeit entstandenen, neuen, nationalen Elite Zugang gefunden hat oder von ihr kooptiert wurde. Sofern sich aber diese neuen "ethnischen Unternehmer" die politische Anerkennung ihrer Gruppe sichern können, sie ihre ethnische Gemeinschaft erst als Stimmenblock und schließlich als Partei organisieren, so gehen von dieser neuen ethnischen Partei oft Wirkungen aus, die das gesamte Parteienspektrum zu verändern beginnen.

Die Existenz einer erfolgreichen ethnischen Partei engt den Spielraum ein, innerhalb dessen die etablierten Parteien um Wahlstimmen konkurrieren, und setzt sie auf Dauer dem Verdacht und der Neigung aus, die exklusiven Interessen anderer ethnischer Gemeinschaften offen oder verdeckt zu fördern. In dem Maße, in dem sich alle Parteien offen oder verdeckt eine ethnische Wählerklientele sichern, beginnt die Gesamtheit der Wähler sich ethnisch zu segmentieren. Im Grenzfall verzichten die Parteien darauf, Angehörige "fremder" ethnischer Gruppen als Mitglieder zu werben, oder in den Siedlungsräumen "fremder" ethnischer Gruppen Kandidaten aufzustellen. Der Wahlkampf findet in wachsendem Maße vor ethnisch getrennten Auditorien statt. Die Wahlveranstaltungen gewinnen Züge einer aggressiven Folklore, und am Wahltag halten die Parteiführer ethnische Heerschau. Das Ergebnis der Wahlen wird vorhersehbar und gleich der Zahlenstärke der ethnischen Gruppen (Horowitz 1985, S. 291-321).

Steht eine politisch organsierte ethnische Minderheit einer politisch organisierten ethnischen Mehrheit gegenüber, so führt ein Kreislauf der Radikalisierung sehr rasch eine Situation herauf, in der die Forderung nach einem ethnischen Separatstaat sich von einem taktischen Kalkül zu einem erst außerparlamentarisch und schließlich blutig geführten Kampf verwandelt.

Stehen relativ gleichstarke, politisch organisierte ethnische Gemeinschaften einander gegenüber, so kann eine Regierungsbildung nur noch im Rahmen von Minderheitsregierungen, multi-ethnischen Parteizusammenschlüssen oder Allianzen erfolgen. Diese Zusammenschlüsse oder Allianzen erweisen sich aber als prekär, weil sich in einer Situation wechselseitiger Angst und überzogener Schutzbedürfnisse, wechselseitiger Ressentiments und übersteigerter Ansprüche auf Respekt und wechselseitigen Verdachtes der Benachteiligung und inkompatibler Kompensationsforderungen, die staatlichen Gewalten, Ehrenfunktionen und Ressourcen nur noch schwer verteilen lassen.

Ethnische Mehrheitsverhältnisse ebenso wie Verhältnisse einer gleichen Stärke der ethnischen Gruppen führen damit gleichermaßen eine Situation herauf, in der das Militär als der letzte Garant und das letzte Symbol "nationaler Einheit" erscheint. Entweder im Rahmen eines beginnenden ethnischen Bürgerkriegs oder am Ende einer Folge kurzlebiger multi-ethnischer Koalitionen findet häufig eine wachsende Aufwertung oder eine Intervention des Militärs statt. Diese militärische Intervention vollendet und markiert die Zerstörung der demokratischen Grundlagen, aber sie löst nicht jenen ethnischen Antagonismus, der diese Zerstörung verursacht.

Schluß

Erst spät und in politischer Gestalt vollendet sich damit ein Prozeß der Neubestimmung ethnischer Identität, der bereits während der späten Kolonialherrschaft, auf der Grundlage einer multi-ethnischen kolonialen Wirtschaft, im Binnenraum einer multi-ethnischen Kolonialverwaltung und im Rahmen eines erweiterten, fremde und neue ethnische Gruppen umfassenden, kolonialen Territoriums eingeleitet wurde. Diese erneuerte und reflektierte ethnische Identität erweist sich gegenüber der Herausforderung beschleunigter Modernisierungsprozesse rasch als ein unverzichtbares Mittel der Interessenverteidigung und der Mobilisierung von Anhängern. In dem Maße, in dem kulturelle und wirtschaftliche Konflikte zwischen ethnischen Gruppen sich in politische Konfrontationen verwandeln, teilt sich eine neue, organisierte und zweckdienliche Identität schließlich der Gesamtheit der "Volksgruppe" mit.

Diese Politisierung ethnischer Konflikte wird durch drei Merkmale des postkolonialen Staates erleichtert: Die Ausdehnung staatlicher Intervention rückt bislang entlegene oder partikulare ethnische Konflikte in den Einflußbereich staatlicher Verwaltung. Ethnische Konflikte werden von dem modernisierenden Staat also nicht nur in wachsendem Maße ausgelöst, sie können und sollen nun von ihm auch geschlichtet werden. Der Legitimitätsanspruch des Staates, Nation zu sein oder werden zu wollen, begründet bei ethnischen Eliten ein Kalkül, diesen Anspruch in Frage zu stellen, um sich ihre Anerkennung dieses Anspruchs am Ende bezahlen zu lassen. Der neue Legitimitätsanspruch definiert unfreiwillig den Spielraum, das Kalkül ethnischer Politik. Ist der doppelte Widerstand eines demokratischen Systems gegenüber dem Erfolg und der Anerkennung einer ethnischen Partei erst einmal überwunden, so kann im Grenzfall eine erfolgreiche ethnische Partei alle anderen Parteien in den Mahlstrom parteipolitischer "Ethnisierung" ziehen.

Literatur:

Anderson, B.: Die Erfindung der Nation. Frankfurt 1988.

Barth, F. (Hrsg.): Ethnic groups and boundaries, the social organization of culture difference. London 1969.

Furnival, J. S.: Colonial policy and practice, a comparative study of Burma and Netherland India. New York 1956.

Horowitz, D.: Ethnic groups in conflict. Berkeley 1985.

Kedourie, E.: Nationalism. New York 1961.

Kedourie, E. (Hrsg.): Nationalism in Asia and Africa. New York 1970.

Rothschild, J.: Ethnopolitics, a conceptual frame work. New York 1981.

Friedenssicherung im Kalten Krieg von 1948 bis 1969

Hans-Peter Schwarz

Die Geschichte des Kalten Krieges ist eine Geschichte nagender Sorge vor dem Ausbruch des Dritten Weltkrieges.

Es sind in diesen Jahren nicht nur die Völker, die befürchten, daß sich die Nachkriegszeit der Jahre seit 1945 nur zu bald als Zwischenkriegszeit entpuppen könnte. Auch viele gut informierte Spitzenpolitiker sehen damals sehr düster in die Zukunft.

Kaum ist etwa der Parlamentarische Rat im September 1948 in Bonn zusammengetreten - Stalin hatte eben über Berlin die Blockade verhängt -, da hört die CDU/CSU-Fraktion Konrad Adenauer am 15. September 1948 sich wie folgt äußern: "Die internationale Lage stellt sich so dar: Die Russen wollen schon losschlagen, die Amerikaner wollen es noch hinziehen. Spätestens 1950 muß eine Entscheidung fallen ... ."

Zwar geht die erste große Berlin-Krise ohne Krieg vorbei. Doch Ende Juni 1950 dringen nordkoreanische Truppen in Südkorea ein. Nun rechnen viele erneut mit dem unmittelbar bevorstehenden Kriegsausbruch. Francois-Poncet etwa, der französische Hohe Kommissar in Bonn, hält im Juli 1950 im Gespräch mit Herbert Blankenhorn, dem Vertrauten Adenauers, einen sowjetischen Angriff auf Europa in den allernächsten Wochen für möglich. Dieselbe Kriegsfurcht unter Spitzenpolitikern und Spitzendiplomaten erneut im Winter 1950/51. Wir kennen inzwischen viele westliche Planungspapiere, die von der Annahme ausgehen, daß die Sowjetunion im Jahr 1952 zum Krieg schreiten wird. Charakteristisch für die Kriegsfurcht jener ersten Periode des Kalten Krieges ist die Annahme eines planmäßig ausgelösten sowjetischen Expansionskrieges. Der Dritte Weltkrieg, so ängstigt man sich, könnte wie der Zweite Weltkrieg auch geplant sein - Ergebnis eines kalt gefaßten Entschlusses zu einer Aggression.

Von diesem Kriegsszenario ist bei der nächsten großen Krise im Herbst 1956 - Ostblockkrise, Ungarn, Suez - nur noch wenig zu beobachten. Jetzt hat sich das Krisenszenario vom Juli 1914 über das des August/September 1939 und des Juni 1941 geschoben. Ein Dritter Weltkrieg vorwiegend als verhängnisvolles Resultat von politisch-militärischen Manövern, bei denen sich unvermeidlich scheinende Sachzwänge und waghalsige Fehlkalkulationen miteinander verbinden.

Auch der akuten Kriegsfurcht während der Spannungen um Berlin in den Jahren 1959 - 1963, besonders im Sommer und Herbst 1961 und während der Kuba-Krise im Herbst 1961, liegen derartige Sorgen zugrunde. Kein kalt geplanter Krieg, sondern ein Zusammenstoß, der dann ungewollt in den Dritten Weltkrieg eskaliert.

Was immer aber auch als kriegsauslösende Ursache befürchtet wird - historisch gesehen sind die Jahrzehnte des Kalten Krieges durchgehend eine Epoche konkreter und begründet erscheinender Kriegsfurcht. Dies ist zweifellos eine der wichtigsten Determinanten der Konstellation. Ein Historiker, der das übersieht, versteht weder die Ost-West-Beziehungen der fünfziger Jahre noch die der frühen sechziger Jahre.

Die Erinnerung an diesen grundlegenden Sachverhalt führt direkt zu der Frage, von der unsere Untersuchung ihren Ausgang nimmt: "Wie war es möglich, daß der Kalte Krieg nicht zum Dritten Weltkrieg geführt hat?"

Nach unserem Dafürhalten ist das eine der wichtigsten Fragen, die der modernen Zeitgeschichtsforschung aufgegeben ist. Doch sie wird vergleichsweise selten gestellt. Der erste Grund dafür ist methodologischer Natur. Es ist leichter, die Ursachen für ein historisches Desaster verläßlich herauszufinden als zu klären, weshalb ein Desaster nicht eingetreten ist. Damit bleibt aber eine zentrale Frage zeitgenössischer Weltpolitik unerörtert. Denn da moderne Außenpolitik die großen Desaster verhindern möchte, ist die Frage, weshalb es halbwegs gutgegangen ist, noch wichtiger als die von der Friedensforschung häufig untersuchte Thematik, weshalb es zum Ersten Weltkrieg, Zweiten Weltkrieg oder zu regionalen und lokalen Kriegen kam.

Der zweite Grund, weshalb der ausgebliebene Dritte Weltkrieg nicht viel Beachtung findet, ist psychologischer Natur. Der Kalte Krieg wird zwar zu Recht als eine der gefährlichsten Epochen begriffen, die die Menschheit in den Jahrhunderten der neueren Geschichte durchschritten hat. Betrachtet man etwa allein den damals vollzogenen Aufbau der Kernwaffenpotentiale, so kann man geradezu von einem Wildwestzeitalter des Atomzeitalters sprechen. In dieser Lage war alle Aufmerksamkeit auf die Vermeidung der großen Katastrophe gerichtet, die jederzeit hinter der nächsten Wegbiegung zu lauern schien. Die Sorge vor Katastrophen, die nicht eintreten, sondern nur befürchtet werden, ist aber im allgemeinen rasch vergessen. Auch der Historiker ist dann vorwiegend am Geschehen interessiert, das tatsächlich eingetreten ist. Daher die häufig untersuchte Frage: Was sind die Ursachen des Kalten Krieges? Wer waren die Schuldigen? Was wurde versäumt, ihn zu vermeiden oder rechtzeitig zu beenden?

Demgegenüber soll im folgenden dafür plädiert werden, die Frage, weshalb es noch einmal gut ging, ins Zentrum der historiographischen Neugier hereinzuholen.

Bevor wir uns dieser Thematik zuwenden, eine knappe Bemerkung zu den Hauptmerkmalen des Kalten Krieges und eine weitere zur Epochenabgrenzung.

Der Kalte Krieg als historisches Phänomen - was ist das?

Wenige Stichpunkte müssen genügen. Die wichtigsten Vorgänge in dieser Phase sind:

1. Scharfer, unversöhnlicher, alle Dimensionen umfassender ideologischer Gegensatz zwischen industriellen Demokratien und totalitären Regimen. Vor allem: Unterdrückung der Völker Osteuropas - ein Vorgang von gewaltigen Dimensionen, vergleichbar nur der Unterdrückung im Zweiten Weltkrieg, aber langanhaltender und tiefgreifender.
2. Der viel erörterte sicherheitspolitische Bipolarismus zwischen den USA und der Sowjetunion.
3. Zuvor unvorstellbares Tempo der Veränderungen in der Rüstungstechnologie.
4. Ganz allgemein, das wird auszuführen sein, das Atomzeitalter.
5. Dekolonisierung - Entstehung neuer Staatensysteme in Asien, in Afrika, im Nahen Osten mit den bekannten Begleiterscheinungen, als da sind: innerstaatliche und zwischenstaatliche Spannungen, Kriege und Bürgerkriege, Machtvakuen, Ungewißheit über den Ausgang des Gesamtprozesses.

Das alles sind Vorgänge, die in früheren Epochen so gut wie unvermeidlich zum Weltkrieg geführt hätten. Daher die Frage: Weshalb diesmal nicht?

Unsere zweite Vorbemerkung gilt der Epocheneingrenzung. Es ist vergleichsweise einleuchtend, daß die Jahre 1948/49 als Ausgangspunkt der Betrachtung genommen werden. Damals brechen endgültig die Bemühungen zusammen, Europa im Zusammenwirken von USA, Großbritannien, Frankreich und der Sowjetunion einvernehmlich neu zu ordnen. Symptomatisch für diesen Zusammenbruch der Neuordnungsbemühungen ist das Scheitern des Kontrollrat-Systems in Deutschland mit der definitiven Teilung Deutschlands und Berlins, aber auch die Erstreckung des Marshall-Plans allein auf die nichtkommunistischen Staaten Europas.

Ein zweiter Vorgang, der gleichfalls in den Jahren 1948 und 1949 in eine endgültige Phase gerät: die Sowjetisierung Ostmitteleuropas auf der einen Seite, Stabilisierung der industriellen Demokratien westlich des Eisernen Vorhangs auf der anderen. Die westlichen Staaten treten in eine Phase multilateraler Neuorganisation ihrer Beziehungen ein, - OEEC, Europarat, Brüsseler Vertrag, 1949 Abschluß des Nordatlantischen Verteidigungsbündnisses.

Ein dritter Vorgang, der gleichfalls Ende der vierziger Jahre deutlich faßbar wird: Die Globalisierung der Ost-West-Spannungen mit dem Ende des Chinesischen Bürgerkriegs durch Errichtung der Volksrepublik China 1949, dann im Juni 1950 Ausbruch des Korea-Krieges. Parallel dazu verbindet sich der Indochina-Krieg immer stärker mit dem Ost-West-Konflikt.

Nicht ganz so einleuchtend ist, weshalb wir die Zäsur im Jahr 1969 vornehmen. Unsere Gründe:

1. Beginn der Entspannungsperiode der siebziger Jahre mit den Protagonisten Nixon und Kissinger auf amerikanischer Seite, Breshnew auf sowjetischer Seite, flankiert von der neuen Ostpolitik der sozial-liberalen Koalition. Dabei müssen wir allerdings feststellen, daß schon die Jahre 1963 bis 1969 eine Übergangsperiode darstellen. Die siebziger Jahre sind jedenfalls das große Jahrzehnt amerikanisch-sowjetischer Rüstungskontroll-Politik, als solches deutlich unterschieden von den vorhergehenden Jahrzehnten.
2. Eine gewisse Normalisierung der Lage im geteilten Europa, speziell auch in Mitteleuropa. In diesem Zusammenhang ist in erster Linie die neue Ostpolitik der sozial-liberalen Regierung Brandt und später Schmidt zu nennen, und schließlich

3. die Erkenntnis, daß das globale System neue Strukturen annimmt. Japan wird als neue Weltmacht erkannt, desgleichen sind sowohl Amerikaner wie Westeuropäer zunehmend davon überzeugt, daß das Verhältnis zwischen Westeuropa und den USA definitiv anders geworden ist. Zugleich ist in Übersee der Prozeß der Dekolonisierung weitgehend abgeschlossen.

Natürlich ist es richtig, daß zwischen 1949 und 1969 verschiedene Entspannungsperioden auftraten. Desgleichen ist wohlbekannt, daß es in den Jahren 1980 bis 1984 den Anschein hatte, als sei die Welt wieder in eine Periode des Kalten Krieges eingetreten. Dennoch weist die Epoche von 1948 bis 1969 eine andere Struktur auf, die es rechtfertigt, diese beiden Jahrzehnte als Einheit zu analysieren.

Damit sind wir bei der Leitfrage unserer Betrachtungen: "Wie war es möglich, daß der Kalte Krieg nicht zum Dritten Weltkrieg geführt hat?"

Wir wollen die uferlose geschichtliche Thematik angehen, indem wir zwei Zentralelemente des Kalten Krieges erörtern:

1. Die Revolutionierung des internationalen Systems durch die Kernwaffen, und
2. das für die Epoche so charakteristische Nebeneinander der Blöcke und der blockfreien Staaten.

Der Erörterung dieser beiden Themenkomplexe wird jeweils ein Hypothesenpaar vorangeschickt, das zu prüfen sein wird.

I.

Bekanntlich steht im Mittelpunkt empirischer Untersuchungen der Friedensforschung die Frage, welche Rolle Rüstungswettläufe beim Ausbruch von Kriegen gespielt haben.

Seit Lewis F. Richardson in der Zwischenkriegszeit zwischen dem Ersten und Zweiten Weltkrieg seine ersten statistischen Untersuchungen dazu durchgeführt hat, sind immer wieder neue, stets kompliziertere Modelle entwickelt worden. Allerdings lassen diese auch die Grenzen statistischer Analyse des Gewichts von Rüstungswettläufen als Kriegsursache erkennen. Denn natürlich sind Rüstungswettläufe beim Ausbruch von Kriegen eben doch nur eine Determinante unter anderen.

Wir verzichten also im folgenden auf den unergiebigen Versuch, etwa bestimmte komplexe Hypothesen zu skizzieren und dann zu prüfen, wie weit das kompetitive Rüsten in der Periode des Kalten Krieges dadurch bestimmt wird. Es dürfte in unserem Zusammenhang ergiebiger sein, aus dem großen Komplex des Wettrüstens *einen* Bereich herauszulösen, der im Hinblick auf den Kalten Krieg der wichtigste ist: das Wettrüsten im Bereich der Kernwaffen.

Diese neuen, furchtbaren Waffen geben dem kompetitiven Rüsten der Epoche des Kalten Krieges nach allgemeiner Auffassung das Gepräge. Allerdings stoßen wir dabei auf zwei einander weitgehend ausschließende Annahmen.

Die erste Hypothese vermutet, daß das Kernwaffenrüsten bald zum Dritten Weltkrieg führen müßte mit schlimmsten Folgen für das Überleben der Menschheit. Sie begreift das Kernwaffenwettrüsten zugleich auch als Hauptursache der Instabilität im Verhältnis von Ost und West. Hauptaufgabe der Friedenssicherung sei also die Abschaffung der Kernwaffen, zumindest aber regionale Denuklearisierung.

Die zweite Hypothese kehrt das Argument geradezu um. Sie geht zwar auch davon aus, daß die Kernwaffen destabilisierend wirken können, vermutet aber doch, daß der Kalte Krieg trotz aller Spannungen und Labilitäten vor allem deshalb nicht zum Dritten Weltkrieg geführt habe, weil die Kernwaffen auf beiden Seiten zur Zurückhaltung und Vorsicht genötigt hätten. Kernwaffen also paradoxerweise als Stabilisierungsfaktoren! Schon früh ist dafür das berühmte Bild des Skorpions in der Flasche entworfen worden: die beiden Skorpione, bewehrt mit tödlichen Stacheln, müssen voneinander Abstand halten, weil ein Kampf zum wahrscheinlichen Tod beider führen könnte.

Gewiß könnte eine sorgfältige Überprüfung dieser beiden Hypothesen auch dazu veranlassen, die Jahre von 1969 bis heute in die Untersuchung mit einzubeziehen - eine Epoche allerdings, die anders als die vorherige zumindest teilweise vom Gedanken technokratischer Rüstungskontrolle beherrscht wird.

Die Jahre 1948 bis 1969 aber sind wirklich eine Epoche fast ungebremsten Aufbaus von Overkill-Potentialen. Wenn überhaupt, dann hätte damals eine atomare Kollision gedroht. Daher die anfängliche Bemerkung über das Wildwestzeitalter des Atomzeitalters.

Tatsächlich hatte es in den fünfziger Jahren den Anschein, als ob die Entwicklung völlig außer Kontrolle geraten sei und früher oder später die erste Hypothese verifizieren würde. Dennoch wissen wir aber, daß die Welt jene kritischen Anfangsjahre des Atomzeitalters heil überstanden hat. Die historische Frage drängt sich auch in dieser Hinsicht geradezu auf. Wie war das überhaupt möglich?

Anfänglich spricht alles dafür, daß der Wettlauf in den atomaren Holocaust nicht mehr zu bremsen ist. Wir dürfen der Veranschaulichung halber die Entwicklung kurz konkreter skizzieren.

Der atomare Rüstungswettlauf beginnt vergleichsweise langsam. Es ist bis heute wenig bekannt, daß die Vereinigten Staaten in den Jahren ihres Atomwaffenmonopols 1945 bis 1949 nur recht wenig getan haben, diese Waffen für den Einsatz vorzubereiten und gleichzeitig passende Trägersysteme zu entwickeln. Ein Grund dafür war der Mangel an Uran, ein anderer die liebenswürdige Indolenz pluralistischer Gesellschaften, wieder ein anderer Präsident Trumans Abneigung gegen diese Waffen.

Im Juli 1947, als der Kalte Krieg in voller Eruption ist, besitzt Amerika ganze dreizehn Atombomben. Im Juli 1948, als Stalin die Blockade über Berlin verhängt und damit die erste große Krise mit Kriegsgefahr auslöst, sind es ca. 50 Bomben. 39 Mann brauchen damals zwei volle Tage, auch nur eine Bombe zu schärfen.

Allerdings sind nur etwa 30 B-29-Bomber für Transport und Abwurf der Riesenbomben eingerichtet. Es gibt auch keine Übungen unter Ernstfallbedingungen. Bis Ende 1952 unterliegt das Atomwaffenarsenal in den USA zudem fast ausschließlich ziviler Kontrolle durch die AEC.

Als die amerikanische Regierung während der Berliner Blockade demonstrativ ein B-29-Geschwader nach England verlegt, das anscheinend Atomwaffen mit sich führt und entsprechend schwer bewacht wird, ist dies reiner Bluff. Soviel wir heute wissen, wird damals keine einzige Bombe mitgeführt. Und jeder Luftwaffenoffizier wußte, daß von diesen Bombern wahrscheinlich nur wenige durchkommen und noch weniger ihre Ziele finden würden.

Das ändert sich seit 1948 tiefgreifend. Nun setzt in den USA und seit 1949 auch in der Sowjetunion eine atemberaubende Entwicklung ein, gekennzeichnet durch sechs Hauptmerkmale:

1. Explosionsartiges Mengenwachstum der Kernwaffen. Ende 1950, als die große Krise in Korea Amerika erschüttert, kann man vermuten, daß immerhin schon 400 - 450 Sprengköpfe verfügbar sind (genaue Zahlen sind noch nicht bekannt). Ende 1952 sind es 1.000. Mitte der fünfziger Jahre ca.

5.000, 1960 fast 20.000 und Mitte der sechziger Jahre 32.000. Das ist der Höhepunkt. Von da an sinkt die Zahl auf ca. 24.000 in den frühen achtziger Jahren.

2. Genauso atemberaubend ist die Diversifizierung der Sprengköpfe. Die Entwicklung geht in zwei Richtungen: Zur "Super", der H-Bombe, deren erster Prototyp am 1.11.1952 explodiert, und zur Miniaturisierung, die für eine Vielzahl von Trägersystemen geeignet ist, selbst für Jagdbomber, für Boden-Luft- und für Luft-Boden-Raketen. Schon 1950/51 wird mit der Produktion von taktischen Waffen begonnen. Bereits 1952 geht eine für atomares Feuer geeignete Haubitze mit einer Schußweite von 29 km in Produktion, bald folgen Atomminen und 1960 wird das Geschütz "Davy Crockett" zur Infanterie-Unterstützung eingeführt. Der Sprengkopf wiegt 23,2 kg, 0,5% des Gewichts der Nagasaki-Bombe.
3. Ähnlich vielfältig ist die Entwicklung der Trägersysteme. Innerhalb von fünfzehn Jahren entwickeln die USA neben den bombergestützten Raketen Interkontinentalwaffen, Mittelstreckenwaffen, U-Boot-Raketen. Die Sowjetunion zieht entsprechend nach oder erringt auf einzelnen Gebieten sogar einen Vorsprung.
4. Kernwaffen werden damals nicht etwa als politische Waffen verstanden, zu denen man allenfalls in aussichtsloser Situation Zuflucht nehme. Auf beiden Seiten werden vielmehr Kriegspläne vorbereitet, die einen Früheinsatz oder einen kombinierten Einsatz von Kernwaffen und konventionellen Waffen vorsehen. Das beginnt sich nicht vor der ersten Hälfte der sechziger Jahre zu ändern. So findet sich in vielen frühen nuklearstrategischen Konzepten durchaus noch keine Tabuisierung, vielmehr eine Tendenz, Kernwaffen als Kriegsführungsinstrumente zu begreifen.
5. Proliferation. 1952 tritt Großbritannien aus eigenen Kräften dem Atom-Club bei und zündet die erste Atombombe, 1957 die erste Wasserstoffbombe. In den sechziger Jahren stoßen Frankreich und China hinzu. Die Gefahr, daß die Entwicklung auf Grund von Proliferation aus der Hand gerät, wird dadurch nur noch größer.
6. Nukleare Verschmutzung der Atmosphäre. Wir haben es schon fast vergessen, daß während dieser Periode unablässig atmosphärische Tests durchgeführt werden - auch mit den Superbomben. Bis zur Unterzeichnung des Vertrags vom 5. August 1963, der atmosphärische Tests verbietet, unter-

nehmen die USA 293 Tests, die UdSSR 154, Großbritannien 23, Frankreich 8. Nicht alle Tests finden in der Atmosphäre statt, aber immerhin insgesamt über 400 größere oder kleinere Tschernobyls! Mangels Instrumenten und mangels Aufmerksamkeit darauf wird die Verseuchung nicht in allen Ländern so genau registriert.

Es schien mir richtig, den Vorgang etwas im Detail zu schildern, denn diese wenigen Hinweise genügen, um erkennen zu lassen, daß die ungebremste Herstellung einer gewaltigen Menge verschiedenartigster Waffen mit völlig ungeklärten Anwendungskonzepten und einer zunehmenden Zahl von Mitgliedern des Kernwaffen-Clubs eine ungeheure Gefahr darstellte. Im Nachhinein gewinnt der Historiker den Eindruck, daß die Menschheit der nördlichen Erdhälfte damals - zwar nicht ohne es zu spüren, aber doch fast schlafwandlerisch - eine der gefährlichsten Epochen der Geschichte durchschritten hat.

Wie aber war es trotz dieses zügellosen Rüstungswettlaufs mit kritischen Ungleichgewichten möglich, daß die Entwicklung unter Kontrolle blieb - trotz heftigster ideologischer Gegensätze, trotz zeitweilig riskanter Konfrontationen und trotz der völligen Abwesenheit von Rüstungskontrolle, von Abrüstung ganz zu schweigen?

Man kommt der Antwort auf diese komplexe Frage näher, wenn man die großen Krisen und Kriege des Zeitraums unter dem Aspekt analysiert, welche Rolle dabei die Kernwaffen gespielt haben.

Die erste dieser Krisen war die im Juli 1948 von der Sowjetunion gegen Berlin verhängte Blockade. Alle bisher bekannt gewordenen amerikanischen Kriegspläne - BROILER, HARROW, FROLIC, TROIJAN, HALFMOON - lassen zweierlei erkennen:

1. die USA schätzten die konventionellen Stärkeverhältnisse so pessimistisch ein, daß sie im Kriegsfalle eine Besetzung Kontinentaleuropas - vielleicht sogar Englands - durch die Rote Armee als fast unvermeidlich ansahen;
2. nukleare Bombardierungen sowjetischer Bevölkerungszentren waren vorgesehen (etwa gemäß TROJAN vom Dezember 1948 70 sowjetische Städte mit 133 Bomben, die damals schon verfügbar waren).

Das waren aber Planungen, die aus den schon genannten Gründen überhaupt nicht realisierbar gewesen wären. Im Kriegsfall wären nämlich nur wenige dieser Ziele erreichbar gewesen, und die Planer waren sich einig, daß die Besetzung Europas durch die Rote Armee dadurch nicht zu verhindern gewesen wäre.

Die Sowjetunion ist damals höchstwahrscheinlich über den wenig fortgeschrittenen Zustand der westlichen Atomrüstung durch Spionage informiert gewesen; der Bluff mit der Entsendung der B-29 nach England kann sie kaum getäuscht haben.

So sind andere Gründe für die Zurückhaltung und schließlich das Zurückweichen Stalins in der Berlin-Krise zu vermuten.

Erster möglicher Grund: die Sowjetunion hat eine Invasion Westeuropas überhaupt nicht ernsthaft ins Auge gefaßt, weil die Kriegszerstörungen im eigenen Land noch zu groß waren, oder weil Stalin viel zu vorsichtig war, oder wegen beidem. Zweiter möglicher Grund: Stalin ist durch die Erinnerung daran abgeschreckt worden, daß es den USA zweimal in der neueren Geschichte - 1917/18 und 1941-1945 - gelungen war, ihr gewaltiges industrielles Potential voll auf Rüstungsproduktion umzustellen und durch technische Kriegsführung die Auseinandersetzungen für sich zu entscheiden. Tatsächlich haben die amerikanischen Kriegspläne auch genau das vorgesehen - eine Befreiung des besetzten Europa im Stil der großen Landeoperation von 1942 bis 1944.

Manches spricht dafür, daß die zuletzt genannte sowjetische Befürchtung ausschlaggebend gewesen ist. Jedenfalls muß man bei gegenwärtigem Kenntnisstand vermuten, daß das vielgepriesene amerikanische Atommonopol damals nur eine sekundäre Rolle gespielt hat.

Welche Rolle hatte die Atomwaffe im Korea-Krieg (1950-1953) gespielt? Wir wissen, daß die Entwicklung miniaturisierter, für den taktischen Einsatz geeigneter Kernwaffen durch die Erfahrung dieses begrenzten Krieges entscheidend vorangetrieben wurde. Die sogenannten TNF-Systeme (also die Schlachtfeldwaffen) die in den mittleren und späteren fünfziger Jahren in Europa installiert wurden, sind damals Anfang der fünfziger Jahre geplant worden.

Am Ende des Korea-Krieges spielen dann die Kernwaffen erstmals als konkretes Druckmittel zur Beendigung eines begrenzten Stellvertreter-Krieges eine Rolle. General MacArthur hatte schon seit längerem dafür plädiert, Nord-Korea partiell atomar zu verseuchen und gegen China oder die Sowjetunion notfalls einen Nuklearkrieg zu führen.

Der im November 1952 gewählte Präsident Eisenhower lehnt das aber entschieden ab. Er befürchtet, dadurch ganz Asien in eine lang andauernde Feindschaft gegen die USA zu treiben. Außerdem zweifelt er, ob sich China wirklich in einen Waffenstillstand hineinbomben lassen würden.

Schließlich entscheidet er sich aber doch dafür, über den indischen Minister Nehru an China eine Warnung zu richten, die USA könnten sich veranlaßt sehen, in Korea Kernwaffen einzusetzen, falls die VR China nicht zu einem Waffenstillstand bereit wäre. Allem Anschein nach hat diese Drohung gegen das damals noch nicht über Kernwaffen verfügende China den Waffenstillstand zur Folge gehabt.

1954 kommt die Frage des Atomwaffeneinsatzes erneut auf. Das französische Expeditionskorps in Indochina steht kurz vor dem Zusammenbruch. Der Vorsitzende der Vereinigten Stabschefs der USA, Admiral Radford, und Vizepräsident Nixon plädieren in dieser Lage für die Auslösung des Plans "Vulture", der auch den Einsatz von drei Atombomben gegen den Vietkong vorsieht, dessen Guerilla-Armee damals Dien-Bien-Phu belagert. Eisenhower hält das für eine Verrücktheit und erzwingt eine diplomatische Lösung des Konflikts auf der Genfer Außenminister-Konferenz von 1954.

Im Sommer 1955 treten erstmals die Regierungschefs der vier Großmächte USA, UdSSR, Großbritannien und Frankreich in Genf zu einem Entspannungsgipfel zusammen. Dabei steht die Frage im Mittelpunkt, wie die inzwischen beide über Wasserstoffbomben verfügenden USA und die Sowjetunion den Ausbruch eines Kernwaffenkrieges durch Lösung der politischen Streitfrage durch Abrüstung und durch Inspektion verhindern könnten.

Das mißlingt zwar, aber immerhin ist die Bedeutung der Kernwaffen schon damals voll erkannt, also mitten in der Epoche des Kalten Krieges. Die Kernwaffen sind so schrecklich, daß ein Krieg der Weltmächte absurd wäre - diese Erkenntnis wird zunehmend von Ost und West geteilt. Doch bleiben konkrete Schlußfolgerungen in Gestalt von Vereinbarungen aus.

Die nächste Atomdrohung erfolgt schon ein Jahr nach dem Genfer Entspannungsgipfel - im November 1956, als Großbritannien, Frankreich und Israel Ägypten angreifen, um den Suez-Kanal zu besetzen und Präsident Nasser zu stürzen. Zugleich walzen sowjetische Panzer den ungarischen Aufstand nieder. Chruschtschow droht auf dem Höhepunkt der Krise - wenn auch in recht vagen Formulierungen - mit einem möglichen Einsatz von nuklearbestückten

Raketen gegen England und Frankreich. Wirkungsvoller ist allerdings wohl die Drohung einer Intervention sowjetischer Luftlandetruppen in Ägypten.

Amerikanischerseits fordert Senator Jackson einen Atomwaffeneinsatz gegen die sowjetischen Streitkräfte in Ungarn, was Eisenhower mit dem Bemerken ablehnt, "man kann Ungarn nicht helfen, indem man es vernichtet".

Auch bei dieser neben der Kuba-Krise von 1962 wahrscheinlich gefährlichsten Ost-West-Krise zwischen 1949 und heute, bekunden alle Beteiligten beträchtliche Vorsicht in Bezug auf die Kernwaffen, die damals schon in großer Zahl vorhanden sind.

Es wäre lohnend, ist aber in diesem Aufriß nicht zu leisten, auch auf die Rolle der Kernwaffen in den komplexen Krisenplanungen im Falle einer sowjetischen Blockade Berlins in den Jahren 1959 bis 1963 einzugehen. Erstmals müssen dabei die recht allgemein konzipierten Nuklearstrategien in bezug auf vorerst regional begrenzte Kampfhandlungen zwischen der NATO und den Warschauer-Pakt-Staaten konkret durchgespielt werden. Ein Ergebnis dieser Ernstfallplanungen besteht darin, daß nunmehr auch viele Militärs zunehmend einsehen, daß Kernwaffen keine Kriegsführungswaffen sind - allenfalls geeignet zum demonstrativen Einsatz, um zu signalisieren, daß bei Fortsetzung der Konfrontation beide Seiten in den Abgrund stürzen.

Schließlich die berühmteste Krise des Atomzeitalters - die Kuba-Krise. Sie wird ausgelöst, weil die Sowjetunion in einer Nacht- und Nebel-Aktion nuklearbestückte Mittelstreckenraketen auf Kuba stationieren will, um so das atomare Kräfteverhältnis zu ihren Gunsten zu verändern. Nie zuvor und danach war eine Weltmacht dermaßen risikofreudig. Nie zuvor und danach ist die ohnehin ständig bestehende Labilität des atomaren Kräfteverhältnisses durch riskantes und vor allem handstreichartiges riskantes Handeln noch labiler gemacht worden.

Doch auch diese Krise zeigt das Grundmuster der früheren: vor die Frage einer nuklearen Konfrontation gestellt, suchen alle Beteiligten einen Ausweg, der kriegerische Handlungen vermeidet. Vor allem aber werden Kernwaffeneinsätze oder Einsätze gegen Kernwaffen tunlichst erst einmal zurückgestellt.

Ab Frühjahr 1963 beginnt dann schon der ost-westliche Dialog zur konkreten Kontrolle der nuklearen Risiken. Die Kennedy-Administration setzt ein Konzept der zentralisierten Kernwaffenplanung im Krisen- und Kriegsfall durch. Der Einsatz taktischer Kernwaffen wird faktisch mit diplomatischer Krisenbewältigung im Krieg verbunden. Man richtet den berühmten "heißen Draht" zwischen Moskau und Washington ein. Im Sommer 1963 wird in Moskau das bis heute funktionierende Abkommen zum Verbot von atmosphärischen Kernwaffenversuchen unterzeichnet und zwischen 1965 und 1967 arbeiten Washington, London und Moskau den Nonproliferationsvertrag aus, um künftig den Atomclub kleinzuhalten.

Was zeigt uns dieser kursorische Überblick über die Kernwaffenpolitik als Zentralelement des Wettrüstens in der Periode des Kalten Krieges? Zweierlei:

1. Alle Beteiligten tragen überhaupt keine Bedenken, ihre Kernwaffenarsenale autonom und völlig ohne Rückkoppelung mit dem Gegenspieler auf- und auszubauen. Keine Spur von kompetitiver Rüstungssteuerung. Selbst in den sechziger Jahren werden mit dem Teststopp-Abkommen von 1963 und dem Nonproliferations-Vertrag nur lästige Nebenwirkungen eliminiert. Man ist inzwischen soweit, die Atomwaffen unterirdisch testen zu können, bedarf also der international kritisierten gesundheitsschädlichen atmosphärischen Versuche nicht mehr. Und man möchte die Krisenrisiken besser beherrschbar machen, indem man die Proliferation verhindert. Falls es tatsächlich zwischen Ost und West zu gewaltsamen Zusammenstößen gekommen wäre, hätte aber das Vorhandensein komplexer Arsenale mit vielfach unerprobten und riskanten Einzelplanungen leicht zu einem Inferno führen können, das als solches gar nicht gewollt war.
2. Eben diese Drohung hat aber zur Folge gehabt, daß die Weltmächte direkten militärischen Konfrontationen ebenso aus dem Weg gegangen sind wie dem Kernwaffeneinsatz gegen Dritte. Während der gefährlichsten Periode des Kalten Krieges waren es eben die Kernwaffen, die - sieht man einmal von Chruschtschows Raketen-Abenteuer auf Kuba ab - Vorsicht und eine gewisse Zurückhaltung erzwungen haben.

Kernwaffenstrategie und Kernwaffenproduktion jener Periode erscheinen uns zwar aus der heutigen historischen Sicht ziemlich abenteuerlich, zudem durch viele innere Widersprüche gekennzeichnet, auf die in unserem Zusammenhang überhaupt nicht eingegangen werden kann. Die Kernwaffen-Diplomatie aber, auf die es letztlich ankommt, ist im großen und ganzen behutsam, fast ängstlich. Die in der Flasche eingesperrten Skorpione möchten überleben, und sie verhalten sich entsprechend vorsichtig. Zieht man in Betracht, daß der Kalte Krieg jener Jahrzehnte durch ein erhebliches Maß ideologischer Feindschaft und heftige Konfrontationen in verschiedensten Regionen gekennzeichnet war, so ist festzustellen, daß die anfangs formulierte Hypothese 2 viel Plausibilität für sich hat.

Diese Hypothese sei nochmals in Erinnerung gerufen. Sie besagt, daß es wohl in allererster Linie die Kernwaffen gewesen sind, die den Dritten Weltkrieg verhindert haben. Man mag das nachträglich als Terrorfrieden, als moralisch fragwürdig, als psychisch belastend, als großes Risiko im Fall des Scheiterns der Diplomatie schelten und hat dies auch damals schon getan. Die Tatsache selbst ist jedenfalls einer der bemerkenswertesten Befunde historischer Beschäftigung mit der Wirklichkeit des Kalten Krieges.

Auch die erste Hypothese, gemäß der die Kernwaffen als Elemente großer Labilität und vorrangiger Gefährdung verstanden werden, ist zwar nicht falsch, aber ein zutreffendes Verständnis der Nukleargeschichte im Kalten Krieg eröffnet sich nur, wenn wir die unauflösliche Dialektik dieser Waffen begreifen; sie destabilisieren und stabilisieren die Ost-West-Beziehungen gleichzeitig. Ihr Einsatz im Kriegsfall wäre wohl kaum noch rational zu regulieren gewesen. Aber eben deshalb haben sie den Dritten Weltkrieg verhindert.

II.

In diesem Zusammenhang ist nun noch ein weiteres, gleichfalls auf den ersten Blick unvereinbar erscheinendes Hypothesenpaar anzusprechen, bei dem es um die Frage geht, in welchen Regionen die Kriegsgefahr am größten war. Dort, wo die Blöcke einander vergleichsweise festgefügt gegenüberstanden, oder dort, wo die Staaten einen blockfreien Status anstrebten?

Das Thema Blockbildung und Bipolarismus einerseits, Blockfreiheit und Multipolarität andererseits hat die Theoretiker der Friedensforschung vielfach beschäftigt. Ich nenne nur die Arbeiten von David Singer. Es war aber in Europa und weltweit während der Periode des Kalten Krieges auch ein Zentralthema für außenpolitische Kontroversen.

Unsere These 1 läßt sich wie folgt definieren: Politische Blockbildung und Militär-Allianzen führen zu Wettrüsten, zum Aufbau von Feindbildern, zu Allianzautomatismen, die im Krisenfall alle Beteiligten in den Abgrund eines Dritten Weltkrieges reißen können. In diesem Zusammenhang wird von den

Forschern - zu Recht oder zu Unrecht - häufig auf den Juli 1914 verwiesen. Zugespitzt formuliert: die Blöcke selbst sind eine der größten Kriegsgefahren.

These 2 besagt demgegenüber, daß Allianzen im Kalten Krieg ganz im Gegenteil stabilisierend gewirkt hätten, während Instabilitäten, Krisen und Kriege vorwiegend in jenen Regionen aufgetreten seien, wo sich Staaten fanden, die keinem der Blöcke angehörten.

In Europa ist das Thema Blockfreiheit vorwiegend in den fünfziger Jahren von Bedeutung gewesen. Es waren besonders die kontinental-europäischen sozialistischen Parteien, die sich mit den Militärblöcken nicht abfinden wollten und nach Prüfung von Alternativen verlangten. Dies geschah vor allem Mitte der fünfziger Jahre, als sich nach Unterzeichnung des Österreichischen Staatsvertrages für eine kurze Periode das Konzept eines blockfreien Blockes von Staaten abzuzeichnen schien, der Finnland, Schweden, Österreich, die Schweiz und Jugoslawien umfaßte. Sollte man nicht auch versuchen, in diesen Gürtel ein wiedervereinigtes Deutschland einzugliedern?

Wir können hier die Gründe nicht erörtern, die dazu geführt haben, daß aus diesen Vorstellungen nichts geworden ist. Die gemäßigte Linke in Westeuropa einschließlich der Bundesrepublik bewegt sich schon bald danach mit Unterschieden und gewissen Phasenverzögerungen mehr und mehr auf eine Position der bedingten Akzeptierung der Allianzen zu. Sie fordert allerdings, daß der Versuch gemacht werden müsse, aus der Konfrontation zur bedingten Kooperation und zur Konfliktlösung zwischen den Blöcken zu gelangen. Doch damit liegt sie durchaus auch auf der Linie der Mitteparteien und des Mitte-Rechts-Lagers. Daraus ergibt sich vor allem in den sechziger Jahren jene Einschätzung der NATO-Allianz, die schließlich im Harmel-Report vom Jahr 1967 ihren Ausdruck findet. Im System der Blöcke in Europa gelingt es sogar, den gefährlichsten aller europäischen Konflikte im Kalten Krieg einzukapseln, die deutsche Teilung.

Selbst neutrale Staaten, wie etwa Jugoslawien, erkennen bald deutlich, daß ihre Unabhängigkeit zwischen dem Ostblock und einem starken Westblock besser gewährleistet ist, als in jedem anderen System. Dasselbe gilt für Österreich, Finnland und Schweden.

Die nichtkommunistischen westlichen Parteien, so läßt sich mit Einschränkungen formulieren, operieren also im Kalten Krieg in bezug auf Europa von Anbeginn an oder zunehmend auf der Basis von Annahmen, wie sie in der Hypothese 2 formuliert sind - die Allianzen als Stabilisierungsinstrument. Sie treffen allerdings eine begrifflich notwendige Unterscheidung. Die NATO wird als echte Allianz freier Völker verstanden, der Warschauer Pakt als einseitiges Herrschaftsinstrument der sowjetischen Hegemonialmacht. Daher nur begrenzte Vergleichbarkeit.

Diese Sicht der Dinge wird vom gaullistischen Frankreich nicht geteilt - doch es sei gestattet, diesen Sonderfall aussparen zu dürfen.

Ganz anders stellt sich die Lage im außereuropäischen Bereich dar. Wir haben es uns seit langem angewöhnt, den Begriff 'Dritte Welt' vorwiegend in bezug auf jene Gesellschaften zu verwenden, die aus vielen strukturellen Gründen nicht oder noch nicht in der Lage sind, den Wohlstand der hochindustrialisierten Staaten zu erreichen. Dritte Welt also primär eine Kategorie der Soziologie und der Ökonomie, der Demographie und, daraus abgeleitet, der demokratischen Organisation von Politik, doch weniger eine Kategorie der internationalen Beziehungen.

In den fünfziger Jahren, noch in Teilen der sechziger Jahre, wird das anders gesehen. Dritte Welt ist damals primär eine Kategorie des internationalen Systems und beinhaltet alle jene Staaten, die nicht in den Block der industriellen Demokratien der Ersten Welt, aber auch nicht der Zweiten Welt sowjetisch-kommunistischer Staaten einbezogen sind, sondern eben eine Dritte Welt der Blockfreien darstellen, die sich aus dem Ost-West-Konflikt heraushalten möchten. Die Volksrepublik China ist dabei ein Sonderfall, sie strebt in die Führungsgruppe der Dritte-Welt-Staaten, ist aber streng genommen damals noch ein Teil der Zweiten Welt.

Wie wir wissen, spielt sich die globale Neuorientierung der Staaten-Gesellschaft, die seit 1955 in den Blockfreikonferenzen organisatorische Gestalt annimmt, im großen Kontext des Dekolonisierungsprozesses ab, der 1947 mit der Unabhängigkeit Indiens, Pakistans, Burmas beginnt, sich in den fünfziger Jahren mit der Loslösung der nahöstlichen Staaten aus dem britischen Hegemonialsystem fortsetzt und 1960 in Afrika den definitiven Durchbruch findet.

Daß die jungen Staaten in Distanz zum Westblock gehen möchten, in dem die früheren Kolonialmächte eine führende Rolle spielen, ist ebenso verständlich wie der Umstand, daß eine so tiefgreifende Umgestaltung des Staatensystems dazu reizt, auch die Dritte Welt in den Kalten Krieg einzubeziehen. Das gilt für die Vereinigten Staaten, das gilt ebenso für die Sowjetunion, es gilt in gewissem Maß auch für die ehemaligen europäischen Kolonialmächte. Und es gilt nicht zuletzt für die jungen Staaten selbst, die bei ihren Regionalkonflikten Waffenlieferungen aus den beiden Blöcken wünschen, die ihre Sympathie für die Lager im Kalten Krieg von Wirtschaftshilfe beeinflussen lassen und die alles in allem eine opportunistische Bewegungsdiplomatie betreiben.

Der Verwicklung der Weltmächte in die Spannungen der Dritten Welt ist vor allem dort schwer auszuweichen, wo nationale Befreiungsbewegungen oder kommunistische Aufstandsbewegungen aktiv sind. Erwähnt seien in diesem Zusammenhang nur einige der Kolonialkriege, der Spannungszonen sowie der Kriege und Krisen, ohne daß wir ins Detail gehen. Der Indochina-Krieg von 1946 bis 1954, dann nochmals der Vietnam-Krieg von 1961 bis 1975, von 1954 bis 1962 der Algerien-Krieg, die Kolonialkriege in Angola und Moçambique, die erst 1975 zu Ende gehen, der Kolonialkrieg in Malaysia Anfang der fünfziger Jahre - das alles sind Konflikte, die sich mit dem Ost-West-Konflikt vielfach verbinden. Hier liegen recht gefährliche Spannungsfelder im Globalkonflikt der Weltmächte und der Blöcke.

Typische Regionalkonflikte, bei denen die Weltmächte von den Staaten der Region hereingezogen werden, sich aber auch gern hereinziehen lassen, sind in Südostasien der Konflikt zwischen Indien und Pakistan, in Afrika die Spannungen zwischen Äthiopien, Somalia und Kenia. Im Nahen Osten gehört dazu der Konflikt zwischen Israel und den arabischen Staaten vor dem Hintergrund des Rückzugs Großbritanniens aus diesem Gebiet und vor dem Hintergrund des Algerien-Krieges.

Selbst Bürgerkriege, die teils endogene Ursachen haben, aber teilweise auch von den zurückweichenden Kolonialmächten geschürt werden, verwickeln die betreffenden Länder direkt oder indirekt in die Ost-West-Spannungen. Erinnert sei an die Kongowirren von 1960 bis 1964 oder den Krieg um die Sezession Biafras.

Das endet bekanntlich nicht in den späten sechziger Jahren. Die internationalisierten Bürgerkriege im Libanon, im Tschad, in Angola oder Moçambique gehören durchaus in diesen Zusammenhang. Desgleichen münden die inneren Erschütterungen bestimmter Staaten in Zentralamerika und in der Karibik, die ursprünglich allesamt im amerikanischen Hegemonialsystem lagen, gleichfalls in den Ost-West-Konflikt ein - Paradebeispiel der fünfziger Jahre Guatemala, Paradebeispiel der sechziger Jahre Kuba und Dominikanische Republik!

So kommt es, daß die allergefährlichsten Krisen zwischen den nukleargerüsteten Weltmächten - die Suez-Krise von 1956 und die Kuba-Krise vom Herbst 1962 - unmittelbar aus Konflikten in den Grauzonen der Dritten Welt erwachsen. Dort überschneiden sich die Interessen der USA und der UdSSR, ohne daß beide bereit wären, diese Regionen oder Länder als Bestandteile einer klar zugehörigen Einflußzone zu begreifen. Und die Krisen in Ägypten 1956 und in Kuba 1962 verbinden sich mit den noch schwelenden Konflikten in Europa - mit der großen Ostblock-Krise von 1956 und der langandauernden Berlin-Krise von 1959 bis 1962.

Wir können die geraffte, in diesem Zusammenhang aber wesentliche Analyse hier abbrechen. Nach unserem Dafürhalten bestätigt sich dabei ganz eindeutig die zweite Hypothese. Dort, wo sich Konfliktzonen des Kalten Krieges fest in einem Blocksystem eingebunden fanden, führten die Spannungen zwar zu Erschütterungen, sie ließen sich aber dank der Blockstruktur regulieren. Das gilt ganz besonders für die westliche Allianz, speziell für Deutschland. Hier zwangen die in den Pakten bestehenden Konsultationsverpflichtungen zur Konzertierung der Ost-West-Beziehungen, wobei von den druckempfindlicheren westeuropäischen Staaten ein mäßigender Einfluß auf die Vereinigten Staaten ausging. Umgekehrt konnten die Vereinigten Staaten aber auch auf die Dekolonisierungspolitik der Franzosen und der Briten einwirken, erst recht die Mäßigung Bonns in der Wiedervereinigungsfrage verstärken. Das Konsultationssystem ist nur einmal zusammengebrochen - während der Suez-Intervention Frankreichs und Großbritanniens im Herbst 1956, die ohne Information der Vereinigten Staaten in Gang gesetzt wurde. Aber es gelang schon 1957, die Scherben zu kitten.

Demgegenüber erscheinen verschiedene Regionen der Dritten Welt außerhalb Europas während des ganzen Kalten Krieges als Pulverfässer, vergleichbar dem Balkan in der zweiten Hälfte des 19. Jahrhunderts bis zum Jahre 1914. Von Zeit zu Zeit explodiert eines dieser Pulverfässer, und immer glimmt irgendwo - wenn ich im Bilde bleiben darf - für kürzere oder längere Zeit die Zündschnur. Wenn aus den Krisen in der Dritten Welt schließlich doch kein Dritter Weltkrieg entflammt, so wie sich der Erste Weltkrieg aus den Manövern der Großmächte in der Grauzone des Balkans entzündet hat, so wohl wiederum in erster Linie deshalb, weil die Kernwaffen jeden direkten Zusammenstoß selbst in den Grauzonen der Dritten Welt zum lebensgefährlichen Risiko hätten werden lassen.

Stellt man also fest, daß die Friedenssicherung in den Blöcken und dort, wo sie sich hochgerüstet gegenüberstehen, im ganzen verläßlicher funktioniert als die Friedenssicherung außerhalb der Blöcke, so ist das freilich kein Werturteil.

Selbstverständlich wird jeder für den Wunsch der jungen Staaten Verständnis haben, sich einerseits aus den Allianzen herauszuhalten, andererseits die Ost-West-Spannungen aber doch raffiniert zu nutzen.

Desgleichen entspricht das Bemühen der Sowjetunion und der Vereinigten Staaten, ihre Position im Kalten Krieg durch geostrategisches Ausgreifen in die Dritte Welt zu verbessern, der Logik des Systems. Aber Tatsache bleibt eben, daß im festgefügten nordatlantischen Allianzsystem Krisenregulierung leichter fällt als in der brodelnden Welt der jungen Staaten und der kolonialen Befreiungsbewegungen im Nahen Osten, in Afrika oder in Asien.

III.

Zum Schluß noch drei abschließende Andeutungen.

Die erste bezieht sich auf die Rolle der Allianzen und auf die Gefahren, die sich aus den Konflikten in der Dritten Welt ergeben. Hier scheint sich bis zum heutigen Tag eine deutliche Kontinuität abzuzeichnen. Die NATO wird schon längst nicht mehr allein als Militärbündnis betrachtet, vielmehr als ein System, das zur Harmonisierung gemeinsamer Ostpolitik genützt werden kann und muß. Das beginnt jedoch bereits in der Periode des Kalten Krieges, und zwar nicht erst mit dem Harmel-Bericht von 1967.

Desgleichen sind es nach wie vor die überseeischen Spannungen, die auch im Ost-West-Verhältnis zur Beunruhigung Anlaß geben: Afghanistan und der arabisch-israelische Konflikt, der Libanon und die internationalisierten Bürgerkriege in Mittelamerika. Der Ansatz, den gegenwärtigen Entspannungsdialog vor allem auch auf jene regionalen Spannungsfelder zu konzentrieren, ist also zwingend.

Auch eine zweite Kontinuität seit den Jahren des Kalten Krieges zeichnet sich deutlich ab, nämlich die fast zwangsläufige Abfolge von Spannungs- und Entspannungsperioden im Ost-West-Verhältnis. Das ist durchaus typisch für ein strukturelles Spannungsverhältnis, in dem der Dritte Weltkrieg unwahrscheinlich ist, der echte Friede aber gleichfalls. Allerdings haben alle am System der Ost-West-Beziehungen Beteiligten gelernt, mit ihren strukturellen Gegensätzen behutsam umzugehen und die Felder der Kooperation tunlichst zu vergrößern.

Dritte Feststellung: Am größten erscheint auf den ersten Blick die Diskontinuität zwischen der Epoche des Kalten Krieges und den folgenden Perioden im Bereich des nuklearen Wettrüstens.

Wenn die Jahre seit 1969 als eine Periode eigenen Gepräges verstanden werden dürfen, so unter anderem deshalb, weil seit Anfang der siebziger Jahre der Gedanke kooperativer technokratischer Rüstungssteuerung ein Zentralelement darstellt. Er verbindet sich mit dem Ansatz, Kernwaffen vorwiegend als diplomatisches Instrument zu begreifen.

Das sind neue Gegebenheiten. Die Wildwestjahre des Kernwaffenzeitalters sind seither vorbei. Die Gefahren der Kernwaffen werden nicht nur wie im Kalten Krieg durch Krisendiplomatie reguliert, sondern zusätzlich durch langfristige Rüstungskontroll- und Abrüstungsdiplomatie. Produktion und Stationierung werden jetzt, anders als im Kalten Krieg, zum Gegenstand der Ost-West-Diplomatie.

Vielleicht - das läßt sich noch nicht richtig absehen - hat mit dem INF-Vertrag sogar eine wiederum neue Phase begonnen, in der die Rüstungskontrolle durch echte Abrüstung flankiert wird. Die Analyse des Kalten Krieges zeigt aber, daß selbst ein reines Abschreckungssystem ohne ins Gewicht fallende Rüstungskontrollkomponenten den Dritten Weltkrieg verhindert hat. Auf den Kernwaffen liegt heute ein viel stärkeres Tabu als in den fünfziger Jahren. Doch es war auch schon damals wirksam, als das Verständnis für die Zwangslage und die Bedürfnisse der Gegenspieler noch weniger entwickelt gewesen ist als heute.

So kann man diese historische Betrachtung auf eine einigermaßen optimistische Note ausklingen lassen. Der Friede im Atomzeitalter hat in jedem Jahrzehnt ein zähes Leben gehabt. Die Friedenssicherung im Kalten Krieg war besser als ihr Ruf. Und paradoxerweise sind es in erster Linie die Kernwaffen gewesen, die den Dritten Weltkrieg verhindert haben.

Bemerkungen zum zivilen Ungehorsam

Günter Stratenwerth

Ziviler Ungehorsam wird zumeist als eine Erscheinung verstanden, die im Spannungsfeld von Legalität und Legitimität angesiedelt ist. Er bringt danach einen Widerspruch zum Ausdruck, der, zumindest in den Augen der Beteiligten, zwischen dem tatsächlichen Geltungsanspruch einer Norm, ihrer Zugehörigkeit zu einem bestimmten Rechtssystem, und dessen ideellen Grundlagen besteht.[1] Sicher ist, daß ziviler Ungehorsam ein Verhalten darstellt, in dem sich, anders als beim banalen Rechtsbruch, Mißachtung und Anerkennung der gegebenen rechtlichen Ordnung in eigentümlicher Weise verbinden. Das mag ihm auch das Interesse eines Soziologen sichern, der sich, wie *Heinrich Popitz*, immer wieder mit dem Phänomen der sozialen Normen beschäftigt hat, und es rechtfertigen, ihm an dieser Stelle einige Überlegungen zu widmen, die über jenes vorherrschende Verständnis hinausgehen.

I.

In der neueren rechtstheoretischen Diskussion, wie sie vor allem seit den 60er Jahren geführt worden ist, wird die Bindung des zivilen Ungehorsams an die bestehende rechtliche Ordnung nahezu einhellig betont. Was entsprechende Aktionen sowohl vom Widerstand gegen ein Unrechtsregime wie von revolutionärem Umsturz überhaupt abgrenzen soll, ist die *Systemimmanenz* der Mittel und Ziele. Ziviler Ungehorsam, so hat *John Rawls* in seinen einflußreichen Arbeiten zu diesem Thema von Anfang an bemerkt, bleibe "innerhalb der Grenzen der Rechtstreue"[2], auch wenn er sich an deren "Rand" bewege[3]. Er sei darauf gerichtet, wie es bei einem anderen Autor heißt, "not to replace the system

---

1 Repräsentativ etwa *Jürgen Habermas* (1983).

2 *Rawls* (1977), S. 177.

3 *Rawls* (1975), S. 403.

but to improve it"[4]. Systemimmanenz kennzeichnet nach verbreiteter Auffassung vor allem die möglichen Gründe des Protests. Das gilt unabhängig davon, ob eine Legalisierung solcher Akte erwogen oder "nur" ihre Legitimität diskutiert wird. So geht es für *Rawls*, der die Qualität einer sozialen Ordnung ohnehin allein am Maßstab ihrer Gerechtigkeit zu messen scheint, auch beim bürgerlichen Ungehorsam, zumindest in aller Regel, um "wesentliche und deutliche Verstöße" gegen deren Anforderungen, das heißt gegen die Prinzipien der gleichen (bürgerlichen und politischen) Freiheit und der Chancengleichheit. Unter dieser Voraussetzung soll bürgerlicher Ungehorsam, in angemessener Form ausgeübt, tendenziell ein "stabilisierendes Mittel" sein, das im Verfassungsstaat mehr Gerechtigkeit schafft.[5] Ähnlich sieht es *Ronald Dworkin*, wenn er legitimen Ungehorsam auf Gesetze eingrenzt, die nach Auffassung der Minderheit ein der Verfassung angehörendes Prinzip der Freiheit oder Gerechtigkeit oder Fairness verletzen. Und auch hier gilt als wichtiges Argument, daß das Recht, gäbe es keinen solchen dramatischen Widerspruch, mit der Zeit an Gerechtigkeit und Fairness abnehmen und die Freiheit des Bürgers verringert würde.[6] Kaum anders wird es in der deutschen Diskussion gesehen. *Ralf Dreier* etwa fordert, um nur einige Stimmen zu zitieren, daß sich der Protest gegen "schwerwiegendes Unrecht" richten müsse, wobei als Unrechtsmaßstab "hauptsächlich die Grundrechts- und die Staatszielbestimmungen" der Verfassung dienen sollen.[7] Aber auch für *Habermas* geht es in erster Linie um Defizite der "Verwirklichung anspruchsvoller Verfassungsgrundsätze mit universalistischem Gehalt", also um die weitergehende Durchsetzung der den bestehenden Staat legitimierenden Prinzipien.[8]

Die Bindung an den demokratisch verfaßten Rechtsstaat wird zum anderen grundsätzlich auch für die Mittel des Protests gefordert. Bürgerlicher Ungehorsam bedeutet zwar, in seiner reinen Form, den Widerstand der Minderheit gegen eine Mehrheit. Er verletzt die Mehrheitsregel. Nach der bereits von *Rawls* eingehend begründeten und heute weitgehend geteilten Auffassung muß er sich jedoch als ein Appell der Minderheit an die Mehrheit darstellen, ihre Haltung in einer bestimmten Frage zu überdenken. Als ziviler Ungehorsam kann daher

4 *Cohen* (1971), S. 48 (zit. nach *Laker* [1986], S. 117).

5 *Rawls* (1977), S. 181, 184; (1975), S. 402, 409, 421.

6 *Dworkin* (1984a), S. 347.

7 *Dreier* (1983), S. 63. Ihm hat sich vor allem *Thomas Laker* (1986), S. 285 ff., angeschlossen.

8 *Habermas* (1983), S. 39 f.

nur eine Handlung gelten, die öffentlich und gewaltlos vorgenommen wird und "gewöhnlich eine Änderung der Gesetze oder der Regierungspolitik herbeiführen soll"[9]. Die Mehrheitsregel bleibt also *prinzipiell* anerkannt. Nach dem vorherrschenden Verständnis haben die Akte des Protests auch keineswegs den Sinn, die Mehrheit unter Druck zu setzen. Sie erscheinen vielmehr als eine besonders eindringliche "Form der Rede", die *überzeugen* soll und gerade deshalb mit der Bereitschaft einhergehen muß, eine Bestrafung ohne Widerstand hinzunehmen.[10]

II.

Überblickt man die Geschichte des zivilen Ungehorsams, so muß freilich auffallen, daß bei den Protestaktionen, die hier eingeordnet werden, nur wenige sind, die alle jene Bedingungen erfüllen, und kaum eine, bei der nicht auch andere Momente im Spiel waren. So hat sich schon *H.D. Thoreau*, auf dessen Essay von 1849 die gesamte neuere Diskussion der Frage zurückgeht, bei seiner Steuerverweigerung, deren Rechtfertigung die Schrift diente, auf zwei Gründe berufen, aus denen ihm sein Gewissen geboten habe, aufzustehen und zu rebellieren: daß in einer Nation, die sich selbst zu einer Zuflucht der Freiheit gemacht habe, ein Sechstel der Bevölkerung versklavt sei, und daß durch sie zugleich ein ganzes Land widerrechtlich überrannt, erobert und dem Kriegsrecht unterworfen werde.[11] Nur die Sklaverei widersprach im damaligen Zeitpunkt den Bills of Right der amerikanischen Einzelstaaten, elementaren Menschen- und Bürgerrechten, nicht der Angriffskrieg gegen Mexiko (dem die USA einen grossen Teil ihres heutigen Staatsgebietes verdanken). Was *Thoreau* geltend machte, waren also nur zum Teil Prinzipien des Verfassungsrechts. Es war im übrigen die Option für ein anderes, friedliches Zusammenleben der Völker, die ihn die kriegerische Aggression als rechtswidrig brandmarken ließ. Von einem Appell an die Mehrheit konnte bei der Steuerverweigerung ohnehin nicht die Rede sein. *Thoreau* hatte nur nicht mitschuldig werden wollen an dem, was

---

9 *Rawls* (1975), S. 401; vgl. (1977), S. 175 f.; sachlich ebenso *Dreier* (1983), S. 63; *Habermas* (1983), S. 39.

10 *Rawls* (1977), S. 177 f.; vgl. (1975), S. 403 f. Anders in diesem Punkte jetzt *Dworkin* (1984b), S. 32 f., mit dem Hinweis auf "Strategien der Nicht-Überzeugung"; ebenso *Dworkin* (1985), S. 109; ferner *Kleger* (1988).

11 *Thoreau* (1973), S. 11.

geschah. Daß ein Dritter für ihn die Steuer gezahlt und ihn dadurch, nach einer Nacht, aus dem Gefängnis befreit hat, war ihm offenbar nicht unwillkommen. Erst der spätere Essay hat die Episode weiteren Kreisen bekanntgemacht.

Von den größeren Protestaktionen unseres Jahrhunderts, die dem bürgerlichen Ungehorsam zugeordnet werden, entsprach der von *Gandhi* angeführte Widerstand gegen die englische Kolonialherrschaft von vornherein nicht dem Schema systemimmanenter Veränderungen. Einzig von der Civil Rights-Bewegung im Amerika der frühen 60er Jahre läßt sich sagen, daß sie allein der Durchsetzung von Grundrechten und Grundfreiheiten gedient habe, die im Prinzip längst anerkannt waren, und daß sie dies durch die Beeinflussung der öffentlichen Meinung versucht habe. In der gegen den Vietnam-Krieg gerichteten Protestbewegung und der eng mit ihr verknüpften Studentenrevolte um 1968 waren dagegen schon wieder ganz andere Motive im Spiel. Hier ging es, auf weite Strecken, gerade um die Überwindung eines politischen Systems, das der Unterdrückung und Ausbeutung nicht nur des eigenen, sondern auch fremder Völker bezichtigt wurde. Was zur Diskussion stand, war infolgedessen weniger die Rechtfertigung, als vielmehr die tatsächliche Durchführbarkeit eines revolutionären Umsturzes. Eindeutig überschritten werden die üblichen Definitionen des bürgerlichen Ungehorsams aber auch (und erst recht) durch mannigfache Akte des Protestes in der Gegenwart. Der Widerstand richtet sich bekanntlich gegen viele Entwicklungen, von der Verelendung der Dritten Welt bis zur Hochrüstung, von der Gentechnologie bis zur Zerstörung des Ökosystems der Erde. Dabei geht es um andere oder doch weiterreichende Ziele als um eine prinzipiell systemkonforme Verbesserung oder gar Vervollkommnung der bestehenden Ordnung. Die Nutzung der Atomenergie läßt sich ebensowenig als Verletzung des Rechts auf Leben und körperliche Unversehrtheit oder des Rechts auf freie Entfaltung der Persönlichkeit interpretieren, wie, im Jahre 1983, die Stationierung neuer Mittelstreckenraketen auf deutschem Boden. Was hier zur Debatte steht und stand, ist vielmehr die "zum Normalvorbild stilisierte Lebensform" westlicher Industrienationen als ganze[12], Grund genug, die Gegenbewegung abfällig als "Bio-Pazifismus" oder "ökologischen Fundamentalismus" zu etikettieren und sie mit beschwörendem Hinweis auf die Gefahr des Bürgerkriegs von vornherein ins Unrecht setzen zu wollen[13].

---

12 *Habermas* (1983), S. 45, 49.

13 So *Isensee* (1983).

III.

Der Grund für diese auffällige Schwierigkeit, den bürgerlichen Ungehorsam in seiner realen Erscheinung mit den Anforderungen in Einklang zu bringen, denen er theoretisch entsprechen sollte, ist unschwer auszumachen. Fast alle Autoren, die sich mit dem Thema befasst haben, haben es in apologetischer Absicht getan, insofern sie, unter bestimmten Voraussetzungen, für die Legalisierung oder zumindest für die Legitimität solchen Ungehorsams eingetreten sind. Das setzt voraus, daß man sich auf Wertmaßstäbe stützen kann, die möglichst allgemeine Anerkennung finden, wie eben vor allem die Grundprinzipien der Verfassung. Diese Wertmaßstäbe aber sind durchweg auf eine andere Problemlage zugeschnitten als diejenige, die sich in den Protestbewegungen der Gegenwart zunehmend artikuliert. Sie gehen auf die Menschen- und Bürgerrechtskonzeptionen des späten 17. und des 18. Jahrhunderts zurück, auf die bürgerliche Revolution, und repräsentieren auch in ihrer heutigen, sozialstaatlich modifizierten Fassung noch immer ein Leitbild der gesellschaftlichen Ordnung, dem der Widerspruch der "alternativen" Gruppen gerade gilt: nämlich das einer in der größtmöglichen gleichen Freiheit aller Einzelnen begründeten Konkurrenzgesellschaft.

So hat sich etwa *Rawls* schon in seiner ersten Abhandlung über den zivilen Ungehorsam ausdrücklich auf eine Theorie des Gesellschaftsvertrages bezogen, wie man sie bei *Locke*, *Rousseau* und *Kant* findet,[14] und in analoger Weise, auf einer höheren Abstraktionsstufe, versucht, die Prinzipien des Zusammenlebens zu formulieren, auf die sich freie und vernünftige Menschen in einer Situation ursprünglicher Gleichheit in ihrem eigenen Interesse verständigen würden[15]. Es sind das, wie schon angedeutet, eben das Prinzip möglichst weitreichender Grundfreiheiten für jedermann und das Prinzip, nur solche sozialen und wirtschaftlichen Ungleichheiten zuzulassen, die für jedermann von Nutzen und für niemanden unüberwindlich sind. Mit dem ersten dieser Prinzipien werden die traditionellen Menschen- und Bürgerrechte eingeführt, mit dem anderen der Grundgedanke eines Sozialstaats, der die Aufhebung aller unbegründeten sozialen oder wirtschaftlichen Benachteiligungen anstrebt.[16] Auch bürgerlicher

14 *Rawls* (1977), S. 167 Fn. 1.

15 *Rawls* (1975), S. 27 ff.

16 *Rawls* (1975), S. 81 ff.

Ungehorsam kann sich hier nur dadurch legitimieren, daß er den fair bemessenen Freiheitsspielraum des Einzelnen erweitern oder sichern möchte. Ähnlich liegt es bei *Dworkin*, wenn er zivilen Ungehorsam nur dort in Betracht zieht, wo "grundlegende persönliche oder politische Rechte" in Frage stehen, Rechte also, die die amerikanische Verfassung dem Einzelnen garantiert.[17]

Aber auch das Bonner Grundgesetz steht eindeutig in der Tradition von 1789. Es mußte in der historischen Situation, aus der es hervorgegangen ist, vor allem anderen bestrebt sein, die Wiederkehr eines menschenverachtenden Unrechtsregimes auszuschließen, und das hieß auch und in erster Linie: die Freiheit des Einzelnen möglichst umfassend zu sichern. Unter diesem Blickwinkel kann es auf die ganz andere Art von Bedrohungen, die heute in unserem Teil der Welt im Vordergrund stehen, keine Antwort geben. Die Grundrechte sollen den Einzelnen vor Eingriffen insbesondere der Staatsgewalt schützen, die ihn unmittelbar in seinen elementaren Interessen verletzen. Bei den Gefahren etwa einer nuklearen Verseuchung oder irreversiblen Schädigung unserer natürlichen Umwelt dagegen geht es um "bloße" Risiken, nicht um die Einschränkung von Freiheitsrechten, wenn auch um Risiken, die möglicherweise Leben und Gesundheit einer unabsehbaren Zahl von Menschen bedrohen, und solche Risiken sind überdies gegen andere Gefahren abzuwägen, die etwa mit Defiziten der Energieversorgung oder einem Verzicht auf industrielle Produktion verbunden wären. Ob und inwieweit die Freisetzung des Individuums ihrerseits zu der gesamtgesellschaftlichen Entwicklung beigetragen hat, die heute als Überlebenskrise der Menschheit erfahren wird, mag an dieser Stelle offenbleiben.[18] Sicher ist jedenfalls, daß die Freiheitsrechte nicht geeignet sind, möglichen Widerstand zu legitimieren. Sie *müssen* hier ins Leere gehen.[19]

---

17 *Dworkin* (1984a), S. 351. In neueren Arbeiten kennt *Dworkin* freilich, wie schon angedeutet, auch eine andere Form des zivilen Ungehorsams, die er "policy-based" nennt, darauf gerichtet, "not to force the majority to keep faith with principles of justice, but simply to come to its senses"; als Beispiel dient der Protest gegen Atomraketen (*Dworkin* [1985], S. 107; vgl. [1984b], S. 34 f.).

18 Vgl. dazu *Stratenwerth* (1988).

19 Das zeigt sich umgekehrt auch an der Hilflosigkeit der Versuche, den heute aktuellen Formen des zivilen Ungehorsams mit dem Instrumentarium der Grundrechtsdogmatik beizukommen: Für *Laker* (1986), S. 237 ff., 298 ff., sind die "verbreitetsten Erscheinungsformen zivilen Ungehorsams" wie "Aktionen gegen die Kernenergie und der Protest gegen die sogenannte Nachrüstung" schon deshalb nicht zu rechtfertigen, weil sie sich nicht gegen "schwerwiegendes Unrecht" richten !

IV.

Wenn diese Überlegungen richtig sind, dann wird mindestens zweifelhaft, ob es der Sache angemessen ist, die wie immer verstandene "Rechtfertigung" zivilen Ungehorsams davon abhängig zu machen, daß er immerhin der Intention nach den Prinzipien der bestehenden Verfassungsordnung entspricht. Könnte sich auf diesem Wege nicht auch eine tiefgreifende Veränderung der legitimierenden Grundlagen des Staates ankündigen, die ja doch ihrerseits mit den Wertüberzeugungen ihrer Zeit in Einklang bleiben müssen? Weshalb sollte, anders gefragt, die verfassungsrechtliche Entwicklung immer nur in der weiteren Entfaltung oder Durchsetzung von Prinzipien bestehen können, die im Grunde schon anerkannt sind, nicht auch in der allmählichen Herausbildung von Rechtsgedanken, die *so* noch nicht gedacht oder doch nicht wirksam geworden sind? Läßt man sich auf solche Zweifel ein, dann wird, bei näherem Zusehen, das Erfordernis der Systemimmanenz freilich auch hinsichtlich der zulässigen Mittel des Protests in Frage gestellt, der unmittelbare Bezug auf das Mehrheitsprinzip.

Daß sich die Minderheit der Mehrheit zu fügen habe, diese Regel hängt bekanntlich von einer ganzen Reihe von Voraussetzungen ab. Dazu gehört, als allererste Bedingung, daß die Mehrheitsentscheidung nicht als bloßer Machtspruch erscheint, sondern als das Ergebnis einer argumentativen Auseinandersetzung, für das die besseren Gründe sprechen, immerhin verstanden werden *kann*. Eben dies begründet die besondere Bedeutung von Freiheitsrechten, die die Möglichkeit der Teilnahme am Prozeß der öffentlichen Meinungsbildung verbürgen. Die argumentative Auseinandersetzung, der rationale Diskurs aber sind ihrerseits an Vorbedingungen gebunden: Sie können sich nur auf dem Boden gemeinsam geteilter normativer Überzeugungen vollziehen. Über Werte kann man nicht streiten. Streiten kann man nur über die Konsequenzen, die hier und heute, im Blick auf eine konkrete Frage, aus vorgegebenen Prinzipien zu ziehen sind. Als Aufforderung an die Mehrheit, eine von ihr getroffene Entscheidung zu überprüfen, kann daher auch ziviler Ungehorsam nur verstanden werden, soweit er sich auf beiderseits anerkannte Grundwerte bezieht. Wo es daran fehlt, bei einem fundamentalen Dissens, hat es keinen Sinn, zu argumentieren; hier bleibt allein die Möglichkeit, klarzustellen, um *welche* Differenzen es geht.

Exakt dies dürfte mit den Protesten etwa gegen die "Plutonium-Wirtschaft" oder gegen die "Nachrüstung" in erster Linie beabsichtigt gewesen sein. Die neuere Literatur zum zivilen Ungehorsam kennt dementsprechend, wie schon angedeutet, neben der "persuasiven" auch eine nicht-persuasive Form des Widerstandes. Dabei wird die Strategie der Nicht-Überzeugung freilich von vornherein auf das Ziel eingeengt, den Preis, den die Mehrheit für die Durchsetzung ihrer Auffassung zu zahlen hat, möglichst in die Höhe zu treiben.[20] Diese Verknüpfung ist nicht zwingend. Wo die Aussichtslosigkeit eines auf Argumente gestützten Protests darin begründet ist, daß sich unvereinbare Grundüberzeugungen gegenüberstehen, kann bürgerlicher Ungehorsam *auch* den Sinn haben, der Mehrheit zu demonstrieren, *daß* es um solche Überzeugungen geht. Nicht die "Preiserhöhung" erscheint in solchem Falle als das eigentliche Ziel, sondern vielmehr der möglichst eindringliche Hinweis auf die eminente Bedeutung, die einer bestimmten Entscheidung in den Augen der Minderheit zukommt. Bürgerlicher Ungehorsam kann, mit anderen Worten, statt auf eine Änderung der Mehrheitsverhältnisse, auch darauf gerichtet sein, Überzeugungen geltend zu machen, die in den Augen der Minderheit zu großes Gewicht beanspruchen, als daß sich eine Mehrheit - überhaupt oder allzu leichtfertig - über sie hinwegsetzen dürfte.

V.

Ein Protest, der den Rahmen systemimmanenter Differenzen sprengt, der sich nicht im Rückgriff auf übergreifende Gemeinsamkeiten legitimieren und/oder nicht als ein Versuch begreifen läßt, die Mehrheit umzustimmen, konfrontiert die Rechtstheorie mit einer sehr unbehaglichen Alternative. Hält sie an der bisherigen Definition des zivilen Ungehorsams fest, so bleibt ihr keine andere Wahl, als dem "neuen" Ungehorsam, mag er auch zutiefst in Wertüberzeugungen begründet sein, jede Berechtigung abzusprechen - er wäre im Prinzip nicht anders zu bewerten als beliebige Aktionen rabiater Interessenvertreter oder blindwütiger Chaoten oder gar der gezielte Terror. Verzichtet sie stattdessen auf das Erfordernis der Systemimmanenz, so sieht sie sich der Notwendigkeit gegenüber, neue, jenseits der etablierten Verfassungsprinzipien liegende Maß-

20 Siehe *Dworkin* (1984b), S. 24 ff., 32 f.; (1985), S. 109; *Kleger* (1988).

stäbe für die Legitimität zivilen Ungehorsams zu entwickeln - sie müßte Wertungen vornehmen, die über den Rahmen der Rechtstheorie hinausgehen.

Dabei dürfte letzlich doch nur dieser zweite Weg gangbar sein. Daß sich die legitimierenden Grundlagen unserer Staatlichkeit wandeln können, ja daß sich ein solcher - tiefgreifender - Wandel längst zu vollziehen begonnen hat, ist im Ernst nicht zu bezweifeln, und ebensowenig, daß es zunächst immer Minderheiten sind, die den Anstoß geben.[21] Ziviler Ungehorsam *kann* eines der Mittel sein, die in diesem Zusammenhang als nötig erscheinen, indem er Zeichen setzt und manche Einzelne vielleicht erst innewerden läßt, daß sie mit ihrer Überzeugung nicht allein sind. Es wäre ein Armutszeugnis, wenn die Rechtstheorie demgegenüber keine andere Antwort hätte, als einem Protest, der Überkommenes radikal in Frage stellt, von vornherein jede Legitimation abzusprechen. Also wird sie sich der Aufgabe nicht entziehen können, die bisherigen Kriterien des Verfassungsrechts um solche zu ergänzen, die eine *künftige* Verfassung enthalten könnte. Das läßt sich im Rahmen dieser skizzenhaften Bemerkungen nicht näher ausführen. Klar dürfte aber sein, daß es wesentlich darauf ankommen wird, ob illegale Protestaktionen das Gemeinwohl oder lediglich ein partikulares Interesse verfolgen und ob sie Überzeugungen zum Ausdruck bringen, die, in einem zu präzisierenden Sinne, zukunftsträchtig sein könnten. *Insofern* bleibt es beim Erfordernis einer gewissen Systemkonformität der Ziele bürgerlichen Ungehorsams: Es muß allemal darum gehen, dieses Gesellschaftssystem fortzuentwickeln, nicht, es zu zerstören.

Entsprechendes gilt für die Mittel des Widerstandes. Bürgerlicher Ungehorsam setzt voraus, daß die Zugehörigkeit zu dem Gemeinwesen, innerhalb dessen er stattfindet, nicht aufgekündigt wird. Auch wenn er die Mehrheit nicht zu überzeugen, sondern ihr nur vor Augen zu führen versucht, wie ernst es der dissentierenden Minderheit ist, bleibt er eine Form der Kommunikation, die sich auf Gemeinsamkeiten beruft: Er appelliert immerhin an die Bereitschaft, anzuerkennen, daß es grundlegende Meinungsverschiedenheiten geben kann, die sich nicht einfach per Mehrheit "erledigen" lassen. Von den Mehrheitsvertretern wird, mit anderen Worten, erwartet, daß sie Minderheiten in essentiellen Fragen respektieren, und das heißt zugleich, daß ihnen eine politische Kultur zugeschrieben wird, die noch andere Gesichtspunkte kennt als den puren Nutzen-Kosten-Kalkül der Macht. Diese Erwartung kann natürlich ent-

---

21 *Habermas* (1983), S. 40 f.

täuscht werden und wird es nur allzu oft. Das ändert nichts daran, daß sie eines der wesentlichen Merkmale bildet, durch das sich Widerstand, der (noch) als ziviler Ungehorsam anerkannt zu werden verdient, von der bürgerkriegsähnlichen Konfrontation abgrenzen läßt. Sie billigt dem Gegenüber die Einsicht zu, daß auch derjenige im Recht sein könnte, dessen Auffassung man nicht teilt.

***

Bürgerlichen Ungehorsam, wie es hier vorgeschlagen wird, nicht allein auf die ideellen Grundlagen des bestehenden Rechtssystems zu beziehen, sondern als ein mögliches Movens der Transformation auch dieser Grundlagen zu begreifen, ist vorerst nicht mehr als eine Anregung, deren nähere Ausarbeitung noch zu leisten wäre. Dafür ist hier nicht der Ort. Anzufügen bleibt allein, daß die Frage nicht nur theoretisches Interesse verdient. Der Fortbestand einer gesellschaftlichen Ordnung kann paradoxerweise von ihrer Fähigkeit abhängen, sich zu verändern. Vieles spricht dafür, daß exakt dies die Herausforderung ist, der wir uns heute gegenübersehen. Vom differenzierten Umgang mit dem Widerstand, der den etablierten Mechanismen der politischen Willensbildung erwächst, kann abhängen, ob wir sie bestehen.

Literatur:

Cohen, Carl: Civil disobedience. New York und London 1984.

Dreier, Ralf: Widerstand und ziviler Ungehorsam im Rechtsstaat. In: Peter Glotz (Hrsg.): Ziviler Ungehorsam im Rechtsstaat. Frankfurt a.M. 1983. S. 54 ff.

Dworkin, Ronald: Taking rights seriously. Cambridge (Mass.) 1977. dt.: Bürgerrechte ernstgenommen. Frankfurt a.M. 1984 (1984a).

Dworkin, Ronald: Ethik und Pragmatik des zivilen Ungehorsams. In: Th. Meyer, S. Miller und J. Strasser (Hrsg.): Widerstandsrecht in der Demokratie. Köln 1984. S. 24ff (1984b).

Dworkin, Ronald: A matter of principle. Cambridge (Mass.) und London 1985.

Habermas, Jürgen: Ziviler Ungehorsam - Testfall für den demokratischen Rechtsstaat. Wider den autoritären Legalismus in der Bundesrepublik. In: Peter Glotz (Hrsg.): Ziviler Ungehorsam im Rechtsstaat. Frankfurt a.M. 1983. S. 29 ff.

Isensee, Josef: Widerstand gegen den technischen Fortschritt. In: Die öffentliche Verwaltung 36 (1983). S. 565 ff.

Kleger, Heinz: Die Kraft der Gewaltfreiheit. In: P. Saladin und B. Sitter (Hrsg.): Widerstand im Rechtsstaat. Freiburg i.Ue. 1988. S. 327 ff.

Laker, Thomas: Ziviler Ungehorsam. Baden-Baden 1986.

Rawls, John: A theory of justice. Cambridge (Mass.) 1971. dt.: Eine Theorie der Gerechtigkeit. Frankfurt a.M. 1975.

Rawls, John: Die Rechtfertigung bürgerlichen Ungehorsams. In: Otfried Höffe (Hrsg.): John Rawls, Gerechtigkeit als Fairness. Freiburg und München 1977. S.165 ff.

Stratenwerth, Günter: "Größtmögliche Freiheit"? In: Festschrift für Maihofer. Frankfurt a.M. 1988. S. 571 ff.

Thoreau, Henry David: Über die Pflicht zum Ungehorsam gegenüber dem Staat. dt. Zürich 1973.

Soziologische Überlegungen zum Begriff der "Distanz"

Hans Paul Bahrdt

I. Vorbemerkungen

Wenn man sich umschaut, gewinnt man den Eindruck, als ob die Soziologie sich im großen und ganzen als die Wissenschaft von den sozialen Kontakten, Interaktionen und Beziehungen versteht. D.h. sie handelt in erster Linie davon, was die Menschen verbindet, was sie miteinander gemein haben. Natürlich ist auch von Konflikten die Rede, gelegentlich von Distanzphänomenen und Distanzregeln. Es scheint aber, daß letztere Erscheinungen vernachlässigt werden. Sie tauchen fast nur als Negativa im Kontrast zu Erscheinungen auf, wo Menschen etwas miteinander zu tun haben. Es lohnt sich jedoch, einmal ganz elementar danach zu fragen, was in einem soziologischen Sinn "Distanz" eigentlich ist, und welche - u.a. auch positive - Rolle sie im sozialen Leben spielt, welchen konstitutiven Sinn sie hat oder haben kann, wenn man den rechten Gebrauch von ihr macht.

Distanz im soziologischen Sinn meint nicht unbedingt räumliche Entfernung zwischen Menschen, obwohl letztere natürlich eine Voraussetzung oder Ursache der sozialen Distanz sein kann. Räumliche Distanz kann ihrerseits auch die Folge sozial gemeinten Distanzierungsverhaltens sein: Man geht sich aus dem Wege.

Von sozialer Distanz kann man sprechen, wo infolge äußerer Umstände oder aber von Verhaltensweisen von Menschen, Informationsflüsse zwischen Menschen, damit aber auch kommunikative Beziehungen und Interaktionen verhindert werden, d.h. seltener geschehen, als man dies sonst erwarten würde. Sehr oft findet man das Phänomen der Selektion. Eine Kommunikations- oder Interaktionsbeziehung gibt es durchaus. Aber bestimmte Thematiken bleiben ausgeklammert. "Faktische Distanz" ist vielfach durch die Umstände vorgegeben und schließt nicht unbedingt ein, daß die Menschen sich distanziert verhalten, wenn sie sich doch begegnen. Dies ist möglich. Aber faktische Distanz kann auch lästig sein und dazu herausfordern, sie durch spezielles Verhalten, evtl. durch Sozialtechniken, zu überwinden. Faktische Distanz besteht z.B. darin, daß wegen großer Entfernung der Wohnorte Menschen sich nur selten oder nie persönlich begegnen. Sie bleiben sich fremd oder werden einander fremd. Sie "leben sich auseinander". Sie können auch bei Begegnungen die Fremdheit schwer überwinden, weil sie etwa verschiedene Sprachen sprechen oder weil ihre soziokulturelle Prägung so verschieden ist, daß es immer wieder zu Mißverständnissen bzw. Verständnislosigkeit kommt. Solche "faktische Distanz" können die Menschen hinnehmen, sich mit ihr abfinden. Ja, sie können in ihr einen Sinn finden, indem sie eine Gruppenideologie entwickeln, welche die "out-groups" bewußt ausgrenzt. Dann haben wir es freilich schon mit einem mehr oder weniger bewußten Distanzverhalten zu tun, von dem gleich näher die Rede sein wird. Auf jeden Fall: Bewußtes Distanzverhalten kann an vorgegebener faktischer Distanz anknüpfen, in ihr einen tieferen Sinn erkennen. So kann die zunächst erlebte Fremdheit zwischen Angehörigen verschiedener Völker, Rassen und Schichten den scheinbar handfesten, aber meist fragwürdigen Boden für Vorurteile und segregierendes Verhalten abgeben.

Aber das praktische Verhalten kann darauf aus sein, trotz aller Schwierigkeiten die faktische Distanz zu überwinden und Kommunikation und Interaktion herzustellen. Dies sind nun freilich Leistungen, die höchst unterschiedlich ausfallen, je nach Kultur und vor allem jeweils gemäß den technischen Möglichkeiten, welche eine Kultur auf einer bestimmten Entwicklungsstufe anbietet. (Es gibt Zeiten, in denen die Seefahrt hochentwickelt ist, Landwege jedoch, wenn sie über Gebirge führen, nur sehr rudimentär ausgebaut sind. So war es im alten Griechenland. Deshalb waren die Inseln weniger "isoliert" als viele Orte auf dem Festland, obwohl das Wort "isoliert" ja von "Insel" abgeleitet ist. Nicht zuletzt deshalb hatten die griechischen Inseln in der Ägäis einen Entwicklungsvorsprung vor den Festlandsstädten, insbesondere, wenn diese im Landes-Innern lagen.)

Aber das menschliche Verhalten kann auch die soziale Distanz wollen und aus eigenem Interesse schaffen, oder - wie schon gesagt - anknüpfend an faktische Distanz ausbauen. Man kann Zäune errichten, die das Betreten bestimmter Areale verhindern oder erschweren, Mauern und Wände errichten, oder sich einer Sprache oder eines Zeichenvorrats bedienen, von dem man weiß, daß sie von denjenigen, zu denen man Distanz bewahren will, nicht verstanden werden. (Man kennt dies aus russischen Romanen des 19. Jahrhunderts: Die Angehörigen der Oberschicht sprechen französisch, wenn sie wünschen, daß die Dienstboten nicht verstehen, was sie unter sich zu bereden haben.)

Freilich haben alle diese Praktiken ihre Grenze. In Wahrheit könnte man über die meisten Zäune steigen. Auch Türen sind aufbrechbar. Und auch alle Künste der Geheimhaltung sind nicht auf Dauer angelegt.

Erwünschte Distanz kommt vielfach nur dadurch zustande, daß die in einem sozialen Feld sich bewegenden Menschen ihr Verhalten unter das Gebot von Distanzregeln stellen. Diese lenken nicht nur das jeweilige individuelle Verhalten, sondern schaffen auch einen Erwartungshorizont. Der einzelne weiß, daß andere Menchen, mit denen er es zu tun hat, ebenfalls denselben Regeln gehorchen. Es gibt vielfältig verflochtene und kasuistisch ausgearbeitete Normen, die - wie andere Normen - durch Sanktionen abgesichert sind.[1]

Der Gartenzaun, der oft so niedrig ist, daß man ihn jederzeit übersteigen kann, erfüllt seinen Zweck auf einer symbolischen und normativen Ebene: er signalisiert, daß der Passant ihn gefälligst respektieren soll. Andernfalls kann man sich an die Polizei wenden. Auch eine Haustür, die zufällig offensteht, hat auf der normativen Ebene eine Sperrfunktion.

Kommt es zu sozialer Distanz und wird diese beiläufig oder ausdrücklich als positiv bewertet, so liegt oft ein kompliziertes Phänomen vor, das auf mehreren Ebenen zugleich angesiedelt ist.

Faktische Distanz kann vorgegeben sein. Sie ist oft abänderbar. Aber u.U. hat man sich an sie gewöhnt. Gewohnheit bringt schon eine erwartbare Verhaltensregelmäßigkeit mit sich. Man bleibt bei ihr, weil Erwartbarkeit des Verhaltens anderer auf jeden Fall das Leben bequemer macht. So kann ein Brauch entstehen.

Eine Abweichung von einem Brauch gilt aber nicht als Verstoß. Verbreitet sich diese Meinung, dann spricht man von "Sitte". In diesem Falle haben wir es nicht nur mit einem Brauch zu tun, sondern mit einer Norm. Diese wird durch Sanktionen abgesichert. Natürlich werden nicht alle Sittengebote durch strafrechtliche Sanktionen gesichert. Die Bestrafung vieler Verstöße gegen Sittengebote geschieht durch informelles Verhalten, z.B. Meidung näheren Verkehrs, Grußverweigerung, Ignorieren. Es ist klar, daß eindeutige definitorische Unter-

---

1 Zum Begriff der Norm vgl. Popitz 1984, S. 48 ff.

scheidungen zwischen Gewohnheit, Brauch, Sitte und Strafgesetz nichts daran ändern können, daß es in der Realität fließende Übergänge gibt, und deshalb die begriffliche Zuordnung des Einzelfalls schwierig sein kann.

Viele Distanzphänomene sind - vor allem in ihrer Spezifikation - echte Normen, aber sie haben u.U. einen Unterbau, eine Aura und eine Ausdrucksform, bei denen Gewöhnung an Faktizitäten und Bräuche mitspielen.

II. Distanzverhalten unter Tieren

Man könnte nun fragen, ob es zum Wesen des Menschen gehört, Distanz zu anderen Menschen zu halten, ob es sich hier also um eine anthropologische Konstante handelt. Ist Distanz zu halten dem Menschen angeboren?

Diese Frage wirft sofort eine zweite auf: Gibt es Distanzphänomene vielleicht auch im Tierreich?

Man denkt hier sofort an das Revierverhalten, mit dem Einzeltiere und Tiergruppen sich gegen Artgenossen abgrenzen. Z.B. machen sie ein bestimmtes Areal durch Duftmarken kenntlich, was nicht ausschließt, daß sie außerhalb des abgesteckten Reviers ihren Artgenossen durchaus freundlich begegnen. Wird aber das Revier von anderen Tieren betreten, so wird automatisch mit Aggression geantwortet. Oft lernen die Artgenossen jedoch, die gekennzeichneten Reviergrenzen der Artgenossen zu respektieren. Sie gewöhnen sich an sie.[2]

Früher, als es noch viele Freileitungen an den Landstraßen gab, die sich von einem Telegraphenmast zum nächsten rankten, konnte man bei den Vögeln, die auf den Telegraphendrähten saßen, so etwas wie ein Distanzverhalten im Nahbereich beobachten. Vögel einer Art sind offenbar in aller Regel unter sich so gesellig, daß sie gern nahe nebeneinander auf einem Draht sitzen. Andererseits halten sie stets auch einen Abstand von einigen Zentimetern. Wäre ein Vogel seinem Genossen noch nähergerückt, so hätte dieser ihn gehackt. So bildete sich eine Regelmäßigkeit in der Weise heraus, daß die Vögel einer Art jeweils einen genau festgelegten Abstand hielten. Jede Vogelart hatte ihren eigenen

2 Zum Revierverhalten der Tiere vgl. die Schriften von Lorenz; z.B. "Das sogenannte Böse", 1963, S. 37 ff. Ferner Eibl-Eibesfeld 1984.

Normalabstand. Größere Vögel hielten einen etwas größeren Abstand als kleine Vögel.[3]

Dieses Abstandhalten ist gewiß nicht die Befolgung einer "Distanz-Norm". Aber man könnte fragen, inwieweit der genau eingehaltene Abstand ein genetisch festgelegtes Instinktverhalten ist, oder inwieweit in ihm doch auch Lernerfahrungen eingegangen sind. Auch tierisches Verhalten beruht vielfach auf Lernergebnissen, die sich auf Instinktdeterminanten aufbauen.

Im Prinzip finden wir bei Menschen und höheren Tieren dasselbe: Durch Lernen bekommen Instinktregungen, die in eine bestimmte Richtung weisen, erst ihre endgültige Genauigkeit und Sicherheit. Erst dann sind die Verhaltensweisen fertig geformt und brauchbar. Jedoch beginnt der Weg des Lernens beim Menschen früher und führt weiter als bei höheren Tieren, die vermutlich beim Lernen fast völlig auf "trial and error" angewiesen sind.

So dürften bei Tieren, welche die Reviergrenzen eines Artgenossen gewohnheitsmäßig respektieren und deshalb in Frieden mit ihm leben, sicher auch individuelle Erfahrungen mitspielen. Aber das Distanzverhalten der Menschen hat noch eine andere Qualität. Sprachliches Denken, wie es nur Menschen kennen, ist auch die Voraussetzung für jenes Verhalten, das wir "Definition einer Situation" nennen. Zu letzterem gehört auch die Fähigkeit zur Antizipation von Zukunft und zur Erinnerung an Vergangenheit, die aber - dies ist wichtig - nicht mit dem aktuellen Jetzt verschwimmen: All dies sind Voraussetzungen dafür, daß Menschen durch Normsetzung, durch deren Mitteilung und durch ihre Absicherung durch Sanktionen eine neue Art sozialer Regelmäßigkeiten schaffen. Wir können zwar auch bei Tieren Verhaltensregelmäßigkeiten beobachten, die für uns "sinnvoll" erscheinen, weil aus ihnen Distanz entsteht. Freilich wissen wir nicht, ob die Tiere mit diesem Verhalten so etwas wie "Sinn" verbinden, ob "Sinn" nicht nur eine Kategorie des menschlichen Bewußtseins ist.

---

3 So entstand ein anmutiges Bild. Die Vögel gruppierten sich auf den Drähten wie die Noten eines Musikstücks. Ich habe einmal ein Musiklehrbuch für kleinere Kinder gesehen, in dem der Verfasser die Notenschrift den kindlichen Lesern vertraut machte, indem er die Noten wie Vögel, die auf Telegraphendrähten sitzen, zeichnete.

III. Distanzverhalten - eine anthropologische Konstante?

Obwohl natürlich der Versuch, tierisches Verhalten im engeren Sinn des Wortes zu "verstehen", d.h. klärend nachzuvollziehen, sich also in das Tier hineinzuversetzen, scheitern muß, liegt es doch nahe, auf der Basis von Beobachtungen versuchsweise Parallelen zu finden.

Vielleicht gibt es doch bei Menschen so etwas wie ein Revierverhalten, oder ein so ursprüngliches Bedürfnis nach Distanz, daß man von einer anthropologischen Konstante sprechen kann.

Diese These ist freilich schwer zu beweisen, denn alle bei Menschen vorfindlichen Formen des Distanzverhaltens sind, auch wenn sie eine genetische Wurzel haben sollten, auf jeden Fall noch einmal kulturell überformt. U.a. sind sie durch sprachliches Denken mehr oder weniger gedeutet und in ihrem Ablauf wieder durch diese Deutungen beeinflußt. Sowohl faktische Distanz wie auch das Distanzverhalten aus eigenem Interesse oder aufgrund von Regeln sind deshalb ungeheuer vielfältig. Dieser Tatbestand läßt offen, ob eine gemeinsame genetische Wurzel vorliegt, schließt diese Möglichkeit aber auch nicht aus.

Vielleicht könnten Psychiater oder auch Psychoanalytiker darüber Auskunft geben, daß Menschen, die von Kindheit an in einem Lager-Milieu aufwachsen, die also Jahre hindurch keine Chance zur Absonderung und zum Alleinsein hatten, hiervon bestimmte dauerhafte seelische Schädigungen empfangen haben. Dies ist von Kindern, die Jahre ihres Lebens in Konzentrationslagern zugebracht haben, gesagt worden.

Solche Schäden wären ein Gegenstück zu dem Caspar-Hauser-Phänomen: der psychischen Deformation durch langfristige totale Isolierung.

Es ist schon möglich, den Begriff des "Revierverhaltens" wie er in der Tierverhaltensforschung gebraucht wird, auf Menschen anzuwenden. Möglicherweise kommt man dann zu dem Ergebnis, daß der Mensch sowohl individuell als auch für eine Kleingruppe, die nur aus vertrauten Personen besteht (evtl. aus der Familie oder anders zusammengesetzt ist), bestimmte Areale benötigt, aus denen weitere Menschen ausgegrenzt sind. Aber natürlich gibt es da eine ungeheure Vielfalt höchst unterschiedlicher Distanzformen und Distanzregeln, die oft nur aus der Eigenart einer Kultur oder Teilkultur zu erklären sind. Nur ganz vage und allgemein kann man zu dem Schluß gelangen: Der Mensch hat es offenbar nötig, zum mindesten zeitweilig ein bestimmtes Feld für sich zu reservieren, d.h. andere "nicht dazugehörige" Menschen auszugrenzen. Wie oft dies geschehen muß, bei welchen Gelegenheiten dies geschieht, darüber lassen sich kaum allgemeine Regeln aufstellen.

Sicher ist der Mensch von Grund auf ein soziales Wesen. Man verstünde ihn falsch, wenn man ihn zunächst als ein Einzelsubjekt auffassen würde, das dann erst in einem zweiten Schritt Kontakt mit anderen Menschen aufnimmt. Auch wenn der Mensch sich auf sich selbst besinnt und sich seiner Identität vergewissert, blickt er - mitunter höchst konkret - mit den Augen des Signifikant-Anderen auf sich selbst bzw. gemäß der im sozialen Prozeß erlernten Kategorien und Maßstäbe für Sozialität auf sich.[4]

Hierzu ist er fähig als extrapositionales Wesen, um diesen Begriff von Helmut Plessner zu gebrauchen. Aber obwohl Identitätssuche und Ichfindung, so wie sie beim Menschen stattfinden müssen, typische Akte eines sozialen Wesens sind, d.h. ohne Gesellschaft und Sozialisation gar nicht stattfinden könnten, enthalten sie doch Momente der Abkehr, des vorübergehenden Rückzugs aus der alltäglichen Sozialität, also der zeitweiligen Distanznahme. Bedenkt man, daß die Reproduktion von Identität keineswegs nur durch solche Ich-Leistungen geschieht, wie sie der Mensch in seltenen außeralltäglichen Situationen vollbringt, z.B. Grenzsituationen, die zu gründlicher Selbstbesinnung auffordern oder zwingen, sondern fortlaufend im Alltag vor sich geht - zur Alltagsorientierung gehört immer wieder der beiläufige Blick auf das Ich oder Selbst -, so kann man sagen: Der Mensch muß grundsätzlich Gelegenheiten haben und nutzen können, in denen er ungestört durch andere Menschen "zu sich kommen" kann. Es mag Umwelten geben, in denen es genügend Gelegenheiten zum Alleinsein gibt. Man denkt an das Leben von Jägern und Sammlern, bei denen der Tageslauf des Einzelnen meist auch ein Alleinsein in der Natur einschließt, so eng die "Wohnverhältnisse" in Hütte oder Zelt sein mögen. Interessant ist es, daß manche Indianerstämme die Sitte kennen, von Jugendlichen, bevor sie sich der Initiation zum erwachsenen Krieger unterziehen, zu verlangen, daß sie einige Wochen allein in der Wildnis zubringen.

Wohl alle Hochkulturvölker müssen aber künstliche Gelegenheiten schaffen, damit die Menschen irgendwann einmal zu sich selbst kommen können. Sie tun dies durch Schaffung hierfür geeigneter Räumlichkeiten, ferner durch eine Reihe normativer Regelungen. Die Eignung räumlicher Verhältnisse kommt oft

4 Vgl. hierzu Schütz/ Luckmann 1975; Bühl 1972, dort Texte von Mead, Schütz u.a.

erst durch bestimmte, regelmäßig geübte Einhaltung von Distanzregeln zustande.

Man könnte also durchaus die These vertreten, daß alle Menschen irgendwelche Distanzbedürfnisse haben. Freilich wechseln Stärke, Rigidität und Inhalt je nach Art der Kultur. Distanzbedürfnisse stehen auch in Beziehung zu andern Bedürfnissen, die teilweise kulturspezifisch ausgeprägt sind, teilweise ebenfalls als anthropologische Konstanten anzusehen sind. Es hängt aber von den jeweiligen, weitgehend kulturell geprägten Lebensbedingungen ab, ob ihre Befriedigung die Einhaltung von Distanz durch Lebenstaktik oder Geltung von Normen erforderlich machen.

IV. Exkurs: Schamhaftigkeitsregeln in unterschiedlichen Milieus

So dürfte es wohl in allen Gesellschaften Schamhaftigkeitsgefühle irgendwelcher Art geben. Diese stehen in Verbindung mit Gewohnheiten und Regeln im Bereich der Sexualität. Der Sinn der Schamhaftigkeitsregeln ist zweifellos die Verhinderung einer ungehemmten Durchwucherung der Sozialsphäre durch sexuelle Gefühle, Themen und Gedanken. Jede Gesellschaft hat das Bedürfnis, Sexualität nicht in allen Lebensbereichen übermächtig werden zu lassen. Hierzu genügen nicht die Verbote bestimmter Handlungen (Sexualmoral im engeren Sinn). Vielmehr benötigt man "Tabus", das heißt: Verbote von Berührung, wobei mit "Berührung" auch die visuelle Wahrnehmung und die Thematisierung im Gespräch und selbstverständlich auch körperliche Nähe gemeint sein kann. Es geht bei den Prüderie-Regeln also immer um eine mehr oder weniger thematisch-selektive Distanz, deren Sinn freilich durchaus nicht sexualitätsfeindlich sein muß. Richtig dosiert und plaziert tragen Prüderieregeln zur Kultivierung der in einer Gesellschaft waltenden Sexual-Bräuche bei.[5]

Vielleicht kann man die auf Sexualität bezogenen "Prüderie-Normen" im weiteren Sinn zur Sexual-Moral rechnen. Man muß sich nur darüber klar sein, daß aus der Strenge von Prüderieregeln keineswegs auf eine allgemein strenge Sexualmoral geschlossen werden kann. Die außerordentlich ausgeprägte Prüderie in einigen Ländern Europas im 19. Jahrhundert, z.B. in England und Deutschland, weniger in Frankreich, die zweifellos größer war als in denselben

5 Vgl. Elias 1969, I. Band, S. 230 ff.

Ländern im 18. Jahrhundert oder in der zweiten Hälfte des 20. Jahrhunderts, deutet keineswegs auf besonders strenge Sitten im Bereich des Handelns.

Aber gerade die Schamhaftigkeitsregeln zeigen bei epochalen und interkulturellen Vergleichen eine ungewöhnliche Vielfalt. Amüsant sind die kasuistischen Regeln, die z.B. Ausmaß und Plazierung des Dekolletés festlegen. In den ersten Jahrzehnten des 20. Jahrhunderts findet man es an einer anderen Stelle als am Ende des 18. Jahrunderts. Ein Dekolleté ist ja eine erotisch reizvolle partielle Entblößung, die noch gerade im Bereich des Erlaubten bleibt. D.h. sie setzt die Geltung von Schamhaftigkeitsregeln voraus, auch wenn sie mit ihnen spielt. Diese können aber in der einen Epoche die Entblößung weiblicher Schultern erlauben, das Zeigen weiblicher Beine für verworfen halten. So war es um 1800. 120 Jahre später war es umgekehrt.

Interessanter für unsere Fragestellung sind jene Prüderie-Regeln, die Gesprächstabus festlegen bzw. auch ganze Wortgruppen unter Verdikt stellen. Hier zeigt sich im einzelnen eine unglaubliche Vielfalt. Vor allem gibt es kasuistische Regelungen je nach Situations-Typen. Natürlich darf man sowohl beim Arzt, als auch im Gespräch mit einer Geliebten oder auch am Stammtisch prekäre Themen anschneiden. Manchmal ist eine deftige Ausdrucksweise zulässig, manchmal nicht.

Beim Arzt dürfen Sachverhalte besprochen werden, die sonst nahezu aus allen Geprächen verbannt werden. Doch auch der Patient benutzt dann gern fremdsprachliche Fachausdrücke der Medizin. Diese signalisieren jene distanzierte Sachlichkeit, die in solcher Situation erwünscht ist. Würde man dieselben Ausdrücke bei einer Liebesbegegnung benutzen, so entstünde freiwillige oder unfreiwillige Komik.

Gleichwohl finden wir kaum ein Milieu oder einen Situationstypus, wo überhaupt keine Schamhaftigkeitsregeln gelten. Der Sinn dieser Regeln ist, jene Distanz zu sichern, für die ein als allgemein geltendes Bedürfnis besteht.

V. Faktische Distanz - Distanz als Gewohnheit, gezieltes Distanzverhalten, Distanz als Brauch und Norm

Es gibt Arten von faktischer räumlicher Distanz, die zur Folge haben, daß bestimmte Menschen bestimmten anderen Menschen mit anderer Lebensart so gut wie überhaupt nicht begegnen. Es muß schon der Zufall mitspielen, wenn ein Mitteleuropäer auf einen Buschmann aus der Kalahari-Steppe trifft. Sollte der Mitteleuropäer - evtl. aufgrund rassischer Vorurteile - dem Buschmann nicht begegnen wollen, so braucht er hierzu nichts durch aktives Verhalten beizutragen. Anders ist es schon, wenn er - vielleicht aufgrund ähnlicher Vorurteile - keinem Türken begegnen will. Uns beschäftigt jetzt nicht der moralische Aspekt, sondern, wie sich das jeweilige Distanzverhalten zu Gruppenfremden zu entwickeln pflegt. Immerhin kann er gewisse Lokalitäten, wo Begegnungen wahrscheinlich sind, vermeiden. Wenn es doch zu einer Begegnung kommt, kann er versuchen, sich so zu verhalten, daß es zu keinem Gespräch kommt. Kommt es doch zu einem Gespräch, so kann er es schnell beenden. Vor allem wird er bei solchen unerwünschten Gesprächen nur das Nötigste sagen und viele Themen von vornherein ausgrenzen.

In diesen Fällen liegt eindeutig ein Distanzverhalten vor. Dieses kann zur Gewohnheit werden. D.h. es rastet mehr oder weniger automatisch bei bestimmten Situationskonstellationen ein. Dies geschieht im Rahmen der sog. "Situationsdefinition", die ja in den meisten Fällen nicht als ausdrücklicher Akt vollzogen wird. Quasi-automatisch stellt sich die jeweilige Situation, wenn sie eintritt, als "definiert" dar. Immerhin kann es auch zu einer ausdrücklichen Situationsdefinition kommen. Der einzelne weiß einen Augenblick lang nicht, was er tun soll bzw. wohin er sich begeben soll. Er sagt sich dann: "Hier halte ich mich heraus", oder: "Hier halte ich meinen Mund", oder etwas Ähnliches.

Von einer Befolgung von Distanzregeln normativen Charakters war jetzt noch nicht die Rede. Allerdings könnte man sich vorstellen, daß in einem subkulturellen Milieu die Regel herrscht: "Mit Türken verkehrt man nicht". Jetzt erst findet die Befolgung einer "Distanznorm" statt. Mag diese Norm auch ethisch fragwürdig sein und einen begrenzten Geltungsbereich haben: In einer Gruppe gilt sie. Und in ihr hat die Nichtbefolgung Sanktionen zur Folge.

VI. Selektives und partielles Distanzverhalten im Rahmen sozialer Interaktion

Die Arten der Distanz, des Distanzverhaltens und der Distanzregeln, von denen eben die Rede war, beziehen sich auf den ganzen Menschen. Man will mit dem Menschen möglichst gar nichts zu tun haben und vermeidet den Kontakt oder, falls es nicht ganz zu vermeiden ist, minimiert man ihn.

Im allgmeinen ist das Ziel des Distanzverhaltens jedoch nicht derart umfassend und radikal. Es geht nicht um absolute Distanz oder soviel Distanz wie möglich. Der Mensch ist ja ein soziales Wesen, das auf Kommunikation und Interaktion angewiesen ist, und beides immer wieder herstellen oder aufrechterhalten will. Freilich wünscht er, daß diese ihn nicht überlasten und daß sie in gewohnten Bahnen verlaufen. Das Distanzverhalten sichert Reservate. Es erstrebt eine Dosierung der Kontakte, ein bekömmliches Gleichgewicht von gelegentlicher Isolation, die Chancen des Ausruhens und der Selbstbesinnung eröffnet, und von Situationen, in denen es zu Austausch, Kooperation und Zuwendung kommt, also von Situationen, die immer auch eine gewisse Extrovertiertheit und Aktivität verlangen.

Das Ergebnis ist oft ein Verhalten, das selektiv verfährt und je nach Situation unterschiedliche Kombinationen von Sozialität und Ausgrenzungen irgendwelcher Art vorsieht. Der Hauptsinn solcher Kombinationen ist gerade, soziale Beziehungen bestimmter Art herzustellen und aufrechtzuerhalten. Dies gelingt jedoch nur, wenn ihr Ablauf regelhaft ist, d.h. wenn er nicht chaotisch ist.

Hierzu sind gewisse Dispositionen und Verhaltensweisen erforderlich, die sicherstellen, daß die Ablaufmöglichkeiten für soziale Begegnungen selegiert werden, erstens dadurch, daß nur Partner anwesend sind, bzw. teilnehmen, die etwas Positives beitragen. Andere, die ebenfalls im sozialen Feld auftauchen, werden ausgegrenzt. Zum anderen werden die Kontakte selbst durch Umgangsformen und Regeln über die Zulässigkeit von Gesprächsthemen in der Weise selektiv festgelegt, daß störende Einflüsse auf den Verlauf der Begegnung ausgegrenzt werden.

Es gibt allgemein übliche Gesprächsrituale, aber auch schon Regeln darüber, ob überhaupt und wann ein Gespräch eröffnet werden kann oder soll. Diese sind auf einer öffentlichen Straße, in einem öffentlichen Verkehrsmittel oder in einem vollen Lokal anders als in einem Waldgasthaus mit wenigen Besuchern. Sie sind auf einem Waldweg anders als bei einer Party, die von vielen Menschen besucht wird. Diese unterscheiden sich wieder von den Regeln, die bei einer Einladung einer kleinen Zahl von guten Bekannten gelten. Diese Regeln sind bekannt und geläufig und funktionieren häufig quasi automatisch. Wir kennen aber auch viele Situationen, in denen dies nicht der Fall ist, in denen erst signalisiert werden muß, wie die aktuelle Situation zu definieren ist, d.h. auch immer, was ausgegrenzt wird, und wovon nicht die Rede sein soll. Die Signale, die hier verwendet werden, sind oft bereits ritualisierte Symbolisierungen, die man als geläufig beim Partner unterstellen kann. Nur selten kommt es zu einer expliziten Neudefinition der Situation. Aber auf der Basis eines bekannten Symbolvorrats gelingt die Weichenstellung meist sehr schnell. In vielen Fällen geschieht die Weichenstellung freilich dadurch, daß die potentiellen Partner sich gegenseitig als Träger bestimmter sozialer Rollen erkennen und akzeptieren.

Bei der Betrachtung des Rollenverhaltens sollte man nicht nur darauf achten, welche positiven Verhaltenserwartungen die Partner gegeneinander hegen, sondern ebenso auch, welche Erwartungen im Hinblick auf die Vermeidung von Verhaltensmöglichkeiten die Interaktionspartner haben. Es ergibt sich freilich immer wieder, daß die eingespielte Automatik des Rollenspiels nicht funktioniert, daß Korrekturen des Verhaltns nötig sind, ja daß erst festgelegt werden muß, welche Rollenzuweisungen jetzt gelten. Es erweist sich auch mitunter als nötig, aus der zunächst vorgegebenen Rolle auszusteigen und evtl. in eine andere Rolle hineinzuschlüpfen.[6]

In eine typische Situation dieser Art gerät ein Professor, der in der Sprechstunde bemerkt, daß der Doktorand, der ihn aufgesucht hat, in Wahrheit nicht so sehr wissenschaftliche, als vielmehr persönliche Probleme hat. Sie sind der wahre Grund, weshalb er nicht weiterkommt. Jetzt wird der Professor aus seiner eng definierten Hochschullehrer-Rolle aussteigen. Er wird dies ausdrücklich signalsieren und sagen: "Jetzt spreche ich zu Ihnen nicht als Professor, sondern als älterer Mann, der gewisse Lebenserfahrungen besitzt."

In einem weiteren Sinn verbleibt er natürlich doch in der Rolle des Hochschullehrers. Zu seiner Berufsrolle gehört ja wohl doch, daß er als Lehrer menschlich mit den Lernenden umgeht. Es gehört zur Rolle des Professors, daß er darauf reagieren kann, daß der Student nicht nur ein Student, sondern ein ganzer Mensch von Fleisch und Blut ist. Er muß also ausnahmsweise die Grenzfälle, die das Areal des normalen Rollenverhaltens abstecken, ignorieren, um zur "Sache" zu kommen. Möglicherweise entlehnt er aus anderen Rollenmustern einige Elemente, z.B. indem er sich "väterlich" verhält. Auch das "väterliche" Verhalten kennt seine Distanzregeln. Jedoch ist es schon eher erlaubt, "persönlich" zu werden.

6 Zum Begriff der "Rolle" vgl. Popitz 1972; Bahrdt 1984, S. 66 ff.

In Wahrheit ist unser ganzes Alltagsleben zwar durchwaltet von einer Vielzahl von Rollenmustern. Diese sind aber nicht durchweg absolut voneinander abgeschottet. Es gibt ein vielfältiges Spiel von Übertritten, Entlehnungen und Ersatzlösungen. Denn nur wenige Rollen sind vorgängig so ausgearbeitet, daß sie jeder Situation voll gerecht werden.

Dies zeigt sich bei so einfachen Situationen wie sie zwischen Verkäuferin und Kundin in einem Lebensmittelgeschäft eintreten. Die ältere Verkäuferin, welche die ältere Kundin berät, verbleibt natürlich in ihrer Berufsrolle. Aber die Tatsache, daß sie ja ebenfalls eine erfahrene Hausfrau ist, gestattet ihr, über eine Ware in einer Weise zu sprechen, daß ein Zuhörer den Eindruck hat: "Dies ist doch kein Verkaufsgespräch. Kennen die sich so gut?" Wir entdecken hier ein ähnliches, freilich noch alltäglicheres Phänomen als bei unserem Beispiel vom Professor und seinem Doktoranden. Auch das Verkaufsgespräch folgt normalerweise festen Regeln des Rollenverhaltens. Es handelt sich um Situationen der Begegnung in der Öffentlichkeit. Für solche gelten eine Reihe von Regeln, die u.a. auch den Sinn haben, Distanz zwischen einander Unbekannten und unbekannt Bleibenden aufrechtzuerhalten. Dazu gehört ein allgemeiner unpersönlicher Verhaltensstil, der u.a. das ausklammert, was zu Hause in der Küche geschieht. Hiervon wird aber in unserem letzten Beispiel abgewichen. Freilich kann nicht von einer ernsthaften Normverletzung die Rede sein. Der Professor, der seinem in Nöten befindlichen Doktoranden "persönlich" kommt, fürchtet schon eher "indiskret" zu werden, d.h. eine für Sprechstundengespräche geltende rollenbezogene Distanznorm zu verletzen. Er wird sich dies genau überlegen und zurückzucken, falls er auf Widerstand stößt.

VII. Distanzregeln im bürgerlichen Zeitalter: Öffentlichkeit und Privatheit

Unsere vielfach dem Alltag entnommenen Beispiele machten deutlich, daß Distanzverhalten und Distanzregeln ein universales Phänomen sind, so stark auch die Ausprägungen und Akzente zwischen den Kulturen und Teilkulturen differieren mögen. Ohne Distanzverhalten und Distanzregeln kommt keine Gesellschaft, kein Milieu und keine Kultur aus. Aber man kann nicht bestreiten, daß in bestimmten Epochen, Zeitaltern und Milieus die Einhaltung von Distanz eine größere Rolle spielt und sehr viel wichtiger genommen wird als anderswo oder in anderen Zeiten. Es mag sein, daß in der vorbürgerlichen ständischen

Gesellschaft die auf Normen basierende Distanz zwischen den Ständen sehr viel rigider war als etwa heute zwischen sozialen Schichten. Dagegen gab es mitunter zwischen den Individuen, insbesondere wenn sie demselben Stand angehörten, weniger Distanz als heute. Auch vornehme Leute hatten weniger Gelegenheit, sich allein in ein Zimmer zurückzuziehen oder auch allein zu schlafen. Immer waren andere Familienmitglieder oder Dienstboten anwesend. Schlösser oder Patrizierhäuser hatten oft keine Korridore. D.h.: Man mußte in dem Raum, in dem man sich aufhielt, stets damit rechnen, daß jemand hindurch lief. Architekturgeschichtler sollten einmal untersuchen, seit wann auch in bescheidenen Bürgerhäusern Korridore zur Selbstverständlichkeit wurden. Sie fressen ja viele Quadratmeter. Geschah das nicht erst in bürgerlichen Zeiten? Heute lernt jeder Architekturstudent, daß er beim Entwurf eines Wohnungs-Grundrisses "gefangene Zimmer" nach Möglichkeit zu vermeiden hat.

Die Einhaltung von Distanz zwischen den Individuen gewinnt eine große Bedeutung innerhalb der verstädterten bürgerlichen Gesellschaft, insbesondere im gehobenen Bürgertum. Sicherlich ist eine wichtige Ursache die Hochschätzung der Individualität und die Forderung nach individueller Freiheit, dementsprechend auch das Verlangen nach freier Entfaltung des Individuums. Diese soll durch Einblick und Eingriff von außen nicht beeinträchtigt werden. Nicht nur das Individuum, auch die kleine gemeinschaftlich zusammenlebende Gruppe, z.B. die Familie, hat ein Recht auf private Existenz und private Reservate. Das Recht auf Privatheit wird politisch gefordert und durchgesetzt. Praktiziert wird dieses Recht durch Beachtung zahlreicher Distanzregeln. Einige sind rechtlich abgesichert (Schutz der Privatwohnung, Datenschutz, Bankgeheimnis). Andere liegen im Bereich der Umgangsformen.

Charakteristisch für das bürgerliche Zeitalter ist noch etwas anderes: Man lebt überwiegend in Städten, die voller Menschen sind, welche ständig miteinander in Kontakt geraten.[7] Es begegnen sich ständig Menschen, die einander bisher umbekannt waren und die auch in aller Regeln nicht näher miteinander bekannt werden wollen. Man bewegt sich also auf einem sozialen Feld, das nur höchst unvollständig hinsichtlich möglicher Interaktions- und Kommunikationsbeziehungen geregelt ist. Vielfach herrscht Anonymität. D.h. es ist nicht möglich und auch nicht wünschenswert, die Personen zu identifizieren, d.h. als

7 Zum Begriff der Öffentlichkeit auf Straßen und Plätzen: Bahrdt: 1969, S. 63 ff.; Ders. 1988, S. 68 ff. Vgl. hierzu auch: Jacobs 1963. Vgl. dort auch insbesondere Ausführungen zum Thema "Anonymität".

Träger einer bestimmten Vergangenheit und Zukunft oder als Angehörige bestimmter Gruppen festzumachen und so das Augenblicksbild zu vervollständigen. Hieraus entspringt zweifellos ein Gefühl der Unsicherheit und das Bedürfnis, nicht mehr von sich zu zeigen, als bei der jeweilgen Begegnung erforderlich ist.

Aus diesem Wunsch entwickeln sich auch zahlreiche sittliche Normen und Gebräuche. Er wird ja nur dann befriedigt, wenn man weiß, daß der Wunsch sich bedeckt zu halten, die Privatexistenz auszuklammern und sich in repräsentativer Weise günstig selbst darzustellen, auch von den anderen respektiert wird.

"Öffentlichkeit", als ein besonderer sozialer "Aggregatzustand", enthält freilich viele Eigenschaften, die sich aus vorgegebener faktischer Distanz und aus Verhaltensmustern, welche der Aufrechterhaltung von Distanz dienen, allein nicht ableiten lassen. Worauf es ankommt, sind ja jene Kultivierungen des kommunikativen Verhaltens, welche es ermöglichen, über Abstände und Unterschiede hinweg Brücken zu schlagen. Diese sollen die Menschen von vorgegebenen Kanalisierungen befreien und sie befähigen, neuartige Inhalte auf neuen Wegen zu vermitteln und in neuen Formen auszudrücken. Der kulturelle Gewinn, den eine Öffentlichkeit bringt, liegt nicht zuletzt in den Methoden der Verdeutlichung der Gedanken und der Selbstdarstellung. So kommt trotz gegebener und erwünschter Distanz dennoch Verständigung und Interaktion zustande. Dies hat natürlich auch eine politische Dimension. Nur wo es eine öffentliche Sphäre gibt, in der auf nicht vorgebahnten Wegen kreuz und quer sich eine große Zahl nicht vorprogrammierter Menschen auf geordnete Weise verständigen kann, und nur wo die Menschen gleichzeitig sicher sein können, daß ihre Privatsphäre geschützt ist, die u.a. ihnen auch eine Chance zur Selbstbesinnung gibt, nur da ist Demokratie möglich.

Von hier aus wird sichtbar, welche Leistungen die Bürgerliche Gesellschaft vollbracht hat, wenn sie sowohl den Ausbau und die Kultivierung der Privatsphäre wie auch die Etablierung der literarischen und politischen Öffentlichkeit auf ihre Fahnen geschrieben hatte.

Es wird auch deutlich, daß trotz ihrer Polarisierung Privatheit und Öffentlichkeit in einer Wechselbeziehung stehen. Der mündige Staatsbürger, der sich in einer Öffentlichkeit bewegt und nicht dem Massenrausch unterliegt, braucht eine Privatsphäre, in der er sich von der Masse distanziert und auf neue Gedanken kommen kann.

Obwohl private Kultur und Öffentlichkeit natürlich nicht allein durch vorgegebene Distanz, Distanzverhalten und Distanzregeln zustande kommen, sind diese Erscheinungsformen von Distanz eine ganz entscheidende Voraussetzung für die Entstehung jener beiden sozialen Aggregatzustände, die zwar nicht in bürgerlicher Zeit erfunden worden sind, aber in der Bürgerstadt, im bürgerlichen demokratischen Staat, und in der Kunst und Wissenschaft des bürgerlichen Zeitalters zentrale Bedeutung erlangt haben.

VIII. "Siezen" und "Duzen" - Zur Symbolik ritualisierter Anredeformen

Zurück zu den Kuriositäten des Alltags. Der ritualisierte Gebrauch von Symbolen hat eine regulierende Funktion im sozialen Alltag. Davon war schon die Rede.

Im Deutschen kennzeichnet die Unterscheidung der Anredeformen "Sie" und "Du" den Grad der sozialen Nähe bzw. der Distanz zwischen Interaktions-Partnern. Freilich: Symbole sind austauschbar. Oft könnte man auch auf sie verzichten und unmittelbar aussprechen, worauf es in der aktuellen Situation ankommt. Bekannt ist ja, daß es im Englischen keine vergleichbare Differenzierung der Beziehungen durch Anredeformen mehr gibt. Dort hat sich schon seit Jahrhunderten eingespielt, daß alle Menschen sich mit "You" (d.h. mit "Ihr") ansprechen. Nachdem diese Höflichkeitsanrede universal wurde - das englische "Du" (thou) ist seit langem verschwunden - gibt es in der Anredeform keine dem Deutschen ähnliche Differenzierung von Nähe und Distanz. Trotzdem kennt die angelsächsische Welt zahlreiche Regeln und Symbole der Distanz. (Man denke z.B. an das mitunter lästige "small talk"-Gebot.)

Auch in Deutschland hat das "Duzen" und "Siezen" seine Geschichte. Und diese ist nicht in allen Schichten gleichmäßig verlaufen. In der Arbeiterschaft kannte man seit langer Zeit wie im Bürgertum das "Sie" wie auch das "Du". Aber die Grenze zwischen beiden Anredeformen lag an einer anderen Stelle. Der Arbeiter siezte sich früher meist nur mit ganz Fremden, mit einem Vorgesetzten oder mit Angehörigen einer anderen sozialen Schicht. Mit dem Kollegen im Betrieb aber auch mit Nachbarn duzte man sich sofort oder sehr bald. Das traditionelle "Du" in Verbindung mit "Genosse" oder "Kollege", wie man es aus der Arbeiterbewegung kennt und wie es sich z.T. noch heute in der SPD und in den Gewerkschaften erhalten hat, signalisiert keineswegs besondere Intimität, allenfalls, daß der andere in einem weiten Sinn irgendwie als zugehörig gilt.

Im Bürgertum war dies bis vor kurzer Zeit ganz anders. Hier siezten sich prinzipiell Erwachsene untereinander, es sei denn, sie waren miteinander verwandt, oder sie hatten sich miteinander angefreundet. Auf "Duz-Brüderschaft" zu trinken war ein besonderes Ritual von symbolischer Bedeutung. So streng waren damals die Bräuche. Im übrigen war der Alltag außerhalb von Familie und Freundschaft beherrscht vom "Sie". Allenfalls in kleineren vertrauten Gruppen, in Sportvereinen, studentischen Korporationen und anderen Kreisen von Gemeinschaftscharakter war man per Du.

In der Zeit des Dritten Reiches gab es aber nun bekanntlich eine ausgesprochene Ideologisierung der "Gemeinschaft": U.a. drückte sich dies auch darin aus, daß in NS-Organisationen alle Zugehörigen sich zu duzen hatten. Beim Militär herrschte unter Rang-Gleichen ohnehin durchweg das Du. Verfiel jemand im Milieu der NS-Organisation in das gewohnte "Sie", so konnte er Anstoß erregen. Man erzählte in jener Zeit folgenden Witz: In einem "Dozentenlager", in dem Hochschullehrer zum Zweck der politischen Schulung zusammengezogen waren, gingen zwei Privatdozenten im Gespräch miteinander und siezten sich nach Gewohnheit. Ein Sturmbannführer merkte dies und tadelte sie wegen dieser zivilen Anrede. Einer der beiden Wissenschaftler sagte erschrocken: "Verzeihung Sturmbannführer, aber wir kennen uns nämlich schon sehr lange."

Aus eigener Erfahrung kann ich berichten, daß die Studenten der Kriegsteilnehmergeneration, die nach 1945 die Universitäten bevölkerten, rigide per Sie miteinander verkehrten, wahrscheinlich mehr als die Studenten der Vorkriegszeit und sicher ganz anders als heutige Studenten. Freilich hatte das "Sie" einen zusätzlichen Sinn bekommen. Es symbolisierte nicht nur wie schon früher die distanzierte Normalbeziehung zwischen nichtverwandten und nichtbefreundeten Erwachsenen. Vielmehr drückte das "Sie" aus, daß jene uniformierten Zeiten, in denen man fortlaufend zu Gemeinschaft und Kameradschaft gedrängelt wurde, vorbei waren. "Das ist vorbei", sagte man. "Wir sind endlich wieder Zivilisten. Wir verkehren zunächst einmal per 'Sie'."

Ich habe Ende der 40er Jahre in einem Studentenheim gewohnt, in dem es ausdrücklich als suspekt galt, eine neue Duz-Brüderschaft zu schließen. Auch mit Kommilitonen, mit denen man eine Freundschaft schloß, blieb man beim "Sie". "Wir sind doch hier nicht in einer Kaserne", pflegte man zu sagen.

Das exzessive Siezen unter den Studenten der Kriegsteilnehmer-Generation symbolisierte zweifellos den Wunsch nach jener Distanz, wie sie im bürgerlichen Milieu Sitte war, eine Sitte, die nun wieder gelten sollte. Für Angehörige dieser Generation bekam die Anrede "Sie" zusätzlich fast schon einen politischen Sinn. Es konnte nicht ausbleiben, daß diese auf Distanz insistierende Sitte verschwand und in Vergessenheit geriet, als eine neue Studentengeneration in die Universitäten strömte.

Erst recht war dies der Fall, als in der Zeit der Studenten-Revolte und im Zusammenhang mit verschiedenen anderen antibürgerlichen und gemeinschaftsfreudigen Gruppen-Ideologien auch im Intellektuellen-Milieu sich das allgemeine Duzen wieder verbreitete, nicht nur unter Studenten, sondern auch zwischen Studenten und Lehrpersonen. Auch diese Duzwelle hatte ihre symbolische Bedeutung, die fast politisch war.

Der Verfasser hat einmal erlebt, daß ein jüngerer Kollege (er war ein früher 68er) anwesend war, als er mit einem Freund telefonierte, welcher jener Kriegsteilnehmer-Generation angehörte und mit dem er seit Jahrzehnten in Verbindung stand. Der jüngere Kollege fragte danach verwundert: "Warum siezen Sie sich? Sie haben doch viele Jahre intensiv zusammengearbeitet. Befreundet sind Sie offenbar auch." Der Verfasser mußte ein kleines Kolleg halten, um dies zu erklären. Es war freilich nicht so leicht, klar zu machen, daß das "Sie", das ursprünglich ein Symbol für die Wahrung der Distanz war, inzwischen auch etwas Verbindendes haben kann.

Literatur:

Bahrdt, H.P.: Die moderne Großstadt. Hamburg, 2. Aufl. 1969.

Bahrdt, H.P.: Schlüsselbegriffe der Soziologie. München 1984.

Bahrdt, H.P.: Städtische Lebensformen der Zukunft. In: Die alte Stadt, Heft 1, 1988. S. 68.

Bühl, W.H. (Hrsg.): Verstehende Soziologie. München 1972.

Eibl-Ebesfeld, I.: Krieg und Frieden aus der Sicht der Verhaltensforschung. München, 2. Aufl. 1984.

Elias, N.: Über den Prozeß der Zivilisation. Bern und München, 2. Aufl. 1969.

Jacobs, J.: Tod und Leben großer amerikanischer Städte. Berlin und Frankfurt 1963.

Lorenz, K.: Das sogenannte Böse. Wien 1963.

Popitz, H.: Soziale Normen. In: Europäisches Archiv für Soziologie 1961.

Popitz, H.: Der Begriff der sozialen Rolle als Element der soziologischen Theorie. Tübingen, 3. Aufl. 1972.

Popitz, H.: Die normative Konstruktion von Gesellschaft. Tübingen 1980.

Schütz, A. und Luckmann, Th.: Strukturen der Lebenswelt. Neuwied und Darmstadt 1975.

Sanktionsprozesse unter Kindern

Hans Oswald

Kinder sind Mitglieder ihrer Gesellschaft, wenn auch in dieser Eigenschaft noch nicht ernst und für voll genommen. Als Mitglieder ihrer Gesellschaft unterliegen sie den für alle geltenden Normen, den in bestimmten Situationen und Beziehungen auch für Erwachsene geltenden Rollennormen, den Normen gesellschaftlicher Untergruppen, welchen sie über ihre Eltern zugehören, Normen der eigenen Familie sowie spezifisch für Kinder geltenden Normen. Da sie noch nicht Vollmitglieder sind, werden an ihre Normkenntnisse und an ihre Normkonformität nicht dieselben Ansprüche gestellt wie bei Erwachsenen, dennoch ist für sie das Normenproblem von unkindlichem, oft dramatischem und bedrückendem Ernst. Das Rechtsinstitut der Strafmündigkeit und Sondereinrichtungen wie die Jugendgerichtsbarkeit reflektieren im Bereich der Rechtsnormen das noch nicht völlige Dazugehören. Aber ein stehlendes Kind beispielsweise wird von anderen Instanzen und Personen konsequent in die Sanktionszange genommen und einem Trommelfeuer an Normlegitimierung ausgesetzt. Im Bereich der Sittennormen[1] ist dies nicht anders, gelegentlich können diese bei Kindern gar schärfer kontrolliert und härter durchgesetzt werden als bei Erwachsenen. Der Ernst ist in der Erziehungsaufgabe und der Sozialisationsfunktion begründet, das Kind muß die Normen lernen, es muß ihnen gehorchen, und es muß sie verinnerlichen.

In dieser Perspektive sind andere Kinder weitgehend unnötig. Eltern, Erzieher, Lehrer, aber auch Busfahrer oder Passanten sind als Erwachsene kompetente Kenner und Interpreten des Normensystems, sie können es erläutern, legitimieren, durch Sanktionen bekräftigen und durch Vorbild modellieren. Daß sie Macht und Überlegenheit über das Kind besitzen und dies mit liebender Zuwendung verbinden können, fördert den äußeren Gehorsam wie die in-

1 Ich folge hier Geigers Sprachgebrauch, wonach Rechtsnormen durch staatliche Instanzen sanktioniert, Sittennormen hingegen unter den Beteiligten oder in der Gruppe, auch in unserer Gesellschaft also ohne Bezug auf das staatliche Gewaltmonopol, durchgesetzt werden (1964).

nere Übernahme. Soweit Erziehungswissenschaft, Sozialisationstheorie und Allgemeine Soziologische Theorie dieser Perspektive folgen, interessiert nur das sozialisierende Handeln der Erwachsenen. Im Vergleich zum Oktroi der Gesellschaft sind die antizipatorische Sozialisation im Rollenspiel der Kindergruppe (Merton 1957), die erleichternde Funktion der Gleichaltrigengruppe beim Übergang von der partikularistisch organisierten Familie zur universalistisch organisierten Gesellschaft (Parsons 1955), die peer-group als Sozialisationsinstanz von untergeordneter Bedeutung.

In einer zweiten Perspektive zur Entwicklung des Umganges mit Normen rücken die Gleichaltrigen in den Vordergrund. Piaget (1954) zeigte, daß Kinder bei Schuleintritt ein besonders rigides Regelbewußtsein haben. Ihre "konventionelle Moral" läßt sie Regelbrüche hart beurteilen, die Regeln selbst halten sie für unantastbar, sie gehorchen konformistisch einem von außen kommenden System von Regeln. Diese Moral der Pflicht ist heteronom und beruht auf Zwang, die Konformität orientiert sich an übermächtigen Erwachsenen und unbeeinflußbaren Instanzen, an Autoritäten, denen einseitig Achtung entgegengebracht wird. Ausgehend von Beobachtungen des Murmelspiels, eines außerhalb der Kontrolle Erwachsener realisierten komplexen und regelgeleiteten Handlungssystems, und aufgrund klinischer Interviews mit Kindern zu moralischen Problemen postulierte Piaget, daß die Gleichaltrigen für die Weiterentwicklung des moralischen Bewußtseins hin zur Autonomie entscheidend seien; denn Autonomie des moralischen Urteilens und damit des normorientierten Handelns setzt Gleichheit statt Autorität, Zusammenarbeit statt Zwang voraus (ebd., Kap. IV).[2] Bei der "komplementären Reziprozität" in der Beziehung zwischen Erwachsenem und Kind wird die Konstruktion des Regelhandelns im Kind stärker durch die eine als durch die andere Seite kontrolliert, die "symmetrische Reziprozität" der Kind-Kind-Beziehung zwingt dagegen zur gemeinsamen, aneinander orientierten Konstruktion (Youniss 1982). Die Kooperation, in der dies geschieht, gelingt nach Sullivan leichter unter Freunden als unter nichtbefreundeten Gleichaltrigen (1983). Prallt Meinung auf Meinung, dann finden nichtbefreundete Kinder oft keine Lösung, sie brechen die Interaktion ab oder wechseln das Thema. Freunde dagegen entwickeln ab einem bestimmten Alter in Kooperation neue Strategien der Diskussion, des Aushandelns und

2 Die Gleichsetzung von Gleichaltrigen und Gleichen enthält Probleme, deren Berücksichtigung zur Modifizierung der skizzierten Modellvorstellung führt. Ich kann dies hier nicht diskutieren.

des Findens von Kompromissen, die erlauben, die Interaktion fortzuführen, weil beide Seiten angemessen berücksichtigt sind.

Die hier vorgelegte Analyse empirischer Daten orientiert sich an beiden Perspektiven. Aus der ersten wähle ich den Ansatz, der "die normative Konstruktion von Gesellschaft" genannt wurde (Popitz 1980), wodurch der Fokus auf Normbrüche und deren Sanktionierung gelenkt wird. Die zweite Perspektive rechtfertigt die Auswahl der Untersuchungspopulation "Kinder" für ein Thema der Allgemeinen Soziologischen Theorie, lenkt die Aufmerksamkeit auf zu Autonomie führender "Ko-Konstruktion" zwischen Gleichaltrigen (Youniss 1982) und führt zur Differenzierung der Norm-Sanktionsprozesse nach dem Grad der Freundschaft.

Im folgenden geht es darum, welche Normen Kinder brechen, wenn sie unter sich sind, und wie sie Normbrüche ohne Appellation an Erwachsene sanktionieren. "Norm" sei im Sinne des Geiger-Popitz-Paradigmas in Verhaltenstermini definiert als Handlungen, die in bestimmten Situationen von bestimmten Normadressaten gegenüber bestimmten Normbenefiziaren regelmäßig erbracht werden, wobei in Fällen des Abweichens (negative) Sanktionen erfolgen (Popitz 1980, Kap. 2 und 3). Normen im Sinne sanktionierter Verhaltensregelmäßigkeiten seien auch das regelmäßige Unterlassen von Handlungen, neben gebotenen also auch verbotene Handlungen. Sanktionen seien "Reaktionen, die mit der Intention der Erkennbarkeit für den Betroffenen als negative (strafende) Antwort auf ein bestimmtes Verhalten vollzogen werden" (ebd., S. 28), und "durch die demonstriert wird, daß das abweichende Verhalten nicht hingenommen wird" (Spittler 1967, S. 23).

Mit diesen Definitionen ist nicht unterstellt, daß Normbrüche immer sanktioniert werden. Es spricht sogar einiges dafür, daß Normbrüche häufiger ungeahndet bleiben als bestraft werden (Popitz 1968), und Spittler hat gezeigt, daß Sanktionsverzicht für den durch den Normbruch Geschädigten oft vorteilhafter ist als Strafe (1967, Kap 4.3). Aus methodischen Gründen, die unten näher erläutert werden, kann auf diesen Aspekt hier nur am Rande eingegangen werden.

Mit den aufgeführten Definitionen ist auch nicht unterstellt, daß Normen und Sanktionen ein im Verhalten der Menschen klar erkennbares System bilden. Die Normen selbst, vor allem aber die Subsumption von Handlungen unter Normen, sowie Sanktionen unterliegen vielmehr ständiger Aushandlung.

Dieser Prozeßcharakter, die *Aushandlung der Ordnung* (Strauss 1978), soll bei der folgenden Analyse im Vordergrund der Aufmerksamkeit stehen.

Zur Methode

Die hier analysierten Daten entstammen einem umfangreichen Forschungsprojekt, in welchem Lothar Krappmann und ich Grundschulkinder in Berlin untersuchten (Oswald/Krappmann 1988).[3] Das hauptsächlich benutzte Material besteht aus Beobachtungen, die wir in unstandardisierter Form innerhalb und außerhalb des Klassenzimmers, also in der gewohnten Umgebung der Kinder, durchführten. Zusätzlich befragten wir die Kinder in einem halbstrukturierten Interview, das uns erlaubte, ein Maß für die Qualität der persönlichen Beziehungen der Kinder untereinander zu bilden. Die Einzelheiten der Datenerhebung sind an anderer Stelle ausführlich dargestellt (ebd., Kap. 2).

Für den Zweck dieses Aufsatzes wählte ich eine Schulklasse aus, die wir auf der vierten und sechsten Jahrgangsstufe - in Berlin geht die Grundschule bis zur sechsten Klasse - ausführlich beobachtet haben. Während der ersten Untersuchungsphase besuchten achtzehn Mädchen und sechzehn Jungen die Klasse, ihr Durchschnittsalter betrug zu Beginn der Beobachtungen neun Jahre und elf Monate, je zwei Kinder stammten aus der Türkei und aus Jugoslawien. Während der zweiten Untersuchungsphase, zweieinhalb Jahre später, besuchten zwanzig Mädchen und elf Jungen die Klasse, 28 Kinder waren dieselben geblieben, drei neue Kinder waren hinzugekommen. Das Durchschnittsalter betrug jetzt zwölf Jahre und fünf Monate. Wieder besuchten vier Kinder aus der Türkei und aus Jugoslawien die Klasse. Insgesamt stützen sich die folgenden Aussagen also auf die Beobachtung von 37 Kindern, darunter zwanzig Mädchen und siebzehn Jungen.

Die Schüler dieser Klasse wurden auf der Klassenstufe vier an 26 Tagen, auf der Klassenstufe sechs an dreizehn Tagen, meist von zwei Beobachtern gleichzeitig und meist zwei Schulstunden lang einschließlich der angrenzenden kleinen und großen Pausen auf Flur und Hof beobachtet. Einige Male beobachte-

3 Das Projekt wird von der Freien Universität und vom Max-Planck-Institut für Bildungsforschung, Berlin, getragen und wurde von der Deutschen Forschungsgemeinschaft gefördert. Die Ausführungen dieses Aufsatzes stützen sich teilweise auf die Magisterarbeit von Andrea Derscheid (1988), die zusammen mit Petra Albers auch die Datenaufbereitung und Kodierung übernommen hat.

ten wir die Kinder bei Ausflügen, Bundesjugendspielen oder nur in großen Pausen. In der ersten Untersuchungsphase, in der wir unsere Vorgehensweise entwickelten und erprobten, fokussierten die beiden Beobachter während einer Unterrichtsstunde stets auf zwei weit auseinander sitzende Kinder, später fokussierten wir in der Regel auf zwei nebeneinandersitzende Kinder und tauschten nach einer Stunde den Standort, so daß sich die Beobachtungen gegenseitig kontrollieren. Die Feldnotizen wurden, meist am selben Tag, zu ausführlichen Protokollen ausgearbeitet, insgesamt stützen sich die folgenden Ausführungen auf über 700 Schreibmaschinenseiten Protokolle.

Aus diesen Protokollen wurden 210 Interaktionsszenen herausgezogen, in denen jeweils die Handlung eines Kindes erkennbar von einem anderen Kind bestraft und damit als Normbruch definiert wurde. Über die Identifizierung dieser Szenen konnten zwei Bearbeiter leicht Einigkeit erzielen, weshalb wir zuversichtlich sind, nahezu alle protokollierten Norm-Sanktion-Prozesse erfaßt zu haben. Dieser Datensatz von 122 Episoden in der vierten und 88 Episoden in der sechsten Klasse bildet die hauptsächliche Grundlage der folgenden Analysen.

Schwieriger ist die Identifizierung von Normbrüchen, die nicht sanktioniert wurden. Handlungen, die auf der Phänomenebene so aussehen wie bei anderer Gelegenheit bestrafte Normbrüche, brauchen im Handlungszusammenhang keineswegs Normbrüche zu sein, wenn bestimmte situative Gegebenheiten die Handlung erlauben. Diese Situationsmerkmale kann der Beobachter und Interpret übersehen oder vergessen zu notieren, er braucht sie überdies keineswegs zu kennen. So war das Wegnehmen von Eigentum ohne Bitte und Erlaubnis normalerweise verboten und wurde häufig sanktioniert. Banknachbarn konnten unter sich jedoch ausmachen, daß dies unter bestimmten Umständen nicht galt, ohne daß der Beobachter dies immer wissen konnte. Er stand dann in der Gefahr, zu Unrecht einen nichtsanktionierten Normbruch zu notieren. Territorialverletzungen wurden immer wieder geahndet. Andererseits sahen wir Kinder sich andauernd unbefangen und ungestraft in fremden Territorien herumtreiben - besonders überraschten uns die häufigen Körperberührungen. Offensichtlich kennen wir die Feinheiten der Territorialregeln noch nicht und können deshalb ungesühnte Territorialverletzungen schwer von erlaubter Territorialbesetzung unterscheiden.

Weiter gibt es Handlungen, die wie Normbrüche aussehen, die von den Beteiligten aber anders gerahmt werden (Goffman 1977). Beispielsweise rahmen Kinder Handlungen, die an sich verboten sind, als lustvollen Spaß oder Unsinn, den wir in ihrer Sprache "Quatsch" nennen. Wird diese Rahmung des Normadressaten vom Benefiziar akzeptiert, dann liegt kein Normbruch vor. Aber auch hier kann es sein, daß die Rahmung als Quatsch im Protokoll nicht erkennbar ist, weil der Beobachter beispielsweise das rahmende Augenzwinkern nicht gesehen oder nicht notiert hat, weshalb der Interpret einen unsanktionierten Normbruch zu erkennen glaubt.

Um die Problematik unsanktionierter wie auch hinweggerahmter Normbrüche bearbeiten zu können, haben wir 40 Szenen ausgewählt, die uns eindeutig ungesühnte Normbrüche zu enthalten scheinen. In weiteren 40 Szenen scheint uns das normverletzende Verhalten als Quatsch gerahmt und mithin erlaubt zu sein. Da diese Auswahl aber mit Sicherheit nur einen Teil, möglicherweise sogar nur einen kleinen Teil aller ungesühnten und hinweggerahmten Normbrüche enthält, verzichten wir bei diesen zusätzlichen 80 Szenen auf Häufigkeitsangaben und statistische Prüfungen und beschränken uns auf die Interpretation der Phänomene.

Die auf statistischen Berechnungen beruhenden Ausführungen über Normbrecher und Normbrüche sind demnach mit der Einschränkung zu lesen, daß nur bestrafte Abweichungen einbezogen wurden. Wir beziehen uns sozusagen auf die Verurteiltenstatistik. Die Taten der Freigesprochenen, Nichtangeklagten und Nichtentdeckten konnten statistisch nicht bearbeitet werden. Für die qualitativen Analysen gilt diese Einschränkung nicht.

Ergebnisse

Fast alle Kinder begehen Normbrüche und werden dafür von anderen Kindern bestraft. 35 von 37 Kindern sind unter unseren Augen mindestens einmal von einem anderen Kind für eine mißbilligte Handlung zurechtgewiesen worden, nur bei je einem Jungen und Mädchen konnten wir derartiges während beider Untersuchungsphasen nicht beobachten. Normbrüche und ihre Bestrafung gehören zu jeder Stunde des Alltags unter Kindern, mehr als drei Fälle haben wir durchschnittlich pro Beobachtungsstunde protokolliert. Normbrüche und ihre Bestrafung dominieren andererseits nicht den Alltag, nur etwa auf jeder dritten

Protokollseite ist eine geahndete Tat beschrieben. Die in diesem Aufsatz analysierten Prozesse durchziehen unentrinnbar und unnachsichtig das Leben der Kinder, und manchen bereitet dies viel Kummer, aber die meiste Zeit haben sie anderes, Besseres und Lustigeres zu tun.

Zwischen den Kindern gab es große individuelle Unterschiede. So war der Spitzenreiter in der vierten Klasse ein Junge, der, während er beobachtet wurde, 29 Strafen auf sich zog, zwei weitere Jungen brachten es auf je vierzehn, die nächsten auf neun und sechs, dann erst kamen einige Mädchen mit vier nicht hingenommenen Normbrüchen. In der sechsten Klasse, in der die Beobachtungsphase knapp halb so lange dauerte, kamen die männlichen Spitzenreiter auf achtzehn und neun, gefolgt von zwei Mädchen mit je sechs Strafen. Ich vertrete die Hypothese, daß die Rate sanktionierter Normbrüche mit dem Alter steigt.[4] Dies braucht nicht zu bedeuten, daß die Anzahl der Normbrüche ansteigt, vielleicht nimmt nur die soziale Sensibilität für Normverstöße und damit die Bereitschaft zu sanktionieren mit dem Alter zu.

Auf der vierten Klassenstufe gab es einen starken Geschlechtsunterschied, Jungen brachen im Durchschnitt signifikant häufiger als Mädchen Normen und wurden dafür von anderen Kindern bestraft. Zu diesem Unterschied trug vor allem eine Minderheit von besonders häufig abweichenden Jungen bei. Erhellender als der Durchschnitt ist deshalb die Typologie: Es gab eine kleine Gruppe häufig normbrechender und dafür bestrafter Kinder, es waren dies nur Jungen, die in Berlin "Stänkerer" genannt werden; die größere Gruppe der Mädchen wie der Jungen gab selten, aber doch hin und wieder Anlaß zum Strafen, dies ist offenbar das Normale und differiert quantitativ nicht zwischen den Geschlechtern; einige wenige Kinder - sehr ruhige Mädchen, aber durchaus auch Jungen - wurden so gut wie nie für Normbrüche bestraft. In Soziogrammen erscheinen die Stänkerer als Abgelehnte, ein Teil der Ruhigen als Vernachlässigte. Kinder mit niedrigem Status geben demnach besonders häufig

4 Die durchschnittliche Zahl sanktionierter Normbrüche pro Beobachtungsstunde war von der vierten zur sechsten Klasse zwar nur leicht gestiegen, sie hätte aber bei Zutreffen der Nullhypothese wegen der in der sechsten Klasse verbesserten Methode - gleichzeitige Fokussierung beider Beobachter auf zwei nebeneinandersitzende Kinder - sinken müssen. Diese Änderung führte dazu, daß viele Normbrüche in den Protokollen beider Beobachter auftauchten. Da diese doppelt notierten Normbrüche aber nur einmal gezählt werden, wurde die Chance, Normbrüche in die Berechnung einzubeziehen gegenüber der vierten Klasse, in der die beiden Beobachter in unterschiedlichen Ecken des Klassenzimmers ihre Notitzen machten, fast halbiert. Außerdem hatten vier der fünf in der vierten Klasse am häufigsten sanktionierten Jungen die Klasse zwischenzeitlich verlassen. Aus diesen Gründen ist ein methodisch einwandfreier Altersvergleich nicht möglich.

- die meist männlichen Stänkerer - bzw. besonders selten - die meist weiblichen Vernachlässigten - Anlaß zum Sanktionieren. Nachdem vier der fünf Stänkerer die Klasse verlassen hatten, gab es auf der sechsten Jahrgangsstufe trotz der beiden männlichen Spitzenreiter im Durchschnitt keinen Geschlechtsunterschied mehr.

Bei den Geschädigten gab es auf beiden Klassenstufen keinen Geschlechtsunterschied: Mädchen und Jungen waren gleich häufig Ziel sanktionierter Normbrüche, und sie sanktionierten gleich häufig. Wieder gab es große individuelle Unterschiede. Die Spitzenreiter waren keineswegs typische Opfer.[5] Zwei der drei Mädchen beispielsweise, die in der vierten Klasse besonders häufig ihnen gegenüber verübte Normbrüche sanktionierten, Berin und Hanna, hatten einen hohen soziometrischen Status und wußten sich gekonnt zu wehren, zwei sich besonders häufig gegen Schädigungen wehrende Jungen, Ulrich und Lutz, brachen ihrerseits besonders häufig Normen, für die sie sanktioniert wurden.

Normbrüche

Territorium: Raum, Besitz, Körper. In der Enge des Klassenzimmers und auf dem überfüllten Schulhof ist die Regelung von Nähe und Distanz eines der schwierigsten Probleme, das die Schule den Kindern in Eigenregie zu lösen aufgibt. Territorialverletzungen bilden in unseren Protokollen die größte Gruppe sanktionierter Normbrüche.

Relativ selten sahen wir die aus der Ethologie bekannte Verteidigung des Reviers, vermutlich weil Regeln über Raumansprüche im engen Klassenzimmer nur schwer durchsetzbar sind. Zwar hatte jeder seinen Platz. Aber gehörte dazu ein bestimmter Stuhl oder nur irgendein Stuhl, und wie weit reichte der Anspruch auf dem Tisch und in den Raum hinein? Gelegentlich wurde sanktioniert, daß sich jemand auf des anderen Stuhl setzte, wenn der aber stur und stärker oder der Besitzer selbst nicht in Faustrechtlaune war, konnte der Besitzer nichts machen. Manche Nachbarn rückten oft nah zueinander, schauten ins selbe Buch, malten zusammen oder spielten. Aber manchmal wurde der an-

5 Das könnte an der Beschränkung auf die "Verurteiltenstatistik" liegen. Opfertypen sanktionieren möglicherweise aus Schwäche nicht. Solche Normbrüche können in die quantitative Analyse nicht einbezogen werden.

dere doch weggeschoben, auf den Tisch sollte er weder sein Bein noch sich selbst legen. Ein Mädchen betonte mit weitausholender Geste, den Tisch mit der Handkante geradezu zerschneidend, wo sich die Mitte des Tisches und damit die zu respektierende Grenze ihres Reviers befände. Wie man sieht, werden nicht nur durch Strafen und nicht nur durch Worte normative Raumansprüche demonstriert.

In den Raum des anderen kann man auch durch Gerüche eindringen, die Kinder hielten sich dann Ekel mimend die Nasen zu, zeigten auf den Verursacher oder schickten eine verbale Sanktion hinterher: "Klaus stinkt mit seinem Käsebauch!" Ins Riechorgan dringen unangenehm nicht nur schlechte Gerüche. Ein Mädchen biß herzhaft in einen Apfel und reichte ihn anbietend einer anderen vors Gesicht, diese wandte sich angewidert ab.

Das bloße Sich-Aufhalten im Revier des anderen wurde meistens nicht sanktioniert, die beschriebenen Beispiele sind Ausnahmen, die das Prinzip und gleichzeitig die geringe Durchsetzungschance oder -bereitschaft aufzeigen. Anders ist es, wenn mit dem Eindringen ins Revier ein Anschlag auf den Besitz oder den Körper des Inhabers verbunden war, Normbrüche, die ich mit Goffman (1974) den Territorialverletzungen zurechne. Man stöberte beispielsweise im Fach unter der Bank oder im Schulranzen des Nachbarn, man faßte in sein Federmäppchen oder griff sich einfach den auf seiner Tischhälfte liegenden Radiergummi. Oft ging es dabei um dringend benötigte Schulutensilien, die man sich normalerweise ausborgen konnte. Nehmen ohne Bitte um Erlaubnis wurde dagegen sanktioniert, gelegentlich mit lehrerhaft erhobenem Zeigefinger: "Ulrich, erst fragen!" Objekte der Begehrlichkeit waren auch mitgebrachte Besonderheiten aus der kindlichen Konsumkultur, mit denen viele Kinder Aufmerksamkeit erregten, Haifischzähne, eine penisartige "Partywurst", Jo-Jos, neue Börsen und andere Accessoires, Schlümpfe, Muskelviecher, Krieg-der-Sterne-Spielzeug. Das wurde herumgezeigt und weitergereicht, begutachtet, betatscht und neidvoll heruntergemacht, aber einfach nehmen durfte man es eben nicht - es sei denn unter besten Freunden.

Die Hälfte aller Angriffe auf Besitz und Eigentum geschah nicht, um sich zu bereichern oder sich aus einer Notlage zu befreien, sondern um den Besitzer zu ärgern. Deutlich zu sehen ist dies beim Beschädigen und Beschmutzen. Der Tintenfingerabdruck im Heft der Nachbarin, der Spitzerdreck in ihrem Schulranzen brachte dem Normbrecher keinen materiellen Vorteil. Der Radiergummi des anderen wurde oft nur genommen, um ihn in die Klasse zu schleudern. Gelegentlich ist schwer zu entscheiden, ob es sich um Ärgern oder um Quatschangebote handelte.

> "Klaus reißt Sven sein (vor ihm stehendes) Namenschild weg und versteckt es unter dem Tisch, Sven verlangt es zurück. Schnell versteckt Klaus auch sein eigenes, nach kurzem spannungsvollen Abwarten wirft er beide vor Sven auf den Tisch, ergreift aber blitzschnell sein eigenes wieder."

Das Bemerkenswerte an diesem Beispiel besteht darin, wie die durch die Reaktion bereits als Normbruch definierte Handlung im nachhinein durch geschickte Inszenierung nonverbal zum Spiel umgerahmt wurde. Aus territorialverletzendem Ärgern wird Quatsch, geschicktes Aushandeln läßt Normbrüche verschwinden.

Am häufigsten wurden die Territorialverletzungen bestraft, die bis an die Körpergrenze herankamen, die die körperliche Integrität bedrohten. Für den erwachsenen Beobachter ist es nicht leicht, die Grenze zwischen Erlaubtem und Unerlaubtem zu finden. Weit mehr als Erwachsene dürfen Kinder sich gegenseitig berühren. Das sah oft sehr liebevoll, zärtlich und vertraut aus, wenn sie sich um die Schulter oder die Hüfte faßten, wenn sie ins Ohr flüsterten oder sich gegenseitig auf den Schoß setzten, wenn sie beim Trösten übers Haar streichelten. Viele Berührungen geschahen bei gemeinsamer Tätigkeit und keineswegs nur unter guten Freunden, schwer zu sagen, ob aus Absicht oder als Folge der Nähe. Viele Spiele haben körperliche Berührungen zum Inhalt, und auch sie wurden nicht nur unter Freunden gespielt. Bei den Mädchen waren die Händeklatschspiele, die schnelle Reaktionen und perfekte Handlungskoordination erforderten, auffallend. Die Rangeleien und Ringkämpfe der Jungen bezogen ihren Spaß aus der Manipulation der Körper. Zwischen Mädchen und Jungen gab es ein Fangspiel, dessen Reiz darin bestand, Angehörige des anderen Geschlechts zu jagen, zu fangen und unter Körpereinsatz ins Gefängnis abzuschleppen, wobei die Rollen der Fänger und Flüchtenden von Pause zu Pause wechselten. Die Grenze des Erlaubten liegt bei solchen Spielen hoch. Gelegentlich kam es zu protestierendem Kreischen, doch schien dies dazuzugehören, denn niemand stieg aus diesem Grund aus. Böse und traurig ausgestiegen ist vielmehr ein Mädchen mit der Begründung: "Du rennst und rennst, und keiner rennt hinterher." Noch deutlicher geschlechtsbezogen waren Individualjagden zwischen Mädchen und Jungen, bei denen mancher Schlag fiel, mancher zu Boden ging und manches Haar verwuschelt wurde, ohne daß es zu Protest und Abbruch der Interaktion kam.[6] Wo die Grenze liegt und wie sie zu ziehen ist, bedeutet allerdings ein schwieriges Aushandlungsproblem, auf das ich unten in einem eigenen Abschnitt eingehe.

Territorialverletzungen gegen Besitz und Körper wurden bei Jungen 73mal[7], bei Mädchen 20mal[8] sanktioniert. Noch deutlicher wird dieser Geschlechtsunterschied, wenn wir nur die Teilmenge der Interaktionen zwischen Jungen und Mädchen betrachten, in denen Jungen 47mal Mädchen an Besitz und Körper schädigten und dafür sanktioniert wurden[9] , wohingegen dies für Mädchen gegenüber Jungen nur sechsmal zutraf.[10]

Zwei Einschränkungen gegen die Interpretation, die Jungen würden die Mädchen ganz schön plagen, sind hier am Platze. Einmal kommt dieser Geschlechtsunterschied wieder durch die Minderheit der Stänkerer zustande, es handelt sich also nicht um ein allgemeines Problem im Umgang von Jungen mit Mädchen. Zweitens bestanden manche Handlungen der Jungen, die durch die Sanktionen der Mädchen als Normbrüche definiert wurden, im Angebot, zusammen Unsinn zu treiben. Während Mädchen solche Angebote oft - nicht immer und nicht bei jedem - mittels Sanktion ablehnten, nahmen andere Jungen sie meist an.[11] Ein Problem besteht darin, daß im Bereich dieser Quatschmachereien unklar normiert ist. Erst in der Aushandlung wird deutlich, ob es sich um den falschen Adressaten (mit einem Stänkerer mache ich das nicht), um den falschen Moment (siehst du nicht, daß ich beschäftigt bin) oder um die falsche Situation (der Lehrer erklärt gerade etwas) handelt, ohne die definierende Sanktion kann der Adressat das nicht genau wissen. Mit anderen Worten: *durch die Sanktion wird die Norm erst gesetzt oder präzisiert.* Außer in der unklaren Normierung besteht ein weiteres Problem in der Deutung des Motivs. Dieselbe Handlung kann als Quatschangebot oder als Ärgern gemeint sein. Man kann dies oft am Gesichtsausdruck sehen, der die Handlung "rahmt". Oft sieht

---

6 Vgl. zu den Körperberührungen ausführlicher Oswald u.a. 1986, Dubberke 1988.

7 51% ihrer sanktionierten Normbrüche, N = 143.

8 30% ihrer sanktionierten Normbrüche (N = 67), der Unterschied ist signifikant (P < .01).

9 68% ihrer sanktionierten Normbrüche gegen Mädchen, N = 69.

10 29% ihrer sanktionierten Normbrüche gegen Jungen (N = 21), der Unterschied ist signifikant (P < .01).

11 Dieser Unterschied in der Reaktion wird an einem Beispiel besonders deutlich, in dem der Junge eine leere Tintenpatrone auf ein Mädchen warf, worauf er angeschrieen wurde. Er schnappte sich die Patrone und warf sie auf einen Jungen, der fing sie auf, warf sie zurück, woraus sich ein lustiges Hin und Her entwickelte. In einem anderen Fall machte ein Mädchen in derselben Weise mit.

man es aber nicht, und mir scheint, daß manches Quatschangebot prophylaktisch abgewiesen wird, weil es sich um Ärgern handeln könnte. Wie dem auch sei, nirgends in unseren Daten wird die Richtigkeit und analytische Fruchtbarkeit des vielfach variierten Diktums Meads (1973), *die Bedeutung einer Handlung liegt in der Reaktion des Antwortenden*, so deutlich wie in den Quatschangeboten der Jungen, die von den adressierten Mädchen mit Sanktionen beantwortet werden und damit die Bedeutung von Normbrüchen erhalten.

Angriffe auf das Selbst. Viele der besprochenen Angriffe auf Raum, Besitz und Körper hatten demütigende Nebenaspekte, vor allem, wenn sie mit der puren Absicht zu ärgern lanciert wurden. Neben dem Schaden erhält der Geschädigte auch die Information: Du bist jemand, mit dem man so etwas tun kann. Kinder wissen sehr geschickt durch Gesichtsausdruck, Lachen, Worte oder Gestaltung der näheren Umstände diesen Aspekt zu verstärken (v. Salisch 1989).[12] Bei einem guten Fünftel aller sanktionierten Normbrüche war die Verletzung des Selbst oder die Erhöhung des eigenen Ich auf Kosten des anderen der einzige Inhalt des Normbruchs.

Plumpe Beleidigungen und Beschimpfungen - aus Geschmacksgründen an dieser Stelle nicht zitierbar - kamen vor, aber eher als Sanktionen denn als Normbrüche. Meist zeigte sich der Angriff auf das Selbst subtiler.

> Der kleine Roger "kommt kaum rauf an die entsprechende Stelle der Tafel, Lutz: 'willste 'nen Stuhl?' Roger: 'Nee, was soll ich denn damit!'"

Auf solche kaum faßbaren Herabsetzungen (es könnte sich ja auch um ein freundliches Hilfsangebot handeln) kann man schwer hart reagieren, ohne die Sache öffentlich und damit schlimmer zu machen, insofern war die Reaktion des Kleinen klug. In Fällen von Selbsterhöhung, von in der Kinderwelt verpönten und doch allgegenwärtigen Angebereien, wurde dagegen oft mit besserer Münze heimgezahlt.

> Berin schleudert das Jo-Jo weit von sich weg, es kommt fast waagrecht in Höhe ihrer Hand zurück, aber der Trick scheint nicht gelungen zu sein. Jens drängt sich an ihren Platz, schleudert (sein Jo-Jo) mit derselben Bewegung von sich weg, das Ding kommt schneller als bei Berin waagrecht zurück und landet sicher in seiner Hand. Er grinst triumphierend ... Sie sagt mit Grimasse: 'Ich wollte ja nen Salto machen, bäh, bäh!' Sie wendet sich ab, ohne ihm die Chance einer Erwiderung zu geben."

---

12 Wenn Kinder beispielsweise nach körperlichen Angriffen weinten, dann nicht wegen des körperlichen Schmerzes, sondern wegen der demonstrativen Demütigung. Fehlte diese, dann ertrugen sie wesentlich größere Schmerzen klaglos.

Mit dem Hinweis auf eine schwerere Aufgabe holte sie ihn von seinem hohen Roß herunter und setzte sich auf ihres hinauf, das kleinkindhafte "bäh" machte nicht sie, sondern ihn zum kleinen Kind. Sie hat es ihm gegeben und gleichzeitig geschickt eine Gegensanktion verhindert. Bei den zahlreichen Angebereien mit besseren Noten und schulischen Leistungen waren solche Strategien schwieriger anzuwenden, wenn der von der Überheblichkeit Getroffene tatsächlich schlechter war.

Der Anteil von Angriffen auf das Selbst an allen sanktionierten Normbrüchen war bei Mädchen nur wenig größer als bei Jungen,[13] vor allem gingen diese Angriffe der Mädchen gegen die Jungen[14]. Plagten Jungen die Mädchen also eher körperlich, so bestanden die Normbrüche der Mädchen, die die Jungen nicht hinnahmen, eher in psychischen Attacken.

Allgemeine und schulische Normen. Kinder brachen immer wieder Schulnormen, wodurch andere Kinder beeinträchtigt wurden. Diese sanktionierten den störenden Lärm oder die Belästigungen beim Arbeiten. Die Kinder sanktionierten aber auch, wenn sie durch Normbrüche gar nicht direkt betroffen waren, etwa wenn Schuleigentum beschmutzt oder beschädigt wurde, wenn Kinder angeordnete Aufgaben schlecht erfüllten oder Fehler machten. Besonders Mädchen übernahmen in dieser Weise Ordnungsfunktionen der Lehrerin, kritisierten und tadelten und ernannten sich damit selbst zu Hüterinnen des Rechts.[15] Auffallend ist, daß sie dies nicht nur gegenüber Jungen, sondern eher noch häufiger gegenüber anderen Mädchen taten ($P < .10$).

Etwas anders liegt der Fall beim Bruch von Spielregeln. Immer wieder mogelten Kinder zum Ärger ihrer Spielpartner und versuchten so, ihre Gewinnchancen zu steigern. Dies wurde, falls entdeckt, nie hingenommen. "Der hält sich nicht an die Spielregeln" war ein schwerer Vorwurf und konnte zum Ausschluß des Regelbrechers führen. Gelegentlich versuchten Kinder, die Spielregeln zu ihren Gunsten zu ändern. Mit diesen Aushandlungen verlassen wir den Bereich von Normbruch und Strafe und geraten auf das Gebiet konfligierender Interessen bei der Regelsetzung, das hier nicht zur Debatte steht.

---

13 25% vs. 18%, n.s.

14 In gemischtgeschlechtlichen Szenen wurden Angriffe auf das Selbst bei Mädchen zehnmal (46% ihrer Normbrüche gegen Jungen, $N=21$), bei Jungen achtmal (12% ihrer Normbrüche gegen Mädchen, $N=67$) sanktioniert ($P < .01$).

15 67% aller Ordnungsrufe kamen von Mädchen.

Sanktionen

Sanktionen können sowohl dazu dienen, die Folgen des Normbruchs zu beseitigen, als auch den Normbrecher zu bestrafen. Man kann Sanktionen danach unterscheiden, ob sie *nur* der Korrektur dienen oder ob sie dem Normbrecher zusätzlich oder ausschließlich Schaden zufügen, um ihn zu bestrafen. Die *schädigenden Sanktionen* bestehen aus Handlungen, die normalerweise verboten und insofern normbruchartig sind. Sie wären Normbrüche, wenn sie nicht durch die jeweils vorangegangene Regelverletzung gerechtfertigt wären (Popitz 1980, S. 49). Dem zunächst Geschädigten mag die schädigende Gegenhandlung als legitim erscheinen, sie ist dennoch in mehrfacher Hinsicht prekär. Erstens braucht der ursprüngliche Normbrecher diese Meinung nicht zu teilen, z.B. wenn der Normbruch unbeabsichtigt war oder wenn er die Strafe als zu hart empfindet. Tatsächlich ist im Bereich der Sittennormen meist recht unklar, wie hoch der Schaden sein darf, den die Sanktion anrichtet. Der talionische Zahn ist schwer zu finden und zu ziehen. Wird die Strafe aber als zu schädigend empfunden, dann sind Weiterungen des Konflikts auch bei Erwachsenen kaum zu vermeiden. Gar mancher, der im Recht ist, verspielt diese Position durch zorniges Übermaß und bringt den Normbrecher wieder in die günstigere Stellung. Zweitens und damit verbunden braucht die schädigende Sanktion nicht zu Einsicht und Verhaltensänderung zu führen, wofür Belege nicht nur bei Skinner stehen. Drittens hängt die Durchsetzungschance der Gegenschädigung von der Machtrelation zwischen Normbrecher und Sanktionierendem ab: Einem Stärkeren oder sonst Mächtigeren kann ich zwar schaden, aber die Folgen können mir sehr weh tun (Spittler 1967, Kap. 4.1). Insofern könnten *korrigierende Sanktionen* beim Bruch von Sittennormen von besonderer Bedeutung sein.

Als ob die Kinder um diese Probleme gewußt hätten, bestanden ihre Sanktionen nur zu einem knappen Drittel aus schädigenden normbruchartigen Handlungen, in der Mehrzahl der Fälle wurde korrigierend sanktioniert. Überproportional häufig schädigend waren die Sanktionen nur, wenn sich die Normbrüche gegen den Körper richteten oder wenn einzig die Absicht bestand, zu ärgern oder zu schädigen. In 60% der Fälle wurde dann mit einer normbruchartigen Sanktion geantwortet ($P < .05$). Bei nichtkörperlichen direkten Angriffen auf das Selbst reagierten die Kinder dagegen selten harsch, vermutlich weil es oft besser ist, Beleidigungen herunterzuspielen, um Weiterungen zu vermeiden.

Die folgende Typologie differenziert Sanktionen nach Ziel und Art der Strategie:

- Kinder bevorzugen Strategien, die sich direkt *auf den Normbruch* und nicht auf den Täter beziehen. Sie zielen darauf ab, die Störung abzustellen, das normverletzende Handeln zu unterbrechen, den Schaden zu beseitigen: *Wiederherstellung der Ordnung unter Verzicht auf Sühne* (49% der Fälle). Nach Spittler sind hierfür verbale Sanktionen wegen ihres hohen Informationsgehaltes und ihres geringen Strafcharakters besonders günstig (ebd., Kap. 4.4). Dem scheinen die Kinder tatsächlich Rechnung zu tragen, drei Viertel der sich auf den Normbruch beziehenden Sanktionen waren verbal, kaum einmal wurden normbruchartige Handlungen benutzt. Die Kinder forderten auf, etwas zu unterlassen oder den Schaden zu beseitigen, oft wurde einfach der Normbruch oder die konforme Handlung benannt. Nonverbale Varianten dieser Strategie bestanden darin, den anderen an seiner Handlung zu hindern oder sich etwas, was einem weggenommen wurde, wortlos, aber demonstrativ wiederzuholen. Diese auf Herstellung der Ordnung und nicht auf Bestrafung des Täters zielenden Strategien wurden besonders häufig angewandt bei Verletzungen von Spielregeln, von allgemeinen und schulischen Normen sowie bei Angriffen auf den Besitz, seltener bei Angriffen auf das Selbst und ganz selten bei Angriffen auf den Körper.[16]

- Ein zweiter Typ von Strategien richtet sich *auf die Person* des Normbrechers: *Wiederherstellung des Gleichgewichtes durch Sühne* (37% der Fälle). Der Übeltäter wurde zurechtgewiesen, beschimpft, beleidigt, verhöhnt oder bedroht. Nonverbale Varianten waren Boxen, Schlagen, Treten, gelegentlich wurde als Kompensation das Eigentum des anderen beschädigt, zerstört, weggenommen. Diese Sanktionen sind immer schädigend. Besonders häufig wurden Angriffe auf den Körper in dieser Weise beantwortet.

- Eine seltenere nonverbale Strategie, die wir "*defensive Sanktion*" nennen (Derscheid 1988), besteht darin, daß das Opfer des Normbruches seine Verletztheit zum Ausdruck bringt, indem es leidend schaut oder weint (5% der Fälle). Dies ist ein stummer Appell, der insbesondere dann Betroffenheit auslöst, wenn es gar nicht so bös gemeint war: "Wegen so was weint die!" Es gab einige wenige hartgesottene Täter, die sich durch solche Sanktionen nicht abbringen ließen, die meisten hörten dagegen auf, den Leidenden zu plagen. Insofern ist dies eine Variante des ersten Typs von Sanktionen, die wir deshalb gesondert hervorheben, weil sie passiv und meist weniger bewußt und absichtsvoll dasselbe Ziel anstrebt wie jenes aktive Bemühen, nämlich die Störung abzustellen.

- Eine letzte Strategie besteht im *demonstrativen Ignorieren* (10% der Fälle). Der Täter konnte keinen Zweifel haben, daß die Tat bemerkt war, er wurde aber keiner Antwort für würdig befunden. Er lief dadurch ins Leere, daß die Tat gleichsam nichtexistent und damit wirkungslos war. Wir bezeichnen dies als Sanktion, weil für den Normbrecher die Strategie und die darin liegende Mißbilligung erkennbar ist. Die beiden letzten Strategien wurden fast nur bei Angriffen auf das Selbst und auf den Körper gewählt. Manchmal wurde so Aufsehen und Publikmachen der Beleidigung vermieden, manchmal hinderte es den Täter am Weitermachen. Das demonstrative Ignorieren konnte allerdings auch Ärger auslösen und zur Fortsetzung des bösen Tuns anstacheln.

16 Der Zusammenhang zwischen der Art des Normbruchs und der Art der Sanktion ist signifikant ($P < .01$).

Ein für den Ablauf des Prozesses entscheidendes Problem besteht darin, wie beide Seiten ihr Gesicht wahren können. Selbst wenn der Normbruch instrumentell ist und sich nicht direkt gegen die Person richtet, ist Art und Härte der Sanktion auch davon abhängig, wie sehr der Geschädigte vor sich selbst, vor dem Normbrecher oder vor Dritten sein Image als jemand, der sich solches nicht bieten läßt, wahren zu müssen glaubt. Aber auch der Sanktionierte steht vor diesem Problem, wenn die Sanktion demütigende Aspekte enthält. Die Gefahr, daß er glaubt, sein Gesicht zu verlieren, ist vor allem bei den Sanktionen gegeben, die in normbruchartigen Handlungen bestehen.

Die Strategien des Gesichtwahrens sind ambivalent. Auf der einen Seite können sie so eingesetzt werden, daß das Gleichgewicht, das durch die Sanktion erreicht werden soll, auch auf der Ebene des Selbstwertgefühls hergestellt wird. Dadurch kann die Angelegenheit endgültig bereinigt sein, und man kann wieder normal miteinander umgehen. Andererseits kann die Strategie des Gesichtwahrens die Sache unangemessen aufbauschen, und es kann zu Eskalationen kommen, die außer Kontrolle geraten, so daß eine Lösung unmöglich wird.

In 57% der Fälle war die Sache mit der Sanktion nicht abgeschlossen, sondern es kam zu weiteren Aushandlungen durch den Normbrecher. Dies war besonders häufig so, nämlich in 72% der Fälle, wenn die Sanktion in einer normbruchartigen Handlung bestand ($P < .01$). Sanktionen, die beim Bruch von Sittennormen den Normbrecher schädigten, waren also tatsächlich recht prekär. Der sanktionierte Normbrecher ließ sich solche Sanktionen nicht gefallen, er wiederholte den Normbruch oder sanktionierte seinerseits die als unangemessen empfundene Sanktion. Manchmal wurde die Gegensanktion nur symbolisch angedeutet, etwa mit einer drohenden Geste, die besagte, daß man sich weitere Schädigungen nicht gefallen ließe, und die bei demütigenden Sanktionen dazu diente, das Gesicht zu wahren.

Die Aushandlung bestand bei unbeabsichtigten Normbrüchen meist in einer Rechtfertigung, seltener in einer Entschuldigung. Bei einem knappen Fünftel aller sanktionierten Normbrüche stimmten zwei Kodiererinnen darin überein, daß keine böse Absicht vorlag. Dennoch kam es in diesen Fällen zu oft harten Sanktionen, der zugefügte Schmerz zählte mehr als die Intention. Dies variierte allerdings mit der Geschicklichkeit des absichtslosen Normbrechers, den Geschädigten von seiner Unschuld zu überzeugen. Manche Kinder taten dies, indem sie den Schaden beseitigten (der Tintenstrich auf dem T-Shirt wurde eifrig weggekillert), sich selbst denselben Schlag zufügten und damit demonstrierten, daß es nicht hatte wehtun sollen, oder indem sie sich einfach entschuldigten.

Wenn sie sich schuldlos fühlten, fiel es Kindern schwer, sich zu entschuldigen, manche schienen gar nicht zu begreifen, warum das andere Kind böse wurde. Dies mag bei einigen vom Stand der kognitiven Entwicklung abhängen. Für das Ausbleiben von Entschuldigungen muß es aber noch andere Gründe geben, sonst würden sie in unseren Daten nicht so selten auftauchen. Auf meine Frage an eine Sechstkläßlerin, was sie mache, wenn sie jemanden aus Versehen anremple, antwortete sie, bei einem Mädchen würde sie sich entschuldigen, bei einem Jungen würde sie sagen: "Paß doch auf!" Die Taktik besteht hier darin, die Beweislage umzukehren, den Geschädigten als Schädiger zu definieren, dem Normbruch noch die Sanktion hinzuzufügen und so doppelt zu schaden. Das taten Stänkerer übrigens auch bei absichtlichen Rempeleien, oft mit frechem Gesichtsausdruck, mit dem sie ihre Taktik offenlegten, wodurch zu doppeltem Schaden noch der Hohn kam, was den Mut zur Gegensanktion nehmen und den Gewinn im Dominanzspiel sichern sollte.

Die Differenzierung nach Geschlecht in der Antwort des Mädchens zeigt, daß es bei Reaktionen auf Normbrüche immer auch um Gesichtwahren und Dominanz gehen kann. Die Entschuldigung kann als Unterwerfung, als Nachgeben, als Schwäche ausgelegt werden. Entschuldigungen sind demgemäß nur gegenüber jemandem ratsam, der dies nicht ausnützt. Und dies ist eher die Freundin als der stänkernde Junge.

Die Aushandlungen, mit denen Normbrecher die Sanktionen beantworteten und das Gesicht wahrten, bestanden oft in neuen Normbrüchen. In fast einem Drittel aller Norm-Sanktion-Prozesse wurde der Normbruch ein oder mehrere Male wiederholt, oder dem sanktionierten Normbruch wurde eine andere schädigende Handlung hinterhergeschickt. Ebenfalls in jeder dritten Szene mußte die Sanktion wiederholt werden, wobei die Kinder oft steigerten: Die zweite Sanktion bestand häufiger als die erste in einer normbruchartigen Handlung, sie richtete sich häufiger gegen die Person, und sie war seltener verbal. Die zweite Sanktion verfolgte somit seltener als die erste das Ziel, die Ordnung wiederherzustellen, häufiger sollte sie den sich als hartnäckig erweisenden Täter bestrafen.

Der große Anteil von Aushandlungen, die sich steigernden Normbrüche und Sanktionen zeigen, daß die Durchsetzung der Sanktion nicht nur eine

Rechtsfrage, sondern auch eine Machtfrage ist. Ist der Normbrecher stärker als der Benefiziar, dann besteht eine Möglichkeit der Machtverlagerung zugunsten des letzteren in der Hilfe Dritter. Dies geschah selten, in 82% der Fälle war der Geschädigte für die Sanktion alleine zuständig. Wir konnten aber doch elf Sanktionskoalitionen beobachten, die zwei unterschiedliche Funktionen hatten.

> Kleine Pause in der vierten Klasse. Angelika steht auf einem Stuhl. "Ulrich kommt von hinten und zieht sie am Hosenbund herunter. Vier Mädchen ... dringen mit drohenden herausfordernden Gesichtern auf ihn ein, Elke sagt 'willste 'nen Pferdekuß haben?' Sie tun ihm aber nichts, er selbst macht außer einem drohenden Gesicht und einer drohenden Kinngebärde auch nichts, die Sache scheint ihm mulmig zu sein."

In mehreren Fällen bildeten Mädchen solche Koalitionen, die die Sanktionsmacht der Geschädigten stärkten und Gegensanktionen des Normbrechers verhinderten. Seine Antworthandlung sollte ausdrücken, daß er sich wehren würde, und diente wohl dazu, sein Gesicht zu wahren. Eine Gegenattacke wagte er nicht. Mädchen in der sechsten Klasse bildeten solche Koalitionen auch präventiv (vgl. Klaus 1985). Auf unseren Videoaufnahmen konnten wir sehen, daß Mädchen sich zusammenschlossen, auch wenn der sich einem Mädchen nähernde Junge vermutlich nichts Böses im Schilde führte. Mit ebensolchen Koalitionen bereiteten Jungen ihre Annäherung an Mädchen vor. Koalitionen vermindern die Risiken, die in den Interaktionen zwischen Mädchen und Jungen im Alter des beginnenden Flirtens noch liegen, Koalitionen ermöglichen nicht nur wirksames Sanktionieren, sie verhindern auch Normbrüche und machen Sanktionen unnötig. Eine ganz anders geartete Koalition wird im folgenden Beispiel deutlich:

> Ein Gruppentisch in der vierten Klasse. Stillarbeit. "Ulrich redet ... Hartmut schreit 'Mensch Ruhe!' Mirko steht auf und schreitet zur Strafaktion, d.h. er steht auf, schaut in die Luft, geht mit vollkommen ruhigem Gesicht um den Tisch herum, bis er hinter Ulrich steht und tut ihm dann richtig weh. Hinter ihm steht Hartmut auf, geht ebenfalls in ganz ähnlicher Weise um den Tisch herum und übernimmt von Mirko, der wieder mit unbewegtem Gesicht zurückgeht, das Wehtun. Als Dritter tut Matthias dasselbe. Ulrich ist wieder nahe am Weinen."

Im Laufe der Stunde wurde Ulrich mehrere Male in dieser Weise gequält, weil er die Gruppe durch unflätiges Reden gegen sich aufgebracht hatte. Es ging nicht oder nicht in erster Linie um Machtverlagerung, denn jeder der Jungen konnte Ulrich auch alleine bestrafen. Die Koalition drückte vielmehr die kollektive Abscheu der Gruppenöffentlichkeit aus (Popitz 1980, S. 52 ff), der Täter wurde wie beim Spießrutenlauf aus der Gruppe ausgeschlossen. Es geht hierbei nicht um die Schwäche des Benefiziars, sondern um die Stärke der Sanktion. Kein einzelner kann so strafen.

Nicht immer sanktionierte das vom Normbruch betroffene Kind. Wir haben einige wenige Fälle, in denen ein Dritter stellvertretend für dieses Kind, das selbst nichts unternahm, sanktionierte. Auch hierbei konnte es um Machtverlagerung gehen, falls der Geschädigte aus Schwäche nicht sanktionierte, was in drei der fünf Fälle zutreffen könnte.

Häufiger kam es zu einer Sanktion Dritter, wenn es gar keinen Geschädigten gab, weil nur eine allgemeine oder eine Schulnorm gebrochen wurde, für die Kinder keine Benefiziare waren. Oft tadelte dies eine der oben schon erwähnten Hüterinnen von Recht und Ordnung in Vertretung zuständiger, aber nicht informierter Erwachsener.

Aushandlung der Grenze

Der Aushandlungscharakter der normativen Ordnung wird besonders deutlich erkennbar, wenn wir noch einmal zu den Territorialproblemen zurückkehren. Wir haben gesehen, daß sich Kinder häufig sehr nahe kommen und daß Körperberührungen Bestandteile vieler Spiele sind. Soviel Nähe ist risikoreich, die Grenze, bis zu der der Schmerz gehen darf, oft nicht genau zu kalkulieren, zumal das Vergnügen um so größer zu sein scheint, je näher man der Grenze zwischen Spaß und Ernst kommt, je schmaler der Grat ist, von dem das Spiel abkippen kann (vgl. Seidel 1987). Ging eine Seite zu weit, war ein Schlag zu hart, bestand die Gefahr, das Gesicht zu verlieren, dann wurde dies mit einer Handlung, oft nur mit einer Geste - geballte Faust, wütende Miene, zorniges Kreischen, Beschimpfen - signalisiert. Danach wurde die Interaktion oft kunstvoll wieder auf den Grat der gefahrlosen normbruchfreien Tollerei heraufgeholt. Diese Handlungen und Gesten sind schwächer als Drohungen. Weil sie warnen sollen und der Feinjustierung der Interaktion dienen, nenne ich sie *Warnsanktionen*. Die Grenze ist normativ nicht genau markiert, sie wird dadurch ausgehandelt, daß man durch langsames Steigern testet, wie weit der Spaß gehen darf, und durch Warnsanktionen, die kein Unter- oder Abbrechen hervorrufen, eine Rücknahme der Steigerung dann veranlaßt, wenn die Grenze des Erträglichen überschritten wird .

Kleine Pause auf dem Flur: "Berin und Jens boxen und treten sich abwechselnd, wobei sie den ganzen Gang ausnutzen. (...) Manchmal lacht Berin, und manchmal schreit sie Jens wegen eines härteren Schlages an und revanchiert sich mit einem besonders harten Tritt. Jens grinst die ganze Zeit, seine Taktik besteht darin, seine Schläge nicht so stark werden zu lassen, daß das Spiel aufhört, aber doch immer wieder wehe zu tun, den folgenden heftigen Tritten von Berin aber so weit auszuweichen, daß sie zwar treffen, aber nicht schmerzen. So hält er Berin am Weitermachen."

Beide hatten Spaß. Beide hielten das Spiel auf der Grenze. Es endete ohne Normbruch oder Sanktion, weil die Feinjustierung durch Warnsanktionen gelang. Das war nicht immer so. Manchmal geriet die Steigerung außer Kontrolle, und das Ganze endete in gegenseitigen Beschuldigungen oder gar in Prügelei. In diesen Fällen war schwer zu sagen, wer die Norm gebrochen und wer sanktioniert hatte. Beide fühlten sich im Recht, weil sie ebensowenig wie der Beobachter feststellen konnten, wer zu schnell steigerte, wer zu spät oder zu ungeschickt warnte, wer vorschnell oder zu stark sanktionierte oder wer vielleicht zu empfindlich reagierte. An diesem Punkt bricht der Aushandlungsprozeß auch unter Erwachsenen leicht zusammen. Das gegenseitige Sanktionieren wird Kampf und verliert seinen Rechtscharakter.

Ausblick

Viele der beobachteten Szenen sind vom Inhalt her gesehen kindlich, sie scheinen insofern allenfalls unter der Sozialisationsperspektive, nicht aber unter dem Gesichtspunkt des Funktionierens von Norm-Sanktion-Prozessen für eine Allgemeine Soziologische Theorie informativ zu sein. Näheres Zusehen enthüllt jedoch, daß diese zehn- bis zwölfjährigen Kinder sehr kompetent mit den Problemen umgehen, die unter den Bedingungen großer räumlicher Nähe und Enge, des Anspruches schulischer Leistungsforderungen und ihres Wunsches nach Spiel und gleichzeitiger Selbstbehauptung in Hinblick auf Vorhersehbarkeit, auf Regelbruch und Herstellung von Ordnung entstehen. Fast möchte man sagen, daß Kinder dieses Alters bereits alle Strategien beherrschen, die man für den flexiblen Umgang mit Normen in engeren persönlichen Beziehungen braucht, und daß sie um die begrenzte Tauglichkeit von Sanktionen ebenso wissen wie um ihre Unverzichtbarkeit. Besonders fällt auf, daß die Kinder häufiger für die Beseitigung des Schadens und der Störung, für den Fortgang des Normalen, des gerade Anliegenden sorgen als für die Bestrafung des Täters. Reibungsloser Alltag ist wichtiger als Sühne, Strafe wird eingesetzt, wenn Grenzen überschritten werden, allerdings muß dies meist ausgehandelt werden.

Die präsentierten Daten und Analyseversuche lassen so manche Verallgemeinerungen zu Eigenart und Funktionsweise von Norm-Sanktion-Prozessen zu. Ich möchte mich aber abschließend auf einen Punkt beschränken, der für die Analyse von Sittennormen in engen persönlichen Beziehungen besonders wichtig sein dürfte.

Vielfältige Aushandlungen scheinen mir ein Hauptcharakteristikum der beobachteten Norm-Sanktion-Prozesse zu sein. Dies drückt sich auch darin aus, daß das Normengefüge, das die Kinder mit ihren Handlungen und Aushandlungen konstruieren, weit weniger klar festgelegt und strukturiert ist, als es dem Verfasser eines Gesetzbuches der Kinderwelt einer Schule lieb sein kann. Klar und kodifizierbar sind vor allem Regeln für den Umgang mit Nichtfreunden, mit Mitschülern, die man kennt, auf die man aus institutionellen Gründen immer wieder stößt, mit denen einen aber kaum etwas verbindet. Im Alter zwischen zehn und zwölf Jahren gehören hierzu für Mädchen auch die Jungen und für Jungen auch die Mädchen. Deutlicher erkennbar als Gebote sind für diesen Umgang Verbote: Man darf sich nicht auf einen fremden Stuhl setzen, man darf nicht anrempeln, an den Po stippen, ein Bein stellen, man darf fremdes Eigentum nicht beschmutzen, beschädigen oder ohne Erlaubnis wegnehmen, man darf nicht beleidigen, demütigen, kritisieren, man darf nicht beim Arbeiten stören, seine Aufgaben nicht vergessen, keine dummen Fehler machen, und man sollte sich an die Schulregeln halten.

Bei Kindern, die einem näher stehen, besonders bei guten und besten Freunden, ist dies teilweise anders. Hier kann man Normen außer Kraft setzen, hier gelten Territorialregeln von vornherein nicht, oder die Grenzen zur Normverletzung liegen sehr hoch, hier sind die Möglichkeiten zum spielerischen Umdeuten besonders mannigfaltig, vermutlich weil man kaum Sorge haben muß, daß die Blößen, die durch all dies leicht entstehen, ausgenutzt werden.

In gewisser Hinsicht gilt allerdings auch das Gegenteil. Der Normbruch eines Fremden kann einen kalt lassen, weil man gefühlsmäßig nicht involviert ist und weil keine langfristige Reziprozitätsbalance aufrechterhalten werden muß. Man läßt sich auch auf Riskantes ein, weil man jederzeit abbrechen kann. Man hat insofern auch in diesen Beziehungen die Möglichkeit, spielerisch auszuprobieren und seine Rahmungsfähigkeit zu üben. In der Freundschaftsbeziehung kann dagegen der Normbruch als Vertrauensbruch besonders schmerzen, das Risiko des Augenblicks muß immer auch unter dem Aspekt des Risikos für die Beziehung gesehen werden.

Vielleicht besteht eine der Schwierigkeiten in engen Beziehungen Erwachsener darin, die Diskrepanzen auszuhalten und auszugleichen, die entstehen durch

- einen flexiblen Umgang mit Normen, mit Umrahmen und Hinwegrahmen, mit Verzeihen, Verständnis und Entschuldigung, wodurch die Frage, was eigentlich gilt und was nicht, unklar werden kann einerseits
- und der größeren Verletzbarkeit bei Normbrüchen, die bei Vertrauten leicht Vertrauensbrüche sind, sowie der Sorge, daß Risiken den Bestand der Beziehung bedrohen andererseits.

Man könnte, Piaget und Sullivan ausdeutend, die These aufstellen, daß in den Freundschaften der Kinder und Jugendlichen geübt wird und damit gelernt werden kann, Normen an die Bedürfnisse einer engen, Distanz verringernden, Intimität erzeugenden Beziehung anzupassen, und das heißt auch, sie zeitweise und teilweise außer Kraft zu setzen, und gleichzeitig soviel Regelung, Konformität und Sanktionsrecht mit angemessenen Sanktionsstrategien zu erhalten, daß das Verletzungsrisiko klein und die Heilungschance bei Verletzungen groß gehalten wird.

Literatur:

Geiger, T.: Vorstudien zu einer Soziologie des Rechts. Neuwied und Berlin: Luchterhand 1964 (zuerst 1947).

Goffman, E.: Rahmen-Analyse. Frankfurt a.M.: Suhrkamp 1977 (amerik. Original 1974).

Goffman, E.: Die Territorien des Selbst. In: Ders.: Das Individuum im öffentlichen Austausch. Frankfurt a.M.: Suhrkamp 1974 (amerik. Original 1971).

Mead, G. H.: Geist, Identität und Gesellschaft. Frankfurt a.M.: Suhrkamp 1973 (amerik. Original 1934).

Merton, R. K.: Social Theory and Social Structure. Glencoe (Ill.): The Free Press 1957.

Oswald, H., Krappmann, L. u.a.: Grenzen und Brücken - Interaktionen zwischen Mädchen und Jungen im Grundschulalter. In: Kölner Zeitschrift für Soziologie und Sozialpsychologie 38, 3, 1986. S. 560 - 580.

Oswald, H. und Krappmann, L.: Soziale Beziehungen und Interaktionen unter Grundschulkindern. Berlin: Max-Planck-Institut für Bildungsforschung 1988.

Parsons, T.: Family structure and the socialization of the child. In: T. Parsons und R.F. Bales: Family, socialization and interaction process. Glencoe (Ill.): The Free Press 1955.

Piaget, J.: Das moralische Urteil beim Kinde. Zürich: Rascher 1954 (franz. Original 1934).

Popitz, H.: Über die Präventivwirkung des Nichtwissens - Dunkelziffer, Norm und Strafe. Tübingen: J.C.B. Mohr 1968.

Popitz, H.: Die normative Konstruktion von Gesellschaft. Tübingen: J.C.B. Mohr 1980.

Salisch, M. von: Kinderstreit - Kinderleid. Eine explorative Untersuchung zu Ausdruck und Kommunikation von Gefühlen während eines Konflikts unter befreundeten Mädchen und Jungen. Unveröffentl. Diss. phil. Freie Universität Berlin 1989.

Spittler, G.: Norm und Sanktion - Untersuchungen zum Sanktionsmechanismus. Olten und Freiburg: Walter 1967.

Strauss, A.: Negotiations. San Francisco, Washington und London: Jossey-Bass 1978.

Sullivan, H.S.: Die interpersonale Theorie der Psychiatrie. Frankfurt a.M.: Fischer 1983 (engl. Original 1953).

Youniss, J.: Die Entwicklung und Funktion von Freundschaftsbeziehungen. In: W. Edelstein und M. Keller: Perspektivität und Interpretation. Frankfurt a.M.: Suhrkamp 1982.

Zitierte Projektberichte:

Derscheid, A.: "Jetzt gibste aber an" - Normative Regelungen und Prozesse des Sanktionierens unter Kindern in der Grundschule. Unveröffentlichte Magisterarbeit. Freie Universität Berlin 1988.

Dubberke, T.: Körperkontakte unter 11jährigen Kindern. Unveröffentlichte Diplomarbeit. Freie Universität Berlin 1988.

Klaus, R.: Spiel der Geschlechter - Interaktionsstrategien zwischen gleichgeschlechtlichen Kindern in zwischengeschlechtlichen Interaktionszusammenhängen. Unveröffentlichte Diplomarbeit. Freie Universität Berlin 1985.

Seidel, W.: Spiele auf der Grenze. Unveröffentlichte Magisterarbeit. Freie Universität Berlin 1987.

"Wer bin ich?"
Soziale Verankerung und Individualisierung bei Verwaltungsinspektoren, Soziologiestudenten und Straftätern

Baldo Blinkert

Welche Bedeutung hat es, wenn jemand seine Identität in starkem Maße in sozialen Kategorien verankert? Wie wird eine solche Verankerung aufgelöst? Was für Konsequenzen hat es, wenn diese Bindung wegfällt? Diese Fragen wurden im Rahmen einer empirischen Untersuchung gestellt, die in drei Stichproben durchgeführt wurde: bei angehenden Verwaltungsinspektoren (n = 199), bei Soziologiestudenten in einer Einführung in die Forschungsmethoden der Soziologie (n = 144), bei verurteilten Straftätern im Rahmen einer Befragung (n = 197). Die "soziale Verankerung" wurde mit dem TST gemessen: Den Probanden wurde die Aufgabe gestellt, 10 Antworten auf die Frage "Wer bin ich?" zu formulieren.[1] Diese Antworten lassen sich nach verschiedenen Gesichtspunkten auswerten, u.a. auch danach, ob und wie stark jemand seine persönliche Identität in gesellschaftlichen Bezügen verankert. Ein Indikator dafür ist, wie häufig jemand sich selbst mit sozialen Kategorien darstellt, also z.B. mit Positions- oder Rollenbeschreibungen.[2] Ein Vergleich zwischen den drei Gruppen ist sehr reizvoll und gibt Anlaß zu einigen Fragen und Hypothesen.

---

1 TST bedeutet "Twenty Statements Test". Im Original wurden 20 Antworten auf die "Wer bin ich?"-Frage verlangt. Wir haben uns mit 10 Antworten begnügt. Vgl. Kuhn, McPartland 1950.

2 Die drei Untersuchungsgruppen haben sich mehr oder weniger zufällig ergeben. Die Soziologiestudenten habe ich in einer von mir durchgeführten Einführungsveranstaltung erfaßt. Die dabei gewonnenen Ergebnisse machten mich neugierig, was wohl dabei herauskommen würde, wenn man den TST auch bei ganz normalen Leuten anwendet. Deshalb und weil die Gelegenheit günstig war, wurde der TST Verwaltungsinspektoren und Straftätern vorgelegt. Für diese Gelegenheit bin ich Wolfgang Blass dankbar, der den TST im Rahmen eines von ihm 1983 am Max-Planck-Institut für ausländisches und internationales Strafrecht durchgeführten Projektes "mitlaufen" ließ.

I. Soziale Verankerung und Beeinflußbarkeit

In einer 1958 durchgeführten Untersuchung fand Couch Belege dafür, daß eine starke soziale Verankerung eine Person weniger abhängig von den Meinungen und Urteilen anderer Personen macht. Die soziale Verankerung wurde mit Hilfe des TST gemessen, und zwar als Anzahl von Aussagen, in denen die Identität durch soziale Beziehungen, Mitgliedschaften, Rollen und Positionen beschrieben wird.[3] In einer ähnlichen Weise konnte auch in der von mir durchgeführten Untersuchung der Grad der sozialen Verankerung erfaßt werden: als Anzahl der Aussagen, in denen irgendeine Rolle, Gruppe, ein soziales System oder eine sozial definierte Kategorie zur Beantwortung der Wer-bin-ich-Frage gewählt wurde. Wie die drei Gruppen sich unterscheiden, ist in Abbildung 1 dargestellt.

Abbildung 1: Soziale Verankerung von Verwaltungsinspektoren, Soziologiestudenten und Straftätern.

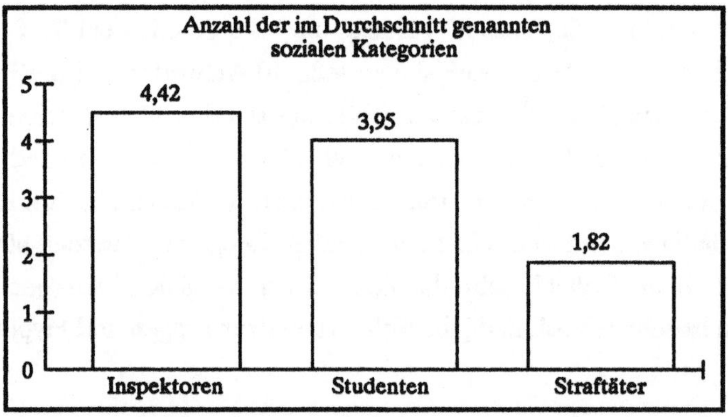

Es ist deutlich erkennbar, daß Straftäter sich sehr viel weniger stark sozial verankern als Verwaltungsinspektoren und Soziologiestudenten. Im Durchschnitt nennen die Straftäter sogar weniger als zwei soziale Kategorien zur Beschreibung ihrer Identität. Die Verwaltungsinspektoren nennen dagegen mehr als doppelt soviele Rollen, Positionen und soziale Systeme, denen sie sich zugehö-

3 Couch 1958.

rig fühlen, und auch von den Soziologiestudenten werden im Durchschnitt fast vier soziale Kategorien genannt. Der Unterschied zwischen Verwaltungsinspektoren und Soziologiestudenten einerseits und den Straftätern andererseits ist unübersehbar und auch statistisch hochsignifikant. Die Bedeutung dieses Unterschiedes wird auch noch dadurch unterstrichen, daß die Straftäter im Durchschnitt viel älter sind als die Verwaltungsinspektoren und Studenten. Sie befinden sich also viel häufiger in einer Altersphase, für die man eine relativ starke soziale Verankerung der Identität erwarten kann.[4] Der Unterschied zwischen den Straftätern und den beiden anderen Gruppen ist also überaus deutlich und es ist zu fragen, welche Bedeutung dieser Unterschied besitzt.

Dabei möchte ich die von Couch formulierte Hypothese aufgreifen: Leute, die sich durch die Nennung von Sozialmitgliedschaften identifizieren, sind weniger von den Beurteilungen und Meinungen anderer Personen abhängig als Leute, bei denen eine solche Identifikation fehlt.[5] Wie läßt sich diese Hypothese begründen? Und wie läßt sich der beschriebene Sachverhalt mit der Situation von Straftätern in Verbindung bringen?

Zunächst muß wohl genauer beschrieben werden, was für eine Art von Abhängigkeit durch eine geringere soziale Verankerung gesteigert werden könnte. Die Hypothese von Couch gilt ja nicht für Abhängigkeit schlechthin. Er selber schränkt sie auf einen spezifischen Typ von Abhängigkeit ein: auf die Abhängigkeit von den Meinungen und Beurteilungen solcher Personen, die in einer Interaktionssituation *anwesend* sind und *unmittelbar* reagieren können. Man könnte die Hypothese von Couch noch ergänzen und vermuten, daß bei einer schwachen sozialen Verankerung zwar die Abhängigkeit von den Reaktionen *konkreter anwesender* Personen groß ist, daß dagegen aber die Abhängigkeit von den Urteilen "generalisierter anderer" eher gering sein könnte. Das nimmt Bezug auf eine zentrale Annahme in der Sozialpsychologie von Mead: Im Verlauf der Sozialisation wird aus der Abhängigkeit von den Reaktionen spezifischer signifikanter anderer (z.B. Vater, Mutter, Geschwister) eine Abhängigkeit von den vorgestellten und symbolisch repräsentierten Reaktionen eines "generalized other". Aus der Abhängigkeit von äußeren Kontrollen wird so eine Abhängigkeit von verinnerlichten Kontrollen.[6] Das Ausmaß der Identifizierung

4 vgl. dazu Erikson 1973.

5 Couch, aaO, S. 491.

6 Mead 1934.

durch soziale Kategorien läßt sich also als ein Indikator dafür betrachten, wie stark sich die Gesellschaft (bzw. Segmente von ihr: Positionen, Rollen, Institutionen) in einer Person als Kontrollinstanz "eingenistet" hat. Wenn das in starkem Maße der Fall ist, kommt es auch zu einer Abschwächung der Abhängigkeit von *spezifischen* anderen, die in einer Interaktionssituation durch ihre Urteile und Reaktionen das Handeln zu beeinflussen versuchen. Bei einer schwachen sozialen Verankerung sind dagegen allgemeine gesellschaftliche Kontrollmechanismen weniger wirksam, und die Meinungen und Urteile von spezifischen und in der Situation anwesenden anderen werden für das Verhalten bedeutsamer. Es entsteht also ein Zustand, den man als "Labilität" bezeichnen könnte: eine gesteigerte Nachgiebigkeit gegenüber den unmittelbaren Anreizen einer Situation, und zwar besonders gegenüber den Urteilen, Meinungen und Anregungen, die von anderen Personen ausgehen.[7]

Welche Bedeutung hat nun der hier berichtete Befund für die Situation von Straftätern? Man könnte vermuten, daß für das Verhalten der untersuchten Straftäter die jeweiligen Interaktionspartner eine besonders große Bedeutung besitzen. Sie scheinen aufgrund der relativ schwachen sozialen Verankerung besonders anfällig für die Meinungen und Urteile ihrer jeweiligen Kontaktpartner zu sein. Sie sind in diesem Sinne labil, also leicht beeinflußbar. Mit dieser Annahme läßt sich begründen, daß jede Form der Konzentration von abweichenden und auffälligen Personen in Anstalten und "sozialen Brennpunkten" zu negativen Resultaten führen muß. In solchen Umwelten häufen sich ungünstige Kontaktchancen. Und wenn es zutrifft, daß die Beeinflußbarkeit von Straftätern wegen ihrer geringen sozialen Verankerung durch Urteile und Meinungen spezifischer anderer besonders groß ist, kann man sich leicht vorstellen, welche Auswirkungen der Aufenthalt in einer Anstalt und in "sozialen Brennpunkten" haben muß.

7 Den dispositionellen Gegenpol dazu könnte man als "Rigidität" bezeichnen: eine gesteigerte Bereitschaft zur Abwehr aller situationsspezifischer Anreize, insbesondere eine Abwehr aller Urteile, Einschätzungen und Anregungen anderer Personen. Denkbar wäre - obwohl im Rahmen dieser Untersuchung dafür kein Beleg vorgelegt werden kann -, daß diese Disposition mit einer extrem starken sozialen Verankerung des Selbst korreliert und auch über den TST nachweisbar ist. Zur Diskussion der damit verbundenen Fragen und Probleme vgl. Dreitzel 1968.

II. Hypothesen über die Selbstorganisation einer kriminellen Karriere

Als Antwort auf die Frage, *warum* denn eigentlich bei den Straftätern die soziale Verankerung um so viel schwächer ist als bei den Mitgliedern der beiden Kontrollgruppen, bieten sich zwei Hypothesen an, die sich den beiden in der Kriminologie vorherrschenden Paradigmen - ätiologische Erklärungen und Etikettierungstheorie - zuordnen lassen:

Hypothese 1 (ätiologisches Paradigma):
Eine schwache soziale Verankerung des Selbst ist eine *Ursache* für normverletzendes Handeln.

Je schwächer die soziale Verankerung einer Person ist, desto stärker ist sie in ihren Entscheidungen und Ansichten durch die Meinungen und Urteile von unmittelbar anwesenden anderen Personen beeinflußbar. Und wenn Kontakte zu anderen Devianten bestehen[8] und die Situation genügend Anreize für abweichendes Verhalten bietet[9], dann ist die Wahrscheinlichkeit für eine Entscheidung zu normverletzendem Handeln umso größer, je geringer die soziale Verankerung einer Person ist. Eine geringe soziale Verankerung ist gemäß dieser Annahme vor der Verletzung von Strafrechtsnormen entstanden und müßte durch die biographische Situation, insbesondere durch Sozialisationserfahrungen, erklärt werden.

Hypothese 2 (Etikettierungsparadigma):
Normverletzendes Handeln und die damit verbundenen Folgen - die gesellschaftlichen Reaktionen auf Deviante - sind eine Ursache für die schwache soziale Verankerung bei den verurteilten Straftätern. Je häufiger normverletzendes Handeln praktiziert wird, desto größer ist auch die Chance, daß es zu gesellschaftlichen Reaktionen in der Form von sozialer Ausschließung kommt. Auf diese Weise werden sozial anerkannte Rollen, Positionen und Mitgliedschaften objektiv in geringerem Maße verfügbar und die noch erreichbaren Positionen und Mitgliedschaften verlieren subjektiv an Plausibilität. Je weniger anerkannte soziale Kategorien (Rollen, Mitgliedschaften etc.) objektiv

8 "differentielle Kontakte" vgl. Sutherland und Cressey 1960.

9 "Gelegenheiten" vgl. Cloward und Ohlin 1960.

zugänglich sind und je weniger plausibel die zugänglichen sozialen Kategorien sind, desto schwächer ist die soziale Verankerung.

Mit den Daten dieser Untersuchung ist nicht entscheidbar, welche der beiden Hypothesen zutreffend ist. Der TST wurde Leuten vorgelegt, die zum Zeitpunkt der Erhebung bereits straffällig waren und auch von gesellschaftlichen Kontrollinstanzen sanktioniert worden sind. Es fehlen also Informationen über die zeitliche Abfolge der Ereignisse: War bereits *vor* der Straffälligkeit die soziale Verankerung schwach ausgeprägt, oder wurde die Bereitschaft zu einer sozialen Identifizierung erst *nach* der Straffälligkeit und der anschließenden Sanktion geschwächt?

Da beide Hypothesen begründbar sind, wäre es nicht vernünftig, sie als Konkurrenten zu betrachten. Sinnvoller ist es, eine Wechselbeziehung zwischen den Bedingungsfaktoren der Ursachen- und Konsequenzenhypothese anzunehmen. Beide Hypothesen zusammen beschreiben einen "positiven Regelkreis", einen Prozeß der Selbstorganisation. Sie erklären, wie sich aus anfänglichen und noch harmlosen Normverletzungen eine stabile Disposition zu abweichendem Verhalten - eine "kriminelle Karriere" - hochschaukeln kann.[10]

10 Für das Hochschaukeln anfänglicher und i.a. geringfügiger Normverletzungen zu einer stabilen "kriminellen Karriere" gibt es eine Alternativerklärung, die im labeling approach eine gewisse Rolle spielt. Man geht davon aus, daß die negativen und stigmatisierenden Reaktionen der Kontrollinstanzen und aus dem sozialen Umfeld zur Entwicklung eines "negativen Selbstbildes" führen. Der Deviante sieht sich so, wie diese anderen ihn definieren. Er übernimmt deren Standpunkte, und das führt schließlich dazu, daß er fortan auch in stärkerem Maße bereit ist, sich so zu verhalten, wie andere ihn definieren, nämlich abweichend.

Die Ergebnisse dieser Untersuchung sprechen eher gegen eine solche Annahme. Die Antworten auf den TST lassen sich auch danach kategorisieren, ob sie eher ein positives oder ein negatives Selbstbild zum Ausdruck bringen. Die Auswertungen zeigen, daß es keinen nennenswerten Unterschied zwischen Verwaltungsinspektoren, Soziologiestudenten und Straftätern gibt. Die Straftäter besitzen keineswegs in überdurchschnittlich hohem Maße ein negatives Selbstbild. Es ist deshalb fraglich, ob man ein negatives Selbstbild als Ursache für das Hochschaukeln einer "kriminellen Karriere" betrachten kann. Viel plausibler ist die hier angebotene Erklärung: Im Verlauf des Kontrollprozesses wird die innere Repräsentation der Gesellschaft - also die soziale Verankerung des Selbst - zunehmend abgebaut und auf diese Weise wird die Nachgiebigkeit gegenüber den Einflüssen anderer Personen immer weiter gesteigert. Die vorgelegten Daten können diese Annahme zwar in einem strengen Sinne nicht beweisen, aber sie sind recht gut mit ihr vereinbar.

III. Quantitative und qualitative Aspekte bei der sozialen Verankerung

Wenn der "Grad der sozialen Verankerung" so gemessen wird, wie das in Teil I vorgeschlagen wurde, so ist das eine sehr starke Vereinfachung. Diese Art der Messung informiert lediglich darüber, wie *häufig* jemand Rollen, Positionen, soziale Kategorien und Mitgliedschaften zu seiner Identifizierung nennt. Sie erlaubt jedoch keine Schlüsse auf die *Art* der sozialen Verankerung. Nehmen wir an, jemand gibt auf die Wer-bin-ich-Frage die folgenden Antworten: Vater, Freund, Ehemann. Er würde als Grad der sozialen Verankerung den Wert 3 bekommen. Den gleichen Wert würde aber auch jemand erhalten, der folgendes sagt: Mitglied einer Gesellschaft, Deutscher, Erwachsener. Im ersten Fall werden Primärgruppen genannt: kleine soziale Einheiten mit starken affektiven Bindungen. Im zweiten Fall dagegen werden nur sehr abstrakte Kollektive genannt. Der Wert 3 kann also ganz verschiedene Sachverhalte zum Ausdruck bringen. Er läßt den Eindruck entstehen, als ob die beiden Personen im Hinblick auf ihre soziale Verankerung die gleiche Intensität aufweisen. Nicht berücksichtigt ist aber die Qualität von Beziehungen in den genannten Kollektiven, und man kann vermuten, daß die soziale Verankerung besonders intensiv sein wird, wenn jemand sich vorwiegend in Primärgruppen als Mitglied sieht. Im folgenden entwickle ich einen Vorschlag, um das hier beschriebene Problem zu lösen. Gesucht wird also eine Methode, die nicht nur quantitative, sondern auch qualitative Aspekte bei der sozialen Verankerung erfassen kann.

Als erstes muß entschieden werden, welche Arten von sozialen Bezügen überhaupt vorkommen können und deshalb berücksichtigt werden müssen. Dazu greife ich einen Vorschlag von Galtung auf, der zwischen drei Kollektivtypen unterscheidet: Gruppen, Systeme und Kategorien.[11] Das genus proximum der drei Typen besteht darin, daß es sich stets um eine Menge von Individuen handelt. Die Unterscheidungsmerkmale beziehen sich auf die Art der Beziehungen zwischen den Individuen:

Gruppen oder "primäre Kollektive" sind Kollektive, in denen zwischen den Mitgliedern ausschließlich direkte Beziehungen bestehen. Beispiele für Gruppenmitgliedschaften aus den TST-Antworten: Vater, Mutter, Sohn, Ehemann, Geliebter, Nachbar, Freund, Mitglied einer Wohngemeinschaft.

---

11 vgl. Galtung 1967.

Systeme oder "sekundäre Kollektive" sind Kollektive, in denen zwischen den Mitgliedern neben direkten Beziehungen auch indirekte Beziehungen bestehen. Beispiele aus den TST-Aussagen für Systemmitgliedschaften: Schüler, Student, Verwaltungsinspektor, Handwerker, SPD-Mitglied.

Kategorien oder "tertiäre Kollektive" sind Kollektive, in denen keine Beziehungen zwischen den Mitgliedern bestehen. Beispiele aus den TST-Aussagen: Dreißigjähriger, Jugendlicher, Mann, Badener, Deutscher, Mitteleuropäer, Homo Sapiens.

Diese Unterscheidung zwischen Gruppen, Systemen und Kategorien nach dem formalen Merkmal "Art der Beziehungen zwischen Mitgliedern" korrespondiert mit einer Reihe von sozial bedeutsamen Merkmalen, die alle etwas mit dem Ausmaß und der Art der sozialen Verankerung eines Individuums zu tun haben.

Zunächst kann man annehmen, daß im Durchschnitt der Grad der informellen Sozialkontrolle und das Ausmaß der affektiven Bedeutung einer Mitgliedschaft von Gruppen über Systeme bis zu Kategorien abnimmt. Damit nimmt aber auch das Ausmaß der als verpflichtend empfundenen Einbettung in soziale Gefüge ab. Jemand, der nur Kategorien nennt, sieht sich viel weniger in verpflichtenden und auch kontrollierenden Sozialbeziehungen als ein anderer, der vorwiegend Gruppen nennt oder Aussagen über alle drei Kollektivtypen macht. Wenn man einmal von Ausnahmen absieht, die für das hier untersuchte Thema nicht sehr bedeutsam sind, kann man folgendes annehmen: Von Gruppen über Systeme bis zu Kategorien nimmt das Ausmaß der affektiven Bedeutung einer Mitgliedschaft ab; ebenso nimmt die Bedeutung informeller und unmittelbar auf die Person bezogener Sozialkontrollen ab; und das gleiche gilt für den Grad der subjektiv empfundenen Verpflichtungen gegenüber dem genannten Kollektiv. Dagegen nimmt der Grad der Abstraktheit und Formalität von Interaktionen bis zu dem Extrem des völligen Fehlens von Beziehungen und Verpflichtungen zu. Bei Kategorien existieren allenfalls hochabstrakte Verpflichtungen ("im Namen der Menschheit") oder überhaupt keine, wenn die Kategorie nichts anderes ist als eine statistische Sammelbezeichnung ("Dreißigjähriger").

IV. Antwort- und Entwicklungslogiken

Wie sieht nun das Antwortverhalten im Hinblick auf diese drei Beziehungstypen aus? Liegt den Antworten eine bestimmte Logik zugrunde oder erfolgen die Antworten "regellos"? Mit "regellos" meine ich, daß man keine besonderen Muster erkennen kann. Und wenn nun eine Antwortlogik erkennbar ist, wie sieht diese aus? Denkbar wäre z.B., daß Leute sich entweder für Gruppen oder für Systeme oder für Kategorien entscheiden und ihre soziale Verankerung konsistent nur durch einen Beziehungstyp beschreiben.

Vorstellbar wäre aber auch, daß die Antworten eine Art Entwicklungslogik zum Ausdruck bringen: Zunächst identifiziert man sich mit kleinen und überschaubaren sozialen Einheiten, mit Primärgruppen. Auf einer nächsten Stufe kämen dann erweiterte und formalere Sozialbeziehungen hinzu, also zusätzlich eine Identifikation mit Systemen, z.B. mit Ausbildungs- und Berufsrollen. Und im weiteren Verlauf würde sich die soziale Verankerung dann auf allgemeinste Kategorien ausdehnen, auf die Mitgliedschaft in einer Gesellschaft, auf die Zugehörigkeit zu einem Kulturkreis.

Und schließlich sind auch Logiken des Abbaus einer sozialen Verankerung vorstellbar: Zunächst werden allgemeine Beziehungsmuster vom Typ der Kategorien abgebaut, dann Systeme und zum Schluß erst wird die Mitgliedschaft in Gruppen subjektiv unplausibel. Oder umgekehrt: Als erstes werden die sehr verpflichtenden Beziehungen in Gruppen aufgegeben, dann die Mitgliedschaft in Systemen und zum Schluß erst die Zugehörigkeit zu Kategorien.

Für fast alle der hier erwähnten Logiken lassen sich Begründungen finden. Man kann also nicht a priori die eine für wahrscheinlicher erklären als die andere. Lassen wir uns also überraschen, und zwar dadurch, daß wir empirisch untersuchen, welche Form der Antwortlogik vorliegt, bzw. ob sich überhaupt eine ausmachen läßt.

Ein Skalenmodell, das eine bestimmte Struktur des Antwortverhaltens voraussetzt, ist der Typ der Guttmann-Skala. Diese Skalierungsmethode kann man benutzen, um herauszufinden, ob es eine Antwortlogik gibt, die sich mit der vorausgesetzten Skalenstruktur beschreiben läßt. Das ist dann der Fall, wenn die statistischen Kennwerte auf eine gute "Guttman-Skalierbarkeit" hinweisen.

Die wichtigsten Voraussetzungen einer Guttman-Skala sind die folgenden:

(1) Es muß möglich sein, jedes item auf einen Bereich von zwei Werten zu reduzieren: 0 = nicht vorhanden (keine Reaktion, keine Nennung) und 1 = vorhanden (Reaktion, Nen-

nung). Für diese Auswertung wurden drei items gebildet: Gruppen werden genannt/nicht genannt - Systeme werden genannt/nicht genannt - Kategorien werden genannt/nicht genannt.

(2) Alle items müssen auf dem gleichen Kontinuum liegen, d.h. alle items müssen sich auf die gleiche Eigenschaft beziehen. Bei der hier untersuchten Frage ist das die soziale Verankerung einer Person, also die von ihr selbst berichtete Einbindung in verschiedene soziale Beziehungsmuster.

(3) Bei einer Guttman-Skala lassen sich die items danach unterscheiden, in welchem Ausmaß sie die zu messende Eigenschaft zum Ausdruck bringen. Sie liegen auf verschiedenen Positionen des Kontinuums und sind in diesem Sinne unterschiedlich "schwierig". Für die Eigenschaft "soziale Verankerung" könnte man für die drei items Gruppenmitgliedschaft, Systemmitgliedschaft und Kategorienzugehörigkeit die folgenden Intensitäten annehmen:

Gruppen > Systeme > Kategorien

Die Nennung von Gruppen bringt eine stärkere soziale Verankerung zum Ausdruck als die Nennung von Systemen, und Systeme wiederum zeigen eine stärkere Verankerung an als Kategorien. Für diese Interpretation spricht auch die Häufigkeit der Nennungen: Gruppen werden am seltensten genannt. Gruppenmitgliedschaft scheint also das "schwierigste" item zu sein. An zweiter Stelle stehen Systeme, und Kategorien werden am häufigsten genannt. Kategorienzugehörigkeit wäre dann das "leichteste" item.

(4) Eine Guttman-Skala setzt eine bestimmte Antwortlogik[12] voraus: eine Logik, die es möglich macht, von dem Skalenwert auf die Reaktion gegenüber jedem einzelnen item zu schließen. Im Idealfall wäre dann das Antwortverhalten jeder Person gegenüber allen einzelnen items auf der Grundlage eines einzigen Skalenwertes reproduzierbar.

Wenn nun die drei hier berücksichtigten items im Sinne des Guttman-Modells skalierbar sind, müßte das folgende Antwortmuster beobachtbar sein: Personen mit der stärksten sozialen Verankerung haben den Skalenwert 3 und machen natürlich Aussagen über alle drei Beziehungstypen. Leute mit einem Verankerungswert von 2 nennen nur Systeme und Kategorien, *nicht* aber Gruppen und Systeme oder Kategorien und Gruppen. Und bei einem Verankerungswert von 1 werden nur Kategorien genannt, *nicht* aber Gruppen oder Systeme.

Eine entsprechende Analyse zeigt, daß die drei Mitgliedschaften in der Tat eine brauchbare Guttman-Skala bilden. Die Einzelaussagen aller Personen bezüglich dieser drei items lassen sich fast zu 90 % aus den Skalenwerten reproduzieren und eine weitere Kennziffer - der Skalierbarkeitskoeffizient - läßt erkennen, daß dies in einem ausreichend geringen Maße von den Randverteilungen der items abhängt.[13]

12 Allgemeiner müßte man von einer "Eigenschaftslogik" sprechen, denn mit Guttman-Skalen lassen sich nicht nur Antworten untersuchen.

13 R = 0.89, S = 0.72.

Abbildung 2: Art und Stärke der sozialen Verankerung (Ergebnis der Guttman-Skalierung)

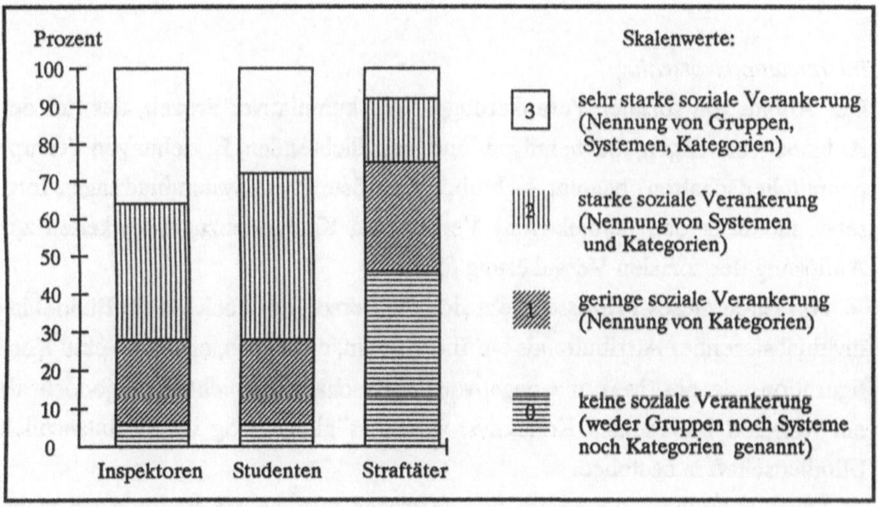

V. Hypothesen über den Abbau von sozialer Verankerung

Betrachtet man die Verteilung der Skalenwerte in den drei Stichproben, so ist das Ergebnis weitgehend mit den bereits berichteten Resultaten vereinbar (Abbildung 2): 75 % der Straftäter haben einen niedrigen Skalenwert (die Werte 0 und 1 zusammengefaßt). Ein niedriger Wert kommt dagegen nur bei knapp 30 % der Verwaltungsinspektoren und Soziologiestudenten vor. Hohe Skalenwerte, die eine starke soziale Verankerung anzeigen, kommen bei den Straftätern nur sehr selten vor, sind aber in den anderen beiden Gruppen ziemlich häufig.

Was aber bedeutet es nun, daß sich der Grad der sozialen Verankerung ausgerechnet durch eine Guttman-Skala so gut abbilden läßt? Die Guttman-Skala ist ja nicht eine beliebige Skala. Sie ist eine "starke" Skala insofern, als sie nur dann zu guten Kennwerten führt, wenn auch tatsächlich eine Antwortlogik i.S. des Skalenmodells besteht. Die Frage ist nun, ob man aus der nachgewiesenen Antwortlogik auf eine Entwicklungslogik schließen kann. Dazu möchte ich zunächst einen Vorschlag formulieren, mit dem sich der Prozeß des Abbaus von sozialer Verankerung beschreiben läßt:

Interpretationsvorschlag 1
Der Abbau von sozialer Verankerung ist ein kumulativer Prozeß, der mit der Aufgabe von engen, aufwendigen und verpflichtenden Beziehungen (Gruppenmitgliedschaften) beginnt, sich über die Lösung von Systembindungen fortsetzt und über den (subjektiven) Verlust von Kategorienzugehörigkeiten zur Auflösung der sozialen Verankerung führt.

Am Ende dieses Prozesses sieht sich die Person nur noch als ein Bündel individualisierender Attribute: als ein Individuum, ein Name, ein "Ich", eine Konfiguration von positiven und negativen Eigenschaften - nicht mehr jedoch als ein Mitglied irgendeines Kollektivs, wobei es gleichgültig ist, ob tatsächlich Mitgliedschaften bestehen.

Diese Hypothese beschreibt diesen Prozeß nur; sie erklärt ihn noch nicht. Und die Beschreibung kann sich auch nicht auf direkte Beobachtungen stützen, da Informationen über die Lebensgeschichte der untersuchten Personen fehlen. Aber die von mir vorgeschlagene Verlaufshypothese ist recht gut mit den Ergebnissen der Guttman-Analyse vereinbar.

Diese Verlaufshypothese ist jedoch nicht selbstevident. Sie ist sogar kontraintuitiv und widerspricht einer sehr plausiblen Annahme: Die Mitgliedschaft in Gruppen ist sehr viel bindender als die Zugehörigkeit zu Systemen und abstrakten Kategorien. Warum also sollte die Auflösung von sozialer Verankerung mit der Auflösung solcher enger und starker Bindungen beginnen? Einleuchtender wäre doch die Erwartung, daß sich zunächst einmal die Bindungen auflösen, die weniger bedeutsam und weniger verpflichtend sind. Warum sollte sich jemand zunächst von Gruppenmitgliedschaften lösen, dann von Systembindungen und zum Schluß erst von sozialen Kategorien? Warum nicht der umgekehrte Weg? Als Antwort möchte ich einen weiteren Interpretationsvorschlag formulieren:

Interpretationsvorschlag 2
In dem Maße, in dem die objektive und die subjektiv erlebte Mitgliedschaft in einem Kollektiv von der Bestätigung und Zustimmung anderer Personen ab-

hängt, vergrößert sich die Chance, daß es im Falle einer Mitgliedschaftskrise zu einer Lösung von diesem Kollektiv kommt.

Bei dieser Hypothese wird vorausgesetzt, daß es irgendeinen Anlaß gibt, der eine erneute Bestätigung der Mitgliedschaft erforderlich macht (Mitgliedschaftskrise). Dieser Anlaß muß gravierend genug sein. Er muß Mitgliedschaftsbedingungen betreffen und dazu führen, daß die routinemäßig bestätigte Zugehörigkeit einer besonderen Bekräftigung bedarf. Ein solcher Anlaß ist sicher die Zuteilung des Etiketts "Straftäter".

Die Zugehörigkeit zu einer Kategorie ist im allgemeinen völlig unabhängig von der Zustimmung und Bestätigung anderer. Jeder kann sich als Erwachsener, als Mensch oder als Europäer betrachten, wenn das für ihn wichtig ist und wenn bestimmte Sachverhalte erfüllt sind. Die Zugehörigkeit zu Kategorien ist vorwiegend sachlich geregelt - Zugehörigkeitsbedingungen sind Sachverhalte: Alter, Geschlecht, biologische Merkmale, Geburtsort, ständiger Aufenthalt usw. Die Zugehörigkeit ist nur in Grenzfällen von dem Wohlwollen und der Zustimmung anderer abhängig. In diesem Punkt unterscheidet sich die Zugehörigkeit zu Kategorien radikal von System- und Gruppenmitgliedschaften. Die Verfügbarkeit über Sachverhalte ist für die Begründung einer Mitgliedschaft in Systemen oder Gruppen nicht ausreichend; man braucht zusätzlich die Anerkennung durch andere. Die Mitgliedschaft muß bestätigt, sozial validiert werden. Das erklärt, warum Ereignisse, die zu einem Abbau der sozialen Verankerung führen können, das Zugehörigkeitsgefühl zu Kategorien erst an letzter Stelle erschüttern. Kategorien sind auch dann noch zur sozialen Identifizierung plausibel, wenn das bei Gruppen und Systemen schon längst nicht mehr möglich ist. Warum aber ist die Bindung an Systeme dauerhafter als die Bindung an Gruppen? Die Beziehungen in Systemen sind allgemeiner und abstrakter als die Beziehungen in Gruppen. Sie sind zu einem großen Teil durch formale Regeln definiert und sie sind weniger von den Erwartungen und Reaktionen konkreter Einzelpersonen abhängig. Die Zugehörigkeit bedarf in weit geringerem Maße der ständigen Bestätigung und Zustimmung durch andere Personen. Sie ist allgemein geregelt, man könnte sagen, durch die Zustimmung "generalisierter anderer". Das hat zur Konsequenz, daß eine Mitgliedschaft sich auch nicht so leicht entziehen läßt. Die Zugehörigkeit zu einer Berufsgruppe verliert man nicht so schnell wie den Mitgliedsstatus in einer Kleingruppe. Der höhere Grad an Abstraktheit und Formalität in den Mitgliedschaftsbedingungen und die damit verbundene geringere Abhängigkeit von den Bestätigungen durch spezifische andere führen dazu, daß Systeme zur sozialen Verankerung länger subjektiv plausibel bleiben als Gruppen.[14]

Die Mitgliedschaft in verschiedenen Kollektivtypen ist also in unterschiedlichem Maße von den Bestätigungen durch andere Personen abhängig. Diese Abhängigkeit geht bei Kategorien gegen Null. Sie ist bei Systemen durch die abstrakte und formale Regelung der Mitgliedschaft stark eingeschränkt, und sie ist bei Gruppen maximal. Die Kollektive, deren Bedeutung für die soziale Verankerung einer Person relativ geringfügig ist - soziale Kategorien - sind am ehesten verfügbar. Und Mitgliedschaften, die für die soziale Verankerung einer Person einen bedeutsamen Beitrag leisten - Gruppenmitgliedschaften - sind am ehesten von Auflösung bedroht.

Das wird deutlich, wenn wir die Situation von Straftätern betrachten. Gesellschaftliche Reaktionen auf Normabweichungen tragen zu einer Schwächung der sozialen Verankerung bei, wenn sie mit sozialem Ausschluß verbunden sind. Die Stigmatisierung durch das Etikett "Vorbestrafter" führt sehr oft zunächst zu einer Lockerung oder sogar Auflösung der Bindung an Gruppen. Die formalen Sanktionen der Justiz werden durch informelle Sanktionen im privaten Lebensbereich überlagert. Und diese informellen Sanktionen bestehen ganz überwiegend in der Aufkündigung oder Beeinträchtigung von Gruppenmitgliedschaften und Systemmitgliedschaften: Trennung, Scheidung, Verlust von Freundschaften und Kontakten, Berufsverbot, Verlust des Arbeitsplatzes, Ausschluß aus Vereinen. Dieser Vorgang verläuft nach dem Muster eines sich selbst verstärkenden Prozesses. Die Lockerung oder Beendigung der Mitgliedschaft in einem Bereich zieht Kreise und beeinträchtigt die Zugehörigkeit zu anderen Gruppen und Systemen. Und Gruppen und Systeme verlieren auf diese Weise mehr und mehr ihre Plausibilität für eine soziale Verankerung, und am Ende wird schließlich auch die Zugehörigkeit zu Kategorien nicht mehr als bedeutsam empfunden. Damit hat die Auflösung der inneren Repräsentation

14 Diese Hypothese beschreibt vermutlich eine allgemeine Gesetzmäßigkeit. Von dieser Regelmäßigkeit gibt es jedoch Ausnahmen, die man auch genauer spezifizieren kann. Die Zugehörigkeit zu bestimmten Primärgruppen kann durchaus weitgehend unabhängig von den Zustimmungen spezifischer anderer sein. Das ist dann zu erwarten, wenn hinter diesen Primärgruppen mächtige Institutionen und Traditionen stehen. Ein Beispiel dafür könnte die Familie sein. Für die Familie in unserer Gesellschaft ist die erwähnte Voraussetzung allerdings immer weniger erfüllt.

von Gesellschaft ihr Maximum erreicht, und auf die Frage "Wer bin ich?" gibt es dann nur noch individualisierende Antworten.

VI. Soziale Verankerung und Individualisierung

Die Frage ist nun sehr naheliegend, was denn die hier vorgestellten Ergebnisse und Interpretationen mit "Individualisierung" zu tun haben könnten - einem Thema, das in der gegenwärtigen soziologischen Diskussion ziemlich viel Beachtung findet.[15] Im Zusammenhang mit diesen Überlegungen ergeben sich auch Anknüpfungspunkte zu der von Heinrich Popitz vorgeschlagenen Theorie der sozialen Subjektivität.[16]

Wenn unter Individualisierung auch - und vielleicht sogar in erster Linie - die Lösung aus sozialen Bezügen verstanden wird und wenn Individualisierung als ein wesentlicher Teilaspekt von Modernisierungsprozessen gesehen wird, dann sind Straftäter sicher hochmoderne Individuen - vielleicht sogar die Avantgarde eines "neuen Identitätstyps". Allerdings dürfte die von Straftätern als geringe soziale Verankerung realisierte Individualisierung kaum den landläufigen Vorstellungen entsprechen. Alle positiv bewerteten Attribute, die ja auch mit Individualisierung in Verbindung gebracht werden können, scheinen bei den Straftätern zu fehlen: Es ist z.B. nicht erkennbar, daß die untersuchten Straftäter über ein besonderes Interesse an Selbstverwirklichung, Unabhängigkeit und Emanzipation verfügen. Es könnte jedoch sein, daß die bei den Straftätern beobachtete Individualisierung die Variante ist, bzw. sein wird, die außerhalb des akademischen Bildungsbürgertums die größte Verbreitung findet: eine Lösung aus sozialen Bezügen, die nicht mit einem Zugewinn an Unabhängigkeit und Autonomie verbunden ist.[17] Das damit verbundene Handeln könnte eine sehr große Ähnlichkeit mit dem haben, was Homans als "elementares Handeln" bezeichnet hat: ein Handeln, das in starkem Maße utilitaristisch geprägt ist und auch in außerökonomischen Bereichen den Prinzipien einer individualistischen Tauschrationalität folgt.[18] Und wenn man erklä-

15 vgl. dazu insbes. Beck 1986.

16 vgl. Popitz 1987.

17 Die von Dubiel aufgeworfene Frage "Autonomie oder Anomie" wäre dann zugunsten der "Anomie" entschieden. Dubiel 1986.

18 Homans 1972.

ren will, wie es zu dieser Art von Individualisierung kommt, wird man vielleicht von Hypothesen ausgehen können, mit denen sich die Auflösung der sozialen Verankerung bei Straftätern erklären läßt. Man wird u.a. fragen müssen, welche Mitgliedschaftskrisen zur Lockerung der sozialen Verankerung in Gruppen und Systemen führen. Bei Straftätern war das die vom Justizsystem verhängte Sanktion, das Etikett "Krimineller". Andere Ereignisse könnten eine ganz ähnliche Wirkung haben: Arbeitslosigkeit, Trennung und Scheidung von einem Partner oder beruflich bedingte Migration. Der in der Sozialstruktur angelegte allgemeine Trend zur Flexibilisierung und Lockerung von Bindungen wird durch solche Ereignisse noch einmal verstärkt und löst bei Individuen in diesen Lebenslagen einen verstärkten Individualisierungsschub aus.

Im Kontext einer Theorie der Autorität hat Heinrich Popitz verschiedene Typen der sozialen Subjektivität nach dem für sie konstitutiven Anerkennungsbedürfnis und nach der darauf bezogenen sozialen Validierung des Selbstwertgefühls unterschieden: (1) soziale Subjektivität als Anerkennung der Zugehörigkeit zu einer Gruppe, (2) soziale Subjektivität als Anerkennung in einer zugeschriebenen Rolle, (3) soziale Subjektivität als Anerkennung in einer erworbenen Rolle, (4) soziale Subjektivität als Anerkennung in einer öffentlichen Rolle und (5) soziale Subjektivität als Streben nach einer sozialen Anerkennung der *eigenen Invidualität*.

Diese fünf Typen lassen sich im Sinne einer historischen Entwicklungsfolge interpretieren. Dabei sind zwei Trends beobachtbar. Diese Typen sind, erstens, kumulativ: Die jeweils späteren Typen verdrängen nicht die früheren. Und zweitens: Es kommt zu einer sukzessiven Individualisierung sozialer Subjektivität. Diese Entwicklung findet ihren Höhepunkt in dem fünften Typ, dem Streben nach sozialer Anerkennung der eigenen Individualität. Für diesen Typ ist nun ein ganz spezifisches Dilemma charakteristisch. Es gibt keine Möglichkeit zur Realisierung des Anspruchs auf eine soziale Anerkennung von Individualität. "Es ist eine soziale Subjektivität entstanden, die nicht 'darstellungsfähig' als soziales Subjekt ist."[19] Versuche zur Lösung dieses Dilemmas sieht Popitz in der Suche nach Beziehungsformen, in denen gesellschaftliche Standardisierungen keine große Rolle spielen: primäre Gruppen, in denen Selbst-

19 Popitz, aaO, S. 644.

findung, wechselseitiges Verstehenwollen und Verstanden-Werden im Vordergrund stehen.[20]

In einem gewissen Sinne sind die hier untersuchten Straftäter Verkörperungen dieses Typs der sozialen Subjektivität. Die geringe Häufigkeit, mit der soziale Kategorien zur Selbstdarstellung gewählt werden und die große Zahl von individualisierenden Beschreibungen lassen das vermuten. Gleichzeitig aber ist für die Straftäter charakteristisch, daß sie die von Popitz beschriebene Form der Dilemmalösung nicht realisieren konnten - eine soziale Verankerung in primären Gruppen kommt bei ihnen praktisch nicht vor. Diese Konstellation ist möglicherweise nicht nur für Straftäter typisch. Welche Möglichkeiten bieten sich aber dann? Wäre es möglich, daß die Identifikation mit sozialen Kategorien eine gewisse Attraktivität gewinnen könnte? Für eine solche Annahme spricht, daß man sich mit Kategorien identifizieren kann, ohne daß man auf die Zustimmung durch andere angewiesen ist. Vielleicht kann man damit erklären, warum es trotz - vielleicht sogar *wegen* - zunehmender Individualisierung zu einem Erstarken nationalistischer Bewegungen kommt. Ihre Attraktivität könnte darauf beruhen, daß sie Individuen, die über keine soziale Verankerung in Gruppen und Systemen verfügen, doch eine minimale soziale Zugehörigkeit durch die Identifikation mit Kategorien ermöglichen. Kategorien - auch in der Form nationaler Zugehörigkeiten - wären dann eine Art letzte Chance für die sozialen und kulturellen Verlierer von Modernisierungsprozessen.

Literatur:

Beck, U.: Die Risikogesellschaft. Frankfurt a.M. 1986.

Bugental, J.F.T. und Zelen, S.L.: Investigations into the "self-concept". The WAY-Technique. In: Journal of Personality 1950. S. 485-498.

Cloward, R.A. und Ohlin, L.E.: Delinquency and opportunity. New York 1960.

Couch, C.J.: Self-attitudes and degree of agreement with immediate others. In: American Journal of Society 1958. S. 491-496.

Dreitzel, H.P.: Die gesellschaftlichen Leiden und das Leiden an der Gesellschaft. Stuttgart 1968.

Dubiel, H.: Autonomie oder Anomie. Zum Streit über nach-liberale Charaktere. In: J. Berger (Hrsg.): Die Moderne - Kontinuität und Zäsuren. Sonderband 4 der Sozialen Welt. Göttingen 1986. S. 263-281.

Erikson, E.H.: Identität und Lebenszyklus. Frankfurt a.M. 1973.

Galtung, J.: Theory and methods of social research. London 1967.

20 Popitz, aaO, S. 644 ff. Auf die damit verbundenen Implikationen für Autoritätsbeziehungen kann ich hier nicht eingehen.

Homans, G.C.: Elementarformen des menschlichen Verhaltens. Opladen 1972.

Kuhn, M.H. und McPartland, T.: An empirical investigation of self attitudes. In: American Sociological Review 1954. S. 68-76.

Mead, G.H.: Mind, self and society. Chicago 1934.

Popitz, H.: Autoritätsbedürfnisse. Der Wandel der sozialen Subjektivität. In: Kölner Zeitschrift für Soziologie und Sozialpsychologie 1987. S. 633-647.

Sutherland, E.H. und Cressy, D.R.: Principles of criminology. Chicago 1960.

Anthropologische Reflexion im Kontext sozialwissenschaftlicher Theorien

Robert H. Reichardt

Um die Beziehung zwischen Anthropologie und sozialwissenschaftlicher Theorie zu charakterisieren, möchte ich die Erinnerung an einen Vortrag von Fuchs in Princeton benützen, einem Mathematiker von Rang, der zugleich ein ausgezeichneter Musikkenner war. Er führte aus, daß zwar die Musik durch und durch von mathematischen Gesetzmäßigkeiten durchsetzt sei, daß aber das für die Musik Essentielle sich zumeist als mathematische Trivialität erweise, während umgekehrt das mathematisch Interessante meistens für das Verständnis der Musik nichts hergäbe. Ganz ähnlich möchte ich über den Zusammenhang zwischen anthropologischen Gesichtspunkten und sozialwissenschaftlicher Theorie argumentieren. Gewiß werden mit jeder sozialwissenschaftlichen Theorie - meist immanent - auch anthropologische Annahmen gesetzt. Aber diese anthropologischen Gehalte sind eher unbestrittenes Hintergrundwissen als tragende Pfeiler der Sozialtheorien selber. Die wesentlichen Unterschiede zwischen den wichtigsten sozialwissenschaftlichen Theorien ergeben sich weniger aus ihren impliziten oder expliziten anthropologischen Voraussetzungen als aus Konstruktionsprinzipien und Betonung von Problemen. Umgekehrt ließe sich auch nicht behaupten, daß sozialwissenschaftliches Räsonieren zu einem erheblichen Teil in die Entwicklung anthropologischer Vorstellungen eingegriffen hätte.

Dennoch gibt es einige Berührungsflächen zwischen Anthropologie und Sozialtheorie, aus denen sehr folgenreiche, um nicht zu sagen: dramatische Problemstellungen erwachsen, die aber als noch offene Problemstellungen zu sehen sind, ohne daß ihnen etablierte und bewährte Theoriestücke entsprächen. Diese Berührungsflächen und zugleich Fragestellungen möchte ich folgendermaßen umschreiben:

1. Bestimmte Erscheinungsformen des sozialen Lebens wiederholen sich unter völlig andersartigen historischen oder regionalen Bedingungen. Drückt

sich darin eine durch anthropologische Gegebenheiten bedingte Limitierung aus?

2. Wir können den Prozeß ins Auge fassen, in welchem sich der heutige Mensch aus tiernahen Vorfahren herausgebildet hat. Wir können die Frage nach den treibenden Kräften in diesem Prozeß, für den auch oft der pathetische Ausdruck "Menschwerdung" verwendet wird, aufwerfen, wobei für unser Thema die in diesen Prozeß eingehenden Formen sozialen Lebens besonders wichtig sind.
3. Wenn wir die künftigen Entwicklungsmöglichkeiten menschlicher Gesellschaften ins Auge fassen, so können wir fragen, wie weit die Gestaltungskraft im Sozialen durch anthropologische Rahmenbedingungen eingeengt ist, bzw. wie groß dieser Gestaltungsspielraum ist. Etwas dramatisierend könnte man auch sagen: Was bedeutet das Erbe des Urmenschen, das wir mit uns herumtragen?

Diese Fragen werden in den Teilen II, III, IV behandelt. Zunächst soll aber in einem ersten Teil studiert werden, wie allgemeines anthropologisches Grundwissen in sozialwissenschaftlichen Theorien mitgedacht werden muß.

- I -

Für die Sozialwissenschaften ist das wichtig, was man die philosophische Anthropologie nennt. Diese muß selbstverständlich die Forschungen der biologischen Anthropologie zur Kenntnis nehmen, wie auch diejenigen der Kulturanthropologie, die uns gleichsam ein Tableau aller Möglichkeiten kultureller Ausformung vorführt. Bei allen Unterschieden wird der Mensch - zumindest im 20. Jahrhundert - als das offene, in Entwicklung begriffene Wesen gesehen. Jean Paul Sartre hat es einmal so formuliert: "Denn wir wollen sagen, daß der Mensch zuerst existiert, das heißt, daß er zuerst ist, was sich einer Zukunft entgegenwirft und was sich bewußt ist, sich in der Zukunft zu planen." (1947, S. 15.)

Die Auseinandersetzung mit den biologischen Rahmenbedingungen menschlichen Verhaltens hat durch die Kontroversen um die sog. Soziobiologie einen gewissen Stellenwert erhalten. Zwei Aussagen scheinen mir die zentrale Auffassung der Soziobiologie wiederzugeben: Zum einen geht es darum, daß das Verhalten höherer Lebewesen, darunter natürlich auch des Menschen, eine schwer auflösbare Verquickung von angeborenem und gelerntem Verhalten darstellt. Zum anderen geht es um die gleichsam axiomatische Behauptung, daß sich nicht Individuen oder soziale Gruppen selbstsüchtig verhalten, sondern die Gene. Dies läßt sich auch so umschreiben, daß bei genetisch bedingtem Verhalten angenommen werden kann, daß es den entsprechenden Genen die günstigsten Überlebenschancen verschafft. Auch die Selbstaufopferung eines Individuums im Überlebensinteresse von Artgenossen kann so gedeutet werden. Barash (1980) bringt eine Fülle von Beispielen aus der Tierbeobachtung, welche solche Schlußfolgerungen nahelegen, so aus altruistischem Verhalten, aus dem Bereich der Partnerwahl, der Nachkommenpflege und der sozialen Konkurrenz. Wenn nun derartige Annahmen auf menschliches Verhalten übertragen werden, so sind noch mehr Fragezeichen angebracht, schon wegen der sich auch gegenüber Biologischem durchsetzenden Eigendynamik sozialer und kultureller Charakteristika. Dennoch ist der heuristische Wert dieser Sicht nicht zu leugnen; die entsprechende Literatur verdient eine ernsthafte Auseinandersetzung. Aber selbst wenn dieses überlebensstrategische Verhalten der Gene sich auch beim Menschen in größerem Umfange und schlüssig nachweisen ließe, so würden davon große Teile der sozialwissenschaftlichen Theorien gar nicht tangiert. Es wären nur Theorien im *Mikro*-Bereich betroffen, da die entsprechenden soziobiologischen Ansätze ja von mikrosozialen Vorgängen handeln. Die durch lange kulturgeschichtliche Prozesse geprägten *makro*-sozialen Strukturen blieben davon unberührt; sie sind auch oft kompatibel mit sehr verschiedenen mikrosozialen Ausformungen.

So wenig wir darüber wissen, mittels welcher hormonaler oder neuraler Mechanismen sich erbbiologisch vorgegebene Anlagen in die verwirrende Komplexität konkreten Handelns umsetzen, so große Übereinstimmung herrscht doch unter den sozialwissenschaftlichen Theoretikern hinsichtlich grundlegender und für das soziale Leben relevanter Charakteristika des Menschen. Sie alle fassen den Menschen - um es mit Nietzsche zu sagen - als das "nicht festgestellte Tier" auf oder im Gehlenschen Sinne als das "Mängelwesen", das der gesellschaftlich organisierten Auseinandersetzung mit der Natur bedarf, um überleben zu können. Sie alle gehen von der Plastizität des Wesens "Mensch" aus, von der enormen Vielfalt von Lebensformen, deren der Mensch fähig ist. Unbestritten ist jedenfalls das, was Arnold Gehlen (1974, S. 327 ff.)

mit Instinktreduktion und Antriebsüberschuß umschreibt. Gehlen spricht von einem Hiatus zwischen Antrieb und Handeln beim Menschen. Dieser könne es sich nicht leisten, eine bloße "Jetztbewältigung" zu leisten, sondern müsse Ereignisse antizipieren und sein Triebpotential vom Streben nach unmittelbarer Befriedigung abziehen können. Mit dem Erzeugen von Werkzeugen, mit kultischen Handlungen und im Dammbau wurden schon früh solche Umwege eingeschlagen. Die Umwege können allerdings auch eine Eigendynamik gewinnen, der Umweg kann zum Selbstzweck werden, wie in der Bürokratie oder im Sich-Abrackern, um ein Automobil abzahlen zu können.

Schon Feuerbach hatte den Menschen so gesehen, daß er seine Organe der Leidenschaft auf beliebige Ziele richten könne. Daraus ergibt sich aber, daß menschliches Verhalten nur zu einem kleinen Teil (im Vergleich zu Tieren) durch Instinkte in zweckmäßige Bahnen geleitet wird. Der Mensch ist daher auf Kultur angewiesen. Gehlen betont die Rolle der Institutionen, welche gleichsam in die Instinktlücke treten. Dies hat zu vielen Kontroversen geführt, vor allem mit den Protagonisten der Frankfurter Schule. Der Streit drehte sich um eine Frage, die man so formulieren könnte: "Wieviel Repression braucht der Mensch?"

Dieses Angewiesen-Sein des Menschen auf die Kultur ist in der letzten Zeit in differenzierterer Weise exploriert und vor allem im Hinblick auf die Kategorien der Kognition formuliert worden. Zu erwähnen sind hier Dux (1982) und Schurig (1976), bei denen die prähumanen und frühmenschlichen Entwicklungsvorgänge auf dahinterliegende Voraussetzungen befragt werden. Zu diesen Voraussetzungen gehören vor allem in der "evolutionären Erkenntnistheorie" (Riedl 1980) formulierte Grundformen menschlicher Kognition: Die Persistenz und Abgrenzbarkeit von wahrgenommenen Objekten, die Annahme, daß Ereignisse eine Ursache haben - was dann bei Dux (1982, S. 108) zum "subjektivischen Schema" überleitet - und die Entdeckung der Zweckrelation zwischen Handlungsformen und ihrem Erfolg.

Vieles von dem, was hier formuliert wird, ist schon früher im Kontext philosophischer Reflexion erarbeitet und damit aber auch in einen anderen Zusammenhang gerückt worden. In der Schrift "Die Stellung des Menschen im Kosmos" aus dem Jahre 1928 geht Scheler davon aus, daß der Mensch gleichsam kumulativ alle Formen der Innerlichkeit in sich vereinigt, welche auch Tier und Pflanze haben, daß er aber über etwas Darüberhinausgehendes verfügt, das dann als "Geist" benannt werden kann. Scheler formuliert: "Gegenstand-Sein ist also die formalste Kategorie der logischen Seite des Geistes" (1976, S. 34). Für Scheler verfügt damit der Mensch auch über die Raum- und Zeitkategorien im Sinne von Kants "transzendentaler Ästhetik". Für Scheler folgt aus der Geisthaftigkeit des Menschen, daß er die Existenz eines transzendentalen Wesens annehmen und sich auch in Relation zu diesem Wesen interpretieren muß. Es besteht insofern ein Gegensatz zwischen ihm und den viel später formulierten Theorien einer evolutionären Erkenntnistheorie, als er den menschlichen Geist als etwas außerhalb der Prinzipien des Lebendigen Stehendes auffaßt. Er schreibt: "Das, was den Menschen allein zum "Menschen" macht, ist nicht eine neue Stufe des Lebens, (...) sondern es ist ein allem und jedem Leben überhaupt, auch dem Leben im Menschen entgegengesetztes Prinzip: eine echte neue Wesenstatsache, die als solche überhaupt nicht auf die "natürliche Lebensevolution" zurückgeführt werden kann (...)" (Scheler 1976, S. 31).

Mit diesen Aspekten menschlicher Kognition ist jedenfalls etwas ausgedrückt, was man mit Abstraktionsfähigkeit und Distanzierung umschreiben kann. Claessens (1980) hat diese beiden Konzepte in Beziehung gesetzt. Der Mensch hält sich die Dinge auf Distanz, indem er sich eine Umwelt schafft, in der er nicht einfach als Teil aufgeht. Dieses Distanzierungsphänomen ist schon von Siegmund Freud (1948) angesprochen worden, wenn er ausführt, daß sich im Laufe der Menschwerdung der homo sapiens von einer Orientierung durch den Geruchssinn zu einer solchen durch Gehör und schließlich zu einer vor allem durch das Auge entwickelt habe, wodurch ja eben ein Auf-Distanz-Halten der Dinge möglich wird.

Die eben gemachten Aussagen stipulieren in keiner Weise eine Abgeschlossenheit oder Festgelegtheit menschlicher Kultur. Dieser Offenheit gegenüber möglichen kulturellen Ausformungen entspricht die enorme Plastizität menschlichen Verhaltens, die Tatsache, daß der Mensch die verschiedenartigsten Lebensweisen durch Gewohnheiten abstützen kann. Deutlich kommt dies schon bei Lorenz von Stein (1959, S. 21) zum Ausdruck, wenn er in seiner "Geschichte der sozialen Bewegung in Frankreich" schreibt: "Indem nämlich die Lebensaufgabe des einzelnen in der Güterbewegung seine Individualität der bestimmten Arbeit mehr oder weniger, aber immer bis zu einem nicht geringen Grade unterordnet, macht sie ihn zwar tauglicher zur Erreichung seines besonderen Zwecks, aber auch weniger tauglich für jeden anderen. Sie fesselt ihn daher an diese bestimmte Aufgabe; sie macht es ihm schwer oder gar nicht möglich, zu einer anderen, wenn auch edleren und vorteilhafteren, überzugehen."

So wenig anthropologische Hintergrundsannahmen zu Kontroversen innerhalb der Sozialtheorien führen, mag andererseits ein Beispiel erläutern, wie wichtige anthropologische Gegebenheiten in zentrale Stellen - gleichsam in einen strategischen Punkt - von Sozialtheorien rücken können. Emile Durkheim geht bei der Erläuterung des sog. anomischen Selbstmordes von der wichtigen anthropologischen Tatsache aus, daß menschliche Bedürfnisse plastisch sind, daß sie im Gegensatz zu tierischen Bedürfnissen durch das soziale Leben erzeugt werden und praktisch unlimitiert sind. Die Theorie des anomischen Selbstmordes lautet kurzgefaßt so: Die an sich beliebig variablen Bedürfnisse passen sich nur mit Verzögerung geänderten Verhältnissen an. Bei einer Wirtschaftskrise sind noch die Bedürfnisse aus besseren Zeiten vorhanden, aber die Mittel zu ihrer Befriedigung sind abgesunken. Das führt zur Depression und zu einem Anstieg der Selbstmordhäufigkeit. Bei einer Hochkonjunktur sind mehr Mittel vorhanden, als den von früher her vorhandenen Bedürfnissen entspräche. Es müssen zuerst neue Bedürfnisse erfunden und geweckt werden; das geht aber nicht so schnell. Dies führt zur Desorientierung von Personen und ebenfalls zum Anstieg der Selbstmordhäufigkeit, zur "crise heureuse". Beide wirtschaftlichen Extremzustände mit ihren depressiven und desorientierenden Wirkungen sind für Durkheim pathologische Zustände der Gesellschaft, die er mit *Anomie* bezeichnet. Eine Gesellschaft ist also für Durkheim dann in einem Normalzustand, wenn die in ihr lebenden Menschen mit den ihnen zur Verfügung stehenden Mitteln gerade auskommen, um die von der Gesellschaft erzeugten Bedürfnisse und Zielsetzungen zu erfüllen. Schon vor Durkheim hat Karl Marx immer wieder betont, daß menschliche Bedürfnisse von der Gesellschaft selber produziert werden. Die Originalität Durkheims liegt darin, dieses wichtige anthropologische Faktum in eine Theorie der Anomie inkorporiert zu haben.

- II -

Die erste der oben angekündigten offenen Fragen ist die nach der Ubiquität bestimmter Erscheinungen, welche nicht unmittelbar auf anthropologische Voraussetzungen abgestützt werden können. Ich möchte hier gerne von *emer-*

genten anthropologischen Gegebenheiten sprechen. Es handelt sich dabei um unter den verschiedensten entwicklungsgeschichtlichen Bedingungen mit großer Regelmäßigkeit auftretende sozial relevante Erscheinungen. Im Gegensatz dazu möchte ich von *biologischen* anthropologischen Gegebenheiten sprechen, dort wo die Abstützung einer Erscheinung auf die genetisch vermittelte Ausstattung des Menschen gesichert ist. Die Vermutung ist, daß sich hinter den emergenten Erscheinungen das Zusammentreffen biologischer Regelmäßigkeiten mit gleichsam formal sich aufprägenden strategischen Rahmenbedingungen verbirgt, formalen Rahmenbedingungen, nach denen überhaupt soziales Leben sich aufbauen kann.

Als erstes dieser emergenten Gegebenheiten soll das Prinzip der *Reziprozität* genannt werden, das wir immer und überall in menschlichen Gesellschaften antreffen. Einer positiven Gabe folgt eine positive Gegengabe, einer Schadenszufügung eine Vergeltungsaktion, ob dies nun zwischen Individuen oder - wie im Falle der Blutrache - zwischen Sippen erfolgt. Arnold Gehlen schreibt: "Die Reziprozität des Verhaltens ist formal eine ganz grundlegende anthropologische Kategorie, aber sie kann sich mit den allerverschiedensten Inhalten besetzen, von deren Außenstabilisierung also die Dauererfüllung dieses Bedürfnisses abhängt." (1964, S. 45). Das Äquivalenzprinzip muß nicht immer gelten, bei den Potlatsch-Festen der Kwakiutl-Indianer überbieten sich im Gegenteil die Kontrahenten und schaukeln den Wert der Gaben gegenseitig auf.

Das Reziprozitätsprinzip manifestiert sich in den allerverschiedenartigsten Formen: Was den Zeitfaktor anbelangt, finden wir den sofortigen Tausch "Zug um Zug" bis zur Gegengabe, die erst nach langer zeitlicher Verzögerung erfolgt. Die Äquivalenz kann gelten zwischen einem einzelnen Objekt und einer Vielzahl von Objekten, zwischen materiellen und immateriellen, zwischen instrumentell-rationalen Vorteilen gegenüber emotionellen und kann von den verschiedenartigsten Beurteilungskriterien, von utilitaristischen, ästhetischen, magischen und religiösen Gesichtspunkten geleitet sein. Nicht einmal die dyadische Relation muß gegeben sein. Bei den Trobriand-Insulanern bei Neuguinea wandern im berühmten Kula-Handel die magischen Objekte in einem kreisförmigen Tauschprozeß von Dorf zu Dorf. Auch der Verfestigungsgrad des reziproken Handelns ist außerordentlich verschieden: Er reicht von fast zufällig wirkenden Reaktionen im Interaktionsprozeß über die Wirkungsweise von Sittennormen bis zu streng regulierten gesetzlichen Vorschriften, die sogar in eine sehr detaillierte Kasuistik ausmünden können. In den geregelten Reziprozitätsbeziehungen können sich soziale Definitionen und die Sozialstruktur einer Gesellschaft spiegeln, so in der bemerkenswerten Verquickung der Definition von Gütern als "weiblich" oder "männlich" mit dem Abstammungssystem, wie sie Marcel Mauss (1968, S. 27) für Samoa schildert. Selbstverständlich verbindet sich das Gegenseitigkeitsprinzip in einfachen Gesellschaften u.U. auch mit animistischen Vorstellungen, so in der Maori-Vorstellung vom "Geist einer Sache", welcher einen Empfänger zur Leistung der Gegengabe motivieren kann (ebd. S. 37). Mauss sieht in diesem Prinzip einen pazifierenden und zivilisierenden Effekt gegenüber dem auf einseitige Annexion gerichteten Kriegertum. Er stellt die Geltung der Gegenseitigkeit aber auch dem auf reines Eigeninteresse gerichteten kommerziellen Denken als eine moralische Kategorie gegenüber. Das von Mauss formulierte Konzept der "attente collective", nach welcher das Kollektiv erwartet, daß die Reziprozität eingehalten wird, erweist sich als besonders fruchtbar zur Erklärung der Entstehung von Normensystemen bis hin zu Luhmanns Rechtssoziologie.

Nach meiner Auffassung bildet die Ubiquität reziproken Verhaltens eine Schnittstelle zwischen soziologischen Fragestellungen sui generis und anthropologischen Gesichtspunkten. Die Tragweite dieser Verquickung ist m.E. noch keineswegs theoretisch ausgeleuchtet worden. Auf der einen Seite setzt das Gegenseitigkeitsprinzip die Fähigkeit voraus, Handlungen und Objekte Personen zuzurechnen und auch Äquivalenzen zwischen Handlungen oder Objekten wahrzunehmen. Diese Fähigkeit müßte sicher auf die von Scheler dem Menschen vorbehaltene Handhabung der Substanzkategorie abgestützt werden. Andererseits führt Gehlen das Reziprozitätsprinzip auf ein instinkthaft vorgegebenes Vergesellschaftungsbedürfnis zurück, das sich letztlich auch in der Formel von George Herbert Mead "Die Rolle des anderen übernehmen" niederschlage und auch konstitutiv für die Herausbildung eines Bewußtseins eigener Identität sei. Man könnte hier auch an das in vielen Säugetierhorden vorhandene stark instinktbedingte Kooperationsverhalten denken.

Wenn Mauss inspiriert von Durkheims Idee der mechanischen Solidarität, im Tausch-Äquivalenz-Grundsatz ein dahinterliegendes Gleichheitsprinzip vermutet, so führt uns die nächste zu behandelnde Fragestellung vor Augen, daß schon in sehr einfachen Gesellschaftsformen prägnante Ungleichheiten auftreten: Es geht dabei um die ebenfalls sehr weit verbreitete Erscheinung des *Schamanismus* und die mit diesem verwandten Erscheinungen von Magie-Spezialisten, deren Fähigkeit sich auf außeralltägliche Bewußtseinszustände, wie Trance, Ekstase, Traum stützt.

Unter Prähistorikern ist die Auffassung verbreitet, daß wir in einigen Höhlenzeichnungen Darstellungen von in Trance befindlichen Schamanen vor uns hätten, so im berühmten "Zauberer" der Höhle Trois-Frères aus dem mittleren Magdalénien, also ca. 14.000 v. Chr. Ich bin etwas skeptisch gegenüber der Annahme eines derartigen Spezialistentums bloß aufgrund dieser Höhlenzeichnungen, da wir ja nicht wissen, wie weit nicht allfällig dargestellte Trance-Zustände jedem damaligen Hordenmitglied zugänglich gewesen sein könnten. Dennoch bleibt für unsere Erörterung eindrücklich genug die weite Verbreitung des Schamanismus, wie ihn Eliade (1975) dargestellt hat. Bemerkenswert ist die vielfache Übereinstimmung schamanistischer Phänomene bei kulturell weit auseinander liegenden Völkern: Die Absonderung eines berufenen jungen Menschen, der die Einsamkeit sucht; dessen Initiationskrankheit und Angst gleichermaßen vor der Erwählung oder Zurückweisung; die eigentliche Initiation mit oft furchtbaren Erlebnissen von Tod und Krankheit, von Flugerlebnissen in eine Ober- oder Unterwelt, wo der Initiant die Lokalisierung von körperlichen und seelischen Leiden und deren Bekämpfung kennenlernt und mit Geistern und auch mit Seelen von Verstorbenen und mit Tiergottheiten verkehrt; das Phänomen der Totenstarre und der Zerstückelung; dies alles noch in der Initiation, nach der erst der Meister die eigentliche Unterweisung erteilt. Auf diese folgt dann die Anerkennung durch einen Stamm und die Ausübung der vom Schamanen erwarteten nützlichen Funktionen des Heilens und Wahrsagens.

Eliade (1975, S. 22 ff.) schildert, vor allem an Beispielen aus sibirischen Stämmen, die Formen, unter denen die Schamanenkraft erworben werden kann. Es kommen vor allem zwei Formen des Erwerbs in Frage: der erbliche Übergang und der "Ruf" (durch Götter oder Dämonen). Wie immer auch der Erwerb der Schamanenkraft erfolgt, so zeigt doch der Erwählte in der Regel ein abnormes Verhalten, und die Initiation besteht immer einerseits in ekstatischen Erlebnissen des Initianten, andererseits in der Übermittlung der Überlieferung.

Wir finden in der Literatur sehr unterschiedliche Deutungen des Schamanismus. Die einen Autoren sehen in ihm das wenigstens in einzelnen "berufenen" Individuen gegebene Weiterleben von Bewußtseinsformen, die für die steinzeitlichen Jägerkulturen charakteristisch waren und eine erste Überschreitung jener Bewußtseins-"Ursuppe" darstellten, welche im quasi-tierischen Vormenschentum gegeben gewesen sei. Erwähnt seien hier die Autoren Bilz (1973), Gruber (1985), Wilber (1983) und Gebser (1966). Die andere Auffassung betont den sozialstrukturellen Aspekt des Schamanentums, das Herausgehoben-Sein einer Person mit ihren besonderen Funktionen innerhalb einer Gesellschaft - hierher gehören natürlich auch die Beschreibungen von Eliade -, von wo aus dann auch das Problem der kulturgeschichtlichen Entstehung von Macht aufgeworfen werden kann. Bei diesen frühen Formen dürften sich schon Ansätze dessen herausgebildet haben, was Heinrich Popitz (1986, S. 38-41) als Institutionalisierung von Macht dargestellt hat. Schon Herbert Spencer hatte die Furcht vor den Toten als den ältesten kulturgeschichtlichen Anlaß zur Entstehung von Macht gesehen. Für unsere Thematik erweist sich der Schamanismus als von großer Tragweite, da in ihm auf jeden Fall erbbiologische Gegebenheiten - nicht selten werden Epileptiker und andere bei uns als neuropathologisch eingestufte Personen zum Schamanen berufen - sozial gedeutet und genutzt werden; andererseits treten immer kulturgeschichtlich gewordene Deutungsmuster hinzu, um die ekstatischen Erlebnisformen sozial nutzbar zu machen. Auch im Falle des Schamanismus kann man wohl von einer emergenten anthropologischen Gegebenheit sprechen, da bei ganz unterschiedlichen Lebensbedingungen und historischen Abfolgen in ganz ähnlicher Weise vorhandene Ekstase-Möglichkeiten selegiert, solche Fähigkeiten provoziert und sozial gedeutet werden. Auch in diesem Falle wird uns das Rätsel vermuteter allgemein-menschlicher Voraussetzungen und von bestimmten Konstellationsbedingungen des Manifestwerdens einer bestimmten Lebensform aufgegeben.

Ein drittes Beispiel einer quasi ubiquitären sozialen Erscheinung, bei der ich ebenfalls eine emergente anthropologische Gegebenheit annehme, möchte ich nur in äußerster Verkürzung umreißen. Beim Übergang vom Neolithikum zu den Großreichen Mesopotamiens, Ägyptens, Indiens, Chinas entsteht überall ein Gottkaisertum. *Eine* Person wird als Zentrum des Reiches verehrt. Es wäre vorstellbar, daß nur eine bestimmte Personengruppe, eine Kaste oder ein oligarchisches Führungskollektiv herrschte. Selbst das NS-Reich, das in seiner Verachtung von Menschenleben und dem sklavenartigen Arbeitseinsatz von Fremdstämmigen an die vorchristlichen Reiche erinnert, hatte einen Führer. Vielleicht stoßen wir auch hier auf ein anthropologisches Faktum: daß nämlich die straffe Organisierung von Menschenmassen im Stile der Sklavenhalter-Gesellschaften nur möglich wird, wenn eine einzelne Person an der obersten Stelle steht. In der Regel wird diese Person als Mittler zwischen einer transzendenten, übermächtigen Welt und der profanen Welt definiert, wie in den verschiedenen Formen des Gottkaisertums; selbst bei Hitler wurde suggeriert, daß er in einem besonderen Naheverhältnis zu der Vorsehung stünde.

Zur Erklärung der hier gemeinten Erscheinung könnte man die Überlegungen von Claessens aufgreifen, wonach wir immer noch das aus kleinräumigen Sozialbeziehungen Stammende besonders stark emotionell besetzen, und daß dort, wo das Abstrakte, d.h. die Fern-Beziehungen, in die Konkretheit des Kleingruppenlebens eingreift, die Notwendigkeit für die Figur des Häuptlings auftritt. Er schreibt: "Der Blick kann plötzlich wechseln zwischen der Einschätzung der einzelnen, der von Untergruppen und der Gesamtgruppe. Informationen über Gegner und das gesamte eigene Gemeinwesen sammelt sich bei *Einem*. Unvermeidlich kommen Einsichten in Reaktionsweisen der Genossen hinzu, die sonst so nicht gesammelt werden können." (Claessens 1980, S. 219). Vielleicht stellt die Figur des Monokraten eine Mutation jener uralten Mittlerfunktion dar, welche in der Frühzeit das Hereinbrechen des Fernen in das Nahe emotionell erträglich gemacht hat.

- III -

Wir haben in der Einleitung als zweite Fragestellung, welche im Schnittpunkt anthropologischer und sozialwissenschaftlicher Theorie liege, die Frage nach den treibenden Kräften, bzw. den entscheidenden Faktoren im Prozeß der Menschwerdung genannt. Hinter dem etwas pathetischen Ausdruck "Menschwerdung" sollte dabei nicht mehr vermutet werden als die Herausbildung der Lebensformen, wie wir sie in den komplexeren Kulturen im Horizont der Geschichtsschreibung vorfinden. Damit tritt die Frage in den Hintergrund, ob mit diesen Veränderungen auch Veränderungen des biologischen Erbgutes des

Menschen inkludiert seien, eine Frage, die sich meiner Kompetenz entzieht und wohl auch nur mit großer Behutsamkeit behandelt werden sollte.

Nach wie vor muß aber begründet werden, warum die Frage nach diesen treibenden Kräften überhaupt wesentliche Bereiche sozialwissenschaftlicher Theorienbildung tangiere. Denn die in den damaligen Jahrtausenden obwaltenden Bedingungen könnten für die spätere Menschheit irrelevant geworden sein, sodaß sie auch für eine sich auf die geschichtliche Menschheit beziehende Sozialtheorie bedeutungslos geworden wären. Die Antwort ergibt sich bei einer Auseinandersetzung mit den Aussagen der Klassiker und vieler Nachfahren über dieses Thema. Es wird sich dabei nämlich zeigen, daß für Klassiker wie Marx, Durkheim oder Freud die Aussagen über die Bedingungen der Menschwerdung gleichsam einen axiomatischen - um nicht zu sagen: ideologischen - Stellenwert gewinnen. Für alle Genannten ragen die Momente der Anthropogenese in die späteren Jahrtausende bis in unsere Zeit hinein. Damit würde, selbst wenn man die so vielfältig und prominent vertretene Persistenz-These verwerfen wollte, sich die Frage ergeben, warum derartig langfristig wirksame Bedingungen im Geschichtsverlauf an Bedeutung verlieren.

Ich möchte zunächst die Aussagen von Marx und Durkheim zu den Bedingungen der Menschwerdung konfrontieren, um dann zu versuchen, abschließend das Problem systematisch zusammenzufassen. Bekanntlich vollzieht sich für Marx die Menschwerdung durch die Auseinandersetzung des vergesellschafteten Menschen mit der Natur, wobei seine Vergesellschaftung selber wieder durch diesen Auseinandersetzungsprozeß beeinflußt wird. Diese schon in der "Deutschen Ideologie" deutlich formulierte Auffassung hat auch der spätere Marx nie aufgegeben. In der "Deutschen Ideologie" heißt es beispielsweise: "Man kann die Menschen durch das Bewußtsein, durch die Religion, durch, was man sonst will, von den Tieren unterscheiden. Sie selbst fangen an, sich von den Tieren zu unterscheiden, sobald sie anfangen, ihre Lebensmittel zu produzieren, ein Schritt, der durch ihre körperliche Organisation bedingt ist. Indem die Menschen ihre Lebensmittel produzieren, produzieren sie indirekt ihr materielles Leben selbst. (...) Diese Weise der Produktion ist nicht bloß nach der Seite hin zu betrachten, daß sie die Reproduktion der physischen Existenz der Individuen ist. Sie ist vielmehr schon eine bestimmte Art der Tätigkeit dieser Individuen, eine bestimmte Art, ihr Leben zu äußern, eine bestimmte Lebensweise derselben." (Marx 1964, S. 347). Dieser Prozeß ist dabei nicht als ein rein naturhafter, durch Instinkte geleiteter Vorgang vorzustellen, vielmehr nimmt Marx an, daß sich darin auch die geistigen Fähigkeiten des Menschen entwickeln, wie dies etwa das bekannte Zitat aus dem Band 1 des "Kapitals" belegt: "Was aber von vornherein den schlechtesten Baumeister vor der besten Biene auszeichnet, ist, daß er die Zelle in seinem Kopf gebaut hat, bevor er sie in Wachs baut." (Marx 1962, S. 193).

Wir müssen aber bei Marx noch hinzudenken, daß für ihn ein Bedürfnismodell hinter seinen Überlegungen steht. Das Elend, das Marx sieht, besteht darin, daß bestimmte Grundbedürfnisse nicht gestillt sind, sodaß der Mensch dadurch unfrei wird. Daher auch sein Optimismus, daß in einer kommunistischen Gesellschaft, in welcher die primären Bedürfnisse abgesättigt seien, dann in viel stärkerem Maße auch die höheren Bedürfnisse in Erscheinung treten könnten. Marx, der als Mensch des 19. Jahrhunderts die gewaltige Entfesselung wirtschaftlicher Kräfte, aber auch das Massenelend der Arbeiterschaft erlebt hat, setzt die Produktionsfähigkeit des Menschen nicht nur als treibende Kraft ins Zentrum seiner Überlegungen zur historischen Dynamik, sondern auch als entscheidenden Faktor in den Kontext des Menschwerdungsprozesses. Dabei steht er durchaus in einem Traditionszusammenhang sozialwissenschaftlichen Theoretisierens, der in der Literatur unzählige Male dargestellt worden ist.

Durkheim vertritt einen völlig andersartigen Standpunkt, den er in seinen "Formes élémentaires de la vie religieuse" explizit formuliert hat. Für Durkheim mußte sich vorgängig jeder möglichen kulturellen Entwicklung ein Kollektivbewußtsein durch religiös-ekstatische Kollektiverlebnisse konstituiert haben, das dem Menschen überhaupt erst die Herausbildung eines Kategoriensystems erlaubt, mittels welchem er dann seine Umwelt erfassen und in der Welt bestehen kann. Daß Durkheim dabei an das ihm zugängliche Material des religiösen Verhaltens der australischen Urbevölkerung anknüpft, belegt sein Vorhaben, sich auf den Ursprungspunkt menschlicher Gesellschaften zuzubewegen. Primär ist in dieser Auffassung für die Herausbildung einer menschlichen Gesellschaft die Etablierung dieses zunächst religiösen kollektiven Bewußtseins, von dem aus auch die das soziale Leben bestimmenden Normen gestützt werden.

Für Durkheim bedeuten die menschlichen Denk- und Wahrnehmungskategorien ursprünglich nur Soziales. So kann er (1968, S. 25) die Frage aufwerfen: "Mais si les catégories ne traduisent originellement que des états sociaux, ne s'ensuit-il pas qu'elles ne peuvent s'appliquer au reste de la nature qu'à titre de métaphores?" Seine erstaunliche Antwort ist: Die menschliche Gesellschaft sei die höchste und komplizierteste Hervorbringung der Natur, und folglich müßten ihre eigenen Beziehungsmuster - wohl durch einen hinzugedachten geheimen Isomorphismus - auch auf die übrigen Naturdinge passen. Deutlich grenzt sich Durkheim aber von einer Auffassung ab, welche die Hervorbringungen des menschlichen Geistes nur als Resultat seiner Auseinandersetzung mit der Natur sehen wollte, wenn er schreibt: "En montrant dans la religion une chose essentiellement sociale, nous n'entendons nullement dire qu'elle se borne à traduire, en un autre language, les formes matérielles de la société et ses nécessités vitales immédiates. Sans doute, nous considérons comme une évidence que la vie sociale dépend de son substrat et en porte la marque, de même que la vie mentale de l'individu dépend de l'encéphale et même de l'organisme tout entier. Mais la conscience collective est autre chose qu'un simple épiphénomène de sa base morphologique, tout comme la conscience individuelle est autre chose qu'une simple efflorescence du système nerveux. Pour que la première apparaisse, il faut que se produise une synthèse sui generis des consciences particulières." (Durkheim 1968, S. 605).

Auch Durkheim steht bei aller Originalität im Kontext von Zeitströmungen, die sich gerade auch bei Ethnologen manifestiert haben. So schreibt etwa Adolf Bastian 1881 in einer Fußnote: "Mit diesen Typen ist in der Seelenwelt (einer ethnischen Psychologie oder Anthropologie) das System herzustellen in seinen Ordnungen, Familien, Gattungen, wie in jeder anderen Naturwissenschaft (...)" (Zit. nach Schmitz, Hrsg., 1963, S. 63). Bastian spielt hier mit "Gattungen" und "Familien" auf zoologische und botanische Systematiken an, aber es klingt schon fast nach Lévi-Strauss, und in der Tat wäre der französische Strukturalismus ohne die Theorie vom Kollektivbewußtsein nicht denkbar.

Wenn wir nun noch einmal die beiden Auffassungen, nämlich die von Marx und die von Durkheim, vergleichen, so könnte man sie überspitzt so formulieren: Für Marx bildet die dem Menschen vorgegebene Notwendigkeit in einer ihm keineswegs freundlichen Umwelt zu überleben den Grund für die Formen der in kollektiver Kooperation geleisteten Naturbewältigung, die sich dann in der menschlichen Fähigkeit zum Produzieren neuer Dinge - vom Nahrungsmittel und Werkzeug bis zu intellektuellen Leistungen - manifestiert. Man könnte hier von einer Extraversion als Ausgangspunkt der Entwicklung sprechen. Umgekehrt muß für Durkheim zunächst das Innenleben der Individuen von der ihnen überlegenen Gesellschaft her erfaßt und bestimmt sein, bevor die erfolgreiche Auseinandersetzung mit der Natur gelingen kann. Gewiß sind dies starke Vereinfachungen, doch drücken diese Formulierungen die entscheidenden Akzentsetzungen aus, wobei die Klassiker ja nie ganz einseitige Standpunkte vertreten haben. Von heute aus gesehen wird man wohl ein Zusammenspiel der Extraversions- und Introversions-Kräfte für die Frühphasen des kulturgeschichtlichen Prozesses annehmen müssen.

In der neueren Literatur zu diesem Thema treten Gesichtspunkte in den Vordergrund, welche eine Integration der beiden Standpunkte bringen könnten. So weist Schurig auf zwei wichtige Aspekte: auf die mit Fülle oder Knappheit des Nahrungsangebotes zusammenhängende Größe des von einem Primatenstamm bewohnten Territoriums, die ihrerseits ganz unterschiedliche Kommunikationsformen bedingt (Unterschiede zwischen Rufweite, Sichtweite und Berührungsabstand) (Schurig 1976, S. 195). Noch wichtiger erscheint die folgende Bemerkung: "Als wesentlich einfach zu erreichendes 'Instrument' für die Realisierung vieler Zweck- und Zielvorstellungen bietet sich der Artgenosse an, der in bestimmten Situationen günstiger reagieren kann." (ebd., S. 205). Schurig erläutert im dortigen Zusammenhang, daß sich im Prozeß der Menschwerdung instrumentelles Verhalten u.U. eher im Sozialkontakt als unmittelbar im Kontakt mit physischen Objekten entwickelt haben könnte. Das umfangreiche Material, das von Schurig und den anderen Autoren zusammengetragen worden ist, rückt jedenfalls die Kommunikationsfähigkeit, die ja auch zwischen Innen und Außen vermittelt, in eine zentrale Funktion innerhalb des Menschwerdungsprozesses.

- IV -

Die dritte Fragestellung, die eine Überschneidung sozialtheoretischer und anthropologischer Überlegungen markiert, leitet sich aus den vorstehenden Überlegungen ab. Es geht darum, ob die für den Prozeß der Herausbildung einer zivilisierten Menschheit als entscheidend angesehenen Faktoren auch als für die zukünftige Entwicklung wesentliche Momente angesehen werden müssen oder nicht. Dabei kann der Einfluß auf eine künftige Entwicklung von einer Ideologisierung anthropologischer Annahmen ausgehen, so wenn die physische

Produktivität als besonders wichtiges Fortschritts-Merkmal angesehen wird - gerade auch im Marxismus -, was sich dann auch in einer ressourcen- und umweltgefährdenden Forcierung physischer Produktionsprozesse äußern kann.

Die Frage, welchen Gestaltungsspielraum der Mensch auch im Hinblick auf seine anthropologischen Bedingtheiten für künftige Entwicklungen der Gesellschaft hat, ist besonders auch im Rahmen der Frankfurter Schule und mit Bezug auf das Thema der Emanzipation diskutiert worden. (Siehe dazu Lepenies und Nolte 1971.) Ohne im Detail auf diese Debatte eingehen zu wollen, scheint mir doch die Schlußfolgerung bemerkenswert, daß bei Marx die Frage der Determiniertheit der geschichtlichen Entwicklung bzw. der Spielräume möglicher Entwicklungen mit Blick auf anthropologische Fragen in der Schwebe gehalten wird.

Das Thema der anthropologischen Bedingungen einer menschlichen Zukunft stellt sich aber auch ganz anders, nämlich in der Frage, wie weit die genetischen Determinanten, die wir mit uns tragen, sich einer Zivilisierung letztlich entziehen müßten. Etwas dramatisierend ausgedrückt geht es um den Urmenschen in uns, der immer wieder an die Oberfläche kommen und sich mit den verschiedensten technologischen und sozialen Konstellationen amalgamieren kann. Müssen wir damit rechnen, daß ein Wesen, das noch Jagdinstinkte in sich trägt, nie vom Imponierverhalten mit schnellen Automobilen abkommen wird? Werden selbst bei Raketenrüstungen noch uralte Kampfinstinkte mobilisiert?

Freud sah ein letztlich unüberbrückbares Spannungsverhältnis zwischen dem Lustprinzip und dem Realitätsprinzip. Für ihn und viele ihm folgende Autoren ist der Mensch ein an die Zivilisation nie ganz anpaßbares Wesen, das auf jeden Fall noch der Disziplinierung und gewisser Besänftigungsmaßnahmen bedarf. So schreibt Freud (1948, S. 327/328): "Man sollte meinen, es müßte eine Neuregelung der menschlichen Beziehungen möglich sein, welche die Quellen der Unzufriedenheit mit der Kultur versiegen macht, indem sie auf den Zwang und die Triebunterdrückung verzichtet, so daß die Menschen sich ungestört durch inneren Zwist der Erwerbung von Gütern und dem Genuß derselben hingeben könnten. (...) Es scheint vielmehr, daß sich jede Kultur auf Zwang und Triebverzicht aufbauen muß; es scheint nicht einmal gesichert, daß beim Aufhören des Zwanges die Mehrzahl der menschlichen Individuen bereit sein wird, die Arbeitsleistung auf sich zu nehmen, deren es zur Gewinnung neuer

Güter bedarf. Man hat, meine ich, mit der Tatsache zu rechnen, daß bei allen Menschen destruktive, also antisoziale und antikulturelle Tendenzen vorhanden sind, und daß diese bei einer großen Anzahl von Personen stark genug sind, um ihr Verhalten in der menschlichen Gesellschaft zu bestimmen."

Für Freud besteht aber nicht nur ein Antagonismus zwischen Triebstruktur und den Anforderungen der menschlichen Kultur, ein Antagonismus, der sich im Gegensatz zwischen dem Lust- und dem Realitätsprinzip formulieren ließe, vielmehr sind die menschlichen Triebe selber unter dem Kultureinfluß in einer Richtung verändert worden, die ihre volle Befriedigung gleichsam "triebimmanent" blockiert. Freud schreibt: "Manchmal glaubt man zu erkennen, es sei nicht allein der Druck der Kultur, sondern etwas am Wesen der Funktion selbst versage uns die volle Befriedigung und dränge uns auf andere Wege." (Freud 1948, S. 465). Man müßte im Anschluß an derartige Überlegungen differenzieren zwischen anthropologischen Aussagen, die gleichsam ein urmenschliches Erbe ansprechen, das unter bestimmten, vielleicht exzeptionellen, Bedingungen gleichsam als Atavismus hervorbrechen kann, und Charakteristika des Wesens Mensch, das sich ubiquitär im breiten Strom der Kulturgeschichte manifestiert.

Wenn Popitz (1986, S. 92 ff.) das "Syndrom der absoluten Gewalt" behandelt, dann kommen eigentlich emergente anthropologische Gegebenheiten ins Blickfeld. Die Dramatik dessen, was auf dem Spiel steht, läßt Versuche eines Entschlüsselns genetischer und erlernter Verhaltensanteile in diesen Handlungszusammenhängen als nichtige Spekulation erscheinen. Gerade die Ausführungen von Popitz über die Gewaltbewältigung zeigen nicht nur die perennierende Emergenz von Gefahren, sondern auch von Lösungen, die unabhängig von einem Wissen um biologische und kulturelle Determinanten gelten. Unnötig ist aber die Auseinandersetzung mit anthropologischen Fragestellungen für den Sozialwissenschafter schon darum nicht, weil in diese immer wieder ideologische Positionen hineinprojiziert und damit unter dem Signum der Wissenschaftlichkeit wirksam gemacht werden können.

Literatur:

Barash, David P.: Soziobiologie und Verhalten. Berlin und Hamburg: Parey 1980.

Bilz, Rudolf: Wie frei ist der Mensch? Paläoanthropologie Bd. 1. Frankfurt a.M.: Suhrkamp 1973.

Claessens, Dieter: Das Konkrete und das Abstrakte. Soziologische Skizzen zur Anthropologie. Frankfurt a.M.: Suhrkamp 1980.

Durkheim, Emile: Les Formes élémentaires de la vie religieuse. Paris: Presses Universitaires de France 1968.

Durkheim, Emile: Der Selbstmord. Soziologische Texte Band 32, hrsg. von H. Maus, F. Fürstenberg und F. Benseler. Neuwied und Berlin: Luchterhand 1973.

Dux, Günter: Die Logik der Weltbilder. Sinnstrukturen im Wandel der Geschichte. Frankfurt a.M.: Suhrkamp 1982.

Eibl-Eibesfeldt, Irenäus: Die Biologie des menschlichen Verhaltens. Grundriß der Humanethologie. München: Piper 1984.

Eliade, Mircea: Schamanismus und archaische Ekstasetechnik. Frankfurt a.M.: Suhrkamp 1975.

Freud, Sigmund: Gesammelte Werke Band XIV. Werke aus den Jahren 1925-1931. London: Imago Publishing Co. 1984. daraus: "Die Zukunft einer Illusion", S. 325-380 und "Das Unbehagen in der Kultur", S. 421-506.

Gebser, Jean: Ursprung und Gegenwart. Stuttgart: Novalis 1966.

Gehlen, Arnold: Der Mensch. Seine Natur und seine Stellung in der Welt. Frankfurt a.M.: Athenaion, 10. Aufl. 1974.

Gehlen, Arnold: Urmensch und Spätkultur. Philosophische Ergebnisse und Aussagen. Frankfurt a.M. und Bonn: Athenäum, 2., neu bearbeitete Aufl. 1964.

Gruber, Elmar: Traum, Trance und Tod. Aus der geheimnisvollen Welt der Schamanen. Freiburg i.Br., Basel und Wien: Herder 1985.

Landmann, Michael: Philosophische Anthropologie. Menschliche Selbstdeutung in Geschichte und Gegenwart. Berlin: De Gruyter 1964.

Lepenies, Wolf und Nolte, Helmut: Kritik der Anthropologie. München: Hanser 1971.

Litt, Theodor: Mensch und Welt. Grundlinien einer Philosophie des Geistes. Heidelberg: Quelle & Meyer, 2., durchgesehene Aufl. 1961.

Luhmann, Niklas: Rechtssoziologie, Reinbek b. Hamburg: Rowohlt 1972.

Marx, Karl: Das Kapital. Band I. Marx-Engels-Werke Band 23. Berlin: Dietz 1962.

Marx, Karl: Die Frühschriften. Stuttgart: Kröner 1964.

Mauss, Marcel: Die Gabe. Form und Funktion des Austausches in archaischen Gesellschaften. Frankfurt a.M.: Suhrkamp 1968.

Mead, George Herbert: Mind, self and society. Chicago und London: The University of Chicago Press 1965.

Popitz, Heinrich: Phänomene der Macht. Autorität - Herrschaft - Gewalt - Technik. Tübingen: Mohr 1986.

Riedl, Rupert: Biologie der Erkenntnis. Die stammesgeschichtlichen Grundlagen der Vernunft. Berlin und Hamburg: Parey, 2. Aufl. 1980.

Sartre, Jean Paul: Ist der Existenzialismus ein Humanismus? Zürich: Europa Verlag 1947.

Scheler, Max: Die Stellung des Menschen im Kosmos. In: ders.: Späte Schriften. Bern und München: Francke 1976.

Schmitz, Carl August (Hrsg.): Kultur. Frankfurt a.M.: Akad. Verl. Ges. 1963.

Schurig, Volker: Die Entstehung des Bewußtseins. Frankfurt a.M. und New York: Campus 1976.

von Stein, Lorenz: Geschichte der sozialen Bewegung in Frankreich von 1789 bis auf unsere Tage. 3 Bände. Hildesheim: Ohlms 1959.

Wilber, Ken: Up from eden. A transpersonal view of human evolution. Boulder: Routledge & Kegan 1983.

Wilson, Edward O.: Sociobiology. The new synthesis. Cambridge (Mass.) und London: Beknap Press of Harvard University Press 1975.

Wittfogel, Karl A.: Die orientalische Despotie. Eine vergleichende Untersuchung totaler Macht. Frankfurt a.M., Berlin und Wien: Ullstein 1977.

Bibliographie Heinrich Popitz

Der entfremdete Mensch. Zeitkritik und Geschichtsphilosophie des jungen Marx. Basel: Verlag für Recht und Gesellschaft 1953. Gekürzte Ausgabe, Frankfurt a.M.: Europäische Verlagsanstalt 1967. Unveränderter Nachdruck der Ausgabe von 1967, Darmstadt: Wissenschaftliche Buchgesellschaft, vier Ausgaben 1973 - 1974 - 1977 - 1980. Übersetzungen ins Spanische (1971) und Japanische (1976).

Das geschichtsphilosophische Denken Kants. In: Festschrift für Karl Jaspers zum 70. Geburtstag. Von Gerhard Knauss, Heinrich Popitz und Guido Schneeberger (1953 hektographiert).

Struktur und Merkmal. Zur Auswertung und Interpretation soziologischer Erhebungen. In: Zeitschrift für die gesamte Staatswissenschaft Bd. 109, 1953.

Mitarbeit: E. Pfeil: Die Wohnwünsche der Bergarbeiter. Soziologische Erhebung. Tübingen 1954.

Mit H.P. Bahrdt, E.A. Jüres und H. Kesting: Technik und Industriearbeit. Soziologische Untersuchungen in der Hüttenindustrie. Tübingen 1957 (3. Aufl. 1976).

Mit H.P. Bahrdt, E.A. Jüres und H. Kesting: Das Gesellschaftsbild des Arbeiters. Soziologische Untersuchungen in der Hüttenindustrie. Tübingen 1957 (5. Aufl. 1977). Übersetzungen ins Italienische (1960) und Englische (Auszug 1969).

Technische und soziale Leistung im Industriebetrieb. In: Fachberichte, Gesellschaft für soziale Betriebspraxis Juli 1957.

Zum Begriff der Klassengesellschaft. In: Hamburger Jahrbuch für Wirtschafts- und Gesellschaftspolitik Bd. 3, 1958.

Soziale Normen. In: Europäisches Archiv für Soziologie Nr.2, 1961.

Die Ungleichheit der Chancen im Zugang zur höheren Schulbildung. In: Arbeid en Samenleving. Rotterdam 1964. Abgedruckt in: Ludwig v. Friedeburg (Hrsg.): Jugend in der modernen Gesellschaft. Köln und Berlin 1965.

Zur Diskussion der soziologischen Schuluntersuchung in Basel. In: Basler Schulblatt 1, 1965.

Über die Bedeutung des Wahlrechts. In: Der Bürger im Staat, Heft 3, 1965.

Vorschläge zu einer Studienreform. In: Christ und Welt Nr. 7/8, 1966.

Der Begriff der sozialen Rolle als Element der soziologischen Theorie. Tübingen 1967 (4. Aufl. 1975). Übersetzungen ins Englische (1972) und Japanische (1987).

Über die Präventivwirkung des Nichtwissens. Dunkelziffer, Norm und Strafe. Tübingen 1968. Auch in: Zur Einheit der Rechts- und Staatswissenschaften. Ringvorlesung der Rechts- und Staatswissenschaftlichen Fakultät der Albert-Ludwigs-Universität Freiburg. Karlsruhe 1967.

Prozesse der Machtbildung. Tübingen 1968 (3. Aufl. 1976). Übersetzungen ins Italienische und Englische in Vorbereitung.

Die Wirkung von Gewaltdarstellungen im Fernsehprogramm. In: Soziologische Studien Nr. 5, 1972.

Die normative Konstruktion von Gesellschaft. Tübingen 1980.

Zum Verständnis von Autorität. In: J. Matthes (Hrsg.): Lebenswelt und soziale Probleme - Verhandlungen des 20. Deutschen Soziologentages 1980. Frankfurt und New York 1981.

Die Erfahrung der ersten sozialen Negation. Zur Ontogenese des Selbstbewußtseins. In: M. Baethge und W. Eßbach (Hrsg.): Soziologie: Entdeckungen im Alltäglichen. Festschrift zum 65. Geburtstag von H.P. Bahrdt. Frankfurt und New York 1983.

Phänomene der Macht. Tübingen 1986. Übersetzungen ins Italienische und Englische in Vorbereitung.

Autoritätsbedürfnisse. Der Wandel der sozialen Subjektivität. In: Kölner Zeitschrift für Soziologie und Sozialpsychologie Jg. 39, Nr. 3, 1987.

Epochen der Technikgeschichte. Tübingen 1989.